SECRETARIAL STUDIES:
Theory & Practice [*Sixth Edition*]

秘书学 [第六版]

陈合宜◎著

暨南大學出版社
JINAN UNIVERSITY PRESS
中国·广州

图书在版编目（CIP）数据

秘书学/陈合宜主编．—6版．—广州：暨南大学出版社，2010.8
（2021.7重印）
ISBN 978－7－81135－510－9

Ⅰ．①秘…　Ⅱ．①陈…　Ⅲ．①秘书学　Ⅳ．①C931.46

中国版本图书馆CIP数据核字（2010）第079347号

秘书学（第六版）
MISHUXUE（DILIUBAN）
主　编：陈合宜

出 版 人：张晋升
责任编辑：周玉宏
责任校对：吴彩珍　郑晓玲
责任印制：周一丹　郑玉婷

出版发行：暨南大学出版社（510630）
电　　话：总编室（8620）85221601
　　　　　营销部（8620）85225284　85228291　85228292　85226712
传　　真：（8620）85221583（办公室）　85223774（营销部）
网　　址：http：//www.jnupress.com
排　　版：暨南大学出版社照排中心
印　　刷：湛江日报社印刷厂
开　　本：787mm×1024mm　1/32
印　　张：15.375
字　　数：425千
版　　次：1993年8月第1版　2010年8月第6版
印　　次：2021年7月第42次
印　　数：401001—402500册
定　　价：39.80元

第六版前言

拙著自2005年6月出第五版后，得到了广大读者和同行专家的肯定与支持。南京大学教授、原中国写作学会会长裴显生撰文（见拙著文后）予以鼓励；2007年获广东省第一届优秀出版奖（教材奖）；至今累计印数超过33万册。

现奉献给读者的第六版，除全书架构不变外，各章作了以下修订：

1. 在全书58篇公文、礼仪文书例文中，更换了46篇，旨在使其更富时代性，更贴近现实生活。

2. 修改了一些不够恰当的提法，充实了部分内容。

3. 在第二十章“公文写作”中增加了一节（即第五节）“港澳地区及资本主义国家公文写作举例”，谈了笔者对公文中法治精神和人文关怀的理解。

在修订过程中，暨南大学中文系2007级学生李梦凡为拙著作了大量的资料录入工作，在此特表感谢。

陈合宜

2010年6月于广州暨南大学

目　录

第三编 秘书工作概说

第四编 秘书实务（上）

第五编 秘书实务（下）

附 录

第一编　秘书学概说

第一章　秘书学概述

第一节　秘书学的产生

秘书学作为一门独立的学科，在中国内地产生于20世纪80年代。它一产生，便以不可阻挡之势，推动着高等学校的教育改革。值得注意的是，研究秘书学、创建秘书专业，几乎是与短期职业大学同时出现的。复旦大学上海分校（后并入上海大学）、成都大学、江汉大学率先在中国内地创办秘书学专业，接着，其他院校包括少数四年制大学也相继开设此专业。截至1985年，设置秘书学专业或秘书学课程的高等院校已有120多所。① 而21世纪的今天，秘书学在中国高等教育事业中的迅猛发展，就更加惊人了。据不完全统计，中国内地开设秘书学专业的大专院校现已超过几百所。

1983年，《秘书》杂志创刊，从此，秘书学教学与研究有了自己的阵地。1984年10月，在上海召开了全国高等院校秘书学教学经验交流会，有来自全国各省、直辖市、自治区共78所高等院校的120多名代表参加。经过与会代表的充分酝酿和共同协商，成立了中国高等院校秘书学教学研究会。1985年11月，全国高等院校第二次秘书学教学经验交流会暨中国高等院校秘书学教学研究会第一次年会在武汉召开，会议收到了论文、材料70多篇。代表们广泛交流了秘书学专业教学的经验，深入探讨了教材体系、教学计划

---

① 人民日报，1985－11－17

及公文写作等方面的内容，并一致通过建立了5个专业研究会。1986年8月，全国高等院校第三次秘书学教学经验交流会暨中国高等院校秘书学教学研究会第二次年会在哈尔滨召开，会议讨论和交流了秘书学体系、秘书学教学体系和秘书工作性质等一系列问题，会上还成立了中国高等院校秘书学教学研究会成人高等院校分会。以上这些会议，对推动秘书专业教学和秘书学研究，起到了积极的作用。与高等院校秘书学教学蓬勃发展的形势相适应，一批有关秘书学的期刊、专著、教材陆续出版。

为什么秘书学能在20世纪80年代的中国内地兴起呢？这是因为：

1. 当代管理科学的发展，促进了秘书学的产生

管理学是专门研究管理活动及其基本规律和一般方法的科学。它的基本思想和体系，是由法国企业家亨利·法约尔在20世纪初提出的，但它作为有别于各种专业管理学的一般管理学科，直到20世纪50年代才在美国正式形成。它既是20世纪以来世界范围内掀起的巨大管理热潮的产物，又反过来极大地促进了管理的科学化、现代化，加速了人类社会的进步。同国外先进水平相比，中国内地的管理水平不高，尚存在不少管理弊端。改革开放以来，人们愈来愈认识到，实现管理现代化是中国社会经济发展的重大战略，提高管理水平是当务之急。而加强对管理学的学习和研究，是提高管理水平的基本投资，因此，20世纪80年代以来，管理学及其分支学科，受到了社会各界的普遍重视，发展迅速。

办公厅（室）是单位的枢纽所在，与领导者联系最密切。它承上转下，沟通内外，在辅助管理上起着举足轻重的作用。如何提高办公厅（室）工作效率，实现秘书工作现代化科学化，对实现管理工作现代化意义重大，因此秘书学应运而生，并出现喜人局面。

2. 要改变秘书工作的落后现状，必须把秘书学的研究提上日程

长期以来，中国内地基本沿用民主革命时期的秘书工作经验和体制。机构臃肿，工作效率低，秘书人员素质差，几乎是秘书部门

的通病。要改变这种状况，除了大量引进先进设备和科学技术外，关键是培养高素质秘书人员。

中国内地秘书人员的培养，多年来一直采用单位内部师傅带徒弟的传统手工业方式。这种方式能结合单位实际，针对性强，但受到各单位具体条件的限制，培养出来的秘书往往缺乏开阔的视野和强烈的时代意识。分配到各单位当秘书的大专院校毕业生，虽然给秘书部门带来了新鲜气息，但由于在校期间没有学习过秘书学以及相关课程，加上缺乏秘书工作经验，工作起来往往茫无头绪，力不从心。

为了造就适合现代化建设需要的秘书人员，有必要在高等院校开设秘书学课程。事实证明，秘书人员具有可资教育的性质，他们如同医生、工程师、军官一样，可以先在课堂上学习，然后再通过实践进行检验、提高。可以说，开设秘书学课程，进行秘书学研究，是快速培养秘书人员的有效手段之一。

3. 新技术革命浪潮的冲击，向秘书学研究提出更高的要求

在新技术革命浪潮的冲击下，中国内地的管理工作有了长足的进步，大大推动和实现了办公自动化。这就要求秘书人员不但要更新观念，而且要掌握丰富的现代科学知识，具有使用现代化设备的各种技能。在这个时候产生的秘书学，只有适应这种变化，并从全新的角度进行多方位的研究，才能真正起到理论指导作用。

第二节 秘书学的研究对象和性质

关于秘书学的研究对象，目前大致有以下几种说法：

1. “秘书工作”说

秘书学“以秘书工作为研究对象，是研究秘书工作的产生、发展、特点、任务、原则和方法的一门新科学”①。

---

① 王千弓．秘书学与秘书工作．北京：光明日报出版社，1984. 12

秘书学“是研究秘书工作规律及其应用的科学”①。

“那么，秘书学相对独立的研究对象是什么呢？这就是秘书工作的辅助性规律。”②

2. “对象多元”说

“概括地说，秘书学以秘书、秘书机构和秘书工作为研究对象。”③

3. “辅助管理”说

有人认为，秘书学是研究如何进行辅助性管理活动的一门科学。

以上说法，大同小异。笔者认为，秘书学是研究秘书工作规律及其应用的科学。科学的任务是揭示事物发展的客观规律，探求客观真理，作为人们改造世界的指南。秘书学的任务是揭示秘书工作的规律。但秘书学的应用性很强，只揭示其规律还远远不够，它的宗旨是通过揭示规律达到应用的目的，因此，秘书工作规律在实践中的应用也是其研究对象。

然而，从事秘书工作的是秘书人员，他们是秘书工作的主体，而秘书人员能否发挥主观能动性，秘书工作能否高效，又与秘书机构的设置有关。因此，秘书人员、秘书机构和秘书工作成为秘书学的三大内容。

以上对秘书学的研究对象进行了探讨，接下来再谈谈秘书学这一学科的性质。学科性质是由该学科的研究对象决定的。秘书学的研究对象是秘书工作规律，而秘书工作是一种社会现象，因此，秘书学属于社会科学范畴。对此，学术界的看法是一致的，但再往深层次探讨，关于秘书学具体的学科性质，流行以下几种说法：

---

① 朱佳林．管理秘书学．北京：经济科学出版社，1986. 1

② 屈干臣．秘书学论丛．广州：广东高等教育出版社，1986. 41

③ 陈贤华．秘书工作论．成都：四川大学出版社，1987. 8

1. 综合说

“秘书学是近几年来才在我国形成的一门新兴的综合性应用科学。”①

2. 边缘说

“秘书学是一门新兴的边缘科学”，“是从写作学和管理科学的边缘中产生的”，“就秘书学的整体而言，既不属于写作学，又不属于管理科学，而是这两门科学的知识圈交叉重叠的产物”。②

“秘书学是管理学、行政学以及与秘书业务相关联的文书学、应用写作学等学科的边缘科学，秘书学围绕着秘书工作的业务实际，在这些学科的联系、综合和交叉中生长和发展。”③

3. 分支说

“秘书学从科学体系上讲，属于人文科学的范畴。……从今天这一学科的具体分支来说，现代秘书学又属于人文科学中行政管理学科的分支。”④

以上几种观点从不同层面和角度揭示了秘书学的性质。由于当前学术界对综合学科、边缘学科、分支学科的界定尚未明晰，故笔者持以下观点：秘书学是一门综合性、实践性很强的新兴学科。

秘书学的综合性强，表现在它与管理学、领导科学、文书学、档案学、写作学、信息学、公共关系学等学科有着密切的关系。秘书学与管理学的关系最密切，因此，把它说成管理学的分支不无道理：其一，秘书学的产生和发展，反映了当代管理科学发展的需要；其二，秘书部门是管理大系统的一个子系统，秘书工作是管理工作的一个组成部分；其三，秘书工作的核心是辅助管理，为提高管理效率和管理水平服务。

---

① 袁维国．秘书学．广州：广东高等教育出版社，1987

② 王千弓．秘书学与秘书工作．北京：光明日报出版社，1984. 12 ~ 13

③ 朱佳林．管理秘书学．北京：经济科学出版社，1986. 1

④ 张金安．秘书学概论．昆明：云南人民出版社，1984. 1

但需指出的是，不能把秘书学说成是行政管理学的分支，因为管理学和行政管理学并不相同。管理学是关于管理的基本理论和方法的科学，是管理知识体系中主要的基础科学。它并不研究具体领域或具体行业的特殊管理活动，只是研究管理过程中的共性的东西。而所有的管理部门都有秘书机构和秘书工作。行政管理学又叫行政学，有人认为它是管理学的分支学科，也有人认为它是政治学的分支学科。无论分歧如何，有一点是可以肯定的，即行政管理一般是指中央和地方各级人民政府，亦即行政机关的行政管理工作。企事业单位、团体也有其行政管理工作。如果把秘书学说成是行政管理学的分支，容易误解为只有行政机关才有秘书工作。

领导科学是研究现代领导工作规律的科学。有领导才有秘书，秘书工作不能离开领导工作而独立存在，甚至有人认为秘书学是领导科学的分支。因此，研究秘书学要与研究领导科学相结合。

文书学、档案学被称为是与秘书学并列的姐妹学科。文书学研究文书和文书工作，档案学研究档案和档案管理工作。文书是档案的前身，档案是文书的归宿，它们在文书立卷过程中有机结合。而通过文书处理和档案管理来为领导服务是秘书工作的重要方面，因此研究秘书学离不开文书学、档案学。

写作学是研究写作的特点和规律的科学，秘书工作的内容之一是撰写文件和其他文章。虽然随着办公自动化程度不断提高，写作在秘书工作中占的比重愈来愈少，但在目前以及相当长的一段时间内，写作仍是秘书人员的基本功之一。要又快又好地办文，学习写作学是必不可少的。

信息学属自然科学范畴，是研究信息的发生、获取、传输、存贮、加工处理、分类、识别、控制和利用的一般原理和方法的科学。信息工作是秘书工作的组成部分，信息理论及其技术的应用有力地推动了办公自动化，开辟了秘书工作现代化的新途径。因此，秘书学研究不能离开信息学。

秘书学与公共关系学的关系显而易见。公共关系学是运用新闻学、传播学、社会学、经济学、心理学等现代科学知识，总结现代经营管理和行政管理的经验和方法而形成的一门新兴管理科学。人际关系是公共关系学的内容之一，而秘书工作处于复杂的人际关系之中，秘书人员只有善于应对，建立和谐的人际关系，才有利于有效开展工作。

秘书学的实践性强，是由它所具有的应用科学（也叫实用科学）性质决定的。关于什么是应用科学，美国经济学家赫伯特·西蒙曾这样论述："科学可分为两类：理论科学和实用科学。一个科学命题如果采用了这样一种形式：'要造成如此这般的状态，就必须如此那般去做'，那么，这个命题就可视为实用科学命题。"① 秘书学是要告诉即将或已经成为秘书的人，要成为一个称职的秘书，就必须怎样去做。它是直接指导秘书工作实践的理论，离开了秘书工作实践，它就成为无源之水，无本之木。

第三节　秘书学的研究方法

方法本质上是一种手段，一种工具，是主体与客体的中介。德国哲学家黑格尔在《逻辑学》一书中曾将方法比作耕地的犁。而方法的选择要与研究对象相对应，也就是说，研究对象决定研究方法，而不能反过来用方法去框范对象。如前所述，秘书学的研究对象是秘书工作规律及其应用，这就要求其研究方法必须以适应秘书工作为基准，不能有所偏离。

秘书学的研究方法，可归纳为以下几点：

1. 理论联系实际

秘书学是应用学科。这一特点，决定了它较之于其他学科更要注意理论联系实际。一是要积极开展调查研究，从大量的秘书工作

---

① ［美］赫伯特·西蒙．管理行为．杨砾等译．北京：北京经济学院出版社，1988. 239

实践中提炼出理论；二是理论要以指导实践为依归，坚决摒弃热衷于搞名词搬家、术语爆炸的作风。从20多年来出版的秘书学著作、教材以及有关期刊来看，多侧重于理论体系建设，着重阐述秘书工作的沿革、性质、要求、地位和作用，秘书机构的设置、人员配备和职能。在阐述具体的秘书工作时，多从意义、作用方面着眼。总之，“论”的成分居多。这种研究倾向是新兴学科初创阶段出现的必然现象，也是时代的需要，因为在改革开放形势下日益显得重要的秘书工作，确实需要加强理论建设。但是，如果只是从理论到理论，不联系秘书工作出现的新情况、新问题，这些理论就会因脱离实际而成为教条。如果在学科构架、学派主张、概念诠释上纠缠不休，花费过多精力，就更偏离了秘书学研究的正确方向。

2. 运用比较的方法

比较法是确定事物异同关系的思维过程和方法。它根据一定的标准，把彼此有某种联系的事物加以对照，从而确定其相同点与相异点。只有对各种事物的内部矛盾进行充分的比较后，才能深入地认识事物之间的内在联系，把握事物的发展规律。而许多规律正是在比较中发现的，因此，比较研究能激发创造性思维。

对秘书学进行比较研究的领域很多，大致可从纵向和横向入手。纵向是指描画中国秘书工作萌芽、发展、变化的轨迹，重点放在研究中华人民共和国成立后特别是改革开放以来的秘书工作上。横向是指了解不同地区和不同国家秘书工作的情况，以便取长补短，吸收其新经验。就目前来看，横向比较研究显得不足。港澳台地区尤其是国外的秘书工作起步较早，有关秘书工作的书籍偏重实践，讲究操作，多从“小”处落笔，重点是传授“怎样做”的技巧。如何吸收它们的长处作为研究的借鉴，是我们亟待探讨的课题。总之，无论是纵向比较还是横向比较，目的都是古为今用，洋为中用，为建设具有中国特色的秘书学服务。

3. 注重对其他学科尤其是相关学科的研究

学科的高度分化和高度综合是现代科学技术发展的重要特征之

一。一方面，随着科学领域的扩展和研究的深入，学科划分越来越细，分支越来越多，加之学科之间的互相渗透和交叉，产生了许多边缘学科；另一方面，随着科学技术的发展，人们不再满足于一鳞半爪地认识世界，越来越认识到以“立体作战”的形式对自然界进行综合探索的必要性，出现了不少综合科学和横向科学，自然科学与社会科学也日渐合流。处于这种大环境下的秘书学，要生存下去，就必须正视这种现实，努力从其他学科尤其是相关学科中汲取养分，丰富自己。譬如系统论，它作为自然科学中的一门新兴学科，看起来与秘书学没什么关系，但它的基本原理，即认为小至一个原子、分子，大到国家、地球乃至太阳系，都可以分别作为系统来研究处理，对秘书工作同样适用。秘书机构和秘书工作不也分别是一个系统，处于一定的系统之中吗？系统论与秘书学尚且有关系，值得研究，那些与秘书学有直接关系的学科（如上述）就更需很好地研究了。

4. 高校教师与秘书工作者合作

在研究秘书学、创建秘书学方面作出开拓性贡献的，是一批建校不久的短期大学以及一些长年从事秘书工作的有经验的干部，而传统高校闻风而动的则为数不多，即使是开设了秘书学专业或秘书学课程的学校，也未投入充足的人力来建设这个学科。这就使秘书学的研究难以深入和提高。显然，只依靠高校这支队伍是不够的，因为这些教师缺乏秘书工作的经验，他们对秘书学的研究，往往因缺少感性知识而蒙上一层薄雾，抓不到点子上。而一大批默默无闻地工作在秘书岗位上的实践者，他们身居第一线，对秘书工作有许多深切感受，最有发言权，但由于他们中有些人没受过专业化训练，还未能从更高的视点研究秘书工作，所总结的经验难免褊狭。因此，高校教师必须与秘书工作者通力合作，互相学习，取长补短，才能开创秘书学研究的新局面，使秘书学真正成为一门高水平的、符合中国国情的学科。

思考与练习

1. 为什么秘书学能在20世纪80年代的中国内地兴起？
2. 秘书学的研究对象是什么？
3. 秘书学是一门怎样的学科？
4. 秘书学的研究方法可归纳为哪几点？

第二编　秘书人员与秘书机构

第二章　秘书的定义、类别和层次

第一节　秘书的定义

《辞海》中，秘书有五种含义：一指职务名称之一，是领导的助手。二指官名，中国自秦汉以来，历代封建王朝曾设有尚书、秘书监、秘书令、秘书丞、秘书郎等官职，掌管官员向皇帝奏事的奏章函牍、皇帝宣布命令的宣示以及宫禁的图书等工作。三指使馆中介于参赞和随员之间的外交人员，分一等秘书、二等秘书和三等秘书，受使馆馆长之命，进行工作，享有外交特权与豁免权。四指宫禁里的藏书。《晋书·荀勖（xù 叙）传》："及得汲（jī 肌）郡（汲郡为郡名，晋泰始二年置。治所在汲县，辖境相当于今河南新乡市和新乡、汲县、辉县等县地。其后治所、辖境屡有变迁）冢（zhǒng 肿，坟墓）中古文竹书，诏勖撰次之，以为中经（藏于皇帝秘府中的经籍），列在秘书。"五指谶纬（chèn wěi 衬伟，汉代流行的宗教迷信。"谶"是巫师或方士制作的一种隐语或预言，作为吉凶的符验或征兆。"纬"对"经"而言，是方士化的儒生编集起来附会儒家经典的各种著作）图箓（lù 录，图箓即谶书）等书。

我们现在所说的秘书，取《辞海》的第一种含义，是指人，即秘书人员。但光把它解释为职务名称之一，是领导的助手，又嫌空泛。比较详细的界定，大致有以下几种：

秘书"是社会主义国家工作人员职务名称之一。其职责是协助领导综合情况，研究政策，密切各方面工作的联系，办理文书、档案、人民来信来访、会务工作以及其他日常行政事务和交办事项。在党政机关、企事业单位从事这一类工作的干部，统称为秘书工作人员，或简称为秘书”①。

“秘书，在我国现代主要是指党和政府机关、企事业单位、社会团体、军队、院校内的一种行政职位。其主要职责是辅助管理、综合服务；主要工作是撰拟文稿、管理文书、接待来访、组织会议、调查研究、处理信息、备供咨询、办理事务、联络协调、催办查办等等。”②

“秘书是身处领导机构或附着个人，撰制掌管文书，辅助决策，并处理日常事务的服务人员。而秘书从事的工作也就是秘书职业，秘书职业也是服务性的。所以，秘书绝不是一种职务，而是一种职业名称。”③

“秘书是领导、专家、管理人员在履行其职务时的辅助人员。”④

“秘书是在管理系统决策者近身，以沟通信息、参谋决策、处理事务的综合职能，辅助决策者有效控制全局的工作人员。”⑤

这些看法，各有道理。笔者认为，秘书是为政府机关、企事业单位、团体或个人提供辅助管理、综合服务的人员。

形式逻辑定义的方法是把某一概念包含在它的属概念中，并揭示它与同一个属概念下的其他种概念之间的差别，即“种差”。定义的公式是：被定义概念 = 属 + 种差。把“人员”确定为秘书的属概念，较“国家工作人员”、“干部”更符合秘书个人的身份，因为有些秘书（如个体户招聘的）不是公职人员，不属干部之列。

---

① 王千弓．秘书学与秘书工作．北京：光明日报出版社，1984. 2

② 袁维国．秘书学．广州：广东高等教育出版社，1987. 1 ~ 2

③ 张家仪．也谈“秘书”的定义．秘书，1986（2）

④ 杨永清．领导·秘书·智囊．华中师范大学学报（哲学社会科学版），1986（2）

⑤ 张清明等．关于秘书定义的思考．武汉大学学报（社会科学版），1986（6）

把种差确定为“辅助管理、综合服务”，是从秘书的服务对象和职能两方面揭示它的本质属性，并把它和其他人员区别开来。

根据中华人民共和国原劳动和社会保障部制定的“秘书国家职业标准”，把秘书视为一种职业名称，秘书的定义为：“从事办公室程序性工作、协助上司处理政务及日常事务并为决策及实施提供服务的人员。”①

第二节　秘书的类别

秘书是一个复杂广泛的群体。从国内到国外，从军队到地方，从党政机关到工矿企业，从国有企业到个体户，到处都需要秘书。

秘书是个统称，从不同的角度，可划分为不同的类别。

一、从服务对象和经济来源划分

从服务对象和经济来源划分，可分为公务秘书和私人秘书两类。

公务秘书泛指为各级党政机关、军队、国有企事业单位、群众团体服务，由组织和人事部门选调，从国家或集体领取薪酬，在编制上属于该机关、该单位的人员。少数为一定级别领导干部、专家服务的秘书，虽然其服务对象是个人，但仍从国家或集体领取薪酬，是国家编制的正式工作人员，故仍属公务秘书。这类秘书，有时称为领导人的专职秘书，有时称为领导人的私人秘书。在中国，领导人设秘书自孙中山先生开始，宋庆龄女士创立了专职秘书与首长良好合作的范例。田家英从 1948 年 10 月到 1966 年 5 月任毛泽东的秘书，时间长达 18 年。党和国家的领导人，一般配备 2 ~ 3 个专职秘书。各省、市的党政领导人，一般配备 1 个专职秘书。以后，一些地、市的主要领导人、专家也配备了专职秘书。现在，一些企业的领导人、企业家也聘请专职秘书。

---

① 劳动和社会保障部. 秘书国家职业标准. 北京：海潮出版社，2003. 1

私人秘书指为民营企业、农民专业户、个体户等服务，由他们聘请并支付薪酬，不属国家编制的个人。

本书除第十章外，所述的秘书及秘书工作，大多指公务秘书及公务秘书从事的工作。

另外，还有一种秘书叫“涉外秘书”。涉外秘书是指在中国“三资企业”（中外合资、中外合作、外商独资经营企业）、外国驻华机构、中国涉外单位或部门供职的秘书。涉外秘书是中国改革开放后大量涌现的新型的外向型、复合型秘书，作为涉外秘书，必须掌握一门以上外语。

二、从所属部门划分

从所属部门划分，可分为党务、行政、军事、司法、经济和文化秘书等，其中又可细分为若干小类。如在经济部门，可划分为工业、农业、商业秘书等；在文化部门，可划分为教育、卫生、体育、宣传、文艺、科研秘书等。

三、从具体的工作划分

从具体的工作划分，可分为文字秘书、机要秘书、通信秘书、信访秘书、事务秘书、外文秘书、生活秘书等。

1. 文字秘书

指以文字工作为主的秘书。在党政机关和企事业单位中，文字秘书负有起草公文、综合情况、参与政策研究、协助领导进行公文把关等重要任务。

2. 机要秘书

主要职责是管理领导人的文电材料和密码，负责领导人办公室的保密工作，承办领导交办的机密事项，为领导提供必要的帮助和服务。

3. 通信秘书

主要任务是管理通信事务以及各种通信设备，如电话总机、电传、传真等。

4. 信访秘书

职责是通过办信、接访，沟通领导机关与人民群众的联系，加速政策的贯彻落实。

5. 事务秘书

指负责总务、后勤等工作的秘书。

6. 外文秘书

又称翻译秘书，主要任务是从事口头或书面的翻译工作。

7. 生活秘书

主要任务是在生活上给领导提供服务和帮助，一般在较大的机关为较高级别的领导人设置。

以上所述，大都是按秘书从事的工作来分类，未能准确归纳出各类秘书的本质特征，因此，还须对秘书的服务对象、工作性质、工作内容和职务等作深层次探讨。

第三节 秘书的层次

秘书不仅从横向上可分为不同的类别，而且从纵向上也可划分为不同的层次。系统论认为，一切有机体都是按照严格的等级和层次组织起来的，秘书作为一种职业种类，也不例外。

秘书的层次，指两方面内容：一方面，秘书人员所在的机关、单位，其级别有高有低，可分为中央、省市和基层三个层次（也有人分为中央、省市、县、基层四个层次），因而相应地有三个层次的秘书。如把中央机关级别较高的秘书视为高级秘书，省市机关和基层机关的可视为中级和初级秘书。但须明确，高级、中级、初级之分只是相对的，在中央机关里也有从事一般事务工作的初级秘书；相反，基层机关有的秘书，虽从全国范围看，算不上高级或中级秘书，但他们的工作却对基层领导起着举足轻重的作用，地位相当重要，也可视为小机关或小单位内的高级或中级秘书。另一方面，即使在同一机关、单位，秘书人员的职位也有高低之分，表现出不同的层次。以一个省市级政府机关为例，高级秘书指秘书长、办公厅（室）主任。他们参政议政，深入到决策全过程，是领导的重要助手，有的人本身就是领导成员。如省、自治区、直辖市人民政府的秘书长，同时也是省、自治区、直辖市人民政府的领导成员之一（《中华人民共和国地方各级人民代表大会和地方各级人民政府组织法》第三十三、三十九条规定）。中级秘书一般指文字秘书。他们负责起草文稿、办理公文、调查研究、整理信息等工作，其工作成效，对领导决策起重要作用。初级秘书指从事一般日常工作的秘书，如接待、联络、会务、印校、收发及财务等。他们与人民群众的联系最密切，其工作态度和作风，往往影响到整个机关的形象。

对秘书层次的划分，还有其他观点，如认为“主要应以秘书所承担的工作对领导工作影响的深浅、作用的大小为依据，并结合机关的地位，秘书个人的条件来确定”①；“按秘书人员担任的职务来划分，可分为秘书长、办公厅（室）主任、秘书处长、科长、股长、科员、办事员等七个层次”②。

“秘书国家职业标准”则为秘书职业设四个等级，分别为：五级秘书（国家职业资格五级，原初级）、四级秘书（国家职业资格四级，原中级）、三级秘书（国家职业资格三级，原高级）、二级秘书（国家职业资格二级）。取得大学本科毕业证书，并连续从事秘书职业工作4年以上者，可申报二级秘书（具备其他相应条件，也可申报）。

思考与练习

1. 秘书的定义是什么？
2. 从不同的角度，秘书可分为哪些类别？
3. 秘书的层次如何划分？

---

① 陈贤华．秘书工作论．成都：四川大学出版社，1987. 81

② 周励．实用秘书学．长春：吉林大学出版社，1987. 39

第三章 秘书的职业道德和能力

第一节 秘书的职业道德

道德是一种社会意识形态，是人们调整自身及相互关系的思想意识和行为准则。道德是做人的根本，它是灵魂的力量、精神的支柱、事业成功的基础。人类社会道德的产生和发展，是和人类社会以及每个人的生存发展密切相关的，但什么行为是道德的，什么行为是不道德的，有一个客观标准。我们每个人随时随地都在对他人进行着自觉或不自觉的道德评价，而自己的言行也无一不在他人的道德评价之中。以德为先，做有德之人是我们对道德的追求。

职业道德是同人们的职业活动紧密联系的、具有自身职业特征的道德准则和规范。各行各业都有特殊的职业道德规范，如审判员的秉公执法、铁面无私；教师的诲人不倦、循循善诱；医生的救死扶伤、治病救人；售货员的文明经商、公平买卖等。秘书工作的从属性、服务性、事务性、烦琐性、艰苦性等特点，决定了秘书须拥有高尚的人格，恪守职业道德。

一、热爱工作，甘于平凡

秘书岗位十分重要，但秘书人员不处于社会活动的前沿阵地，党政秘书主要不是去作报告，企业秘书主要不是去订货拍板，科技秘书主要不是去发明创造，秘书的全部成果多以其领导或所属组织的名义公之于众，自己却默默无闻。有位秘书说："我于1982年开始担任秘书工作，在'秘书'这块小天地里，默默地耕耘了18个春秋，对有些问题体会较深。秘书要轻名薄利，乐当无名英雄。秘书工作既辛苦，又繁杂，是一件‘出力不讨好’的工作。有时上下关系未能沟通，便成了‘老鼠入风箱，两头受气’。即使工作上得心应手，领导也不一定记在心里，群众也不一定看在眼里。我做了18年的秘书工作，从未被推选为先进。名利在我心目中的分量很轻，对任何事情从来没有斤斤计较过。我认为，秘书人员必须有豁达的胸怀。上级对单位的表彰，就是对秘书人员的最高奖赏了。”因此，秘书只有充分认识到自己工作的这一性质，有甘当无名英雄的胸怀，才能做好这份工作。

二、自尊自重，克己奉公

秘书虽然权力不大，但用权方便，用权的渠道和方式比较多。如果权力欲望恶性膨胀，弄虚作假，欺上瞒下，或与领导之间没建立有效的权力制衡机制，甚至与个别领导同流合污，就会导致秘书职业性质的腐败。因此，秘书要自尊自重，不能凭借自己的特殊地位牟取私利，处理各种问题也不能掺杂私心，更不能擅用领导的名义办各种私事，搞不正之风。

三、谦虚谨慎，平等待人

秘书接近领导，常常出面替领导办各种事情，故有人把他们看成单位的代表、领导的代言人。他们本身待人接物的态度往往影响到单位和领导的声誉，因此，秘书必须宽厚谦和，把自己摆在一个学习者的位置上。对上级固然要尊敬、请教，对下级也要热情有礼，不可摆官架子，盛气凌人；听到不同意见不急躁、不反感；遇到困难不气馁、不埋怨；工作中出现差错不推诿，勇于负责，迅速改正。

四、严守机密，提高警觉

秘书经常接触和掌握机密，因此，常有人向他们打探消息，他们甚至成为敌人窃取情报的主要对象。而秘书经常与各种人打交道，出入大小场合，这就给保密增加了难度。秘书失密、泄密大致有两种情况：一是有意泄密（这是政治品质问题），虽此类人为数极少，但造成损失很大；二是过失泄密（这是工作态度问题），要减少失误，主要靠秘书人员的自觉性。秘书人员要随时提高警觉，加强保密观念，养成保密习惯：不该看的不看，不该听的不听，不该说的不说，不该写的不写。不在公共场所、私人通信中涉及机密，不在亲属与朋友面前谈论机密。

第二节　秘书的能力

能力是指能胜任某项任务的主观条件，它直接影响到工作的质量和效率。从事各种活动都需要相应的能力，有的能力是许多活动不可缺少的，有的则是某种活动必不可少的。如节奏感和曲调感对于从事音乐活动是必不可少的，准确地估计比例关系对于从事绘画活动是必不可少的。秘书活动作为一种社会活动，它也需要一定的能力，反过来，秘书能力只有通过秘书的一系列活动才能显示和发展。

对秘书能力的要求，依秘书的类别、层次的不同而有所不同，如对秘书长职务，要求就较高。1991 年初，以美国为代表的西方国家为联合国秘书长人选制定了十分严格的要求：具有领导、筹划和组织众多国家职员的管理能力；能流利使用联合国两种以上工作语言；具有作为领导人物感人的魅力和有效地进行人际交流的能力等。

一、办事能力

秘书活动具有强烈的事务性特征，办事成了秘书的一项基础性和经常性的工作。因此，秘书的办事能力是一种最基本的能力。

办事能力是由多种能力综合而成的，主要包括以下几方面：

理解和领会能力。办事大多在人与人的交往中进行，要办好事，须准确而迅速地摸清交办者的想法，如果是上级交办的事，则要正确、全面领会他们的意图。如果理解和领会得慢，会延误工作；如果理解和领会错了，则达不到预期目的，甚至把事情办坏。

分析能力。秘书每天要办的事常常不是一两件，而是纷至沓来，千头万绪，这就需要有一定的分析能力，把各种事情合理归类，加以梳理，分清主次缓急、难易远近，并驾轻就熟地分别办好。

应变能力。办事的方案、计划，往往与现实不符，需要部分修正或推倒重来；在实际工作中，许多事情若死守条条框框，往往行不通，须把原则性和灵活性相结合，在不违反原则的前提下变通处理；有时会出现一些突发性事件或意外事件，须在较短时间内拿出对策，一个方案不行换另一方案。这都需要应变能力。

二、交际能力

秘书部门是沟通上下左右的枢纽部门，秘书每天都要接触各种人，与他们相处。秘书只有善于交际，才使人容易接近，也容易被人信赖，办事的成功率才高（下一章有详论）。

三、表达能力

表达能力包括口头表达能力和书面表达能力，能说会写是秘书的“看家本领”。秘书人员虽然很少去演说，但要经常说话。上传下达要说话，汇报情况要说话，接待来访要说话，打电话要说话。说话机会如此之多，这就须讲究说话艺术，一要清楚明白，二要注意分寸，三要生动活泼。写作能力主要指写各种应用文的能力。除了写得好，还要写得快。这就要求秘书善于思考，具有良好的思考能力；善于调查，具有较强的调查研究能力。因为，除一般公文外，有许多公文如报告、讲话稿等，并不是随便就能写出来的，而是要靠平时的知识积累、材料积累，再经缜密思考“流淌”出来的。

四、操作能力

秘书是一种需要多种技能的综合性的职业种类。由于科学技术的飞速发展，尤其是办公自动化设备的应用，使秘书的工作方式发生了巨大变化，这就要求秘书掌握多种专业化的事务工作技能，提高对办公设备的操作能力。

操作能力主要包括：对文字处理机、复印机、誊印机等文字处理机具的运用；对照相机、收录机、缩微机、电视会议系统等声像信息机具的运用；对电传机、电报传真机、多功能电话等通信机具的运用；对办公室计算机、个人计算机等计算机具的运用。

五、速记能力

"速记"就是快速记录的意思。速记是为补救文字形体繁芜、书写缓慢的缺陷而被创造出来、被利用起来的，它是文字记录的辅助工具。它既是人们用有系统的、简单的符号及各种有规则的省略方法，快速、准确地记录语言和传达语言信息的一种高效率的实用技术，又是一种收集信息、争取时间、讲求速度、提高效率的现代化书写技术。

速记既能记录有声语言，又能记录无声语言（思维与文字材料），这些功能是录音机无法代替的，而且有些场合如领导例会、与外宾谈话等，往往不宜使用录音机。"速记符号"俗称"保密文字"，在秘书工作中能起到独特的保密作用。有的单位领导者提出"速记是秘书人员应具备的基本功之一"。

思考与练习

1. 秘书须恪守哪些职业道德？
2. 秘书一般应具备哪些能力？

第四章 秘书交际

第一节 处理好人际关系的重要性

交际是指人与人之间的往来接触，人际关系是指人与人之间相互交往与联系的关系。世界上只要有两个人，就必然产生人际关系。人们活在世界上，每天所面临的，无非是处理两大关系：一是人与自然的关系——我们要和大自然打交道，探索自然的奥秘，不断向它索取人类的衣、食、住、行所需要的物质资料，同时注意保护大自然，了解大自然的各种变化，及时采取防范措施，使自然和人类保持和谐的统一；二是人与人的关系——每个人都要和别人打交道，谋求沟通、理解、配合和协作，从而使社会有条不紊地组织起来，不断地向前发展。

人的社会性决定了人际交往的必要性。人际关系是在双向的、互惠的、积极主动的交往中形成与发展的。同时，处理好人际关系具有十分重要的意义。交往方法的正确与否往往影响着工作的成败。美国教育家戴尔·卡耐基在调查了无数的明星巨商、军政要员之后认为，一个人事业上的成功，只有15%是由于他的专业技术，另外85%要靠人际关系和处世技巧。许多研究表明，因为缺乏技能而失业或无法开展工作的人要比因缺乏交际和缺乏与人相处的能力而失去工作的人少得多。例如，在国外，工程界得到报酬最高的人，往往不是懂得工程学最多的人，因为人才市场上熟悉工程学的人很多，到处可寻到具有这种专业技术能力的人。如果除有技术知识之外还善于交际，个人的收入势必增加。无论从哪方面看，处理好人际关系都十分重要。所以，秘书人员应主动地、积极地培养交际的能力，努力建立良好的人际关系。

第二节 处理好人际关系的秘诀

处理好人际关系的目的，无非是使人喜欢你，信任你，愿与你交往。作为秘书，别人会从喜欢、信任、尊重你进而喜欢你所在的单位，愿与你所在的单位交往和进行业务合作。

一、真诚、慷慨地关心、赞美他人

人际关系是在交往中产生的，而在交往中，心理因素有时起着关键作用。从社会心理学的角度看，人与人交往的过程就是彼此认知、感情交流和互相影响的过程。

在人际交往中，把自己摆在对方的位置上，设身处地地体验、理解别人的感情，善于谅解和同情别人，是缩短人际距离的有效方法，社会心理学称之为“感情移入”，与英文中的“神入”最为相似。所谓“神入”，就是能感受到别人所感受到的东西，在感情上与别人融为一体。我们的祖先一向注意设身处地地为对方着想，孔子说的“己所不欲，勿施于人”①，孟子说的“老吾老，以及人之老；幼吾幼，以及人之幼”②，都可视为感情移入。

要赢得友谊，关怀对方比引起对方的注意更重要。但有的人只想引起别人的注意，眼中却没有别人，这种心中只有自己的人，是不可能处理好人际关系的。要知道，每个人从他来到这个世界的那天起，就不仅需要食物和衣服，而且需要别人的爱抚、同情、关怀和帮助。曾经有一所幼儿园，阿姨们发现孩子们忽然情绪普遍抑郁，食欲大减。于是，她们匆忙请来医生，但医生检查后说，孩子

① 《论语·卫灵公篇》

② 《孟子·梁惠王章句上》

们的身体都很健康。她们又采取了诸如改善伙食等多种措施，但都无效。后来，她们请教心理学家，并按心理学家的指示，尝试微笑着摸摸孩子们的头，拍拍孩子们的肩，做出一连串亲昵动作，结果，孩子们的情绪很快好转，食欲也大增。原来，他们缺少了母亲般的爱抚。这也从一个侧面说明了良好人际关系的魅力。

赞美别人是指赞美别人的行为，不一定是赞美其人。每个人都有长处。若我们善于发现别人的长处，使其自重感得到满足，对方自然会愿与我们接近。哪怕是陌生人，你肯定他的优点，使他感到自己有用，有时也会收到意想不到的效果。外国有一位银行职员，他经常丢一块硬币给坐在银行门口的一个缺腿、驼背的乞丐。但是，他与大多数人不同，不是丢了硬币就走，而是每次都顺手拾起一枝放在这个乞丐旁边的铅笔。他对乞丐说："你是一个生意人，而我的习惯是买东西一定要选择质地好的，所以我向你买。"有一天，这乞丐没有出现在银行门口。日子一天天过去，银行职员也渐渐忘记了这个人。后来，在一幢大厦的一处室内摊档前面，他再次看到了这个以前流浪街头的熟悉身影。这个店老板激动地对他说："我一直希望有一天能看到您来。我今天能在这里开店，您给我的帮助实在太大。您不断地鞭策我，说我是个'生意人'。于是我开始这么认定自己，而不再认为自己是个讨钱的乞丐。我努力卖笔，卖了很多很多。您给予我自重，使我对自己刮目相看。"你也能像这个银行职员一样分辨乞丐和生意人吗？也能在具有生意人潜质的人处于困境时拉他一把，给他赞美吗？

当然，关心他人、赞美他人时，应该是真诚的、慷慨的，绝不能掺假。赞美别人要有分寸，若过分赞美，会使人觉得虚假，自己也显得卑躬屈膝，丧失了自尊。

二、牢记别人的姓名

姓名是最甜蜜的语言。不管对谁，记住陌生人的名字，是你走近他们的钥匙。你记得越快，那扇门开得越早。一般人对于自己的姓名，比对全世界人姓名的总和还要关心。如果有人记得他的名字，他就会对对方产生好感。忘记或写错别人的名字，很可能招致意想不到的麻烦。对方若是显要人士，更要用心记牢。空闲时，可在笔记本上写下别人的名字，集中精神记忆，觉得记住了，再把这页撕掉。拿破仑三世记名字时，要动员心、手、眼、耳、嘴，这虽然比较麻烦，但效果好。

牢记别人姓名的方法还有很多，譬如，与别人初次见面，就把其姓名、家庭情况、政治见解、爱好等牢记在心，并反复记忆，这样坚持下去，过了一年半载你再见到此人时，也能有的放矢地问对方家里人的情况以及他最关心的事情。你如此关心对方，对他的姓名和概况了如指掌，他会在无形中增加对你的好感，把你当朋友看待。

三、做一个忠实的听众

大多数人都喜欢用语言来表达自己，喜欢别人听他说话。如果能碰到一个忠实的听众，他一定会很高兴，很自信，而且会对这个听众产生好感。要知道，和你谈话的人，对自己的问题比对你的问题要关心 100 倍，因此，和别人交谈时，要掌握这种心理。

在美国内战最激烈的时候，林肯写信给在伊利诺伊春田的一位朋友，请他到华盛顿来。林肯说，他有些问题要与他讨论。这位老邻人到白宫拜访，林肯同他谈了数小时关于释放黑奴适当与否的问题。林肯先探讨了对这举动赞成或反对的理由，然后阅读了谴责他的信件及报纸上发表的文章。然后，林肯与他的老朋友握手道晚安，送他回伊利诺伊，竟然没有征求他的意见。这位老朋友说，所有的话都是林肯说的，好像是畅抒他的心境，“谈话之后他似稍感安适”。显然，林肯需要的是一位友善的、富有同情心的倾听者，好让自己向他发泄苦闷。人人都需要忠实的听众，困难的人们需要，愤怒的顾客需要，不满意的下属需要，感情受伤害的朋友也需要。

如何做个忠实的听众？

第一，你必须愿意去听，露出很希望听别人讲话的神情。

第二，你必须耐心地听。你所听到的可能是茶余饭后彼此交换的珍闻逸事，但如果你的目的是博得别人的信赖，那么你就必须耐心聆听。

第三，注意避免以下情况：坐立不安，持怀疑态度，不屑一顾的表情，挑剔存疑的眼神。

第四，切莫打岔。一是打断对方与别人的谈话，二是打断对方与自己的谈话。须知，这两种打岔是最没礼貌的。况且，对有些人来说，他的牙痛比某地发生的战争重要得多，他注意颈上的小疖比注意别国发生的40次地震还多。

第五，不要总是保持沉默。千万不要以为做一个好的听众，就是静静地坐着，像古埃及的狮身人面像，等着路人猜谜。这种打哑谜的交谈方式是不可取的。聆听并不是禁止表达自己的意见，而应该是在恰当的时候互相交换观点，诚心地沟通。

在生活中，我们会遇到很多不同的情况和不同的人。我们必须逐渐掌握应该什么时候听话，什么时候说话。如果我们能够在与别人交谈时，尽可能配合他的说话速度和情绪，用诚恳的语调，表达出对他的关注或感激，他一定会乐于和我们相处，从中感到满足，并与我们友好合作。

四、注意礼仪，发挥微笑的魅力

礼仪是礼节和仪式，它是道德的一种外在表现形式，在人际关系的调节中具有不可忽视的作用。英国哲学家约翰·洛克说过："美德是精神上的一种宝藏，但是使它们生出光彩的则是良好的礼仪；凡是一个能够受到人家欢迎的人，他的动作不独要有力量，而且要优美。……无论什么事情，必须具有优雅的方法和态度，才能显得漂亮，得到别人的喜悦。"有一位很成功的生意人也曾说过："礼貌是我们不可多得的银币，我们也不吝付出。"他秉持这个原则，获得了财富和名声。

当我们与别人接触时，给予别人的第一印象通常是最重要的。尽管我们自己可能多年以后才感觉到这一点，但是对方却会记得一清二楚。

对待陌生人也要保持同样良好的态度，随时说声“谢谢你”和“请”。不要总以为别人帮助你或为你做事是理所当然。如果你真的这么以为，那么你的人际关系一定会变得淡漠乏味。

微笑是礼仪的重要组成部分。人的相貌是天生的，很难改变，但某些缺陷却可以用微笑来弥补。“笑一笑，十年少”，微笑是很奇妙的东西，它能使生疏变为亲密，使隔阂变为融洽，使不顺心变为开心。

和别人交往，若要使对方快乐，首先得使自己觉得快乐，而微笑就是快乐的表现。大凡喜欢微笑的人，就业机会会多些。纽约一家百货公司的经理说过，在录用女店员时，小学未毕业却经常微笑的女子，比大学毕业但满脸冰霜的女子机会多得多。但要注意，微笑应是真诚的，发自内心的。没有诚意的笑容，不但不能打动对方的心，反而会使人生厌。

第三节　秘书如何具体处理与几类人的关系

秘书做得最多、最困难的工作是与人交往，与各种各样的人打交道，因此秘书要学习沟通技巧，而且这种学习是无止境的。

一、与领导的关系

忠诚及尊重领导，进而达到默契，对秘书来说至关重要。

1. 对领导应有深切的了解

在这方面最重要的是要把领导看作一个有个性的人，而不是概念的化身。只有了解他的人生哲学、处世态度、个性、兴趣、工作方式、生活习惯、交际圈等，才能与其配合工作，以减少因彼此间不了解而产生的困扰。因为面对性情暴躁或态度温和的领导，与面对做事有条不紊或毫无章法的领导，秘书的应对技巧是截然不同的。领导处理工作的方式不同，也会影响秘书的工作。有的领导要亲自把一封信的稿子全部拟出来后才交秘书打字，此时秘书的主要工作只是打字。但有些领导只列出信件的大纲，这时秘书就要按其授意写好整封信。一般来说，若领导个性开朗且易于信任他人，那么，他的秘书必然担负着较繁重的责任；若领导个性拘谨，事必躬亲，那么，他的秘书所做的则大多是一些例行性的事务。

国外的上司，其个性倾向也有所不同。一般来说德国人生性保守，注意小节，对事情要求较苛刻，如发现任何错误，大多将秘书找来数落一番，较难相处；日本人次之；较好相处的是美国人，他们的个性活泼开朗，对人对事不太苛求，颇讲恕道。当然，同一国籍的人，也没有整齐划一的性格模式，因人而异，以上只是就普遍特点而言。

2. 要善于处理各种情况

首先，当秘书发现领导的缺点时，不要毫不留情地揪住其缺点不放，尤其不能以某一前任领导的长处来衡量后任领导的短处，应尽可能在多方面帮助他。如果领导是个做事无条理的人，经他的手碰过的东西，往往凌乱不堪，这时你得毫无怨言地再费力收拾一番；如果领导是个时间观念不强的人，眼看和客人约定的时间就要到了，却不见他的踪影，或姗姗来迟，你就得预先为他安排时间，包括每个细节；如果领导讨厌数字，你应尽力为他处理数字。总之，协助领导是你本分的工作，你要把他的弱点看成是你协助他的机会，更不能生气。若他的错误一犯再犯时，应在适当时机委婉地规劝他，让他了解自己的不足并乐意接受你的意见。

其次，即使你竭尽全力把事情做好，也难免有些事情进行得不顺利而令领导诸多挑剔。尤其时下市场竞争激烈，领导的工作繁忙复杂，自然容易肝火上升，免不了找最靠近的职员发火，于是秘书便几乎成了他的出气筒。尽管如此，当领导发脾气时，秘书要谅解领导的心情和处境，明白他的脾气并不是专门针对你而发的。千万不可因错误不在自己而还以颜色，或不理不睬、闷闷不乐。此时最好的应付方法是：尽量保持镇定，若无其事、不快不慢地走向你的办公室或工作位置，平静地继续做自己的工作。可能的话，把原定的领导与他人的约会时间推后，以免他一腔怒火赴会而坏了大事。作为一个细心、体贴的秘书，在领导偶尔闹情绪时，大可不必把它当作一回事而过分认真。要知道，当他脾气发泄完后，很快便会恢复常态，甚至向你道歉。如果你介意甚至赌气，实在不划算。

领导生气时作出的决定，秘书应如何对待？请看美国辛辛那提大学秘书系教授乔治·华格纳对以下问题的处理和分析。

某董事长收到一封有长年生意往来的代理商寄来的无礼信函。于是，董事长把秘书叫来，要他速记下回信的大意：真没想到会收到这么不讲理的信，虽然我们有过长久的生意往来，也只能到此为止了。对此事，我还打算对外公开。他要秘书依据以上内容，迅速复函给对方。那么，秘书应采取何种态度呢？这里，有四种方案：

①“是的！遵命。”这么说着，立刻走出办公室，去打字、投邮。

②认为这项在董事长盛怒下所作的决定，对公司、对董事长本身都没有好处，倒不如擅作主张，把这封信“压下来”，不必去打字，更谈不上投邮。

③“董事长，何必为了一时之气，得罪往来已久的代理商呢？请您三思啊！”向董事长提出这样的建议。

④当天傍晚或经过一段时间董事长息怒后，将打好的信件，送他过目，并说：“您觉得这样可以寄出去吗？”

在这四个答案中，最恰当的做法是④。

也许有人认为，①是对董事长命令的绝对忠实与服从，有何不好？但要明白，不经思考地盲目忠实和服从，并不够资格成为一个好秘书。

也许有人主张，②是为公司和董事长个人的利益着想，何况秘书又是董事长的协助者。但要知道，这样做就逾越了秘书的权限，所以并不妥当。

若从秘书是董事长的协助者的角度看，③是极自然的反应，但严格来说，这是对公司决策的干预，也属越权行为。

④之所以是正确答案，理由如下：

董事长由于工作繁忙，压力较大，难免有怒不可遏的时候。在怒气消退后，自然会冷静思考问题。这时，“您觉得这样可以寄出去吗?”的言辞，正好提醒他谨慎地再作一次决定。

华格纳博士认为，①②虽不值得鼓励，但多少有些道理，③是最不明智之举。理由如下：

也许董事长觉得与这代理商往来，对公司毫无利益，正想借此机会与之终止交易关系，然而，他也可能改变主意，不把信件寄出。因此，在不明董事长的心情时去规劝，有时反而弄巧成拙。要牢记，秘书并非决策者，只起协助的作用。

当与领导意见相左时，秘书与领导争论是常有的事。避免意见相左，短期内可能有好处，但日积月累就会有百害而无一利。关键是争论时遵守下列原则：

看准时机。在当面提出异议之前，要先了解领导的心情如何。如果他情绪恶劣，就不要与他理论，因为那样会火上浇油。还要注意，在他处理急务时不要找他；快到吃饭时间不要找他；他似乎要赶着出去时不要找他；他休假前夕或休假后一天，也不要找他。

心平气和。不要怒气冲冲地找领导争论，也不要借题发挥把你的积怨全抖出来。因为，对所在的单位怨气太多，有些领导会认为无论怎样都难以令你这个下属满意，甚至认为你应另谋高就。

设身处地。和领导争辩时不要站在与他对立的立场上，要多为他着想，把自己当作他的搭档。只要互相站在对方的立场来争辩，彼此谅解，许多问题自然会迎刃而解。

提出办法。领导身负重任，要解决的事情已够多，若你只向他提出问题而没有提出解决问题的办法或者处理问题的建议，他会认为你是在给他添麻烦，甚至会感到不愉快。

最后，当发现自己犯错误时，应该想到纸是包不住火的，千万不要掩饰，更别以为时过境迁，无人会发现你的过错。要知道，直接向领导承认你的过失，比别人向领导汇报你的过失好得多。在承认过失之前，你要冷静地分析犯错误的原因，寻求补救的办法。如果希望领导给予帮助，还要考虑具体请求。然后，把事情原委向领导报告，坦诚认错。

当你承认错误后，领导可能原谅你，对你安慰甚至鼓励一番，也可能斥责你、警告你，这时你要遵守下列原则：

第一，诚心接受责备并向领导道歉，切勿强辩。

第二，不要将受责备的事向同事宣扬，自我辩护，更不要讲领导的坏话。

第三，不要自此以后颓丧，怨天尤人或次日即请假。

第四，应更加努力工作以示改过之诚意。

二、与同事的关系

秘书是领导与同事间的桥梁。他要传达领导的指示给同事，又要反映同事的意见给领导，因此，秘书要获得同事的友谊，较一般人要花更多的工夫。

由于秘书的特殊地位，要处理好与同事的关系并非易事。通常领导有任何意见，尤其是某些他本身不愿意亲自表达的看法，都会交给秘书去传达。例如，当传达领导的不满或责备给那些偶有怠惰表现的同事时，当领导所交代的事情是同事最不喜欢的事情时，秘书自然成了不受欢迎的人物。同时，秘书是领导的助手，经常与领导在一起，同事往往认为他与领导站在同一条线上而与其疏远。尤其是对那些缺点较多的领导，同事往往对其秘书也有意见。

但是，与同事愉快地相处却是秘书的人际关系中十分重要的环节，必须处理好。以下几点建议仅供参考：

1. 了解同事

与人相处得好最起码的条件是先了解对方。每位同事的成长背景和工作习性都不同，我们应通过人事资料或日常交谈，了解他们的家庭背景、人生态度、专长、能力及个性、兴趣等。了解得愈清楚，愈能应付自如。

2. 与同事打成一片

第一，与同事合作。虽然单位里每个人的工作任务各不相同，但共同目标是搞好工作。秘书应善于和同事合作，彼此支持，彼此体谅，共同提高。

第二，对同事一视同仁。有些人往往因为个性接近、志趣相投、有共同话题而感情较好。秘书与同事间也有这种现象发生。虽然这是正常的，但其他同事却不这样看，总认为你厚此薄彼，搞小团体主义。因此，工作时，秘书与任何同事之间，要保持等边距离，也就是对同事要一视同仁，绝不徇私。这样才不会赢得了这一同事的友谊，却引起了另一位同事的反感。

第三，发现并欣赏同事的优点。每位同事都有优点，应充分肯定，并在适当时候对之赞美，切莫妒忌。对同事的过失切不可贸然指责或宣扬，必要时可在个别谈心时诚恳地指出。

第四，关心同事。只有真心关心同事，才能赢得他的好感。当同事个人或家庭发生困难时，除竭力给予关怀外，还要报告领导给予解决。对新来的同事更要多方面关心，给予特别辅导，使他很快适应新环境，感受到集体的温暖，安下心来工作。

第五，以正确的态度对待同事的称赞、批评与嫉妒。秘书居于领导与同事之间，其工作性质之特殊，已如前述。秘书角色实不好当，偶有不慎，即引起同事议论。因此，要时时处处谨慎小心。如遇同事的称赞，不必太高兴，更莫喜形于色，而应在各方面严格要求自己，以博得更多的好感；若受批评，无须太灰心，有则改之，无则加勉；若被嫉妒，不要介意，应看成是生活中常有的现象，泰然处之。若受不得委屈，对人暴跳如雷，则是缺乏修养的表现。

3. 做好领导与同事之间的意见沟通工作

秘书常在领导与同事之间起着居中协调及上下意见沟通的作用。这项工作极为艰巨。当传达领导的意旨给全体同事时，稍不留心，言辞过重，便有发号施令的嫌疑。这时，秘书应注意自己的态度、语气。若是传达不受欢迎的意见给同事时，最好能在谈笑之间完成。反映同事的意见给领导时，要先深入地观察、分析，衡量得失，然后再作结论；要如实反映，不添油加醋，不掺杂自己的见解，言辞要得体。防止激化同事与领导之间的矛盾，被同事误认为你打小报告。

三、与来访者的关系

所有的来访者都必须受到热情的接待，秘书必须有礼貌地对待他们，因为他们每个人对秘书所在单位的成功，都起着直接或间接的作用。从他们踏进办公室到离开办公室，秘书经常是他们第一个见到、最后一个告别的人。因此，秘书的态度如何，直接影响到单位的声誉，应注意：

1. 欢迎来访者并记住对方的姓名

由于来访者与秘书所在单位的关系不同，他们可能受到一般欢迎，也可能受到隆重的礼遇，但不管来访者是谁，秘书都应立即停止工作，抬起头来向他微笑，以示欢迎。如果能叫出对方的名字，可直呼其名。若来访者应约而来，应在他来到之前，就仔细检查他的名字。若是外国人，还要检查他的名字的拼写方法和发音。

作为一个称职的秘书，必须有一本易于携带的卡片簿，上面分别记着经常来访者的姓名、性别、职业等。平时收到某人的名片时，应记上日期，以便日后确定名片上提供的是否某人的最新情况。有时，秘书应做些关于某人特征的速记笔记，以便于帮助自己几个月后仍能记住对方。

有些特殊的来访者，如领导的上级或上级的秘书，领导经常与之交换意见的同事，领导最接近的职员和领导的亲属等，可安排他们优先见到领导。

2. 善于应付难以对付的来访者

有些来访者比较粗鲁甚至野蛮，若与他们不期而遇，对他们礼貌相待需要高度的自制力和意志力。

如果秘书不认识来访者，可客气地说：“需要我帮助吗?”或“您能告诉我您的尊姓及贵单位的名称吗?”

如果来访者不愿通报姓名，也不说出求见理由，却千方百计想绕过秘书径直去见领导，这时秘书的态度必须很坚决，并可用以下任何一种回答来应付：

第一，“我很抱歉，××先生只会见预先约好的来访者，请您在这张卡片上写下姓名及求见的简要内容，让我送进去好吗?”

第二，“如果我违反××先生的指示让您进去，他将会不愉快。您写下您想和他谈些什么，由他决定是否接见您，比您硬闯进去好得多。”

第三，“我保证把您打算谈的事转交××先生，过些时候您可打电话给我，我再告诉您他的答复。”

第四，“××先生正在研究一些很重要的事情，还得要一段时间。为了不浪费您的时间，请您留个便条给他。”

3. 把握和记者谈话的分寸

前来光临的如果是记者，秘书要立即把他带到单位专管对外接待的部门或单位领导那里去。秘书要满腔热情地接待记者，表现出乐意帮忙的意愿，但不要对事情轻易表示赞成或反对，更不能未经领导同意就提供内部情况。

除了来访者外，其他人还有管理人员、市场销售人员、财会人员、其他办公室的秘书、邮递员等，他们都应受到秘书礼仪周全的接待。

思考与练习

1. 为什么说人际关系是在双向的、互惠的、积极主动的交往中形成与发展的?

2. 试述处理好人际关系的秘诀。

3. 秘书应如何处理与领导的关系?

4. 秘书应如何处理与同事的关系?

5. 秘书应如何处理与来访者的关系?

第五章　秘书的培养

第一节　秘书队伍的现状

全国大大小小的机关、林林总总的企事业单位都有秘书，秘书队伍是一支庞大的队伍。正是这支队伍使各级领导者有效地进行领导，使机关内外、左右、上下的关系得以疏通，使整部国家机器正常地、有节奏地运转。如今这支队伍的现状如何呢?

改革开放30多年来，良好的国内外环境，令秘书队伍发生了巨大变化，秘书一代新人正在茁壮成长。董汉庭先生等曾在江苏省盐城市（经济在江苏省属中等水平）进行过一次调查①，在全市9个县、区和70个市直单位中，随机抽查210名秘书人员：在年龄上，20~30岁的55人，占26%，30~40岁的145人，占69%，超过45岁的没有，而改革开放前，秘书人员一般年龄在40岁以上。他们中绝大多数人是改革开放后学校培育出来的，相当一部分还是1980年后出生的。在文化上，硕士生（含在读）15人，占7%，大学本科生（含高教自考、进修）150人，占71%，大专生45人，占21%。而改革开放前，秘书人员多数是初、高中文化程度，大专文化程度的是少数，大学本科文化程度的更是凤毛麟角，研究生学历的根本没有。他认为，新一代的秘书群体，显示出如下特点：第一，思想解放，紧跟时代潮流。第二，知识面广，文化素

---

① 董汉庭. 喜看秘书一代新人的成长——改革开放30年我国秘书队伍的巨大变化. 当代秘书论坛，2009（1）：34~35

质较高。第三，时代性强，应用技术普及。第四，女性秘书人员数量增加，冲破了“男人世界”。第五，非公（或称民间）秘书加入，改变了秘书队伍的单一结构。

但要看到，处于不同层次，不同单位的秘书群体，其状况又有所不同。湖南省委办公厅史海威先生以其所在单位湖南省委办公厅为例，对 80 后党政机关秘书群体的现状进行了分析①。湖南省委办公厅在 2005—2007 年，连续三年从北大、清华等全国知名大学公开招考录用了将近 30 名硕士研究生。他们基本上都是 80 后，男女比例为 4∶1，以文科为主，兼有理工科，到办公厅后分别被安排到政务、政工、后勤等处室，从事办文、办会、接待、机要等工作，基本涵盖了办公厅的所有业务。史海威先生主要从“现状与分化”、“出路与烦恼”两方面对这个秘书群体现状进行了分析：

一、现状与分化

这将近 30 名研究生到办公厅工作一段时间后，虽然他们还不同程度地保留有一定的“书生气”、“学生腔”，但已经基本上走出了情况不熟悉、业务不熟练、心态不稳定的阶段，融入到了办公厅的大环境中，进步快的已经成为某一方面的业务骨干。由于办公厅人才济济，领导对服务质量要求高，这批 80 后虽然能力素质不错，但并没有独当一面的机会，一般是在处室领导的直接指挥（指导）下从事各项工作。偶尔的工作失误和考虑问题不全面不细致，这种“自身缺陷”是他们没能获得独当一面机会的一个重要原因。在计算机、外语等方面的技能优势，倒是显现出了他们的价值所在；另外，他们思维活跃，学有专攻，相对较少受条条框框的束缚，常能提出一些新鲜管用的意见和建议，在某些时刻起到关键作用，从而给人后生可畏的感觉，显示出了极具开发和培养的潜力价值。

① 史海威. 80 后党政机关秘书群体现状透视——以湖南省委办公厅为例. 秘书之友，2009（12）：6 ~ 7

工作不是生活的全部，观察八小时之外的业余生活，是全面了解80后秘书群体的一个重要窗口。办公厅独特的工作性质，以及任务相对较重，突发事件、大事要事相对较多的特点，使得这批80后经常“白加黑”、“五加二”、“雨加晴”地工作，大块可独立支配的业余时间不多。他们把业余时间有重点地分配到交友、健身、学习充电和婚姻家庭上。他们中有的更偏重于人际交往，业余生活的主要精力在此，为将来有更好的发展打下人脉基础；有的则偏重于个人能力的提高，积极地读书学习充电，补充新知识，有的还考取了博士；有的则努力把二者兼顾起来，不过难度可想而知。显然，这种分化将极大地影响到他们未来的发展方向和发展结果。他们中大多数人已经步入婚姻的殿堂，没有结婚的也比较受欢迎。婚姻观有时最能反映一个人的价值观。从婚姻观来看，他们有的带有功利主义色彩。这就是湖南省委办公厅80后秘书群体工作、生活的普遍现状。

二、出路与烦恼

不想当将军的士兵不是好士兵。80后党政机关秘书群体和绝大多数“官场”中人一样，也希望通过自己的努力拥有一个灿烂前程。应该说，中央和省级党政办公厅中的80后，起点相对较高，舞台相对较大，发展前途也相对较好。从湖南省委办公厅的情况来看，这批80后对自己目前的工作较满意，精神状态比较好，虽然工作辛苦又清苦，但是整体上比较稳定，向外流动的意愿不是很强烈。

不过他们也有“成长的烦恼”，“阅历增长的同时牢骚也跟着增多，了解事情增多的同时攀比心理也在增强。看到身边某人提拔了，某人当秘书了，某人调到关键岗位上了，都可能使人心里产生乱、产生怨。”这是就内部刺激而言。从外部环境来看，近年来“80后厅官”、“80后市长”的不断出现，昆明、长沙等地公开选拔80后副处级干部的举措，也使他们的自我良好感逐步消失，浮躁情绪有所滋生蔓延。这些所谓“成长的烦恼”根源于攀比心理，诱发于社会的浮躁和官场的一些不正之风，虽然有其现实合理性，但对他们的健康成长极其不利。可以说，他们就是在不断克服这种烦恼的过程中工作、成长的。

中小型企业的秘书群体则呈现另一种情况。浙江省丽水职业技术学院叶家红先生采取问卷的方式，对浙南中小型企业秘书人员状况和浙南中小型企业管理层对文秘人员的要求进行了调查[①]。调查主要在丽水市和温州市一百多家中小型企业中进行，共发出问卷106份，收回96份，回收率为90.57%。通过调查了解到的秘书人员基本情况如下：

第一，秘书以年轻女性居多。另外，对秘书年龄的调查发现，23~27岁年龄层次的秘书占总数的60.94%。

第二，秘书从业年限普遍较短，人员流动性较大。有67.2%的秘书回答当出现其他机会时，会考虑跳槽或转行，而待遇较低是导致秘书跳槽、转行的一大原因。

第三，秘书人员的非秘书专业倾向明显，学历层次较高。高职或大专学历的占61.54%，本科的占21.54%，研究生占3.08%（这个学历层次相对于基层秘书队伍来说，才能算较高——笔者注）。

第四，秘书人员领悟能力受重视。

第五，秘书缺乏应有的社会地位。

基层秘书[②]队伍流动性更大。由于基层存在着起点低、出口窄、风气差、发展空间有限、收入不高等问题，令秘书人员尤其是80后党政机关秘书群体面临不少困惑和烦恼，主要是觉得没有盼

---

① 叶家红．浙南中小型企业秘书人员状况调查与对策研究．秘书之友，2009（11）：9~10

② 基层秘书主要是指乡（镇）这一级机关的秘书，兼指县（市）级机关的秘书。

头、没有奔头，导致在工作中缺乏动力。

第二节 秘书的培养

一、培养目标

秘书培养应有明确的培养目标。应该把秘书培养成什么样的人才？目前的看法，大致有以下几种：

1. 秀才型人才

秘书经常动笔，与过去不离笔的秀才相似；又因为不少秘书尤其是中、上层秘书，文科毕业生居多，他们文质彬彬，写得一手好文章，常被称为“秀才”，故在人们的观念中，极易把秀才和秘书联系起来。

2. 通才型人才

现代社会对秘书人员提出了比过去更高的要求，要适应这种要求，秘书应具有比较全面的知识，成为通才。

3. 通才—专才型人才

有人从秘书学科性质出发探讨培养目标：

“从交叉性来说，秘书学科又是一门文理渗透的综合性学科，它所培养的学生应是知识面较宽的‘通才’，那种把秘书学科视为单纯的应用文科的观念已经过时”，“从专业性来说，秘书学科应当是一门专业性较强的学科，它所培养的学生不仅是‘通才’，还应是‘专才’”①。

4. 专才型人才

有人从秘书的职位分类中得到启发，反对秘书应是“通才”的口号，强调秘书工作应实行专业分工，秘书人员应有针对性地学通、学精某一方面的知识和技能，即成为专才。②

① 赵泽洪．建设具有行业特色的秘书专业．秘书之友，1989（6）

② 吴俊生．美国秘书的职位分类及其实践意义．秘书之友，1991（7）

5. 管理型人才

这是一些人从秘书学是管理的分支这一角度提出的。既然秘书学从属于管理学，那么，秘书人才是管理型人才，则不言而喻了。

以上说法各有其根据，笔者认为，秘书人员应是具有比较广博的知识基础又熟悉某行业专业知识的通才—专才型人才。

在教育上应该注重培养专才还是通才，这是一个早已引起广泛争论的课题。主张通才教育是从当代科学综合化的发展趋势引发出来的。现代科学技术的高度发展，使科学出现高度分化与高度综合的辩证统一现象。从发展趋势看，高度综合是矛盾的主要方面。许多学科交叉渗透，犬牙交错，如果把自己的知识局限在一个狭小的天地里，株守一隅，就很难适应这种状况。对于现代科研工作者来说，只有建立个人的广博的知识结构，才有可能取得更大的成就。秘书虽不是科研工作者，但他要在复杂的环境中工作，要处理大量复杂的事务，如果没有比较广博的知识基础，是很难适应的。但这并不意味着秘书不必学习各行业的专业知识。中国内地的秘书中，除了在党政机关服务的以外，大多数分布在各行各业，而每个行业都有一定的专业。秘书不是专业人员，不能要求他们成为某专业领域的专才，但也要熟悉所在行业的专业知识。如果秘书对所在行业一无所知，完全是门外汉，或者知之甚少，就无法在该行业立足，更谈不上起草专业性文件、处理专业性事务了。因此，总的来说，秘书应成为通才—专才型人才。

二、培养途径

秘书培养有自我培养和外界培养两种途径。自我培养是秘书成才的内在因素，外界培养则是秘书能力发展的外部条件，它们互相依存，彼此影响，缺一不可。

1. 自我培养

秘书自我培养最关键的是职业能力培养。素质（有机体生来具有的某些解剖生理特点，特别是神经系统、脑、感觉器官和运动器官的解剖生理特点）是能力形成和发展的自然前提，但素质本身不是能力，它仅提供能力发展的某种可能性，只有经过后天努力，才能使这种发展的可能性变为现实性。这种后天努力首先是自身的努力。人的能力必须通过主体的积极活动才能得到发展，一个人的能力水平与他所从事活动的积极性成正比。因此，秘书人员应充分发挥个人的主观能动性，坚持不懈，刻苦学习，熟悉和把握秘书工作规律，努力掌握各种技能，为出色完成任务创造充分的个人条件。

能力的发展与兴趣和爱好有着密切的联系。一般来说，个体对某种活动具有强烈而稳定的兴趣和爱好，常常标志着其具备与该种活动有关的能力的发展水平。由于秘书活动是一种平凡、琐碎、不被一些人所理解而又付出甚多的活动，要对它产生浓厚的兴趣是不容易的，因此，将要从事或已从事秘书工作的人，必须树立强烈的职业意识，不断加强对秘书工作的责任感和自豪感。

2. 外界培养

外界培养包括教育培养和环境培养两个方面。

先说教育培养。这种教育培养主要指学校教育、继续教育乃至终身教育。

安徽师范大学文学院杨树森先生认为，① 自 1980 年上海大学文学院率先设置秘书专业以来，30 年来中国内地秘书专业教育已经形成多种层次、多种模式的教育体系。从学历层次看，目前秘书专业是以本科教育为主导，以专科（职业技术学院）教育为主体；许多中等专业学校和职业高中也设有文秘专业，研究生层次的秘书教育正在酝酿探索之中。

学校教育的教学指导思想如何，课程设置如何，影响着培养的质量。以改革精神办教学，应是总的指导方针。就全日制高校秘书专业的课程设置看，目前存在着“三多三少”的现象：理论课程

① 杨树森. 论我国秘书教育的历史和现状. 秘书，2009（7）：7～8

太多，应用课程太少；文史课程太多，行业的专业课程太少；课堂教学太多，社会实践课太少。秘书学是一门应用学科，它所培养的学生毕业后主要从事实践工作而非理论研究，因此，除开设一些能指导秘书工作实践的理论课外，要投入较多师资开设应用课程，特别是秘书技能课。文史课程太多是因过去不少秘书专业在中文系开设，会自觉不自觉地把中文专业的课程移植到秘书专业中来，何况这方面的师资雄厚，用起来方便。但这种因人设课的现象对学生知识结构的形成是极不利的，他们毕业后往往无法胜任党政机关以外其他行业的秘书工作，况且现在党政机关的秘书也有部门分工，缺乏该部门的专业知识，也很难搞好工作。学生不能到了岗位再学习。如果课程设置严重脱离学生毕业后面临的工作实际，就会使他们手足无措，在激烈的职业竞争中失败。因此，文史课程的分量要有一定限度，切不可忽视行业的专业课。虽然，开设这类课程目前在全日制高校的中文秘书班中较难实施，但也应尽量拓宽课程门类，尽量开设一些人数较多的行业的专业课。至于理工农医类院校，可充分利用其优势，逐渐把一般性的培养行政秘书的课程转变为培养某行业的秘书的课程。如农业院校的秘书专业可多开设有关农业的课程，建筑院校的秘书专业可多开设有关建筑专业的课程。秘书专业的社会实践课是到秘书部门参观、实习，具体了解秘书工作的内容和全过程，它既能使学生开阔视野，又能巩固所学知识，有利于学生毕业后很快适应工作。现在，这类实践课不但时间少（多安排在毕业前一两个月），而且分布不合理，更没贯穿于学生整个在校学习期间。

各门课程不仅要科学地设置，而且要围绕培养目标，互相协调，使各门知识成为有机统一的整体。这里尤其要克服各自为政，过分强调本课程的完整性而忽视与秘书专业的有机联系，不注意在学科的联系中诱导学生学习的倾向。对一些在内容上有所重复的课程，教师之间要进行协调，调整教学内容，明确分工，消除重复现象。

对在职秘书来说，继续教育是主要培养途径。各级领导应把对他们的培养作为加强秘书队伍建设的一项长期战略任务，采取分门别类、分期分批的方法进行培养。有几条做法可以参考：

（1）从实际出发，根据本单位秘书人员的工作需要、文化程度等情况，按照不同专业、不同层次的要求，有针对性地开办不同类型的培训班。

（2）所学课程要具体实用，基本原则是干什么，学什么；缺什么，补什么，不求全面高深，但求学得进，用得上，回单位后能促进工作。

（3）培训形式灵活多样，不拘泥形式，既可集中一段时间实行岗位培训，又可安排若干单位时间请有关行家作专题报告，在条件许可时，可派中青年秘书到大专院校进修。

（4）学习重要法规和操作技能，可采用生动活泼的形式，如进行关于某种法规的知识竞赛、打字比赛等。

为提高中国内地秘书职业从业人员的业务素质，为用人单位挑选合格人才提供客观标准，做好秘书的培训工作，1997 年底，原劳动和社会保障部委托国家职业技能鉴定专家委员会秘书专业委员会制定了《国家职业技能标准（秘书）》和《国家职业技能鉴定规范（秘书）》，并经原劳动和社会保障部组织专家审定通过。1998 年 6 月，原劳动和社会保障部在试点省市首次进行秘书职业资格考试，至 2003 年止，经历了 5 年 10 次考试。截至 2001 年，已有 25 万多人获得了初、中、高级三个不同等级的秘书职业资格证书。由原劳动和社会保障部中国就业培训技术指导中心组织编写与审定的《秘书国家职业资格培训教程》①，目前是中国内地秘书职业技能培训和鉴定的指定教材。秘书职业资格鉴定是原劳动和社会保障部参考了英美等国家的做法而决定的。这表明，推行这种制度也是中国

① 劳动和社会保障部，中国就业培训技术指导中心．秘书国家职业资格培训教程．北京：海潮出版社，2003

内地秘书职业与国际接轨的必需和必然。

再说环境培养。秘书能力的发展，是许多因素共同作用的结果，其中也包括环境。环境有大环境、小环境，有历史环境、现实环境，这里主要是指秘书直接生活在其中、与其发生直接而密切关系的秘书部门，也即若干秘书人员结合成的群体。这个群体如果结合得科学、合理，就会形成群体的行为规范，树立起群体威望，从而对每个成员产生一种动力，一种压力，一种凝聚力，促使群体的每个成员充分发挥自己的主观能动性。反之，如果群体是一种盲目的、比例失调的结合，就会产生一种离心力。群体成员各自为政，矛盾不断，互相牵制，则根本谈不上发挥其应有的作用。

秘书人员最好能工作在一个优化群体中。优化群体是指按照异质结合的原则，由不同专长、学历、年龄、性格、性别的人科学组合起来的集体。在这个集体中，各种人员配备齐全，而且比例适中，既有擅长中文、新闻、历史、外语、政治、经济的文科人才，又有精通数理、电脑应用、计算机科学的理工科人才；既有本科和大专毕业生，又有中专或高中生；既有中年，又有青年；既有性格内向的，又有性格外向的；既有男性，又有女性。这样，才能适应不同层次、不同工作种类、不同场合的需要，充分发挥各人某方面的优势，避开某方面的不足，不但可以形成良好的群体效应，而且使每个成员各尽其才，心情舒畅。

但优化群体并非一成不变，而是处在不断的变动中。经过一段时间的实践，原来的群体会产生变化，出现部分淘汰、部分调整以及输入新生力量的现象。但这不是大换班，而是在保留骨干队伍的前提下的流动，通过流动，又形成更有活力的稳定。另外，群体的每个成员，其能力和知识量也在变动之中，有的人进步了，有的人落后了。时不我待，每个成员都须严格要求自己，不断进取，才能跟上优化群体的步伐。

在秘书的工作环境中，领导对秘书的态度如何，怎样使用秘书，对秘书的成长起着举足轻重的作用。因为，秘书为领导服务与领导使用秘书，处于矛盾的对立统一体中，这里既存在秘书如何为领导服务的问题，也存在领导如何使用秘书的问题。在态度上，领导要尊重秘书的独立人格，体谅其辛劳，关心其疾苦；在使用上，要合理、科学。当秘书的工作卓有成效时，要大胆提拔，使之得到更大的发展空间。

思考与练习

1. 根据你的了解，谈谈秘书队伍的现状，并提出一些建议。

2. 你认为应该把秘书培养成什么样的人才？

3. 培养秘书有哪些途径？

4. 何谓优化群体？为什么说秘书人员最好能工作在一个优化群体中？

5. 为什么说在秘书的工作环境中，领导对秘书的态度如何，怎样使用秘书，对秘书的成长起着举足轻重的作用？

第六章 秘书机构的设置

第一节 秘书机构设置的原则

秘书机构即秘书部门，也就是秘书人员在其中从事秘书工作的地方。秘书机构是任何机关或单位不可缺少的。任何机关都要办公，都要开会。办公要有人收发文件、拟稿、审核、缮印、校对；公文办完后，要有人整理立卷，向档案部门移交或销毁；开会要有人布置会场，整理记录，提供各种服务。这些工作需要有个机构来做。机关领导人与业务部门以及上下左右联系、商洽、研究各项工作，要通过秘书机构；本机关与其他机关加强联络，促进了解，也要通过秘书机构。

秘书机构属于综合性机构。在各种机关的内部机构中，按其担负任务的性质，可分为职能性机构（或称职能部门、业务部门）和综合性机构两大类。职能性机构是国家机关、企事业单位为分工专管某项业务而设立的工作部门或单位。每一职能部门担负着机关职能的一部分，如组织、人事、宣传、保卫、财会等。秘书机构虽然不承担任何具体业务工作，但有些无法分解到具体业务部门的工作，如在全局范围内给领导提供帮助和服务、人事沟通、综合协调、掌管事务等，都要由秘书机构承担。而且，由于它所处的枢纽地位，使它成为除机关领导人之外唯一了解全面情况的机构。由于它能从组织系统的整体利益出发，对各职能部门的行动进行调节，把各部门的工作有机地联系在一起，从而提高了组织系统的整体效能。从这个意义上说，秘书机构已经超越了各职能机构的业务职责而具有全局意义。因此，秘书机构不仅有存在的必要，而且要进一步完善和健全。

秘书机构指各级各类机关、单位中的办公厅（室）或秘书厅、处、科、股等，有些在名称上虽不叫秘书机构但实际从事秘书工作的，也属秘书机构。秘书机构有广义和狭义之分。广义的秘书机构不仅指各级负责综合性工作的办公厅（室），而且包括其下属的秘书、档案、机要、调研、信访、警卫等部门；狭义的秘书机构，仅指各级办公厅（室）中的秘书部门。

秘书机构的设置，要适应机关或单位管理工作的实际需要，这是总原则。具体体现在以下三个方面：

1. 凡独立单位必须设置秘书机构

所谓独立单位，是指有一定数量的常驻领导干部和办事人员，能独立行使一定权力的实体单位。也有人从文书处理工作角度，认为凡是行文单位，均可设置秘书机构。而行文单位至少应具备三个条件：其一，是一个有一定职责范围即有一定权力的独立负责部门，有上级颁发的公章，有行文的权限；其二，有一定数量的常驻的领导干部和办事人员；其三，有一定数量的收发文件。是否行文单位，不以职责和单位的大小区分，而是以是否能独立负责，是否被授予对外独立解决工作问题的权力来确定。

这些单位，可以是各种类型的，既包括党政领导机关，也包括企事业单位及群众团体；也可以是各种层次级别的，既包括最高一级的党中央、国务院，也包括基层乡（镇）和企事业单位。由于它们都是独立的工作单位，都有秘书工作，因此，都需要设立相应的秘书机构。按照这个原则，随着全国范围的庞大而有序的管理体系的建立，相应构成了覆盖全国的立体网络状的秘书机构格局。

某些实体单位，由于任务比较复杂，工作量比较大，常在内部设立一些管理层次或分支机构，它们都有相应的秘书工作，其机构虽名称各异且不独立对外负责，习惯上也称为秘书机构。

2. 秘书机构的组织形式、人员配备必须符合精简、合理、高效的要求

虽然凡独立单位都须设置秘书机构，但各级各类秘书机构在组织形式、人员配备上却各不相同。有的秘书机构下属部门齐全，层次分明，分工细致，人员较多，如党政高级机关，设有办公厅①，下面还有局、室、处、科等，而基层机关只有一两个专职或兼职的秘书或文书人员。

秘书机构的组织形式和人员配备要符合精简、合理、高效的要求。所谓精简，一指人员要精干，人数不能过多；二指机构内部层次要少，不能因人设事，因人设职，不搞内部的“少而全”。正如美国一位管理学家所说的，最佳的机构，就是能完成所担负的任务而又最简单的机构。所谓合理，是指实际工作是否需要。机构要精简，但不等于越简越好。人浮于事，互相牵制，固然影响办事效率，但过于精简，使人员负担过重，也难以完成任务。管理层次要少，但不等于越少越好。在有些单位，秘书部门为之服务的人数及处理的事务较多，不设相应的管理层次就无法进行工作，因此，必要的管理层次是不可少的。总的来说，应以每项具体工作都有人负责，每个人的工作量不致过大或过小为宜。在考虑设立新的管理层次时，一定要审慎，在坚持合理的管理跨度（或称管理宽度、管理幅度）的前提下，尽量减少内部管理层次。所谓高效，包括四方面内容：一是能在必要的时间内完成所规定的各项工作；二是能以最少的工作量换取最大的成果；三是能很好地吸取过去的经验教训，并在业务上不断创新；四是能协调内部的行动，并及时适应外部的变化。

3. 秘书机构与所属机关在工作性质上必须相适应

中国内地各级领导机关根据机关工作性质的不同，可分为权力机关、监察机关、管理机关和业务机关等。这些机关中的秘书机

---

① 副省级以上才设办公厅。

构，都属综合办事机构，在辅助领导、搞好服务方面有其共性，但由于所属机关的工作性质不同，故工作侧重点和具体职责不尽相同，有一定的特殊性。一般说来，权力机关的秘书机构侧重于决策的贯彻实施；监察机关的秘书机构侧重于法纪原则的检查落实；管理机关的秘书机构侧重于政策、法令的推行；业务机关的秘书机构侧重于专业实际。

第二节 各级各类秘书机构

一、各级秘书机构

根据各级机关级别的不同，秘书机构分别称为办公厅、办公室、秘书处、秘书科、秘书股等。在这些厅、室、处下又可分为2～3层。各级秘书机构大致如下：

1. 中央机关的秘书机构

中共中央、国务院均设办公厅。中共中央不设正副秘书长，但办公厅设正副主任；国务院设正副秘书长，但办公厅不设主任，而由秘书长直接领导。中共中央、国务院所属部委均设办公厅。

由于职责、任务及工作需要，中央机关分别采用分理制与综理制的形式设置下属机构。所谓分理制，就是采用分部门办公的形式。这样，秘书机构就是整个机关中的一个部门。中共中央、国务院实行的是分理制，办公厅是相当于部委一级的机构，下设局级机构，如秘书局、机要局、信访局、警卫局、机关事务管理局等。局以下还设处、室或科等。所谓综理制，就是采用不分部门办公的形式，由秘书机构综合管理领导机关的一切日常工作。全国人大常委会、中央军委、全国政协常委会实行的是综理制，由秘书长领导办公厅负责综合承办日常工作，办公厅下设若干局、处、室等。

2. 省、市[1]、县级的秘书机构

省、市、县级机关同样采取分理制和综理制的形式设置下属机构。党、政机关实行分理制。省（直辖市、自治区）一级：省委、省人民政府均设正副秘书长和办公厅（办公厅与部、委、局平行），办公厅设正副主任。办公厅工作由秘书长直接领导。办公厅下设处、室，处、室下设科、组。省级工作部门，包括部、委、办、局，多数设办公室，办公室下设科。工作部门名称为办公室的（如侨务办、外事办），设秘书处。市（自治州）一级：以广东省为例，广州、深圳两市设办公厅，办公厅设正副主任，厅下设处。其他市设办公室，有的设正副主任，有的不设，室下设科。市级工作部门，包括部、委、办、局，有的设办公室，下设科，有的不设科。县（自治县）一级：县委、县人民政府均设办公室，办公室设正副主任，下设科或股、组。县级工作部门，包括部、委、办、局，一般设股（科），个别设办公室。人大、政协实行综理制，秘书长统辖下属各处或科，负责日常工作。

3. 基层单位的秘书机构

基层单位的秘书机构，通常只设办公室，不再下设科或组，由办公室人员按工作任务分工负责。农村乡（镇）一般设办公室，较小的只设专职或兼职秘书或文书人员。城市的街道办事处，多设办公室或秘书股，有的只设专职或兼职的文书人员。基层单位的秘书往往身兼数职，分工不可能很细致。

二、各类秘书机构

以上所说的是党政机关的秘书机构。除此之外，还有其他单位的秘书机构。

1. 人民解放军的秘书机构

人民解放军的秘书机构有着科学的、严密的编制体制，一般可

---

① 同样称“市”，有不同级别，要区分是什么级别的市。

分为：首长秘书机构、机关秘书机构和会议秘书机构。首长秘书机构是专门为高级领导人设立的办公室，如首长办公室。各大军区、军兵种级首长配备秘书，这些秘书集中组成秘书处，隶属于司令部办公室。机关秘书机构指各机关、单位设立的秘书机构，如中央军委，由秘书长领导办公厅负责日常工作；总部一级、部分二级部、军兵种、大军区的一级部均设办公厅或办公室；军、师一级政治部设秘书处（科）；团以下单位只设秘书、书记或文书。会议秘书机构指专门为军内各种会议服务的临时秘书机构。

2. 企事业单位的秘书机构

企事业单位一般是参照同等级党政机关的编制形式，结合本单位的实际情况设置秘书机构。但由于各个企业和事业单位在级别和规模上有很大差别，故秘书机构的设置也不尽相同。如大型厂矿都设有党委办公室、厂长办公室和总工程师办公室等；高等院校都设有校、院两级办公室。相当于县团级及以下的企事业单位，有的只设秘书科（股）。企事业单位一般不设专门的政策研究部门和信访部门，只配备必要的工作人员，但有信息情报部门或从事咨询的研究部门。一般都设档案室，划归秘书部门领导。

3. 民主党派和人民团体的秘书机构

各民主党派的领导机关，根据各自的组织章程，参照同级党政机关的级别，设立秘书机构。一般实行秘书长综理制，负责领导日常工作。其机构一般设办公室、组织部、宣传部等，但相对而言，规模较小，且人员较少。

工会、团委、妇联等群众团体，按同级部、委、局的级别，设立办公室或秘书处、秘书科。由于与群众联系的事务比较多，常下设信访、政策研究机构，或配备专人负责。

学术团体如社会科学联合会、写作学会、秘书学研究会等，均设会长（或理事长）及秘书长。会长（或理事长）通常是兼职的，日常工作一般由秘书长负责主持。

4. 临时秘书机构

这是指各级领导机关在实际工作需要时所设置的非常设性秘书班子，主要有两种：

一是为临时性领导机构服务的秘书机构。在某些重大活动或工作中，常成立一些跨单位、跨行业、跨地区的临时领导机构，如"抗洪救灾指挥部"、"女足赛筹委会"等，这就需要从各方面抽调人员组织秘书班子。这种秘书机构在组织形式和人员配备上灵活性较大，没有统一要求，工作结束即告撤销。

二是为各种重要会议服务的秘书机构。其规模、形式、人员配备随需要而定。按会议的性质可分为法定性会议秘书机构和非法定性会议秘书机构。如各级党代会、人代会、政协会议属法定性会议，常在大会主席团领导下设秘书处，由秘书长统管秘书处及会务、保卫等工作。非法定性会议指先进单位或个人代表会议、庆功表彰大会等。这些会议一般由秘书长主持会务工作，秘书处人员从机关选派，会议结束即回原单位。按会议的规模，可分为大型会议秘书机构和中小型会议秘书机构。前者较完备，人员较多，有时还在下面设置二级机构；后者人员较少，主要负责会务工作。

第三节　秘书机构的领导关系

1. 秘书机构只直接对所属机关负责

在各机关的领导关系中，有一种叫"条条"领导关系，如国家教委直接领导一定数量的重点院校，并对下级教委（厅）有领导关系；铁道部直接领导各大铁路局。另一种叫"块块"领导关系，如省、市、县人民政府分别领导属下各厅、各局、各区等。而秘书机构只直接为本单位领导服务，对下一级或上一级秘书机构，不存在领导或被领导关系，即铁道部办公厅不领导各铁路局的秘书机构，县人民政府的办公室不领导各局的办公室。也就是说，各级秘书部门之间不实行自上而下的、独立的垂直领导体系，秘书机构之间存在相对的封闭性。

2. 秘书机构之间的联系

虽然秘书机构之间存在一定的封闭性，但仍有一些纵向和横向联系，而且随着中国内地经济体制和政治体制改革的深入，这种联系将有较大发展。纵向联系表现为上级秘书机构有义务对下级秘书机构进行业务上的指导。早在1959年，中央就规定，中央办公厅对中央各部门和各级党委机关的文书处理工作和档案工作在业务上要进行指导。分局和省（市）委办公厅对同级各部门和下级党委的文书处理工作和档案工作在业务上也有指导之责。这种业务指导关系体现在由上级领导机关（不是秘书部门）颁发制度、指示和通知，或召开专业工作会议，解决存在的问题。横向联系表现为秘书机构之间就一些共同性问题或业务问题，相互交流经验，展开对秘书学教学和秘书工作的研究。20多年来，全国秘书学研究会和各地秘书学研究会相继成立和开展工作，对这种横向联系起着重大的促进作用。

思考与练习

1. 在各种机关的内部机构中，按其所担负任务的性质，可分为哪两大类机构？秘书机构属于什么机构？

2. 秘书机构设置的总原则是什么？具体体现在哪些方面？

3. 各级秘书机构指哪些？

4. 什么是分理制？什么是综理制？

5. 各类秘书机构是指哪些？

6. 简述秘书机构的领导关系。

第三编　秘书工作概说

第七章　中国秘书工作的沿革

今天的秘书工作是从过去的秘书工作发展而来的，有一定的传承关系。但由于时代的变化，今天的秘书工作和过去的尤其是古代的秘书工作已有很大不同。了解这个变迁过程，对我们更好地了解秘书工作的全貌，促进秘书人员素质的提高和秘书工作的更新、发展，是有所帮助的。

第一节　先秦至清末的秘书工作

一、先秦

先秦是秦统一以前的历史时期，一般指春秋战国时期，也有指比它更早的时期。现按后说。

秘书工作起源于何时，有两种说法，一种认为起源于远古的黄帝时代，一种认为起源于夏代的奴隶社会。前者认为，黄帝有史官仓颉（jié 结）、沮（jù 聚）诵、孔甲等多人，这类人员的出现，标志着秘书人员的诞生。史官的出现，是秘书工作诞生的一个标志。[①] 尧、舜、禹为传说中三个部落联盟的首领，连续禅（shàn 善）让（指帝王把帝位让给别人）。舜在位时设立九官以治天下，其中有纳言一官，命龙（人名）担任。纳言是上通下达，出纳君命的官员，是典型的秘书官职。后者认为，秘书工作的产生有两个先决条件：一是文字的出现，二是阶级与国家的出现。而文字起源于夏

---

① 杨剑宇．中国秘书史．上海：同济大学出版社，1988. 16 ~ 17

代，到了夏代才产生国家，因此，秘书工作产生于夏代的奴隶社会，而且它从一产生起就具有鲜明的阶级性，是为一定阶级服务的工具。[①]

夏商两代，大约1 000年。国家的君主称“后”（沿用氏族首领的称号）或“王”。在王的左右，权力最大的是一些称为“史”的官员，古书里也常称作“巫”。这些官员是神权的体现者，“上帝”的旨意通过他们传达给君主，再由君主下令执行。从西周到春秋大约六七百年，从中央到地方，军政大权掌握在王的宗族和外戚手里，巫史的地位大大下降，军事、行政、司法、外事等职务从巫史的手里分化出来，形成以卿士为首的政务部门，同以太史为首的神事、教育、秘书部门处于平行的地位，金文中并称为“卿士寮”、“太史寮”。太史的地位仍然很高，与三公（在王的左右，担任太师、太傅、太保职务）、卿士不相上下，但职权范围已缩小了许多。太史之下还有内史、御史、宗伯等秘书官。内史掌管策命卿大夫之事，御史（也称“柱下史”，商代称“守藏史”）掌管档案，宗伯掌管祭祀礼仪等事务。

战国时期是由奴隶制社会向封建社会过渡的重要时期。这一时期的革新措施为漫长的中国封建社会奠定了基础，在职官制度上也是一样。战国时期君主的秘书有御史、主书、御书、尚书、掌书等不同的称呼。御史已不再只是负责保管文件档案，而是国君的重要随从，参与决策，草拟机要，甚至能代替国君接受外国的重要文件。后代的御史还掌管监察百官业务。左徒是战国时楚国设置，有人说它相当于现代的秘书长。屈原曾为楚怀王左徒，“入则与王图议国事，以出号令；出则接遇宾客，应对诸侯。王甚任之”[②]。

---

① 刘登山等．秘书学教程．北京：中国政法大学出版社，1988. 11 ~ 15

② 司马迁．史记·屈原贾生列传．北京：中华书局，1959

二、秦汉

秦代设中枢（决策）机构、中央行政机构、地方政府机构。中枢机构是秦朝中央发号施令的总枢纽，由丞相府、太尉府和御史大夫寺构成。“丞”与“承”通，“丞相”就是承君王之旨，辅理国政的意思，是处理全国政务的最高长官。太尉协助皇帝掌管全国军队，是最高的军队长官。御史大夫一方面是全国最高监察长官，另一方面是秦的副丞相，相当于皇帝的秘书长。

中央行政机构设“九卿”，它们是：奉常、郎中令、卫尉、太仆、廷尉、典客、宗正、治粟内史、少府。

地方机构设郡县两级。郡的行政长官为“守”，主军事的为“尉”，掌监察的为“监御史”，简称为“监”。郡下设若干县。户口 1 万以上的县长官称县令，不到万户的县长官称县长。郡守与县令、县长之下都有丞，类似今天的办公室主任。

西汉初年，仿照秦制。但文帝以后，太尉并不常置，而自武帝时起，丞相地位虽高，权力却渐缩小，皇帝常常通过内廷保管文书的尚书署亲自裁决庶政，有时还给宦官以“中书令”的称号，使他们与闻政务。到成帝时，尚书署的首长尚书令改用士人（以往是宦官），而“署”也渐以“台”来代替，于是尚书台遂发展成为皇帝的机要秘书处，不但丞相的职权被它夺去很多，就是御史大夫的秘书长职务也不复存在了。尚书令始于秦，西汉沿置，本为少府的属官，掌章奏文书。汉武帝以后职权渐重。大臣们的章奏不能直呈皇帝，要先送尚书令的官署——尚书台处理。尚书令实际成了皇帝身边的高级秘书，经常参与国家的重大决策。东汉时，尚书令成为直接对君主负责一切政令的首脑。魏晋后，事实上即为宰相。

汉代从中央到各郡县地方官府都设有主簿一职，是主管文书与簿籍之官，类似今天的办公厅（室）主任。除主簿之外，地方州、郡官府中设的治中从事使，是州长官的属官，司掌文书。功曹史司掌功绩的考核，是汉代郡的属官。书佐是主管文书的小吏。汉有功曹书佐，又有典郡书佐，每郡各1人，以郡吏充当，主管一郡文书，负责起草和缮写。

三、魏晋南北朝

进入魏晋南北朝后，中国古代的秘书工作具有明显的进展。

“秘书”这个词作为一种官职名称最早始于东汉桓帝初设的秘书监，到曹操为魏王时，把秘书监改为秘书令，“典尚书奏事”，实际上是魏王的秘书长。到曹丕称帝后，改为中书监、中书令，公署通称中书省。晋代一遵魏制，中书监、中书令地位虽然不是很高，但因掌管一切机要，接近皇帝，职务很重要，故时人称中书省为“凤凰池”。《晋书·荀勖传》云：“勖自中书监除（授、拜官职）尚书令，人贺之，勖曰：‘夺我凤凰池，诸君贺我耶？’”

在中书监、中书令之下设通事郎，职掌皇帝诏令的起草和为皇帝省读奏事，是中书监、中书令的副手。到晋代改通事郎为中书侍郎，属下设中书舍人，职掌呈奏案章。到南朝四国的160多年中，中书舍人的地位和权力日益上升，其职权反而比中书侍郎的职权日重。

但是，由于封建统治集团内部不可克服的矛盾，到了北朝时期，因中书令权力过大，皇帝又不放心，于是便起用门下省近臣侍中参与朝政，分掌机要。侍中原不过是少府的一个级别很低的奏官，往来殿中奏事，类似传达之类的官员。当侍中发展为门下省的长官之后，职权突高，他们不仅常在皇帝左右议论政事，掌握皇帝机要工作的一部分权力，而且朝廷大小事务都可以参与。这样，侍中在很大程度上分掌了中书的权力，而随着权力的不断扩大，朝廷权力中心又逐渐地从中书省转到门下省了。

四、隋唐

隋朝承袭了魏晋的中书、门下、尚书三省制，为避讳隋文帝杨坚父亲的名字（杨坚之父叫杨忠），把中书省改为内史省，中书监、中书令改为内史监、内史令，门下省侍中改为纳言。

到了唐代，又恢复了原来三省的名称，并明确分工："中书出令，门下审议，尚书执行。"即中书省执掌决策权，门下省执掌封驳权，尚书省执掌执行权。这是唐代为加强公文制作的监督，驳正过失而建立的一种制度。也就是说，凡军国大政，必由中书省定策，草为诏敕，交门下省审议复奏，再交尚书省颁下执行。如门下省不同意，有权封驳，即封还皇帝失宜的诏令，驳正臣下有违误的章奏；如门下省同意，由侍中签字，退回中书省盖印后，再呈皇帝批准，最后交由尚书省转发执行机关。尚书省下设六部：吏、户、礼、兵、刑、工，实为行政管理机构。这三省的部分职能，如中书省拟制文件，门下省审议文件，尚书省收发文件，相当于今天秘书机构所起的作用。为了限制宰相的权力，唐玄宗起用身边的御用文人，以翰林学士代替中书舍人起草诏令。唐德宗以后，翰林学士成为皇帝最亲近的顾问兼秘书官，经常值宿内廷，承命撰拟有关任免将相和册后立太子等机密文件，有"内相"之称。唐代后期，往往即以翰林学士升任宰相。后代拜相者必由翰林出身，就是唐代沿袭下来的习惯。

唐前期武则天执政时，设置匦（guǐ 轨）使院。该院属中书省，以谏议大夫及补阙、拾遗等官为"知匦使"。《旧唐书·则天皇后纪》说："垂拱二年三月，初置匦于朝堂，有进书言事者，听投之"，目的是"申天下之冤滞，达万人之情状"。匦使院可以说是中国封建王朝中最早受理来信的机构，类似于今天的信访工作部门。

五、宋元

宋朝时期，由于唐末以来藩镇割据和北方契丹族的严重威胁，实行了前所未有的中央集权的封建专制，建立了一整套以皇权为中心的庞大的封建官僚机构。作为阶级统治工具之一的秘书工作，在隋唐基础上有了重大变革与发展。

一是实行军政分立的办法。把行政大权集中于中书省（宋代合并中书、门下两省为中书、门下省，简称中书省），军机大权交枢密院执掌。秘书工作也按这两个系统分别建立。行政系统的秘书工作基本上承袭隋唐以来形成的三省制，仍由三省共同负责，但以中书省为主，只有中书省才能参与机密，直接取旨于皇帝；军事系统的秘书工作由枢密院负责。所以，中书省与枢密院称为“二府”。

二是秘书机构比唐朝庞杂，职务分工更加细密。中书省的机构层次繁多，官职编制相当完备。省内增设了主事房，负责收发登记文书；增设催驱房，负责催办公文。在中书省长官中书令之下，仍设中书舍人多人，负责撰制诏令，再分作五案：上案负责册礼和朝会事务，下案负责收发文书，制诰案负责命令的书写，谏官案负责处理与中央各部门来往的文书，记注案负责皇帝的起居记注。枢密院长官之下设有属官都承旨、副都承旨，职责是“承宣皇帝旨命，通领枢密院务”，有人说相当于现在的军委秘书长。宋神宗时枢密院内各局置“检详”一职，检校文书。孝宗时改检详为枢密院检详，专管朝廷机密文书，禁止与外部接触。宋代还承唐制成果，形成了一文一事制，公文折叠制，统一用纸制，拟写、誊写制，签押、用印和判署制，装封和编号制，文书保密制，公文的收发、登记和催办制，公文移交制，贴黄和引黄制等十种制度。

元代参照宋、辽、金旧制，设中书省，其长官中书令由皇太子兼任。为了加强对地方的控制，在全国设行中书省和行枢密院。行中书省是按地区设置的，全国分设十一个，由皇帝亲自控制，指派大批官员往各地代中央行事。在战争期间，枢密院设立前线指挥机构，称行枢密院。行枢密院掌各地军事机要，统帅各地军队。

元代统治者对秘书人员的选拔很严格：“首论行止，次取吏能，又次计月日多者为优。”[①] 这就是说，一看选拔对象的言行是否符合统治阶级的行为规范与道德标准；二看业务能力；三看资历的高

---

① 《元典章·吏部》

低长短。元初，书吏一般为色目人，亦有部分汉人。但不许用南人，直到至治二年才开此禁。文书制度也日趋完备，从登记、注销、缮写、承办、立卷、署押到整理、移交和管理，都有一定的制度。中央还建立了通政院管理各地驿站，并设立了“急传铺”，负责传递紧急文书，大大提高了文书的递送速度，使中央与地方之间的信息渠道更加畅通，掌握各地的情报更加及时。

六、明清

明初本用元制，设中书省，分左、右丞相。洪武中废中书省，由皇帝直接处理国务，设六部作为中央政务中枢，由六部尚书分任国务，各自对皇帝直接负责。这一改变，一方面造成了皇权高度集中；另一方面导致皇帝处理政务的数量剧增，于是，只得设立阵容庞大、数量众多的秘书机构来协助处理政务，从而推动了秘书工作的大发展。

明朝中央秘书机构主要有内阁、六科、通政司、司礼监、文书房等。朱元璋废掉中书省后，仿宋制设华盖殿、文渊阁，由殿阁大学士收阅奏章，批发文稿，协理政务，是为内阁之始。内阁设有中书科、制敕房、诰敕房三个专职秘书部门。六科即吏、户、礼、兵、刑、工科，皇帝依靠六科来处理各种章奏文书，并依靠六科实现对六部的联系和控制，检查六部是否如期执行皇帝命令和按时承办文书。通政司为通政使司的简称，其长官为通政使，负责收受四方陈情、建言、申诉、检举等文书，还负责关防公文的勘合、机密事宜的入奏、岁终通奏等，是个总收文机关。司礼监是皇宫内由宦官组成的内侍机构之一。设提督太监1员，为总官，下有掌印、秉笔、随堂等太监。自明武宗时宦官专权后，司礼监专掌机密，批阅章奏，实权在首席大学士之上。司礼监下设内书堂，实是秘书宦官学校。文书房是与司礼监密切相关的皇宫秘书部门，设有掌房十员，以太监充任，为皇帝草拟文书。凡司礼监的太监必须从文书房中选用。另外，中央六部内各设有司务厅，其长官为司务，专管公文收发、登记、检查、催办等。

中央机构中的秘书人员，虽然品秩不高，地位却比前代重要。如负责起草制诏的内阁学士，官位仅正五品，但成祖却将他们与二品大员的各部尚书相提并论。地方官衙内的秘书人员地位也颇高，如县府内负责收发、处理公文的典史，如遇县丞、主簿不在时，规定由他代领县丞、主簿的职务。

清朝中央秘书机构经历了从内三院到内阁，从内阁到军机处的演变过程。内三院即内国史院、内秘书院、内弘文院。内国史院掌管编纂史书，撰拟诰命册文；内秘书院掌管起草外交文书和敕谕祭文；内弘文院掌管解释古今政事得失，向皇帝进言。从上述职掌可知，内三院各自承担着朝廷的一部分秘书事务，可视为中央秘书机构。顺治十五年，为了进一步团结和利用汉族官僚，清廷将内三院改为内阁。雍正时，定内阁大学士为正一品，是朝廷最高官职，乾隆时又置协办大学士为副职，为从一品，协助大学士理事。内阁中设有十二房办事，其中承担秘书工作的有十一房。

雍正年间，清王朝君主制进一步发展，在内廷设立军机房，也称军需房，处理紧急军务，以期“办事密速”。雍正十年改称军机处，官员有军机大臣和军机章京两种。后职权日益扩大，用以分内阁之权，逐渐取代内阁。军机处作为皇帝的机要秘书处，有如下特点：①被皇帝严格控制。军机大臣和军机章京直接由皇帝选用，皆为兼职，随时可予免除。军机处无公署，无下属机构。职掌虽重要而广泛，但一切听命于皇帝，无独立决策之权。②人员精干。③拟旨迅捷。④高度保密。另外，清政府还设有两个总收文机关：通政司和奏事处。通政司负责接受各省章奏和密封申诉，转送内阁及有关部院；奏事处负责收发机密奏折。奏事处设立后，通政司只接受各省题本，不收受密奏文书。

地方官衙中除了有公职秘书官吏外，主官普遍自行聘用幕僚，作为私人秘书。这类人员早在战国时期就已出现，到清代已充满地方官衙，又称幕友、幕宾、幕客、师爷、西席等等。随着对幕僚需求量的增多，民间一些地方开设了专门培养幕僚的私学，称“幕馆”，相当于现在的秘书学校。

鸦片战争后，中国沦为半殖民地半封建国家。1906 年清政府宣布“预备立宪”，仿照日本政府改革中央及地方机构，内阁秘书机构也发生了变化。内阁设承宣厅、制诰局，负责秘书工作。各部下设承政司、总务司等，掌管文件，综领众务。有的厅、司下设秘书科，有科长 1 人，一、二、三等秘书若干人。同时，各地为“预备立宪”而设立咨议局，设有秘书长职务，各总督、巡抚衙门下设秘书员，掌管机密电函，凡不属各科管理的事都由秘书员统管。

了解和研究先秦至清末的秘书工作时，我们应当注意：

第一，中国历代职官的名称、起源，职掌权限的变迁，官阶、人员的增减等极为复杂，历代反复变革。但总的来说，常常是逐次改革前代官制而过渡到某一朝独具的官制。所以虽为同一官名，朝代不同其职掌权限也有变化，而且官职废置无常。在这种情况下，要正确解释中国的官职，从中理出秘书官制和秘书工作的线索，是相当困难的，难免出现不够准确的地方。

第二，由于古代官职的职责范围与现代有所不同，因此，当我们把某个机构比为秘书机构，把某个职位比为秘书职位的时候，可能有些牵强。

第三，了解过去，是为了更好地把握现在和展望未来。我们不必在古代秘书官职的名称和职责上耗费太多精力。

第二节　民主革命时期的秘书工作

1911 年爆发的辛亥革命，结束了中国长达 2 000 多年的封建专制制度，建立了中国历史上第一个资产阶级民主政权。政权性质的改变决定着秘书机构和公文名称的变化。1911 年 10 月 13 日，各省代表会议在南京通过的《中华民国临时政府组织大纲》规定，南京临时政府采取总统制，负责中央临时政府秘书工作的是总统府所辖的秘书处。秘书处设秘书长1人，总揽各项文秘事务和日常工作。总统府统辖9个部，各部的秘书工作由承政厅管理。承政厅设秘书长1人，受各部总长之命，总理厅务，掌管机要文书。秘书长之下有秘书数人，分掌各项秘书事务。在临时政府下属的军事机关中也设有秘书工作机构。如陆军部下设副官处，置若干名副官和秘书负责文件的收发和草拟。各省都督府也设有秘书官。南京临时政府之下各级权力部门中，秘书机构的设置和秘书人员的配备都比较齐全。

南京临时政府于1912年1月颁布的第一个公文程式条例规定，新政权使用令、咨、呈、示、状五种公文。这个条例废除了历代封建王朝所使用的制诏诰敕、章表书奏等带有封建色彩的公文名称，摆脱了“天子圣明”、“君尊臣卑”的束缚，体现了资产阶级反对封建主义、追求平等的民主思想。

孙中山辞职引退之后，袁世凯就任中华民国临时大总统，成立了北洋军阀政府。这是个大地主大买办资产阶级的反革命政权。总统府设有秘书厅，有秘书长及秘书6人；内阁也设有秘书长。后来，袁世凯又把内阁制改为总统制，国务院改为政事堂，政事堂下设机要局，掌管机密文电。袁世凯称帝后即改秘书厅为内史厅，秘书长称为“内史监”，总统府收文处更名为“奏事处”。公文程式中“呈”改为“奏”，各省致袁世凯的文电也改“钧鉴”为“睿鉴”。

1916年袁世凯称帝失败，又恢复了国务院组织，总统府仍设秘书处，国务院设秘书厅，中央各总部总务厅下设文书科和机要科，负责日常文书来往、拟制训条，收发机要文电等工作。

1927年，国民党中央政府之下设有秘书处，秘书处配备秘书长1人，秘书8人，科员8~12人，另有书记官若干人。秘书处下设总务、机要、撰拟三科，负责文件的撰制、处理和保管工作。1928年，国民党政府改为五院制，将原秘书处改为文官处，设文官长1人，秘书8~12人，负责国务会议及政府一切文书、机要、印铸等事项。五院内又分别设秘书处，设秘书长1人，秘书6~8人，负责各院秘书事务。行政院下属各部也设秘书处，承办部长交办的机密函电和文件。地方政府的秘书机构各地不一，大体上各省府都设有秘书处，下设秘书室，第一科、第二科、法制室、编译室、统计室等。县、市一级的秘书机构及其职责也与中央和省相对应。

中国共产党自成立起，就十分重视秘书工作对革命事业的重要作用，建立了自己的一套秘书工作机构。毛泽东在党的第一次代表大会上担任了大会的秘书。1923年4月，他又担任了中央局秘书。同年党的“三大”通过的《组织法》规定，秘书负党内外文书及通信及开会记录之责任，并管理党的文件，党的一切函件须由委员长及秘书签字。1926年，党的四届三中全会决定设立中央秘书处，“总揽全党的技术工作”，包括密写、传递、密藏等技术，故把分管这方面工作的领导人称为技术书记。秘书处下设文书科、交通科、会计科、出版分配科和翻译科等。“八一”南昌起义后成立了革命委员会，下设秘书厅，吴玉章任秘书长。在红军政治部内，都设有秘书处，团、营一级士兵会中也设有秘书。在革命根据地，区、乡苏维埃设1名秘书。县苏维埃设秘书处，有的在县政府主席下设秘书长，川陕边区则把区、乡苏维埃的秘书称为“书记”。他们的职务是起草文件书信，印刷和收发文件书信，搜集各种材料，向主席及常委会报告。在中央苏区，1933年修改的《组织法》中规定，区执行委员会得用秘书1人，文书1~2人，县执行委员会得用秘书1~2人，文书1~2人，省执行委员会得用秘书1~2人，文书1~3人，乡苏维埃也可用文书1人，以协助主席工作。同时，在省、县、区、市各执行委员会下设总务处，管理政府内部事务；总务处下设文书科、收发科、管理科、会计科，相当于今天的办公厅（室）下属的机构。其中的“秘书”、“文书”乃是级别不同的秘书工作人员的称谓。

抗日战争期间，许多敌后根据地都建立了人民政权，这些政府机构大都设有秘书处。如陕甘宁边区政府设有秘书长，同时兼任政务会议的秘书长。《政务会议暂行规程》规定，秘书人员必须“尊重政务与事务之区别”，在需要的情况下，经会议许可，秘书方可临时出席会议，“有发言权，无表决权”。边区政府直属机关和专县政府机构设有秘书室，设主任秘书、秘书、文书、庶务和收发员等，负责各项秘书工作。另外，边区参议会主席团设秘书处，有正副秘书长及秘书若干人，秘书处下设文书科、议事科、总务科、警卫科等，各科分工相当细密，说明秘书工作在革命政权建设中已有很大发展。

1942 年延安“整风运动”后精兵简政，调整了秘书机构，边区政府办公厅下设秘书处、交际处、总务处。秘书处统管边区政府以及合署办公的各厅、处、会的公文撰拟、收发、缮印、档案保管、书报编审、对外宣传和政府工作报告等事项。在专员公署和县级政府中，取消了秘书科和总务科，改设政务秘书和事务秘书。政务秘书协助专员和县长处理日常政务，事务秘书下设收发、文书、庶务若干人，管理事务、文书及收发、印信等事项。乡村一级的秘书各地称谓不一，晋察冀边区与晋冀鲁豫边区村政权设秘书 1 人，晋西北和胶东地区则设书记 1 人，陕甘宁边区仅在乡政权中设文书 1 名。在军队系统，中央军委设有机要科，后改为机要处。各部队也有机要科、股、组等建制。

1945 年抗日战争胜利后，中共中央成立了书记处办公处，协助书记处处理日常事务。1948 年，晋察冀与晋冀鲁豫两边区政府合并，成立华北人民政府，下设秘书厅，置秘书长 1 人。省市人民政府则在秘书长下设秘书处、行政处、人事处、交际处、调查研究室等。解放区各县府一般都设有秘书室，负责审核文件、典守印信，缮写、校对、收发和保管文件，组织机关工作以及办理其他不属于各科、局的事项。在已解放的城市中，由于电报数量陡增，各机要译电部门相继成立了“办报科”或“电整科”，负责电报、文件的发送、催办和分类立卷存档工作。办报工作的专业化，办报机构的设立，是秘书工作的一个新发展。

第三节　中华人民共和国成立后的秘书工作

1949年中华人民共和国成立后，中国进入了社会主义革命和社会主义建设时期，秘书工作也翻开了新的一页。中国共产党和中央人民政府在解放区秘书工作的基础上，清除了剥削阶级秘书工作的糟粕，迅速在全国范围内建立了各级秘书工作机构，配备了秘书工作人员。《中央人民政府组织法》规定，中央人民政府设秘书长1人，协助政府主席执行职务。1951年《政务院关于各级政府机关秘书长和不设秘书长的办公厅主任的工作任务和秘书工作机构的决定》（以下简称《决定》），规定了秘书长或办公厅主任的工作任务。该《决定》明确规定秘书部门负责人的工作性质是“既要参与政务又要掌管事务”，并提出秘书工作干部要“在不断努力学习和实践中，熟悉政策法令”，“加强计划性和组织性，以争取工作上的主动”，要“经常注意掌握‘抓住重点，照顾全盘’的工作方法。重点应该放在协助首长研究政策，处理政务方面；但同时要把日常行政工作和机关事务工作组织安排好”，要“经常注意领会并根据领导的意图，主动地在自己职责范围内，认真处理问题”，既要“避免遇事不敢负责现象”，又要“防止越权行事的偏向”，还要求“每个秘书工作部门的干部，认清自己的工作是政府工作中很重要的一部分”，“养成任劳任怨的工作态度和谦虚、谨慎、细密、切实的工作作风”，并要求首长“加强对秘书长和秘书工作干部的政策思想领导，经常有意识地把自己的意图和认识告诉他们，在实际工作中，尽量支持他们放手工作，帮助提高他们的政策思想和工作能力，养成正确的工作态度和工作方法”。

从1951年到1985年的30多年间，在党中央和国务院的领导下，召开了三次全国性的秘书长会议。第一次是1951年4月在北京召开的，会上除作出上述《决定》外，还发布了《关于行政公文处理暂行办法》、《保守国家机密暂行条例》、《政务院所属各部门各级政府行文关系的暂行规定》、《关于处理人民来信和接见人民工作的决定》等一系列有关秘书工作的文件，对确立秘书工作的基本原则、建立秘书工作的制度起了很大作用。1957年国务院秘书厅又提出了关于公文名称和体式问题的几点意见，把公文种类简化为7类：①命令、令；②指示；③报告、请示；④批复、批示；⑤通知、通报；⑥布告、通告；⑦函。在此基础上，文秘制度更加完善了。

“文化大革命”期间，党政机关的秘书工作遭到了极大的破坏，直到党的十一届三中全会以后，才逐渐恢复正常。1981年1月，党中央召开了第二次全国秘书长、办公厅主任会议，总结了几十年来秘书工作的经验，重申并完善了过去行之有效的秘书工作制度，使秘书工作重新走上规范化、系统化、科学化的轨道。同年2月，国务院办公厅发布了《国家行政机关公文处理暂行办法》，把公文分为9类15种；5月，党中央还发出了《中共中央关于各级领导干部要亲自动手起草重要文件，不要一切由秘书代劳的指示》和《党政机关信访工作暂行条例（草案）》等重要文件。1985年1月，党中央召开了第三次全国秘书长、办公厅主任座谈会，着重研究了新形势下如何更好地发挥秘书部门的参谋、助手作用问题。1987年2月，国务院办公厅发布了《国家行政机关公文处理办法》，把公文分为10类15种。1993年11月修订，分为12类13种。1990年1月，党中央召开了一次各省、自治区、直辖市党委秘书长座谈会（后称为“第四次全国秘书长会议”）。这次会议的中心议题是：落实中央领导同志对秘书工作的重要指示，研究在新形势下改进工作作风进一步做好秘书工作的问题。会议明确提出了要把信息调研和督促检查作为今后秘书工作的重点，实际上就是强调了秘书部门在领导机关决策形成和实施过程中应发挥更大的作用。会议根据中央领导同志的指示，提出了《党委办公厅（室）进一步开展督促检查工作的意见》（讨论稿），要求强化各级秘书部门的督查职能，指出要把督查工作的重点从“批办督查”转到“决策督查”上来。会后，全国各地市以上单位都成立了督查室，地市以下单位也设立了督查员。1991、1994、1996 年，经党中央批准又召开了三次全国党委秘书长、办公室主任座谈会（片会）。

2000 年 8 月 24 日，国务院发布了新的《国家行政机关公文处理办法》，把公文分为 13 种，已于 2001 年 1 月 1 日起施行，现在中国内地行政机关公文的撰写和处理，均以这个文件为依据。

思考与练习

1. 关于秘书工作的起源，有哪两种说法？

2. 试述“中书出令，门下审议，尚书执行”这一制度的内容。

3. 研究先秦至清末的秘书工作，要注意哪几点？

4. 南京临时政府于 1912 年 1 月颁布的第一个公文程式条例有何重要意义？

第八章　新时期的秘书工作

随着社会主义市场经济体制的日趋完善、高科技的飞速发展、知识经济的迅速崛起、经济全球化进程的加快，尤其是中国于2001年11月加入世界贸易组织后，社会对高素质、高层次、具备多种能力的复合型人才的需求愈来愈大，中高级秘书受到广泛青睐。这就向传统秘书、传统秘书工作提出了挑战，促使秘书工作在各个领域进行深入改革。可以说，中国秘书工作进入了一个新时期。

第一节　秘书工作的特点

一、政治性

中国内地的公务秘书工作具有很强的政治性。这种政治性主要表现为：

（1）设立公务秘书是出于政治决策的需要，即为了辅助领导班子或领导人进行政治决策并协助贯彻落实。

（2）公务秘书的工作任务是由党和国家或上级领导部门用法规条文明确提出并予以规范的。

（3）公务秘书开展工作，通常采用的是政治的方法与行政的方法相结合。

（4）公务秘书的组织形式一般存在于秘书群体之中，如办公厅（室）、研究室、督查处等，而这又是由一定的法规规定与编制决定的。

（5）公务秘书在选拔条件上也有明显的政治性要求。选拔党委系统的秘书通常要求具备党员的条件，选拔政府系统的秘书通常要求具备国家公务员的条件，部队秘书必须具备军人的条件。[①]

二、辅助性

“辅助性”是与“主导性”相对而言的。从管理系统看，领导处于主导地位，属于决策管理中心；秘书机构处于附属地位，是直接协助决策管理中心的辅助机构。也就是说，秘书机构不能脱离领导而独立存在，秘书工作具有辅助性（有人称“从属性”）。它表现在：

（1）所有的秘书工作都要围绕领导工作展开，领导工作涉及哪里，它的工作范围就要扩大或延伸到哪里。

（2）秘书人员能参加领导班子的各种会议并共同研究问题，能提出各种解决问题的方案，但只有发言权而无表决权，更无决定权。

（3）秘书人员在处理任何问题时，只能根据领导的意图和指示的精神办理，不能超越职权范围自作主张、自行其是。

秘书工作的辅助性，是指与领导站在同一层次上提供全面性的辅助。虽然秘书与领导的职位不同，但在辅助时不是站在上一级层次或下一级层次上，而是与领导处于同一层次上。辅助领导的职能不限于秘书机构，如职能机构经常向领导提供资料和建议，但它们多限于该部门的业务范围；下级机构也经常向上级领导反映情况和提出意见，但也仅能从本部门的角度出发；而秘书机构的辅助，则要立足于本单位的全局，要在强烈的战略意识指导下，想领导之所想，急领导之所急，提供全方位、全过程的辅助。

三、被动性

秘书工作的辅助地位决定了它的被动性。主要表现在：一方面，虽然秘书也有自己的工作计划、安排，但总的来说要根据领导

---

① 常崇宜．论秘书理论的中国特色．秘书之友，2004（2）：4～5

工作的需要来安排，上边交代任务就做，没交代就做别的；任务多时多做，任务少时可自己调剂。另一方面，秘书机构作为枢纽性机构，来往的公文、信件、电话都要经过这里；单位的大小事务，凡是无法分解到具体业务部门的工作，都要由它承担。但这些事情变动性大，有许多预先估计不到，只能随机应变，边做边考虑。

秘书工作的被动性，并不意味着秘书工作是消极的、无所作为的，关键是秘书人员要充分发挥主观能动性，努力在被动中争取主动。这就要求他们能认真分析、研究秘书工作规律（被动也有其规律），抓住规律性，采取对策，争取工作上的主动；主动提出工作建议，敢于发表自己的意见，而不是电话铃响接一下，文件到了转一下，上级来催动一下，被动地等待领导布置工作；经常对下一步工作进行一些预测，及早提出工作中可能出现的问题，即自觉地在宏观预测和超前一步上多下工夫。

四、综合性

秘书工作的综合性，是由秘书机构的综合性决定的。

如前所述，秘书机构属综合性机构，它不像业务部门那样各司其职、各负其责，分管某个方面的工作，而是要对各部门工作有所了解，协调它们之间的关系，把它们联系成一个有机的整体，并对整个党政机关或整个企业工作负责。这就需要站在全局性的立场上，时时处处用综合的眼光观察和思考问题，具备较强的综合能力。秘书机构作为沟通上下左右的部门，上情下达，下情上传，内外疏通，各方平衡，离不开它；政治、经济、科学文化等各项工作也离不开它。要把这些工作做得好、做得快，同样要统筹规划、综合处理。

秘书工作的综合性，随着现代化管理进程的加快而显得更加突出。现代化管理要求条理化、信息化和最优化。条理化是指协调单位内部的各种机构，使它们目标一致，步调整齐，同步运转；信息化是指建立完备的信息收集、反馈和处理系统，包括采用先进工具和先进技术，实现信息管理系统化；最优化是指调查论证，设想方案，供领导人参考，并协助领导人选择最优方案，求得最佳效果。这些综合性工作，都要秘书去完成。

五、事务性

秘书是办事的，事务工作的量很大，而且各项工作内容都非常具体。收发登记、起草文书、打印校对、接听电话、迎来送往、派车买票、安排食宿，都得一件一件去办，而办事又总与“细”、“繁”、“杂”、“忙”连在一起。秘书工作辛苦，与其事务性分不开。

秘书工作的事务性与政治性是对立统一的。从整体上看，中国内地的公务秘书工作有很强的政治性，但就局部而言，政治性工作往往或多或少地带有事务性。只有搞好事务工作，单位内部秩序井然，与外单位渠道畅通，才能使单位职能正常发挥，立于不败之地；只有搞好事务工作，才能使单位领导人从事务中摆脱出来，集中时间和精力想大事、干实事，更高效地进行领导。因此，秘书人员要充分认识事务性的意义，不畏繁杂，不嫌琐碎，踏踏实实地做好每项细微的工作。

第二节　秘书工作的指导思想和原则

党的十一届三中全会以来，中国实现了历史性的伟大转变，进入了社会主义现代化建设的新时期，秘书工作也面临许多新情况、新问题。在 1985 年 1 月召开的第三次全国秘书长、办公厅主任座谈会上，着重讨论了如何充分发挥办公厅的参谋、助手作用，进一步开创办公厅工作新局面的问题。其中提出要坚持正确的指导思想，这就是，围绕党的总目标、总任务，做好“三服务”，即为中央服务，为中央各部门和各省、自治区、直辖市服务，为人民群众服务。其中，最直接的且最主要的是为党中央领导工作服务。这里说的是中央办公厅的指导思想，但也适合于一切秘书工作。当然，由于各地区、各部门、各单位所处的地位和所担负的任务不同，在提法上可有所变通，如可把“党的总目标、总任务”具体化，写成“围绕省委、省政府提出的××目标、××任务”。“三服务”可以理解为秘书工作的三个服务方向。为中央服务，是对上，即为领导服务，为秘书机构所在的直接领导服务。如县与中央之间隔了几层，县委办公室不一定提为中央服务，可提为县委领导服务。为中央各部门和各省、自治区、直辖市服务，是为平行的和下级的单位服务。为人民服务，是对群众而言。为人民服务包含三层意思：其一，从根本宗旨看，为人民服务是坚定不移的；其二，有相当一部分秘书工作，如信访、督查等，直接面对群众，与人民群众的利益息息相关；其三，为领导和为平行或下级单位服务，同为人民服务是一致的。比如提高办事效率，既是为领导服务，又是为人民服务。

为更好地发挥参谋、助手作用，会上还强调，要在发扬优良传统和总结、继承过去的好经验的基础上，以改革创新精神进一步改进工作，尽快实现办公厅工作方式和工作方法上的四个方面的转变：第一，从偏重办文办事转变为既办文办事，又出谋献策；第二，从收发传递信息转变为综合处理信息；第三，从单凭老经验办事转变为实行科学化管理；第四，从被动服务转变为力争主动服务。以上的四个转变，也适用于其他级别的秘书工作。

1994 年 12 月，全国秘书长座谈会把秘书工作的基本思路概括为“一项基本任务、两个结合、三项重点工作和四项建设”。“一项基本任务”，即坚持以邓小平理论和党的基本路线为指导方针，紧紧围绕党的中心工作，当好领导的参谋助手；“两个结合”，即一般与个别相结合，领导与群众相结合；“三项重点工作”，即信息调研、督促检查和保证日常工作正常运转；“四项建设”，即秘书队伍要注意抓好思想建设、组织建设、业务建设和作风建设。

秘书工作的原则是：

一、准确

准确，是对秘书工作质量的要求，也是提高效率的基础。秘书工作的准确性，在很大程度上保证了领导工作的准确性，保障了领导工作的正常进行。譬如，秘书人员担负着上传下达和在领导之间传递工作意见的重要使命，因此要求他们传达指示、传递意见、反映情况都要原原本本，准确无误，不能掺杂个人的主观看法，否则就可能误事，出偏差，影响领导工作的开展。

中国自古以来都十分重视秘书工作的准确性。春秋战国时期文书工作的拟文制度就有严格规定。据《论语·宪问》记载："为命，裨谌（pí chén 皮臣，郑国大夫）草创之，世叔（郑国大夫）讨论之，行人（官名）子羽修饰之，东里（地名）子产（春秋时代政治家）润色之。"意思是，郑国外交辞令的创制，裨谌拟稿，世叔提意见，外交官子羽去修改它，子产又进行文辞上的加工。由此可见，起草、讨论、修改、润色四个环节均有专人负责，大大保证了文书的准确性。

二、迅速

迅速，是对秘书工作效率的要求，指办文办事等讲究时效，做到用最少的时间、最小的花费，取得最佳的效果。秘书人员要牢记，"时间就是金钱，效率就是生命"，凡是应该办的事，要迅速办理；能在当天完成的，绝不拖到明天；能在1小时内办完的，绝不延至1小时以后。

中国古代由皇帝核准的紧急命令，递送速度要在公文的封函上注明，有的要求驿马日行300里，最快的要求800里。唐朝对草诏官员立有四禁：一曰漏泄，二曰稽缓，三曰遗失，四曰妄误。稽缓、妄误是指对紧急命令体公文的制发，磨磨蹭蹭，拖延时间，以致贻误军国要事，因而要禁。在当时工作手段落后、交通不便的情况下，对公文的拟制、传递仍提出快速的要求，可见历代统治者对秘书工作时效性的重视。时效性是对要求办的事情提出的要求。事情愈急迫，就愈要尽快办理。该急不急，有误大事；该缓不缓，匆忙徒劳。

秘书工作若不讲求效率，就失去了存在的意义，更谈不上发挥重要作用。譬如，把应当在领导决策前提供的材料和信息拖到决策之后才收集送来，参谋作用就无从谈起；当领导制定决策后，秘书部门迟迟不整理、公布，或公布了却不组织实施，使决策成为一纸空文，检查督促作用便无法实现；上下左右欠缺沟通，秘书部门却熟视无睹，等问题成堆了才过问，枢纽作用岂不是一句空话？

三、保密

保密，既是对秘书人员的要求，又是秘书工作的原则。秘书人员经常接触党和国家的文件，经常参加各种会议，经常从领导口中得知一些消息，而这些文件、会议、消息中有的在不同程度上具有保密性，而带保密性的文件或消息，往往关系到党和国家的根本利益，泄露出去会给党和国家造成损失，故秘书工作一定要加强保密性。

唐朝处罚条律规定，凡官吏泄露国家机密，不论有意无意，是否造成后果，均追究其刑事责任；明朝的保密制度也很严格，如万历十九年（1591 年）至二十年，正值备战以防御倭寇骚扰东南沿海，朝廷特规定，凡有关军事机密的章奏严禁抄报，六科无权处理。如有泄露重大机密者，处斩。即使泄露了一般文书的内容，除处杖刑 100 以外，还罢职不用。封建统治者甚至连宫廷内的私生活也属保密之列，违者严惩。

但要明确，保密是做好秘书工作的手段，而不是秘书工作的目的。什么应该保密，什么应该公开，须划清界限，要注意处理好保密与应用的关系，并在实践中妥善地加以解决。

第三节　秘书工作的任务和作用

秘书工作有广义和狭义之分。广义的秘书工作，包括办公厅系统所属的全部工作；狭义的秘书工作，仅指办公厅秘书处管辖的工作，偏重于文字机要和调研工作。本书所论述的，是广义的秘书工作。

秘书工作的任务在不同级别、不同部门的单位不尽相同，例如国务院和县政府，国有企业和合资、独资企业，厂矿和学校，它们的秘书部门所承担的秘书工作就有很大不同，但异中有同。下面说的是共同任务。

秘书工作的任务，有一个历史发展的过程。1951 年新中国成立初期，在《政务院关于各级政府机关秘书长和不设秘书长的办公厅主任的工作任务和秘书工作机构的决定》中，规定了秘书长和不设秘书长的办公厅主任的七项工作任务。通过对这些任务的分析，可以看出：工作任务多，涉及面广，因而综合性强；前四项明文规定“协助首长”，可见其辅助性；第四、第五项是保密和机要工作，可见其机密性；前四项是协助首长工作，后三项是为整个机关工作，可见其服务性、事务性。这些任务反映了中国内地 20 世纪 50 年代秘书工作的状况。几十年后，各级党政机关的秘书工作基本上依照这一框架设计。自从 1985 年党中央明确要求秘书部门充分发挥参谋、助手作用后，秘书工作发生了巨大的变化。

一、秘书工作的任务

（一）辅助决策工作

决策是领导者的责任。秘书机构不是决策机构，不能代替领导决策，但要辅助领导决策。其内容包括四方面：一是在领导决策之前，协助他们进行调查研究，摸清情况，收集各方面的信息，为决策作准备；二是协同有关职能部门提出一个或几个方案，撰拟决策文稿，供领导参考、选择；三是在领导决策确定后，将决策形成文件，并通过各种形式下达；四是协助领导实施决策和检查决策的执行情况。

辅助决策要严格按照领导指示进行。不能认为秘书人员必须参加一切政策的辅助，也不能认为领导的所有决策都理所当然由秘书机构和秘书人员辅助。因为有些决策，领导可直接依靠各个领域的专家，由他们提供咨询；有些决策，领导可依靠有关的职能部门参与辅助。在这些决策中，秘书机构和秘书人员主要在联系方面起辅助作用。

辅助决策不仅表现在重大问题的研究、讨论中，而且表现在大量的日常事务的承办和处理中，把这些日常工作做好了，就是为决策的制定、执行和落实提供了帮助。

秘书机构在辅助决策过程中作用的大小，既取决于它是否主动工作，又取决于领导对它的信任程度。此外，还与秘书人员自身的能力有关。

（二）日常程序化工作

有些工作要求每天去做，日复一日，年复一年，从不间断，故称为日常程序化工作。从表面上看，它们不过是收收发发，照章办事，十分平常，是一种基础性工作，是整个单位全局工作能否顺利进行的重要一环。如同只有地基打得牢，房屋才不会倒塌一样，只有基础工作做得好，做得扎实，全局工作才能有出色的表现。

日常程序化工作包括：

1. 文书处理和撰制

文书是各单位行使职权、进行指挥管理、联系和商洽工作的重要工具，收文的处理和发文的撰拟是秘书机构经常而重要的工作，秘书人员要按照文书工作的要求和程序，迅速、准确、安全、高质量地完成。

2. 调查研究

调查研究是领导决策的基础。在领导决策前，要深入基层和有关部门，进行预见性调查；领导作出决策后，要及时了解决策的执行情况，进行验证性调查，检验决策的正确性，协助领导校正决策的不足之处，使决策趋于完善。

进行调查研究，要坚持以下三点：

（1）坚持调查研究的客观性。做到这点并不容易，因为在调查过程中，往往会受到各种主观或客观因素的干扰，不能按照事物的本来面貌反映事物。

（2）坚持调查研究的动态性。世界上的一切事物都是发展变化的，因此，要用发展的观点，既了解事物的现状，又调查事物的过去；既能通过对事物的过去和现状的分析找出其内在规律，又能预测其未来，防止用静止的、僵化的观点看待事物。

（3）坚持调查研究的全面性。事物的发展变化是错综复杂的，要接触调查研究对象的各种类型、各个侧面，广泛搜集意见，尤其是要倾听不同意见甚至反对意见，防止偏听偏信，片面主观。这也是使调查研究具有客观性、动态性的前提。

3. 信息工作

领导决策的前、中、后过程都需要信息。准确、及时的信息是作出切合实际、正确无误的决策的依据。在当代社会中，信息是效率，是质量，是生命，各级秘书机构应成为各级领导机关和领导人员获取信息的一条重要渠道。

4. 文书立卷和档案管理工作

这不是指国家档案系统的档案管理，而是指单位内部的档案管理。秘书人员要把处理完毕的文书，经过立卷，定期移交单位档案室，以备日后查找利用。

5. 会务工作

包括安排议题，分发通知，布置会场，担任记录，撰写新闻稿、会议纪要、简报等。

6. 信访工作

这是一项直接面对群众的工作，包括来信的受理，来访的接待，对报刊上的批评、建议的处理等。

7. 督查工作

督查是指把看到、听到、查到的一些无人过问的重大问题，按照领导的批示通知有关单位检查办理，并督促落实。

督查工作采取怎样的组织形式，应根据各单位的不同情况确定。大致有两种：一是成立工作班子，二是指定专人担任，明确职责。在那些人员不足，难以组织专门小组的单位，大多用后一种形式。

8. 印信工作

印信是旧时官府所用各种图章的总称，包括印、关防、钤（qián 钱）记等。各级各类单位的印信，代表了它们的权力和地位，是它们进行指挥和管理的重要凭证。印信的管理历来由秘书机构负责，要指定专人管理和健全管理制度。

9. 行政事务管理

包括财务管理、生活管理、环境管理、车辆管理及接待工作等。这些工作由秘书机构还是其他机构负责，不同单位的差异很大。由于秘书工作是整个管理工作的一部分，故秘书工作与其他管理工作的界限有时难以分清。

10. 机要保密工作

秘书人员接触大量的机密，秘书一词就含有秘密的意思。秘书工作的重要职责之一是保密。保密工作包括制定保密制度，检查保密工作，进行保密教育，处理失密、泄密事故等。

（三）协调工作

协调是领导机构组织社会活动的一种手段，也是有效地进行管理的一项基本工作方法。协调的核心是使有关部门和人员同心协力地工作，在各自的岗位上，朝着一个共同的目标使劲、出力。

秘书机构在辅助领导进行协调工作的过程中，既要充分利用自身的枢纽地位充分发挥中介作用，又要明确自身协调工作的重点所在。秘书机构协调工作的重点是政策协调、关系协调、工作节奏协调和社会协调四个方面。

（四）领导人临时交办的工作

这类工作是经常性的，但多带突发性。突发性事件大体分两类：一是属于自然方面的，如重大旱情、汛情；二是属于社会方面的，如边界纠纷、飞机遭劫、骚乱事件、学潮、械斗等。这些工作往往难以预先估计，无章可循，无经验供参考，但它们（尤其是社会性突发事件）牵一发而动全身，稍有不慎，错误就很难弥补。如果处理不好，会把许多力量牵扯进去，扰乱正常的工作秩序。因此，需有较高的政策水平，较强的应变能力和周密的组织能力才能把这类工作处理好。

临时交办的工作还有代表领导参加会议，接见客人，处理事情，甚至到员工家里慰问，去医院探视病人等。它们大多是事务性的，比较琐碎，常不被人们重视。其实，这些工作也很重要，办好了，可减轻领导负担，使他们以主要精力去考虑方针大政。

以上任务中，在内容上有所侧重，即四个“强化”：辅助决策的强化、信息工作的强化、协调工作的强化、督查工作的强化。

二、秘书工作的作用

（一）领导助手的作用

秘书工作之所以重要，是因为它直接为领导服务，直接关系和影响着领导的工作，起着领导助手的作用。这是秘书工作的本性，任何地方、任何时候都不会改变。

（二）领导参谋的作用

在实现秘书工作的四个转变中，第一个转变是，从偏重办文办事转变为既办文办事，又出谋献策，这就要求秘书首先要注意发挥参谋作用。

有学者认为，秘书机构发挥“出谋献策”性质的参谋作用，是有一定限度的，这是因为：

（1）在中国内地现行体制中，党政机关的公务秘书除极个别的（主要是秘书长）进入了党的领导机关领导核心层的常委会或为政府的常务会议组成人员外，众多秘书并未进入决策层。即使秘书人员有机会列席会议，也只是做记录、备咨询，没有表决权。由于离领导核心决策层较远，对于重大的决策问题难以发挥其参谋作用。

（2）就秘书人员自身来说，大多是通才型而非专家型，缺乏对某一专门领域参与决策的能力。因此，秘书机构和秘书人员所能发挥的参谋作用，更多的是联系、综合各领域专家的意见，是一种中介性的参谋作用。①

（三）沟通上下、协调左右的枢纽作用

从中央到地方，任何一个部门或单位，都设有一定数量的、职责分明的机构，它们级别不同，既互相联系又具一定的独立性，形成一个复杂的网络。秘书机构在这个网络中处于中心位置，起着枢纽作用。

秘书工作的枢纽作用，从纵向上看，是做好承上启下、上传下达的工作。秘书机构掌握着大量的、各种各样的信息，上级的精神通过这里传达下去，基层的动向通过这里反馈上来。各地、各部门的信息很多，经过秘书机构综合整理，领导看了，就了解了动态；有时还做些批示，就指导了工作。从横向上看，是做好单位各职能部门的协调、平衡工作。所以有学者说："秘书部门是来自上下左右的各种情况、资料、函件、信息的集散地，是领导工作指挥、联络系统的开关，是协调上下、沟通左右联系的桥梁。"②

秘书工作的枢纽作用能否充分发挥，关键在于是否实行了科学管理，是否理顺了各种关系。这项任务十分繁重，需花大力气才能做好。

（四）协助领导进行信息反馈的耳目作用

耳目作用的原意是把看到、听到的情况及时向领导反映。在当

---

① 常崇宜．论秘书理论的中国特色．秘书之友，2004（2）：5～6

② 詹银才．涉外秘书学．杭州：杭州大学出版社，1990. 17

今时代，这些还达不到秘书工作的要求，还应包括主动开展工作，把领导的意图传达出去，进行信息反馈。

做领导的耳目，就要调查研究，搜集信息。其信息来源主要有两方面：一是来自下面的实际工作情况和动态反映，二是来自上级的指示精神和外地区、外单位的经验。秘书机构除要获取准确、及时、全面的信息外，还要经过认真的综合处理，提取有价值的信息。也就是说，掌握信息的面要广、量要大，但反映给领导的则要少、要精，正所谓“由简而繁繁而简，简中俱是精华点”。信息不在于字多字少，话多话少，而在于是否抓到了点子上。只要抓到了点子上，就有助于领导作出决策。领导作出决策后，秘书机构还要在贯彻、落实决策过程中，将执行的情况、成绩、经验以及存在的问题及时向领导反馈，充当领导的耳目。信息、决策、执行、反馈、再决策是沿着一个系统循环运动和上升的，秘书工作的任务就是要组织和完成这种循环。

（五）领导机关的门面作用

秘书机构素有“关口”、“窗口”之称。说它是“关口”，是因为文件、信息的上传下达都要经过这里传递和输送，它要把文字关、用印关、保密关等。说它是“窗口”，是因为内外联系，来信来访，各方商洽工作，大都由秘书机构出面办理，人们往往把它看成是领导的代表。

有人反映某些单位官僚主义严重。这与所接触的人的作风有关，而这个“接触人”往往是秘书人员。他们有的年龄不大口气却很大，无怪乎有人说：“领导好见，秘书难搪。”因此，秘书人员一定要发挥好门面作用，态度和蔼，用良好的工作作风和服务态度，使人感到党和政府的机关是真正为人民服务的。

思考与练习

1. 秘书工作有哪些特点？
2. 秘书工作的指导思想是什么？

3. 秘书工作的原则是什么？
4. 概述秘书工作的任务。
5. 秘书工作有哪些作用？

第九章　秘书工作的管理

第一节　评价秘书工作的标准

秘书工作是管理工作的一部分，管理工作是人类的一种活动，而人类的活动是有意识、有目标、有效果的活动。通过一定的意识活动，追求活动的目标，获得一定的活动效果，是人类一切活动共同的根本特点，秘书工作自然也不例外。因此，有效性是评价秘书工作的标准。

秘书工作的有效性是一个综合指标，它包括效益与效率（或效力）两部分。效益是对质方面的要求，效率是对量方面的要求。前者是方向和核心，后者是基础和保证，两者相辅相成，缺一不可，是统一整体中的两个方面。秘书工作本身并不能直接反映出效益，对其效益性，不可能直接从其活动结果上加以衡量或计算，而只能通过秘书部门所处的一定组织或一定的组织层次的整体目标实现的程度来计算或衡量。又由于影响整体目标实现程度的不仅是秘书部门，还有领导者和其他部门，故这种计算和衡量须采取综合进行考虑的方法。秘书工作主要是办事，秘书工作的效率主要体现在办事效率上。时间的控制则是提高效率的必要途径。

长期以来，办事效率低已成为某些单位的一大顽疾。办事效率之所以低，大体由以下几种情况造成。

一、扯皮

办事扯皮有以下表现：

表现之一，解决问题的客观条件已经具备，只是因为少数人反对，而长期得不到解决。有时几个部门多数意见一致，其中有一个部门，甚至一个人持不同意见，而这种意见又没有什么重要的道理，就使问题长期搁置。

表现之二，已经正式作出了决定，而且是正确的，只是由于触及某个部门、单位、地区的利益，有人就找各种借口不执行，由此而造成相互扯皮。

表现之三，业务上左右互不衔接，促使矛盾复杂化。有的在上面遇到意见不完全一致的问题，就发动下面顶。有的部门明明知道是涉及两个业务部门的事，偏要自己单独给本系统发文件，针对与另一个部门业务有关的问题规定要怎么干，不准怎么干，而事先根本不同有关部门协商。而另一个部门见你对涉及它的业务问题不和它协商，便也不同你协商，也给本系统下达针锋相对的文件，“以眼还眼，以牙还牙”。结果下面业务部门各自都有“尚方宝剑”，谁的也不能执行。

表现之四，同一个机关的文件、领导讲话、批示，前后不衔接，或内涵外延有矛盾，下面各取所需，各执一端，也造成扯皮。这种文件发到下面，想要解决的矛盾不但不能解决，还会带来更多的矛盾，人们把这种文件的负面作用叫作“内耗”。

表现之五，一件有利可图的事多头插手，造成“你中有我，我中有你”，互不相让，形成对峙局面。如有的省在同一条公路上设有两套交通监管机构和人员，一套是管拖拉机的，一套是管其他机动车的，互相矛盾，造成人力、物力的浪费。

表现之六，独家经营思想作祟，同一行业，只准我干，不准你干，不能容忍竞争。你要干我就利用行政职能想办法挤你，直到把你挤垮为止，挤不垮就长期扯皮。

表现之七，上级业务部门干涉下级政府的决定，造成条块扯皮的事也存在。

二、怕负责任或不负责任

有的单位由于怕负责任，看准的事该拍板的不拍板，上面不定主意，态度暧昧，下面只好等待。有些事本来并不复杂，由于上面当断不断，下面众说纷纭，因而使问题复杂化。有的问题不需要拿到会上讨论，也要拿到会上，使会议议题增多，长期摆不上去，问题也就得不到及时解决。同时产生连锁反应，上面怕负责任，下面就更怕负责任，结果谁都不敢负责任，使问题久拖不决。

还有的不管下面打来的报告怎么急、问题怎么重要，他都无动于衷，任你急得火冒三丈，他却处之泰然，长期压着不办。有的甚至随便将下面的重大项目报告丢失而视若等闲。

三、传递环节多，关卡多，文来文往，枉费时日

本该几天、十几天就能解决的问题，有的单位一拖就是几个月甚至一年。

四、门难进，脸难看，话难听，事难办

有些人到机关办事，不得不事先用很长时间找关系、探路子，有时还得往某些手中握有实权的人家里送礼，公事私办。

办事效率低虽然不全是秘书部门造成的，但它与中国内地政权机关的某些部位、某些环节运转不灵，某些人身上还存在着官僚主义等有关。需首先从改革管理体制，加强制度建设方面根治，因此，秘书部门通过有效的管理，提高自身的办事效率，在力所能及的范围内协助领导提高工作的成效，则是责无旁贷的。

第二节　秘书工作管理的内容

在 1985 年 1 月召开的全国秘书长、办公厅主任座谈会上，王兆国对办公厅工作方式和工作方法的第三个转变，有如下意见：

……从单凭老经验办事转变为实行科学化管理。各级办公厅要高效率高质量地完成所担负的任务，需要改变单凭经验和惯例办事的做法，使内部运转方式和管理方法建立于科学的基础之上。对于过去长期积累下来的经验以及相沿成习的工作程序和方法，应当根据新形势和新任务的要求重新加以认识，一切同新形势、新情况、新任务不相适应的老观念、老办法、老框框，都要敢于破除；而一切同新形势、新情况、新任务相适应的好办法、好经验，都要敢于探索、采用和推广。要从实际出发，合理地调整、设置机构，确定分工职责，使每个部门都各司其职，各尽其责；要建立严格的岗位责任制，使每个人都任务明确，责任清楚；要形成规范化、制度化、科学化的工作程序和工作方法，保证每个环节和每项工作都有章可循；要完善信息系统，真正形成一个点面结合的信息网络和畅通的信息环流渠道；要改进工作的技术手段，逐步实现办公现代化。[①]

这段话，对秘书工作如何实行科学化管理，提供了有益的启示。

秘书工作的管理模式是“三化”建设，“三化”即规范化、制度化、科学化。所谓规范化，是指各项秘书工作程序、工作方法，都符合约定俗成或明文规定的标准，故规范化也就是标准化；所谓制度化，是指在各项秘书工作中，大家都要共同遵守一定的办事规程或行动准则，严格按规章制度办事；所谓科学化，是指要遵循秘书工作的客观规律，选择符合这些规律的最佳方案进行工作，以取得质量最好、效率最高的效果。这“三化”之间不是并列关系，规范化是基础，制度化是保证，科学化是目标。

秘书工作管理包括两个方面，一是对秘书人员的管理，二是对秘书工作的管理，两者密不可分。

---

① 王兆国．充分发挥办公厅的参谋、助手作用．领导同志谈秘书工作．北京：现代出版社，1989. 74 ~ 75

一、秘书人员管理

秘书人员是秘书工作的主体，只有改善和加强对秘书人员的管理，才能使秘书工作管理走上正轨，逐步达到规范化、制度化、科学化的目标。

1. 建立系统科学的秘书规范

秘书规范是指秘书人员、秘书工作的法律准则和行为标准，它既包括来自宪法、行政法规的一般规范，又包括各级机关及有关部门专就秘书工作而发布的部门规范，还包括各个单位自行制定、须本单位秘书人员和秘书工作遵守的内部规范。第一种是秘书人员、秘书工作的最高活动准则，第二种是宪法、行政法规的基本原则、精神的具体化，也是秘书规范的主要部分。第三种虽适用范围较窄，但它是第二种规范必不可少的补充，一经法定程序确定下来，就具有同等约束力。但长期以来，对秘书规范重视不够，不少重要的秘书法规没有用立法形式确定下来，而各项规范细则如秘书工作的机构名称、部门设置、人员编制、秘书人员任免手续、职责范围、工作程序等，还未有统一的规定，常常上下不对口，左右有差别。因此，各级机关及秘书部门，应充分重视秘书规范的建设和实施，以使秘书人员自觉地用秘书规范约束自己的言行，促进秘书工作有秩序地开展。

2. 实行严格的岗位责任制

岗位责任制是秘书规范之一，也是必要的行政管理制度之一。实行岗位责任制，明确规定秘书人员应有的权利、应尽的职责和义务以及必须遵守的纪律；规定各工作岗位的职责范围和工作任务，能使每个岗位有比较明确的质量、数量要求，使每个人各尽其职，各负其责。

岗位责任制要与岗位目标管理，与考核制、奖惩制结合起来，形成一种竞争机制和激励机制，才能使制度落到实处，收到应有的效果。

所谓岗位目标管理，是按照定性定量定时的原则，把各个岗位的工作目标分解成具体指标，并换算成分数，按百分制定出考核标准，分岗位进行考核，兑现奖惩。但制定的工作目标必须科学合理，因岗位制宜，体现先进性。一般来说，要尽量用数字显示，不便于用数字显示的，用简洁的文字写明某项工作所要达到的基本要求。这种目标管理办法能使每个秘书人员肩担硬任务，主动朝着预定的目标努力。考核制和奖惩制之所以要与岗位责任制挂钩，是因为确定了岗位责任而不加以考核，岗位责任便形同虚设；考核了而不以奖惩兑现，就会挫伤秘书人员的积极性。

在实行岗位责任制后，不少单位积累了成功的经验，并有所创新。如目前进行的对行政组织中秘书的绩效进行考评，已成为一种正式的秘书评估制度。秘书工作绩效是指在一定时期内秘书在其工作职责范围内的工作行为和工作效果。绩效考评是通过系统的方法和原理来评定和测量秘书在职务上的工作行为和工作效果。有学者经调查后，认为这种考评呈现以下特征：

（1）行政组织十分重视秘书工作绩效的考评，同时，考评的周期比较稳定（多为半年至一年之间）。

（2）行政组织中对秘书进行工作绩效考评的评价者主要仍以组织内部公众为主，但已开始出现重视外界公众评价的迹象。

（3）行政组织中对秘书工作绩效考评的标准依然是“德、勤、能、绩”，考评的方法主要是评语法或工作报告法及目标评价法。

（4）行政组织中领导比较重视秘书工作绩效考评结果的沟通，但依然存在着不良风气。由于轻视持续的绩效沟通，缺乏全面沟通，在考评中存在着的不正之风根据其严重程度由强至弱依次是：①轮流坐庄评优；②领导说了算；③有派别之嫌；④只知道考评结果，不注重考评过程；⑤秘书态度不端正，夸大其词。另外，行政组织的领导应该具有现代绩效管理理念，要明确绩效不是考评出来的，而是通过一个科学体系管理出来的。[①]

3. 完善秘书职业资格鉴定工作

中国内地实行秘书职业资格鉴定后，打破了长期以来将秘书视作行政人员的一部分，秘书只是一种职务、职位而不是职业的传统观念，迈开了秘书走向职业化的第一步。但由于秘书职业资格鉴定工作起步较晚，秘书成为就业准入的66个职业之一的时间还不长，[②] 故仍存在不少问题，如：如何合理确定秘书职业资格等级培训的教学模块，如何将秘书职业技能鉴定与实际操作挂钩，如何协调劳动部门与教育部门、人事部门的关系等。只有把这些问题解决了，使秘书职业鉴定工作走上正轨，才能大大解放秘书生产力，使秘书人员学有依据，干有奔头，努力实现自己的人生价值。

上海市在规范和完善秘书职业资格鉴定工作方面，作出了可喜的尝试。上海市教委与上海市劳动和社会保障局根据高等学校改革的目标要求和上海市经济发展的现状，于2003年1月20日至23日在上海大学高等技术学院举行了首次上海市“高校秘书类职业资格证书”鉴定考试，251名上海市高等学校的在校大学生参加了鉴定考试。考试合格者可获得由上海市劳动和社会保障局核发的“高校秘书类职业资格（准高级）证书”。该证书经国家认可，属于行业准入的有效的求职凭证。有人认为，这次考试是高校教学改革和社会经济发展需求相结合的一项新举措，标志着职业资格证书与学历证书“双证”的正式推行，将对高校秘书及相关专业教学

---

① 宋斌，王萍．行政组织中秘书工作绩效考评现状的调查研究．秘书，2003（1）：12～14

② 1999年，劳动和社会保障部将“秘书”正式确定为全国实行就业准入的66个职业之一，并将秘书职业确定为初、中、高三个等级。就业准入，是根据《劳动法》和《职业教育法》规定，劳动者必须经过培训并取得职业资格证书，方可就业上岗。

起到积极的导向作用。[①]

二、秘书工作管理

1. 设置合理而有效的组织机构

要设置合理而有效的组织机构，首先，要从秘书部门的整体目标出发，把它要担负的各项工作分解成若干基本要素，对其要达到的质与量的要求进行科学的分析，对每项工作的操作方法和操作时间制定出明确的标准。然后，要将相互间密切关联的部分，或按内容性质，或按表现形式，进行合理的综合和平衡，组成若干条专业化的流水作业线。再按这条线的长短及其所起的作用，或设置一个处，或设置一个科，处和科之间通过各种有机联系，形成一条顺畅的环流渠道。这样的组织机构，能将各部门和个人的各项工作置于合理的运动之中，共同纳入整体目标所要求的轨道上来。如果要建立同一系统中的各个平行秘书机构，则要有一个统一的原则，不能因人设事，随意增加编制。

就某一个秘书机构而言，要从本单位的实际出发，尽量减少层次，提高效能。如××日报社是一个大型的党报机关，秘书部门的工作很庞杂。为了适应新形势的要求，该报社将秘书组总称为编发办公室，下设接待科（兼管公务员室）、保密科（兼管档案室、打字室）、资料科（兼管通信班）。通过改革，使秘书部门的工作运转快速而富条理性，有效地配合了领导的工作。

2. 推行工作标准化

标准化是管理科学的新概念，原指企业为适应科学技术发展和合理组织生产的需要，在产品质量、品种规格、零部件通用等方面规定统一的技术标准。将企业的这种管理机制适当引入行政管理，以提高行政效率和整体绩效，就是行政管理标准化。办公厅（室）

---

① 郭建庆．让职业鉴定成为沟通学校教育与社会需求的桥梁——首次上海市《高校秘书类职业资格证书》鉴定考试概述．秘书，2003（4）：18～21

推行的工作标准化，其含义是：为了使各项行政工作和管理活动合理化、规范化和科学化而制定的有关统一尺度和共同准则的总称。

河北省邯郸市委办公厅在推行工作标准化过程中，积累了丰富的经验，并撰文予以总结。该文详细阐述了办公厅（室）推行工作标准化的三个条件（工作和管理观念的科学化、工作人员素质的现代化、机构设置的合理化）、三个原则（“三服务”原则、量与质相互统一的原则、短期效果与长期效果相统一的原则）、三个标准（质量标准、数量标准、工作的时效标准）和三个测算方法（行政要素评分法、标准比较法、时效评估法），[①] 很有借鉴价值。该单位在厅内部开展标准化管理后，经过半年多的实施，取得了阶段性成效。有学者结合该单位工作实际，撰文提出，搞好过程控制是办公厅（室）实施标准化管理的关键。该文从过程控制[②]的意义、实行过程控制方法、过程控制的审核、过程控制的不断改进四方面进行论述，较有说服力。[③]

3. 逐步实现办公自动化

要从根本上提高秘书工作的效率，还要不断改进工作的技术手段，逐步实现办公自动化（关于办公自动化，本书第十九章有详细论述）。

---

① 李敬民．浅谈办公厅（室）推行工作标准化．秘书工作，2002（7）：7～8

② 过程控制是通过对过程实施有效控制，从而建立一个抓落实的有效机制。办公厅（室）实行过程控制，就是结合办公厅（室）的工作职责，先确定标准化管理总的方针目标，然后围绕实现方针目标确定相关过程，并把这些过程都控制好，确保方针目标的实现。

③ 马朴勤．搞好过程控制是办公厅（室）实施标准化管理的关键．秘书工作，2002（10）：15～16

第三节　办公室主任的工作艺术

办公室主任，不论属何种级别，不论在哪个部门或单位，不论个人素质、能力如何，就其工作艺术而言，都有着共同的特点和规律。把这些特点和规律加以总结归纳，提炼成一套科学的、系统的工作艺术，用以指导办公室工作，能收到事半功倍的效果。

办公室主任要创造出一套行之有效的工作艺术，把工作搞好，除须具备一定的政治修养、职业道德和能力外，还须有排除困扰的能力、宽厚豁达的心理素质。这是由办公室主任所处的特殊地位决定的。有人说，组织部门是“迎春花”，宣传部门是“报春花”，秘书部门“苦菜花”。办公室主任作为办公室的负责人，其“苦”自不待言，无怪乎人们喟叹办公室主任难找，办公室主任难当了。

办公室主任的工作艺术如下：

一、对自己定位要准

河北省邯郸市峰峰矿区区委常委、办公室主任王金家认为，办公室主任是“管家、忙家、杂家”，又是部门的“首长”，从领导角度讲，也有个定位问题。定准位才能知高知低、知轻知重，少犯或不犯错误；定准位才能最大限度地开发自己的潜能，做到高风亮节，恪尽职守，堂堂正正；定准位才能为做好本职工作提供保证，使工作到位而不越位。他是这样给自己“定位”的：

1. 做平平常常的百姓

办公室主任工作在领导身边，是领导的左右手，位高权重，在群众的心目中是“官”。但办公室主任不能把自己当官来看待，更不能官气十足，优越感太强。盛气凌人，官气十足，找不准自己的位置，就不可能做好本职工作。处处想搞特权，时时谋求私利，在背离党的宗旨的同时，也远离了群众，失掉了民心。所以，做平平常常的百姓，就要保持百姓本色，当官不像官，与人民群众打成一片，心贴心、心连心。做平平常常百姓，就要增强群众观点，时刻想着群众，一切从群众利益出发，全心全意为人民服务，将群众拥护不拥护、满意不满意、答应不答应，作为检验自己工作的标准，认真进行坚持；做平平常常百姓，就要既不搞特殊，又不混同于普通百姓，做好群众的表率，产生众望所归的威望，真正成为群众可亲可敬的知心朋友、可信赖的带头人。

2. 过平平淡淡的生活

“历览前贤国与家，成由勤俭败由奢。”在市场经济大潮的冲击下，很多领导干部正是由于在光怪陆离的大千世界中丧失了正确的人生观和价值观，从而一步步走向犯罪的深渊。有的人耐不住寂寞，耐不住清苦，总想在物质享受上高人一等，胜人一筹。于是手中的权力变成了牟利的工具，日益膨胀的私欲鬼使神差般地使自己铤而走险，最终受到党纪国法的严惩。从这种意义上讲，安于过平平淡淡的生活，甘于在清苦中造福于人民，就是对每位办公室主任提出的最严峻的考验。安于过平平淡淡的生活，才能活得坦然，活得超脱，活得精神。守住清贫才能守住清白，乐于过平平淡淡的生活，才会有更高的精神境界，使自己成为一个纯粹的人、高尚的人、脱离了低级趣味的人，一个受人民爱戴、拥护的好干部。

3. 处平平静静的心态

面对成功挫折，荣辱升迁，要做到宠辱不惊，“任凭风浪起，稳坐钓鱼船”，必须具有良好的心理素质，保持平平静静的心态。平心而论，现实生活中确实存在许多不合理现象，有些现象也不是某一两个人能够改变的，需要在深化改革中逐步解决。一味要求自己在各方面都得到公平的待遇，往往是不现实的。况且，自己心理上的失衡，有时并不全在于客观原因，而是由于主观的偏执或错觉，那就更不应该愤愤不平。作为办公室主任，要有平平静静的心态，既要有风物长宜放眼量的境界，还应有淡泊明志的胸怀，什么都能看得开，想得开，拿得起，放得下。在名利面前不计较，不患得患失。平静的心态需要一种豁达，一种气度，时刻保持一颗平常心。不骄不躁才能神志清醒；不贪不沾才能坦坦荡荡；不吵不闹才能有所作为；不哀不怨才能忘记小我，把党的事业和人民群众的切身利益装在心里，真正做到“猝然临之而不惊，无故加之而不怒”。

4. 干平平凡凡的工作

干平平凡凡的工作，并不意味着没有追求、平平庸庸、得过且过，而是倡导一种扎实的工作作风、求实的工作态度和默默无闻的奉献精神。平凡中孕育着伟大，朴实中蕴涵着神奇，孜孜不倦地追求和精益求精的态度才是取得惊人成绩的根本原因。干平平凡凡的工作，就要坚持党的利益和群众利益相统一，不能光摆花架子，作表面文章，不能光“绣”让领导看见高兴、群众反对的“花”，不能唯书、唯上，只对上级负责不对群众负责；干平平凡凡的工作，就要以党的事业为重，不追求显赫政绩，更不能搞虚报浮夸，玩数字游戏；干平平凡凡的工作，就要坚持丁是丁，卯是卯，不显山露水，脚踏实地，一步一个脚印，甘当铺路石，乐做螺丝钉，说实话，办实事，鼓实劲，求实效。

5. 留清清白白的名声

身后的名声是生前留下的，退下来以后的名声是在任时留下的。办公室主任要做到留清清白白的名声，不是任期、身前的矫揉造作和自己给自己树碑立传，而是人格魅力的延续，是讲正气的必然。要做到这一点就必须在品行上光明磊落，在为人上刚正不阿，在工作上老老实实。唯有堂堂正正大丈夫，才能清清白白留人间。①

二、对各方协调要巧

紧紧围绕中心大局搞好综合协调是办公室工作的核心。在综合协调中，牵涉到多个单位以及各种各样的人，如何跟他们打交道，

① 王金家．办公室主任的定位观．秘书工作，2002（3）：27～28

须强调一个“巧”字。如对上级，要及时请示汇报；对外单位，要主动加强联系；对下级，要经常通报情况；对单位内部，要加强团结协作。就拿协调办公室人际关系来说，也大有学问。王晓春认为，要注意以下四点：

1. 防止简单化

办公室人际关系的特点之一是复杂性。在协调过程中，不能将问题看得过于简单，也不能期望只运用一种方法就可以解决问题，更不能期望短时期内就可以消除矛盾。办公室人际关系具有隐蔽性的特点，要防止协调停留在表面，要透过现象看本质，着力解决深层次的问题。作为协调者，不能简单地认为自己的意见都是正确的，当不同意见出现时，要作冷静思考，从不同角度观察问题，一旦发现自己的意见有片面性，要立即改正，避免将自己的错误观点强加于人。

2. 防止庸俗化

办公室人际关系的协调，必须建立在健康向上的基础上，协调者要靠个人的优良品质和高尚人格树立威信，影响别人。在人际交往中，一些适当的礼尚往来是正常的，也是必要的，它可以联络感情，加深友谊，缩短距离，密切关系。但若认为搞好人际关系就是吃吃喝喝、拉拉扯扯、吹吹拍拍、请请送送，却是庸俗的。为防止庸俗化，一方面要在认识上搞清人际关系的正确含义，了解人际关系与“关系学”、“厚黑学”的不同点，树立搞好人际关系是为了更好地开展工作的指导思想；另一方面要在行动上严格依法办事，按章办事，当周围的人际关系流于庸俗时，不能随大流，要坚持原则。

3. 防止商品化

随着社会主义市场经济的确立和发展，人际关系中出现了一种错误倾向，就是把人际关系商品化，即在人与人之间的交往中一味讲求“等价交换”。一些人认为，我帮助你多少，你也得帮助我多少。给予别人帮助是为了得到别人的回报，给予别人的帮助越多，索要的回报也越多；另一些人认为，你帮助我多少，我才帮助你多少。得到别人的帮助，才会给予别人回报，得到多少帮助，就给予多少回报，这种错误倾向是某些人对人际关系认识的一个误区，即使在西方市场经济发达的资本主义国家，商品化的人际关系也不被人们所提倡。防止商品化最重要的一条是要讲服务，讲奉献，自觉养成良好的服务习惯。

4. 防止自由化

要始终坚持不能以原则作交易，不能以牺牲国家、集体和人民的利益来满足小团体的、个人的利益。绝不允许以搞好人际关系为名，拉帮结派，在办公室内部形成不同的派别，削弱办公室的合力。①

三、对落实抓住不放

凡是政府作出的决策，议定的事情，部署的工作，最终能否实现或完成，在很大程度上取决于办事是否扎实，工作是否落实。前总理朱镕基曾一针见血地指出，如果办事不实，所有好的思想、好的思路、好的政策都会在官僚主义中埋葬。落实不够是许多单位长期以来形成的顽疾，故有人提出，应把抓落实作为当前办公室工作的首要任务。怎样去抓落实呢？湖北省宜昌市夷陵区委办公室杨文金认为，办公室抓落实既要发扬过去一些好的传统和做法，又要与时俱进，开拓创新，并提出必须从四方面“抓起”：

第一，必须从转变观念抓起。要把决策转化为现实生产力最关键的环节就是抓落实。从某种意义上说，落实就是创造，落实才能发展，落实才能出生产力。近年来，夷陵区经济快速发展，面貌发生了较大变化，但区域内东西部差距仍很大，发展不够的问题仍然存在。如何进一步推进区域经济发展呢？2001 年年底区委办公室在区委的安排下，结合贯彻十五届六中全会精神，组织办公室干部

---

① 王晓春．浅谈办公室人际关系的协调．办公室业务，2001（2）：43

及有关部门深入全区各乡镇、街办、村、企业进行了为期一个月的座谈与调查后认为，最重要的原因还是落实不够。为此，2002 年年初，区委结合“三个代表”思想，组织广大干部群众紧密联系本单位和本人实际，列举工作落实不够的表现，查摆作风不实的问题，分析工作落实不够的原因，集中精力解决落实不够的问题，使狠抓落实成为各级组织的自觉行为，在全区上下形成一种说了干，定了办，令行禁止，政令畅通的良好风气。

第二，必须从领导自身抓起。领导是抓督查落实的主体。领导班子成员特别是党政一把手亲自抓督查，带头抓落实，带头查不落实，对决策、部署的贯彻落实能起到极大的推动作用，是抓落实的第一推动力。因此，我们在实际工作中，始终把督促领导抓落实作为工作重点，通过在区级领导中实行目标责任制，在政府部门第一责任人中实行目标责任风险抵押制，在乡镇领导中实行目标考核及领导工作落实责任制和责任追究制等一系列制度，督促领导抓各项工作的落实。加强对领导下基层工作跟踪督查，变过去只督基层为督基层与督领导相结合，变过去单听领导汇报为领导自己汇报与基层群众评价相结合的方式，根据 20 位区级领导的汇报材料和 20 个乡镇反映的情况，对区级领导下基层工作情况进行了跟踪督查，并编发督办通报与督查专报。我们成立了目标考核办公室，专门负责各项考核工作，考核结果载入干部的档案，与干部的奖惩和任用挂钩，进一步加强目标考核工作。有力地推动了各级领导工作作风的转变，大大增强了各级领导狠抓落实工作的主动性，推动了区域经济的快速发展。

第三，必须从解决实际问题抓起。抓落实，不能胡子眉毛一把抓，要分清主次，突出重点。近年来，我们紧紧围绕全区的中心工作，抓住重点产业、重点地区、重点问题，从解决实质性问题入手，扎实有效地推动了全区工作的落实。前不久，区委办公室围绕确保实现 2002 年全区奶牛存栏达到 5 000 头的目标，牵头与政府办、农业局、奶牛产业办公室一起组织了一系列调研，并建议区委召开了专题协调会、常委办公会，就奶牛发展中的资金、技术、保险、政策等实质性问题进行重点协调和专题研究，切实解决了奶牛产业发展的一系列问题，会后，我们按照会议议定的事项进行了专项督查，确保各项措施落到实处，受到了养牛户与加工企业的普遍欢迎。

第四，必须从督促检查抓起。经常性地开展督促检查，是确保落实的有效手段。近几年来，我们充分发挥区委督查室的主渠道作用，紧紧围绕区委中心工作和重要部署，结合实际积极开展事中督查、现场督查、专项督查、新闻督查等活动，推动全区各项工作的落实。每年年初，我们都对区委工作目标进行分解立项，将各项工作落实到具体单位、具体责任人和具体的时间。根据具体情况适时进行督查，每月再根据区委月度主要工作安排，确定每月督办落实重点，平时根据区委常委办公会议议定事项和区委领导交办事项，确定阶段性督办重点，确保区委各项决策落到实处。①

四、对环境保持清醒

办公室主任处于复杂的环境之中，既会面临有利于自己发展的顺境，又会面临不利于自身发展甚至稍有不慎即导致腐败的逆境。而在顺境中有时也会有恶浊的暗流，在逆境中只要把握住自己也能训练才干。为此，办公室主任在各种环境中都要保持清醒的头脑。比如，你对当前社会上盛行的“当官靠关系，办事凭关系，没有关系找关系，找不到关系买关系”现象是怎样认识的？你对那些威信颇高、奉行“四点式”作风（对上捧着点，对下哄着点，好事吹着点，坏事瞒着点）的中层干部是否看好？那些“一事当前先缩头，遇着矛盾绕道走，开会研究再研究，管他冬夏与春秋”的“老好人”干部为何吃香？如果想令自己立于不败之地，建议

① 杨文金．把抓落实作为当前办公室工作的首要任务．秘书工作，2002(11)：14～15

你起码要做到“吹吹捧捧不迎合，拉拉扯扯不下水，吃吃喝喝不沾边，谈谈笑笑不泄密，急急忙忙不粗心，稳稳当当不误事”。[①]

思考与练习

1. 为什么说有效性是评价秘书工作的标准?
2. 细述秘书工作管理的内容。
3. 办公室主任应具有怎样的工作艺术?

① 雷天寿．办公室主任处理人际关系的艺术．秘书之友，2002（8）：12

第十章　港台地区及国外的秘书工作

第一节　港台地区及国外秘书工作概述

由于港台地区同内地的社会制度、管理模式、经济条件、生活环境、价值观念乃至风俗习惯有极大不同，故其秘书工作具有较强的地区色彩，且与国外比较接近。

一、港台地区的秘书工作

（一）香港的秘书工作

香港自古以来就是中国的领土，自 1842 年鸦片战争后，逐渐被英国侵占，并被纳为英联邦地区。1997 年 7 月 1 日，香港回归中国。由于 150 多年来一直处于英国殖民统治之下，香港的秘书工作受英国影响很大。

香港是国际金融中心、自由港和独立关税区，公司商行林立，社会对秘书的需求量很大，秘书教育和培训十分兴旺。香港培养秘书人才，主要依靠中专层次的学校，有 120 多所中专和补习学校在培养秘书。其课程设置，一年制约开设 16 ~ 17 门，一般是簿记、速记、打字、电脑打字、商业通信、报告和备忘录写作、进出口业务结算、经济学、文字处理、秘书实务、计算机操作和基础知识、电报传真、文字处理、语言训练、外语等，毕业后发给正式文凭，供应聘就业之用。有些大学也设秘书学课程，偏重于讲授秘书基本知识及秘书实务。

为适应 1997 年香港回归祖国的转变，原英国“特许秘书及行政人员公会”（ICSA）的香港属会于1994年易名为“香港公司秘书公会”（HKICS）。为令外界了解独立后的公会的工作及观点，香港公司秘书公会出版了一份名为“公司秘书”的杂志，并由*Asian Law Journal*协助出版工作。香港也举行英国特许秘书及行政人员公会组织的秘书特许状考试。通过考试并获得此证书者，就业机会更多，应聘的职位层次也较高。

香港社会的秘书大致分为两大群体：

一是高层次群体。他们是上司的直接、重要助手，其职责为全面辅助上司，如起草文件、传达指令、收集信息、通信联系、管理文书和办公室事务等。其中层次最高、职权最大的是公司秘书（有的也称行政总管）和董事会秘书。公司秘书由董事会聘请、与总经理平级的高级管理人员，董事会秘书由董事会或董事长派出，与总经理保持联络，了解、监督公司业务，并负责筹办董事会、股东大会，准备重要文件材料，发布公司信息等工作。担任公司秘书或董事会秘书者，必须是具有5年以上秘书工作经历，并通过英国特许秘书及行政人员公会组织的秘书特许状考试，取得“高级秘书”证书者。

二是一般事务性秘书。对这类秘书要求较为一般，但人数较多。

香港的秘书绝大部分都是机关或公司的雇用服务人员。为提高工作效率，应对激烈的商业竞争，上司对秘书人员要求很严格，要求他们具有如下职业观念：①服从上司；②忠诚公司；③处理好人际关系；④以处理事务为主。

（二）台湾地区的秘书工作

台湾自古以来就为中国领土。1624年，台湾被荷兰殖民主义者占领。1662年，郑成功在台湾民众的协助下收复台湾。鸦片战争以后，美、英、法、日等帝国主义国家都曾入侵过台湾。1894年，清政府在中日甲午战争中战败。次年，日本迫使清政府签订《马关条约》，主要内容之一是中国割让台湾全岛及所有附属各岛屿、澎湖列岛和辽东半岛给日本。第二次世界大战中，日本为战败国。1945 年 8 月 15 日，日本无条件投降。10 月 25 日，台湾重归中国版图。1949 年 10 月 1 日，中华人民共和国成立，近 200 万国民党军政人员追随蒋介石退踞台湾，台湾与祖国大陆再度陷入分离局面。台湾与大陆同属一个中国，尽早实现祖国完全统一，是海峡两岸人民的共同愿望。

自 1963 年起，工业在台湾经济中的比重超过农业。台湾经济属外贸出口型，高度依赖海外市场。20 世纪 80 年代以来，台湾经济开始从制造业向高科技产业转型。截至 2003 年 4 月，台湾外汇储备为1 706. 35亿美元，仅次于日本和中国大陆，居全球第三。

台湾专业秘书协会最早成立于 1974 年。由于台湾工商业发达，各行各业对秘书需求量大，因此，大专文商科的毕业学生，都有机会进入秘书行列。

1. 秘书的必备条件

21 世纪的秘书，除了按传统的标准，应具备如外表利落出色、学识涵养丰富、个性成熟稳重等条件外，还应具备以下条件：①遇到问题时，能自己找答案；②产生情绪问题时，能自行排解；③不断给自己找机会；④随时站立在旁（stand-by），主管随传随到；⑤话不多但很中听；⑥做事很有分寸；⑦凡事能察言观色；⑧能设身处地地考虑问题；⑨能扮黑白脸；⑩有公关能力。

2. 秘书的种类

依其行业与职能，秘书可划分为下列各种不同性质的种类：①业务秘书；②私人秘书（指特殊主管或单一部门所用的秘书，通常不负担其他人员的工作）；③一般秘书；④法律秘书；⑤医学秘书；⑥教育秘书（即许多学校中所称的“助教”）；⑦广告秘书；⑧工程秘书；⑨演艺秘书；⑩国会秘书（专门为各级民意代表与政府施政单位服务的秘书，通常是毕业于政治系或公共行政系的学生）；⑪教会秘书；⑫旅游秘书（此类秘书层次很高，并非“伴游小姐”）。

3. 秘书的职衔

传统秘书的职衔为：①行政助理；②助理秘书；③秘书；④资深秘书；⑤执行秘书；⑥主任秘书。

外商公司或分工较精细的单位，根据需要设有：①打字员；②接待员；③速记员；④操作员；⑤电脑操作员。

新世纪的秘书，因为工作内容的改变，已经将“秘书”两个字逐渐隐藏，而以“行政”挂帅。依照美国行政专业协会的调查，最普遍的头衔依次是：①行政助理；②协调员；③行政专员；④资讯专员。

而依照现况最常见的还有：①行政处长；②行政经理；③行政总监。

4. 秘书的工作

秘书的工作大抵分为三类。第一类是事务性的工作，包括：处理信件，接听电话，撰稿/写报告，档案管理，收发公文，回复e-mail，拷贝文件，整理报章杂志，操作电报/传真，接待访客/招待客户，安排上司约会，参加会议并做记录，差旅安排。第二类是管理性工作，包括：办公室管理，简报/剪报，操作电脑，学习新软件，会计与财务，设备采购。第三类是沟通支援性工作，包括：客户服务，美工设计，媒体应对，公关活动企划，主持公司庆典，参加应酬，外勤工作，其他主管临时交办事项。

待遇方面，一般秘书与科技界的秘书相差很大。如果是科技公司，秘书还有股票与红利可拿。

台湾于1974年成立的秘书协会，原称为台北市企业秘书协会，1992年更名为台湾专业秘书协会。该协会定期出版秘书类的刊物，其会员多是政府与民间大企业的主管秘书。

台湾还有秘书的授证考试，考试要先向美国国际行政专业协会报名。[①]

---

① （台湾）石咏琦．谈天才秘书．太原：北岳文艺出版社，2003. 11 ~ 27

二、国外的秘书工作

秘书工作是一项全球性的职业，也是一项就业人数众多的职业。意大利的《全景月刊》曾预测，到21世纪，秘书将成为最热门的职业。

“秘书”一词，源于拉丁文secretarius，意即“可靠的职员”。英语中的秘书（secretary）与秘密（secret）有联系，还可译为书记、干事、文书、大臣、部长。总书记和秘书长的区别在于，前者为“General Secretary”，后者为“Secretary-General”，都有一个“Secretary”。总干事则称“Chief Secretary”。俄语中的秘书（cekpemapb），其词根cekpem含有秘密、机密之意，还可译为（会议）记录（员）、书记。

国外“秘书”的概念，形成于资产阶级革命时期，是工业社会的产物。19世纪以前，秘书一般由男性担任，协助主人处理一些机要事务，直到现在，秘书的主要职能之一仍是参与机要事务。今天的秘书，已成为一种专业性的职业。

（一）美国的秘书工作

美国是当今世界上经济技术最发达的国家，其秘书工作专业化水平较高，秘书种类、职级的划分细密，秘书教育与培训健全，对世界各国的秘书工作产生了广泛影响。

1. 秘书的定义和种类

美国国际行政专业协会（原名国际职业秘书协会）给专业秘书下的定义是：“所谓专业秘书，乃是一位办公室内特定主管的助手。其任务是在认可的职权范围内，不必经过直接的督管，就能运用办公室内的工具设备，从事该主管指定之行政性任务。”

美国秘书的种类有：

（1）政府秘书。即在美国联邦、州、市、县政府和驻外使馆、领馆、军事基地等处工作的秘书。

政府秘书等级的划分和任命根据考试成绩而定。

（2）行政秘书。也称行政助理、管理秘书，指在各类机关、公司、企业中担任行政性职务的秘书，占美国秘书的大多数。

行政秘书按职权可分为：属于领导职位的秘书，如公司秘书、秘书长等，他们具有相当的权力；一般行政秘书。

（3）法律秘书。指在美国司法机关、律师事务所、工商企业法律部门，作为法官和律师助手的秘书。

法律秘书的薪金在秘书界最高，不少人还可升为律师。

（4）公司秘书。美国公司中接受并执行董事长指令的秘书，属于行政秘书中领导职位的秘书。

（5）经理秘书。指美国公司经理的高级秘书。

（6）专业秘书。指与从事行政事务的行政秘书相对应、在专业部门或专业人员身边工作的秘书。

专业秘书包括法律秘书、医学秘书、技术秘书、教育秘书、财经秘书、通信秘书等，他们除须具有秘书工作的知识和技能外，还须具有相当程度的专业知识。

医学秘书也称医药秘书，是美国医疗系统中作为医生助手的秘书。技术秘书也称工艺秘书，是美国政府技术部门、科研机构和工程技术公司中作为高级科学研究人员助手的秘书。教育秘书是在美国教育系统中为高等院校校长、院长、系主任、教授等服务的秘书，属于教职员编制。财经秘书是美国协助雇主管理财务的秘书。通信秘书是美国公司中专事文字处理的秘书，划分为首席文字处理员和文字处理员两类。首席文字处理员是美国公司中高级通信秘书，文字处理员是美国公司中初级通信秘书。

2. 秘书的职级

（1）秘书职级简况。美国秘书统称“一般管理、文书、事务”职业大类，下分 41 个细类（或称工种），其职级纵向分为 2 ~ 15 共 14 个等级，由低至高，技术要求由简单到复杂。其中，秘书、一般文书管理、一般通信管理、密码编制、译码设备操作定为 6 级。6 级（含 6 级）以下（5、4、3 等级）的秘书人员工作较单纯，技术要求较低，6 级以上的秘书人员工作较复杂，技术要求也较高。专业分工之细，还表现在同是文书人员，还分为一般文书、函件文书、记号符号文书等；同是办公机械操作人员，还分为打字、电动排字机操作、簿记机械操作、电话接线等。

（2）公司、企业秘书的基本职级。主要分为：

①见习秘书。

②正式秘书。是经过见习阶段，具备了相应能力的秘书，实为企业领导的行政助手。正式秘书又分为行政秘书、通信秘书两类。

另外，还有 A 级秘书（社会团体内中层领导、大公司中级管理人员的秘书）和 B 级秘书（社会团体内基层领导、大公司中基层管理人员的秘书）。

3. 秘书的工作

秘书的工作范围大致分为三部分：

（1）指派性事务。

（2）日常事务。

（3）独创性工作。即发挥秘书的主动性，运用创造性的工作方法协助上司，如在上司询问之前完成某些工作，注意收集信息以供上司决策时参考等。秘书越能有效地完成指派性事务和日常事务，就越有充分的时间从事独创性工作。

4. 秘书团体及秘书资格考试

1942 年，美国的一群秘书奔走呼吁，成立了全国秘书协会，总部设在密苏里州堪萨斯城。全国有 6 个地区分会，下属 40 个办事处。全国秘书协会是一个非营利性的私人团体。总会及分会的领导人由选举产生，没有报酬。工作人员大部分也是义务工作。经费来源主要靠会员的会费和企业、团体的捐助。入会条件是具有两年以上工作经验的秘书。会员主要在美国，其余分布在南北美洲、欧洲、亚洲等 30 个国家。由于国外会员日益增多，该协会 1981 年 4 月改名为“国际职业秘书协会”。协会的宗旨是，作为职业秘书的代言机构，维护秘书的合法利益；提高秘书的业务技能和职业地位。还领导一个“未来秘书协会”，出版《秘书》杂志，经营“退休秘书中心”，主持一年一次的“秘书周”。“秘书周”定在每年4月的最后一周，这一周中的星期三定为“秘书节”。在“秘书周”期间，举办各种讲座、讨论会、文娱活动，奖励优秀的秘书人员。1998年，该协会改称“国际行政专业协会”。

国际行政专业协会的另一重大贡献是，从1951年开始，举办秘书资格考试（又称专业秘书授证考试），每年两次（5月及11月），在美国、威京群岛、波多黎各及马来西亚设有约250个考区。至20世纪90年代，已有37 000人具有该证书及头衔（称为Certified Professional Secretary，简称CPS）。考试有3个科目：①财务与商业法（经济学占30%，会计学占35%，商业法占35%）；②办公室系统与行政（办公室科技占50%，办公室行政占25%，商业沟通占25%）；③管理学（商业行为学占36%，人力资源管理占19%，组织学与管理学占45%）。[①]

此外，还有全国教育秘书协会等行业秘书团体。

5. 秘书教育

美国有各种类型的专门培养秘书的学校，大体有三类：

（1）高等学校。设有秘书学专业或秘书系。据美国“全国教育统计中心”的资料，美国至1981年止有1 346所这类学校，主要是两年制的初级大学、技术或商业学院。在四年制大学里，设有秘书学专业的比较少。在1975年度四年制大学毕业生中，有1 896名获得秘书学学士学位。由于社会上一般把职业秘书分为行政（包括企业）、法律、医药三种，因此，高等学校里的秘书学专业，除了共同的课程外，三种秘书还有不同的专业课程。以马里兰州蒙哥马利初级大学为例，共同的课程有：打字、速记（包括机器速记）、阅读与写作、健康生活原则、办公室工作程序、计算机应用、秘书会计学以及体育等。行政秘书的专业课程有：商业数学、

① （台湾）石咏琦．谈天才秘书．太原：北岳文艺出版社，2003. 26 ~ 27

企业法、簿记、演讲基础、社会科学、行政秘书听写和录音、行政秘书准则等。法律秘书的专业课程有：美国政府、企业法、法律秘书准则、法律专门术语、法律秘书的听写和录音、法院及法律事务所程序、联邦及马里兰州法院条例等。医药秘书的专业课程有：生物学、生理学、人体解剖学、心理学、医药法、医学专门术语、医药秘书的听写和录音等。

（2）高中。一般地讲，美国普通高中主要是培养学生继续升大学的，同时也对学生进行某种职业训练。这些学校除必修课之外，还有一定的选修课。在选修课中，普通高中都有秘书课。秘书技能课通常是其中的重要项目。

（3）成人学校。这类学校多半是私人开办的。有的是在商业、技术学校中设秘书系，有的就叫秘书学校。学习时间有长有短，从两个月到两年不等；班次多种多样，有全日班、半日班、夜间班、周末班等。一般不限学员年龄，有的学校还为带小孩的妇女准备了托儿室。学习毕业后，学校协助学员找工作。这类秘书学校对学历的要求也不一样，大部分学校不限学历。

与兴盛的秘书学教育相适应，美国还出版了一些关于秘书工作的专业书籍，如《韦氏秘书手册》①、《涉外秘书全书》②。前者是美国的行政管理和职业教育专家集体编写的一部秘书工作专著，20世纪70年代中期，由美国以出版工具书闻名于世的韦氏出版公司出版，它对秘书工作以及其他行政管理人员都具有较高的参考价值。后者专为秘书编写，为秘书工作的各个领域提供快捷、权威的信息。为适应当今全球经济市场新的需要，第七次修订版介绍了大量的新程序、新方法及省时省力的新技巧。

---

① ［美］安娜·L. 埃克斯利—约翰逊．韦氏秘书手册．修订版．严华，杨光金，袁振华等译．北京：国际文化出版公司，1989

② ［美］玛丽·A. 德弗里斯．涉外秘书全书．第7版．胡敏，陈彩霞译．北京：中信出版社，1999

（二）英国的秘书工作

英国的秘书工作比较发达，一些成功的经验在英联邦及其他国家产生了较大影响。它是1974年成立的欧洲专业秘书协会会员国之一。

1. 秘书的种类和职级

英国的秘书种类较美国简化，职级整齐划一。

（1）政府秘书。指在政府机关中供职的秘书人员。他们是公务员，属于文官中的事务官。文官是一个独立的管理系统，不受政党干预，供职任期不受内阁更替的影响，其任用、职权、责任、利益、晋升均有严格规定。划分为四级：

①行政级。是担任政府各部部长主要助手的高级秘书官，相当于秘书长或办公厅主任。他们大多毕业于名牌大学，受过良好的专业训练。

②执行级。为中级秘书官，相当于秘书科长、办公室主任。他们一般毕业于文官学院或其他大学。

③文书或办事员级。为一般秘书人员。他们一般为大专或中专毕业生。

④助理文书级。为初级秘书人员。他们大多为高中或中专文化程度的女青年，年龄大多为18～20岁。

（2）执行秘书。英国工商企业中受高级经理雇用的一种私人秘书。

（3）公司秘书。英国公司中的高级行政职员。英国公司法规定，每一公司必须配备一名专职秘书，同时可配备助理秘书或代理秘书，以备公司秘书缺席时代行职责。

（4）私人秘书。被雇主雇用，为雇主个人服务的秘书。

2. 秘书的职责

英国秘书以政府和公司中的秘书为主体，下面分别举例介绍他们的职责。

（1）市政府秘书的职责。其一天的常规工作如下：

①上午9时开始工作，首先与上司对照各自的日程表，以免冲

突、遗漏，随时适应变化。

②剪报。浏览清晨送来的报纸后，裁剪下有关本部门的文章，存入专用文件夹，必要时稍加注释或说明，然后呈送上司阅读。

③冲好咖啡，送给上司及来客饮用。

④接受上司口授指示，将以上司名义发的复函及所布置的工作任务速记下来，回办公室后马上执行、完成。

⑤复信。除由上司决定的重大事情外，一般信件都由秘书根据轻重缓急逐一处理、复信。

⑥接听电话。

⑦接待来访。

⑧使用办公室设备。

⑨处理邮件。

⑩分发文件。

⑪及时请示。遇到突然出现的情况，秘书须沉着、老练，及时向上司请示、汇报。

⑫归档。

⑬保持办公室整洁、有序，随时能找到上司所需的文件。

（2）公司秘书的职责。主要表现为：

①速记上司的口述指示。

②打字，包括在打字机和电脑上写作文书信函。

③接待来客。

④文件归档。

⑤记账，即记录办公室的行政开支。

⑥烧煮咖啡或茶。

⑦拆阅邮件。

⑧寄发邮件。

⑨记录来电。

⑩安排工作日程。

⑪复制文件。

⑫安排公务旅行事宜。

⑬筹办会议。

⑭订购文具。

⑮寻找资料。

3. 秘书的任用、培训和资格考试制度

（1）政府秘书的任用与培训。

政府秘书的任用主要由文官委员会及各机构的文官管理机构决定。主要采用考任制，即须通过考试预选，然后对录用者试用1年，合格者才能委任秘书职务。高级秘书官的晋升，还须经各行业专家组成的专门委员会考核、鉴定。考任制具有一定的公开性、平等性和竞争性特征，体现了机会均等、优胜劣汰的法治精神。

培训制度分“入门训练”和“加温训练”。对初录用的秘书进行为期两年的“入门训练”，对结业后安排了具体职务的秘书，尚需接受若干次的“加温训练”。“加温训练”可在秘书被录用后的任何阶段进行，实行职业培训终身制。培训方式有本部门培训和委托培训。正规训练学校为文官学院。

（2）秘书资格考试。重要的考试名目有：

①英国秘书特许状考试。考试课程为17门，分为：

基础课：经济学、定量研究学、法律入门、组织行为学、办公室管理入门。

专业基础课：会计入门、商业法、信息网络学、人事管理。

专业课8门：必修课4门，即会议学、公司法、系统管理、管理原理和技巧；选修课4门，可选与秘书工作密切相关的秘书业务、财务会计、税收学、商业财务等。

考试合格者颁给特许状，即专业资格证书。该证书在英联邦国家和地区具有权威性。

②英国秘书学习证书。英国伦敦工商会颁发的私人秘书资格证书之一。考试合格者授予此证书，供谋求初级秘书和速记——打字员职务之用。

③英国私人秘书证书。英国伦敦工商会颁发的私人秘书资格证书之一。欲获得此证书者除要参加若干科目考试外，还要参加一次面试。合格者授予此证书，供应聘中级经理的私人秘书职位之用。

④英国私人和执行秘书毕业证书。英国伦敦工商会颁发的私人秘书资格证书之一。欲获得此证书者除要参加若干科目考试外，还要参加一次面试。考官从考速记、打字技巧入手，再评价考生的常识、机智、沉着、经验及效率。合格者授予此证书，供应聘高级经理的私人秘书职位之用。

⑤英国高级秘书证书。英国彼特门考试学院颁发的秘书资格证书。欲获得此证书者须通过若干科目考试，并接受一次面试。均合格者承认其具有全面的秘书工作能力，授予此证书。

英国还有“剑桥秘书证书考试”，它是由剑桥大学考试委员会参照国际标准，按照国际通行的做法、理念和准则设计的。“剑桥秘书证书考试”现已更名为“剑桥办公管理国际证书考试”。2004年的考试时间已经确定，每年考两次。第一次考试开考时间为4月24日、25日。开考模块为初、中、高级的“文字处理”、“沟通和项目管理”、“办公室管理”、“客户服务”、“人际商务技巧”（中、高级选修）、“组织会议和活动”（中、高级选修）。第二次考试开考时间为9月25日、26日。开考模块比第一次增加“速记”和“信息与沟通技术”两门（初、中、高级选修）。①

（三）日本的秘书工作

日本作为资本主义强国之一，其秘书工作既汲取了欧美国家的经验，又结合本国国情，从20世纪70年代以来，有了长足的发展。它是1974年成立的亚洲秘书协会会员（中国香港和台湾也参加）之一。1998年，该会改名为“亚太行政专业协会”，澳大利亚和新西兰也加入。

1. 秘书的定义

在日本，除政治家、大企业家、社会名流雇用私人秘书外，在

① 王尚．剑桥秘书更名 4月首次开考．羊城晚报，2004－03－12

一般企业中，秘书属于集团而非个人，不像美国那样，有许多秘书具有私人的特性。同时，设秘书的等级也被限制在一定的级别内，这就使得在这一级别之下的中层管理人员不能设正式的秘书，而只能由其部下中的一名成员，担负从“秘书”性的杂务处理，直至决策管理的一系列工作（有时也有管理者本人自己安排自己的工作日程的）。这表明，相当于秘书的辅助功能的那一部分工作，已经成了各级管理监督者日常事务的一部分。

日本城西大学教授堀江光对秘书工作是一种什么性质的工作，介绍如下：

（1）辅助或代理上司部分工作者，替上司料理杂务或作为上司身边的工作人员而提供服务者。

（2）在事务所等专门为管理人员来往函件、从事文书工作的受雇人员。

（3）为某一特定的职员处理来往函件、保管记录、安排事务和负责预约会面的事务所工作人员。

（4）辅助某一个人（也可是其部下），从事有助于推进其业务的一般事务，是该事务所的主要文书或后勤管理人员。

由此，他认为所谓秘书就是“帮助上司处理杂务的工作人员”，因此，也就是能使上司专心致志地从事其本职工作的辅助人员。①

2. 秘书的种类和职级

（1）秘书的种类。根据其所供职的系统、资历、模式，可划分为以下几种：

①“日本型”秘书。指日本国内以传统方式从事工作的秘书。因对他们的业务技能无明确规定，其工资待遇也不明确。

②“欧美型”秘书。指日本国内具备欧美国家秘书一般特征的秘书。他们以秘书工作为专门职业，主要在外资企业、外国驻日使馆及办事机构工作，英语水平很高。其工资待遇依据业务能力的

---

① ［日］堀江光．秘书专业的前景．秘书，1984（3）

强弱而定。

③公务秘书。也称政治秘书，指在国会、政党、内阁供职，属公务员的秘书。

④事务秘书。指在医师、律师等专业人员身边工作的秘书。他们除具有秘书工作知识和技能外，还须具有相当程度的专业知识。

⑤外事秘书。指擅长外语、在外资企业和各国驻日使馆供职的秘书。此类秘书，还要能为外国来客当向导，陪同观看歌舞等文娱表演，懂些茶道、花道以及日本其他文化历史知识。

⑥企业秘书。也称公司秘书，即董事长和经理的专职秘书，以女性居多。

⑦私人秘书。日本党政要员、议员、大企业家，有名望的学者、教授和影视、体育明星等社会名流所雇用的秘书。

（2）秘书的职级。日本企业界的秘书职级是：

①见习秘书。这是指担任秘书职务未满1年者。除非接受过专门教育，否则，刚当秘书时，任何事都处于摸索阶段。有关秘书课（秘书室）公文的收发、电话应付、传达命令、泡茶等秘书主要业务，均要在这段期间内，接受资深秘书的指导。

②初级秘书。是担任秘书工作有2~3年之久者。除了见习秘书的应有业务，还需负责整理文件、回复信函、排定出差时间表、购买车票以及到公司外接待访客等。

③中级秘书。是具有4~5年以上的工作经验，可单独处理高难度的秘书业务者。有些公司将此职级的人才，调升为私人秘书。其主要任务为，调配上司的时间表以及对外的预约。此外，有关上司个人的税金申报、银行存款的提存等，均要协助办理。同时，对新进秘书的指导，更是重要的任务之一。

④高级秘书。秘书课长就属于相当高级的秘书，是名副其实的上司协助者；更高级者，还有主任秘书的职称，大多由高级干部担

任，亦是董事长的正式辅佐人。①

两性的差异也是造成职级高低的主要原因之一。男性秘书在公司工作几年后，常能担任秘书部长的职位，而女性秘书一般长期停留在原位，即使在熟悉公司各部门工作后，也很难调任其他部门。

3. 秘书的职责

各类秘书的工作职责，一般包括以下内容：

（1）安排上司日程。

（2）接待来客。

（3）处理文件。

（4）为上司提供各类辅助性服务。

（5）办理其他事务。如处理上司日常琐事，为本单位其他人员服务、协助处理突发事件等。

此外，在日本还存在着一种称为“中间型秘书工作”的方式，它实际上是秘书工作范围的扩展。它要求每一位秘书在各自承担一部分依工作内容分类的秘书业务时，还得为某一特定的上司承担部分秘书事务，既分担所在课、室的秘书业务，又为指定服务的上司做好秘书工作。

4. 秘书教育和考试制度

日本的秘书培训，除大学秘书专业、秘书专科学校、秘书职业高中等正规学校和教育机构外，还有秘书的在职培训，培训的内容，根据不同单位、不同工作的需要确定。如日本东京 YWCA 专科学校商业专业中的秘书培训讲座内容有：

（1）高级课程（一年）。包括秘书概论与实务、文档学、英文打字、英文速记、秘书英语、英语会话、会计事务、心理学（人际关系）、经营管理、通信、商业法、劳动问题等。

（2）初级课程（两年）。包括秘书概论、秘书实务、文档学、听写、英文打字、英文速记、秘书英语、商业英语、英文簿记、时

① ［日］夏目通利．企业秘书．陈宜译．台北：国际商学出版社，1986. 23 ~ 24

事英语、英文翻译、英语会话、语言表现法、计算技术、商业簿记、经济学、社会问题、钢笔书法、保健体育及音乐等。

此外，还有秘书考试制度，包括：

（1）C·B·S 考试。日本秘书协会（1967 年成立）自 1979 年始实行一种简称 C·B·S 的考试。鉴于国际化的日本现状对于秘书要求较高，所以要进行标准化的秘书知识、技术、日语和英语的审查考试，以提高秘书的素质。经过 5 月和 7 月的两次考试，合格者可取得 C·B·S 资格。

（2）秘书士资格的审定。由日本全国短期大学秘书教育学会，对申请者进行考试，授予秘书士称号。

（3）秘书技能测验。经日本文部省承认的由秘书实务技能检测协会负责实行的秘书技能测验，分三级、二级、一级三种资格，供就职时通用。三级测验内容如下：

①秘书素质：秘书职业要求具备的品质。

②职务知识：秘书的任务和职能。

③一般知识：社会常识、管理学（一般会计、财务、经营管理法规）。

④人际关系：工作态度、口才、接待、交际实务。

⑤技能：会议组织、文书写作、复印机使用、文档学、资料管理、环境整理、办公备用品、日程管理等。

其余还有选修内容：日文打字、日文速记、英文速记、钢笔字、珠算等。①

第二节 港台地区及国外秘书工作的发展趋势

一、社会化

港台地区及国外的秘书工作，不仅广泛存在于政府机关、企业

---

① ［日］孙成也．日本职业秘书的发展道路．秘书之友，1988（5）

单位和社会团体，而且渗透到社会的每个角落。美国和英国雇用私人秘书的现象尤为普遍，从政府官员到企业主，从演员到运动员，从律师到医生，几乎都有私人秘书。美国的大学，讲师以上一般都有秘书。有的一人一个秘书，有的两三人共有一个秘书，有的教授有两三个秘书，而大学校长甚至有五六个秘书。

在港台地区和国外，秘书工作的社会化程度很高。据美国劳工统计局统计，到1990年，美国约需要总数达535.7万人的秘书队伍，较之1980年的387.6万人，净增148.1万人，增长率为45.4%（10年）。在26种职业中，秘书的就业增长率占第一位。由于队伍不断扩大，秘书工作已不仅是一种职业，而且已发展成为一种新兴的行业。无怪乎有人说，360行，就有360行的秘书，秘书已成为服务于现代社会的第361行。[①] 这第361行，对社会的影响是巨大的，美国前总统里根在1981年的“秘书周”专门发了贺信，说秘书们“在美国生活中作出的无法估价的贡献，是值得称赞的”。

秘书工作之所以如此普遍，是与现代社会的高速发展分不开的。社会越发展，越需要管理。现在，一般公认先进的经营管理和先进的科学技术是推动当代各国经济高速发展的两大车轮。经济发展的需要，是先进的科学技术得以推广的前提，但如果缺乏先进的管理水平，那么先进的科学技术就难以得到推广，其作用就不能得到充分的发挥。而要提高管理水平，管理者就需十分重视办公室建设。有人说，一个单位的领导中，少个把副职问题不大，而若能得一精明能干的办公室主任，实为大幸。事实证明，在现代化进程中，哪个管理者不注意办公室建设，哪个就将自食其果。秘书工作作为办公室工作的重要组成部分，其效能对领导工作和管理水平的影响，是不言而喻的。

秘书工作自身具有的较强的辅助功能，是它之所以遍布社会的

---

① 光积昌．现代社会的第361行——秘书．北京：机械工业出版社，1986.1

另一个原因。从提出决策方案到安排工作日程，从拟写文稿到接打电话，秘书大事小事都能做。这就能起到辅助或代替上司的部分工作，使上司集中精力和时间从事其本职工作的作用。

综上所述，秘书工作与工业化的现代社会是俱生俱荣的。

二、现代化

在新技术革命的推动下，一些发达国家已迅速向一个全新的“三 C 四 A 社会”迈进。所谓“三 C”，就是通信化、计算机化和自动控制化；所谓“四 A”（A 是英文“自动化”automation 的第一个字母），即工厂自动化、办公室自动化、家庭自动化和农业自动化。其中办公室自动化使秘书工作在许多方面摆脱了常规手段，逐步地被一些现代化手段所代替。在港台地区和国外，一个得力秘书加上先进设备，所能处理的工作及其效率，所能影响的社会生产和得到的社会效益，都是惊人的。20 世纪 50 年代，电脑对财务工作开始逐渐发生巨大作用，而到 80 年代，这种作用已扩展到秘书工作中，90 年代更深入到秘书工作的每个环节。早在 80 年代，秘书已成为文字处理系统的专家。据美国当时统计，在新一代的秘书中，1/3 的人已掌握计算机程序编制技术；2/5 的人有 70% 的时间用于文字处理机的操作使用；1/2 左右的人由于掌握新技术而加薪。通过计算机的应用，可直接将信息资料输入计算机，贮存于计算机的记忆装置系统内，秘书只需掌握如何获得所要寻找的程序，便可轻而易举地获得所需的准确资料。秘书掌握电脑技术，可协助作预算和总计划，学会如何分析与判断资料，成为决策官员及总经理的得力助手；秘书人员在不同遥控地点用终端装置或用电话线将终端装置同计算机衔接起来，即用所谓遥控联机工作，可提供即时发生的最新资料的复印材料。美国、日本、西欧各国的公文投递、传阅、处理，已大量采用计算机。企事业单位的业务会议，可以选用电传设备进行，与会人员不必再集中，而可以在不同地点甚至不同国家开会。首长指示工作可以利用听写机，自动打成文稿交给秘书进行研究与润色。美国率先应用了价值昂贵的“电脑秘书”；日本在这方面更为进步；英国、前西德、法国和加拿大等国亦不甘落后。

进入 21 世纪的今天，秘书工作的现代化程度更高。

秘书工作用如此先进的技术装备起来，是否意味着技术能决定一切，秘书工作将不再具有重大意义呢？当然不是。有效地借助现代技术，只能解决信息程序问题，即只能让程式化最大限度地占上风。而在通过管理决议方面，尽管试图利用使系统程式化的现代计算技术的成就，但要使程序及通信程式化仍极其困难。而在管理工作中，以直觉的直观的意志解决问题的作用迄今仍很大；在人的相互关系的心理方面，对管理领域的工作效能也能产生极大的影响。一句话，再先进的工具也代替不了人的意志。

美国社会学家阿尔温·托夫勒的未来学著作《第三次浪潮》，有一节题为："消灭秘书工作？"① 它一方面叙述了办公室的第三次浪潮革命，是各种力量冲突的结果，办公室工作在技术上发生的重大变化，将消灭秘书的许多职能；另一方面援引某女士的看法，说在不久的将来，所有办公室的旧等级制度和结构将被改组。该女士认为，秘书们远不会沦为没有思想和重复别人意见的处理机，相反将成为"准负责人"，分担某些专职工作和决策性工作。而迄今为止，在这些方面他们很大程度上是被排斥在外的。

总之，秘书工作的现代化是一场伟大的革命，是一股不可阻挡的洪流。它不会消灭秘书工作，而是使秘书工作以一种全新的方式出现。

三、专业化

由于社会政治、经济形势风云变幻，协助领导进行管理的秘书工作日益复杂；又由于科学技术迅猛发展，办公设备日益先进，因而对秘书工作提出了专业化的要求，使专业分工呈上升势头。

为有助于秘书工作实行专业分工，改善秘书的职能作用，有必要对秘书实行不同形式的职位分类，并用职位说明书的形式把相应

---

① ［美］阿尔温·托夫勒．第三次浪潮．朱志焱等译．北京：生活·读书·新知三联书店，1983. 249 ~ 257

的工作内容确定下来。在秘书分类方面起步较早，对欧美各国有一定影响的是美国。美国劳工部从以下三方面对秘书实行分类：

第一，根据秘书为之服务的管理人员的级别的高低进行分类，简称“LS 类”。按这种标准分类，从低到高，共有四个级别，即 LS－1 级、LS－2 级、LS－3 级、LS－4 级。

第二，根据秘书所担负的职责的大小进行分类，简称“LR 类”。共有两个级别：“LR－1 级秘书”是较低一级的秘书，要根据管理人员总的指示精神，独立完成按程序安排的办公室日常工作，大多是干服务性事务。“LR－2 级秘书”则不同，除完成“LR－1级秘书”的工作外，还要凭借自己的知识、技能、判断能力主动完成一些较为复杂的工作。

第三，根据秘书所从事的专业工作进行分类，简称“OT 类”。包括社交秘书、法律秘书、医学秘书、会员秘书以及学校秘书。

这样的职位分类，在秘书工作实践中产生了良好的作用：可打破“一个领导、一个秘书”的传统组合关系，使具有某方面专长的秘书在某一方面同时为几个领导服务，能高效地完成某方面的工作；为秘书人员的专业学习和培训指明了方向，使他们能有针对性地学懂、学精某一方面的知识和技能；为秘书人员定级、定薪提供了客观依据。①

秘书工作专业化，既是秘书工作现代化的必然结果，又对秘书人员提出了严峻的挑战。由于科学技术的发展和各级领导人素质的提高，他们已能独立地在办公案头的电脑系统上操作，而无须像过去那样凡事都要由秘书处理。这就使秘书的事务性工作减少，智能性服务增多。如果秘书不能迅速掌握现代办公技术，不及时更新知识结构和全面提高素质，就可能被淘汰。

四、妇女化

在一般秘书（指各个层次中从事一般秘书工作的人员）中，

---

① 吴俊生．美国秘书的职位分类及其实践意义．秘书之友，1991（7）

女性居多，这已成为港台地区和国外秘书工作的一个显著特点。

香港的大中型公司都设有女秘书，女秘书这一行很吃香，导致专门培养女秘书的学校纷纷出现。有的学校也附设专门的系、班培养女秘书，学生经过3～6年的专门学习后，才能走向社会，受聘担当专业秘书。在美国，1978年作为国家工作人员的秘书的总人数为6.3万人左右，约占全部脑力劳动者152万人（不包括邮务现场作业者）的4%多一点，其中99.3%为女性。日本的秘书女性居多。约翰·渥洛诺夫在《日本管理的危机》中认为，OL（办公室小姐）这种职业对女性而言是一种代表性的职业，OL是女性在现代化企业能做到的唯一项目。据1975年统计，日本女办事员占所有女性劳动者的13.9%。

秘书职业妇女化现象的出现不是偶然的，它是社会分工的一种必然结果；其成因也不是单一的，而是有着深刻的社会、经济、文化、传统乃至生理、心理等多方面的因素。

1. 女性的一般特征适应秘书工作的职业特性

任何职业都有区别于其他职业的特殊性，而心理学研究表明，不同的性别规定了个人的行为、性格、感情等一般特征的差异性。因此，国外有不少职业出于本身的特殊性，对任职者的性别作出了相应的规定，以便使任职者的一般特征适合职业特性的需要。秘书工作的特点之一是事务性，即服务性。秘书工作是为领导者服务的，从根本上来说，秘书职业属服务性职业。而女性具有耐心、细心，感情丰富、细腻，富人情味、善交际，对各种艰辛与压力的承受能力强等特点，因此，在某种意义上她们比男性更适宜从事秘书工作。

另外，据国外职业培训专家和心理学家测定，女性的手指灵巧程度大大超过男性，击键打字能力远在男性之上。女性的打字天赋，无疑使她们因较易掌握打字技能而获得较多的录用机会。

2. 男女不平等现象在就业方面的反映

秘书职业的妇女化，并不能说明妇女地位的提高。国际上衡量妇女地位有六项指标：对待男婴、女婴的态度；男女青年的入学比例；男女青年的就业比例；妇女在国家机构领导岗位上重要职务的比例；妇女在家庭中的地位；妇女的个人财产在社会财富中的比例。从事秘书工作的妇女人数激增，只能从就业率的角度表明妇女地位有所提高。事实上在港台地区和国外，妇女的社会地位历来比较低，歧视妇女的现象仍不同程度地存在着，这表现在：

（1）适合女性承担的其他职业，如医生、高中教师、记者、编辑等，妇女人数较少。日本的这类工作，只有20%以下的女性从业。

（2）担任高级职务的极少，而且多在人事、财务或公关部门。

（3）即使是对男女都开放的职业、职位，同职不同酬的现象比较普遍，同是从事某一职业或担任某一职位，女性得到的薪金往往低于男性。这种现象在私营企业中尤为严重。

就秘书职业本身而言，女秘书与男秘书也不平等。“在日本的企业和政府机关中，秘书以及从事秘书工作者，可分为以专职秘书或秘书室主任（科长）等男性为主的管理决策集团，和以女性为主的处理日常杂务工作人员这两大类。通常，两者之间是没有专业方面的联系，当然，也有一些优秀的女秘书科长或总务科长，但还很难说已经很普遍。”① 显然，日本的女性秘书实际上属于办事员之类。她们不仅与男性专职秘书之间隔着一道鸿沟，而且很少有出头之日，提升与她们之中的大多数人几乎无缘。

思考与练习

1. 阅读附录二“女秘书工作——典型的一日”，列出苏珊小姐一天的主要工作内容，并归纳出其特点。

2. 试述香港秘书的两大群体。

3. 试述美国秘书的种类和职级。

4. 港台地区及国外秘书工作的发展趋势如何？

---

① ［日］堀江光．秘书专业的前景．秘书，1984（3）

第四编　秘书实务（上）

第十一章　办公室业务

办公室业务有广义和狭义之分。广义的办公室业务包括全部秘书工作，狭义的办公室业务单指在办公室这一空间从事的局部例行工作。这里是指后者。

第一节　美化办公室

秘书工作的主要场所是办公室，办公室布置得如何，美化的程度如何，是衡量一个秘书能力与水平的标尺之一。只有注意布置环境的秘书，才能创造一种和谐舒心的气氛，使内部成员充满朝气，使外来人员产生好感，有利于提高工作效率。

办公室首先要布置得整齐清洁，使一切都显得有条不紊。华盛顿的国会图书馆天花板上有诗人波普所写的话："秩序是天国的第一律"，可见井井有条是必不可少的。办公室的主要设备是办公桌、文件柜、各种器材以及用品，要把它们放置在合适的地方，以方便使用。同时，光线、颜色、音乐、空气、声音等也要调配得当。

最现代化的办公室布置被叫作"办公室美化"。按照这种美化布置，办公室是个大的敞开的空间。它没有墙，只用各种不同高度的隔板，把空间按需要分成若干小空间，使职员的工作不受干扰。为使办公室不显得单调，可买或租一些油画及工艺品，并不定期进行更换。但要选择上乘的，切勿用那些廉价宣传品和粗俗的工艺品。

随着"文明"大量涌入办公室，有些秘书人员出现了"办公室综合征”，具体表现在，当他们想到办公室时，就萎靡不振。因为办公室会使他们头晕、嗓子难受、皮肤干燥、胸口发闷，有时甚至觉得呼吸困难，昏昏欲睡，浑身乏力。产生这些征象的原因是，办公室内的污染源很多，如空调设备的大量使用，化学地毯、塑料家具、地板蜡、黏合剂、油漆等在日光照射下散发的有毒气体。据美国国家室内研究所测定，现代办公室室内空气中某些化学毒物的成分，要比室外高出数十倍。这就是说，办公室的小气候环境遭到了破坏。因此，办公室要加强通风，谨慎使用空调，尽量减少污染源。还可在办公桌附近或临窗处，放置几盆月季、吊兰、天竺葵等能吸收有毒气体的植物，既能净化空气，又美化了环境。

第二节　正确使用电话

电话作为人们往来联系、缩短联络时间的工具，已在各单位普遍使用。有人统计，在秘书每日最常接触的工作中，接听电话仅次于处理信件。

在使用电话处理公务时，要注意：

（1）按照保密制度的要求使用电话。

（2）重要电话通话，发、接话机关要有完备的电话记录。

（3）重要电话记录要和其他公文一样，平时立卷备查，年终清理归档。

电话礼貌也十分重要。当外界人士打电话与某单位联络时，也许首先听到的是秘书的声音。他们在电话里体察到的形象，不仅仅是秘书个人的形象，而且是一个单位的形象。如果你的应答能给对方好感，那么他会对你及你所在单位产生良好印象；如果你盛气凌人或爱理不理，那么对方会对你乃至你所在的单位产生不好的看法。

有时候，甚至接线员和其他职员接电话的态度也会直接影响单位的信誉。据报载，新加坡早就向接电话时的粗鲁态度开战。丹麦人斯滕·杰森是一名有关时间管理、个人生产率和推销方面的专家，他说："问题在于站在公司最高位置上的人选人不当。问题可能是首先与顾客发生联系的人——接线员——而不在于总经理"，"大多数接线员中学毕业后直接参加工作，没有上过起码的商业礼仪课程。他们只经过马马虎虎的训练就被雇用了。接电话时不是有礼貌地说声'早上好'再报上公司名字，而是说声'喂'后便唐突地问'你是谁？你找谁？'以及过快地挂断电话，这些做法使心怀不满的打电话者不愿再来光顾你的公司，也使你们少挣一大笔钱。"有人还主张发展"电话文化"，要职员培养一种把每次电话都看作潜在的生意的态度。

一、打进的电话

电话铃响应立即接听。让电话铃长时间地空响着，不仅失礼于对方，而且会激怒碰巧在附近听到铃声的领导。如暂时离开办公室，也要委请别人代接电话。

若对方拨错了号时，不要说"打错了"就马上挂掉，应礼貌地说"我想你拨错号码了"。因为对方可能是一位顾客，将上面或下面一行的号码看成你单位的号码。

最好能有较强的听辨能力，一拿起话筒立刻听出对方的话音，并直呼其名，这样你会给对方留下特别热情的印象。

电话交谈中，嘴里切忌咬铅笔、嚼口香糖或吸烟等，声音不宜太大、太快，嘴和话筒应保持 2 ~ 4 厘米的距离。电话的声音太小、嘈杂或对方口音不清时，应客气地请对方再讲一遍或挂断再拨。

电话机旁应有纸、笔等文具，以便随时记下来电者的姓名、单位、电话号码、来电时间及通话要点，并签署自己的姓名，表明是你接了这个电话。要养成一听到电话铃就拿起钢笔，找一块垫板作记录的习惯。内容重要而复杂的电话，可要求对方复述一遍。这时若有他人在场不便让他听到，你应只请对方重说，自己则不要透露。

传呼电话时，一定要先告诉对方你去干什么，否则对方会认为你挂了电话或电话占线。如果你必须离开办公室去取有关资料的话，30 秒钟之内必须返回，因为 30 秒钟对等电话的人来说是相当长的时间。如果你取资料的时间超过 30 秒，必须在电话里先问对方是否愿意等，抑或等你查好后再打电话给他。

对方要找的人若不在时，切勿立即挂断，应问对方是否愿意留话，以便转达。不要说些容易造成误解的话，如把对方要找的人正在另一边打电话说成“他在另一条线上”。过于直率也未必好，如不应说：“他还没有吃完午餐呢!”（时间是下午 3:00）、“他正在打高尔夫球”或“我不知道他去哪儿了”。接电话时小心谨慎十分重要，应表现出一种不卑不亢的态度。若对方找你的领导而他刚好不在，不应说“我会叫他回电”，应改为“我会请他给你回电的”或“他一来我就把你的话告诉他”，因为你不能命令你的领导做事。

结束电话时，应说“再见”，并待对方挂断电话后，再轻放听筒。但如对方也在等你先挂电话或很慢挂断时，你可轻轻放下电话，千万不要用力过大，使对方耳朵受震。这情形如同送客出门后，若马上把门“呯”的一声关上，会令客人难堪。

二、甄别电话

这点与上一点略有重合，因为在接电话的同时，就有一个甄别电话的问题。只有甄别电话，才能接好电话。现为叙述的方便，分开来谈。

秘书在处理电话过程中，一项特殊的任务是甄别电话。因为外界打来的电话，既可能是认识的人打来的，也可能是陌生人打来的；他们的目的各有不同，或为业务上的联络，或为推销产品，或为借贷募捐。并非每次电话都须领导接听，秘书要经甄别后才决定是否转给领导处理，这样可使领导免去无谓的电话干扰，节省不少时间和精力。

一个经验丰富的秘书，他的耳力会很好，能够听对方一发出声音，就知道他是何许人，甚至能猜出来意的七八分。

一般情况下，甄别电话可从以下几方面着手：

1. 摸清对方身份

摸清对方身份是处理电话的首要工作。若对方是你认识的，或主动表明身份，这好办。若对方不马上说出身份，你就要巧妙地探听，可以说："××先生（秘书的领导）正在开会，但我可以去找他说有他的电话，您能否让我告诉他是哪一位先生（或女士）打电话找他?"切不可唐突地问对方："你是谁?"

2. 了解对方用意

确定对方身份后，接着要了解对方的用意，即为了什么事打电话来。一般人会问："请问有什么指教?"或"有什么要事吗?"这样说虽直截了当，但显得粗俗，可换一种委婉的说法："××先生（秘书的领导）现在有客人，可能他等一下会打电话给您，您能否让我转告他，您找他有什么事?"如果对方仍不说出来意，那你就只好将借口改为领导真的无法来接电话，而请问对方的电话号码，以便你的领导回他的电话。

3. 决定由谁来接电话

秘书接到外来电话，经过过滤后，要迅速确定由自己直接回答，还是由其他同事接听，抑或请领导亲自答复。一个原则是尽量不使领导受到外界不必要的电话干扰。为此，秘书对本单位各部门的业务与各同事的工作要非常熟悉。如果不熟悉，就会找错对象，或使对方的电话在你单位辗转旅行，触怒客人，说不定一个很好的顾客就因此而永远失去了。

4. 领导不接电话

有些电话经甄别后本应由领导接听，但因领导无法或不愿接听，秘书就得灵活处理。领导不接电话大致有以下三种情况：

（1）领导不在办公室。领导不在办公室当然无法接听电话，这时，秘书应表示抱歉，谦和地请问对方要不要留话，好让你转告领导，或自己能否为对方效劳，切勿简短地说声“他不在”，或以“我不知道他在什么地方”，“他大概快回来了”作为回答，更不要立即把电话挂断。

（2）领导无暇接电话。有时领导虽在办公室，也愿接电话，却因正在开会或会客而无法马上接听。这时，你应告诉对方：“××先生（秘书的领导）正在开会，我去看看他能否暂时离开来接电话。”然后轻轻搁下话筒，给领导递张纸条，写明谁打电话找他，询问他是否接听，切勿直接报告或用内线电话，干扰会议或会客。若领导答复无法接电话，你就须客气地告诉对方：“很抱歉，××先生正在开会，他说待会议结束后给您回话。”并记下对方的电话号码。

（3）领导拒绝接电话。有些电话，领导会拒绝接听。这时你最为难，既无权规劝领导改变主意，又不能让对方觉察出你的领导拒接电话。在这种无成规可循、无旁人指点、时间急的情况下，你须根据对方的身份和要求事项而决定如何处理，还须充分发挥你的聪慧机敏。

三、打出的电话

打出电话时要先在公用电话号码簿或自备的电话目录（上面载有领导、办公室人员以及重要的委托人的家庭电话）上查出正确的号码，然后准备好谈话的内容和资料，以免到时出现忙乱。

当你为领导拨电话时，要保证在你接通电话时能找到他，不让对方在那边不耐烦地久等。

电话接通后，应先报自己的姓名，若劈头就问“××先生在吗”是冒昧的表现。而且报姓名时要逐字说清楚。互通电话大多是临时打搅，若交谈时间较长，要先征求对方意见：“可能要耽误您10分钟，不知您是否方便？”

当自己要找的人不在时，要视情况留言或再作联络。留话时，最好能记下接听人所属部门和姓名，这有利于事后的确认工作。

第三节 妥善安排约会

这是指为领导安排的约会，包括在单位内或单位外举行的。有的约会在餐桌上举行，又叫餐会，多是晚宴，时间往往拖得较长。

如同打电话时要运用高明的外交手腕一样，在安排约会时也要注意高度的准确性和把握住细节。

一、日历和备忘录的重要性

日历和备忘录是安排约会的必备之物，可放在你和领导的办公桌上。有些领导还喜欢配备一本月历或年历，随身携带一本袖珍日记。

备忘录是一种永久日历，它可以是一套小的卡片合订本或一个可转动的文件夹，上端有突出的小纸片表明当年的月份，还有一套1~31号的小纸片。当年结束后，这些小纸片还可代表今后任何一年的时间。

二、安排约会的原则

1. 配合领导的时间表

安排约会不能打乱领导的常规工作，要配合领导的工作规律与生活习惯，如上下班时间、休假时间及睡眠习惯等。

2. 分辨轻重缓急

秘书要在领导频繁的约会活动中，分辨出轻重缓急，依约会的性质、重要性妥善予以安排。

有两类约会特别重要，需要记在卡片上：一是来年的特殊会议及全国性大会的日期。二是每周的会议，如部门会议；每月的会议，如领导成员会议；每年的会议，如股东会议。在安排其他约会前，必须先把这些项目记在日程表上。

一般来说，重要而紧迫的约会，应安排在最近的时间，不甚重要的约会或礼节性拜访，可插入领导适当的工作空隙中。

3. 酌留弹性

这种弹性包含两方面内容，一是指约会时间要错开进行，不可太紧或太松；二是早期安排或应许的约会，时间不能太确定，因时日接近时，往往会因情况有变而更动约会时间。

4. 处理好变更了的约会

约会一经排定后，除非万不得已，都不应轻易改变。但约会又是约定在未来的时间，而未来是难以预料的。若遇上意外情况非要变更约会不可时，应尽快通知对方，委婉地说明变更的原因，替领导代为致歉，并通知有关人员取消约会。

三、安排约会要注意的细节

（1）以下时间不宜安排约会：如果领导外出，不要在他回来的当天安排约会；不要在周末或假日安排约会，同时要记住对方的假日可能和中国内地或自己单位不同；不要在临近下班时安排约会，以便能更顺利地完成一天的工作。

（2）于下班前将第二天的约会事项填进小卡片，一张送给领导，一张交给司机，一张自己保存。

（3）及早备妥约会所需的资料，并在适当时间请领导过目。

（4）在接近特别重要的约会前，应与对方再联络，以确保约会如期进行。

（5）约会场所和招待事宜有时亦由秘书负责。

（6）依约会的性质，有的秘书要记录约会内容。

（7）记下那些与自己领导有约会的人的电话号码，以便万一约会取消或变更时间可及时通知对方。

另外，秘书提醒自己的领导准时赴约尤为重要。虽然他们桌上每天放着有记号的日程表，但有些领导习惯在他们早上一到时，就能在桌上看到一张打印好的、一天内的约会时间提示表，因为浏览一下打印在卡片上的提示，要比阅读写在日程表上的提示方便得多。要保存好这些提示表或备忘录，因为它记录着领导参加过的约会及去过的地方，可以澄清一些开支的来龙去脉，如旅游开支、税收检查开支等。

还有一种情况令秘书很尴尬，那就是领导安排了约会却忘记告诉秘书。所以，秘书每天上班时请领导核对他的日程表，看有没有约会，是非常必要的，这样可发现自己不知道的约会。要态度自然地要求领导这样做，因为只有自己的日程表与领导的完全一致，才能确保工作顺利进行。

思考与练习

1. 为什么要布置和美化办公室?

2. 结合你单位办公室的布置，谈谈今后如何把办公室布置得更好?

3. 有些厂家、单位为了争取紧俏原料或政府贷款，总是利用电话纠缠主管部门。主管人有时会拒绝接听，作为秘书，你应怎样处理这类电话?

4. 安排约会要遵循什么原则？要注意哪些细节？

第十二章　会务安排

自从有了人类组织，就产生了会议。经过氏族、部落、部落联盟以及国家的漫长发展过程，今天，会议已成为当代社会开展政治活动、经济活动、文化活动和其他活动的重要方式之一。

会议一词有两种含义，一是指有组织有领导地商议事情的集会，如厂长办公会、职工大会等；二是指一种经常商议并处理重要事务的常设机构或组织，如全国人民代表大会、中国人民政治协商会议等。这里是指第一种。

在国外，会议和会谈、大会又有区别。《韦氏新大学词典》认为，会议是“一种会晤的行为或过程”，如为了一个共同目的的集会。会谈是“一种通常的、正式的意见交换，例如磋商”；“一种两人或更多的人对共同关心的事情的商讨”。[①] “大会一般指那些大型的正式的会议”。[②] 我们不必拘泥于这些解释，可笼统称为会议。

第一节　会议的种类和作用

一、会议的种类

会议种类很多，其划分标准多种多样。

---

① ［美］安娜·L. 埃克斯利—约翰逊. 韦氏秘书手册. 严华，杨光金，袁振华等译. 北京：中国新闻出版社，1985. 46

② ［美］安娜·L. 埃克斯利—约翰逊. 韦氏秘书手册. 修订版. 严华，杨光金，袁振华等译. 北京：国际文化出版公司，1989. 82

（1）按规模分，有大型会议、中型会议、小型会议。

（2）按级别分，有中央级、省市级、县级会议直至居民小组会议。

（3）按机密与否分，有公开会议、内部会议、机密会议。

（4）按参加者身份分，有党员会议、民主党派和无党派人士会议、干部会议、群众会议。

（5）按国内还是国外分，有本国会议、国际会议。

（6）按参加会议的国家数目分，有双边会议（两个国家）、多边会议（三个或三个以上国家）。

（7）按性质分，有以下几种：

①立法性会议。这是权力机构的会议，如各级人民代表大会。

②党务性会议。这是政党内部召集的会议，如党的各级代表大会。它具有政策性强、有一定范围限制的特点，某些会议还有一定的机密性。

③行政性会议。这是各级行政机关、企事业单位召开的执行性、工作性会议，如企业的行政会议。

④业务性会议。这是各经济部门、科技、文化、教育、卫生、体育、艺术等领域召开的专业性会议，如商业的供货会、科技的展览会、高等院校或科研单位的学术讨论会、文艺单位的汇报会等。

⑤群众性会议。这是非官方、非专业性的表达群众意愿的会议，如各群众团体召开的庆祝会、纪念会和抗议集会等。

⑥交际性会议。这是旨在增进了解、发展友谊的会议，如文艺晚会、交谊舞会、联欢会、茶话会等。

就一家商业公司而言，它的会议种类大致有：

（1）公司内部业务会议。包括定期经理会议、特别的经理会议、年度股东（或代理人）会议、公司董事会议等。

（2）涉外业务会议。它邀请的范围不同，且名目繁多，包括从复杂的业务会议到半业务半社交的聚会。

随着社会的发展，管理活动日益追求高效，会议方式面临一场严峻的挑战。传统会议的方式是，与会者要集中到一个会议室来。

为此，常出现这种情况：参加会议的人员花在旅途上的时间比开会的时间还要长；由于某主要发言者的缺席，不得不改变议题或议程；因某些关键性资料一时查不到，使整个会议迟迟不能作出结论，甚至一无所获。至于秘书人员为与会者的交通和食宿大伤脑筋，则更是家常便饭。为避免上述状况，电子会议应运而生。所谓电子会议，是指采用某种通信手段，在各种电子设备的支持下举行的本地或异地的会议。电子会议从距离上分为本地和远程两种。本地会议又分为两种：有一个主会场几个分会场的会议和有若干个会场的会议。从支持设备看，电子会议又分为电话会议、电视会议和计算机会议三种。电话会议是采用程控交换机提供的电话会议功能实现的。电视会议是通过摄、录像设备，数字传真设备和慢扫描设备等实现的。它不仅提供了声音信息，而且提供了文字、图形和图像信息。计算机会议是通过计算机数字通信设备而形成的智能化的灵活的会议形式，它提供了计算机对会议的管理和信息交换的支持能力。当然，电子会议也有不足之处。如无法目睹别人的反应表情，而这些无声的反应常常是决定生意成功与否的重要因素。另外，若主持会议的人掌握不当，则会使电子会议变成一连串无聊的独白。一些利用过电子会议的企业还认为，电子会议的成本比传统会议高。

二、会议的作用

会议在人类社会中应用十分广泛，大至国际争端、经国大业，小至基层单位的具体问题，常要通过会议去解决。这种广泛的应用性，是由会议的重要功能决定的。会议的作用是：

1. 实施领导的重要工具

领导者实施领导有许多方式，其中重要的方式是开会。如上所说，会议是有组织有领导地商议事情的集会，也就是说，会议离不开领导。没有不开会的领导，也没有无领导的会议。由于会议是实施领导的重要工具，因此有人从领导工作的角度来研究会议，认为组织会议作为管理工作的一个方面，是领导科学的范畴之一。

2. 贯彻民主集中制，实现决策民主化、科学化的必要手段

中国内地各级行政管理机构都实行民主集中制，中国共产党的组织原则也是民主集中制。人民权力的行使、党的集体领导、国家权力机关以及行政机关的集体领导都要通过一定形式的会议来实现。各级领导的首要任务是制定决策。要实现决策的民主化、科学化，必须集思广益，充分发挥干部和群众的智慧，这就需要召开会议来交换意见，研讨问题。

3. 贯彻政策、布置任务、沟通信息、协调行动的有效方法

当然，完成上述工作也可采取发文件的形式，但召开会议是必不可少的。有时甚至要既发文件又开会。

此外，会议还有宣传教育作用、研讨作用、表达思想感情作用等。

第二节　会务工作的内容

会议目标的实现，会议成果的取得，有诸多因素，其中最重要的是领导者的指挥是否正确，在其领导下的工作班子是否得力。大中型会议，一般都成立工作班子（或叫领导小组、筹备组、秘书处），成员大多是在每次会议前临时从召集会议的领导机构和各单位的秘书部门中抽调。由一位领导担任大会秘书长，下设会务组、秘书组、生活组、财务组等。小型会议一般不设工作班子，直接由秘书人员协助会议领导者工作。

会议期间的秘书工作，又叫会务工作。所谓会务工作，是指从会议筹备到善后的一系列工作。也就是说，秘书的职责范围非常广泛，大至协助领导制订总体方案，小至车辆调度；从会前的准备，到应付会议最后几分钟可能出现的变化，一切大小事务，都少不了秘书的工作。会务工作的总要求是：充分准备，严密组织，服务周到，确保安全。

就会务工作的时间来划分，可分为准备阶段、会议进行阶段和

会议结束阶段。下面分述其内容。

一、会议的准备工作

会议准备得充分，是取得会议成功的前提。有两种态度最易坏事，一是掉以轻心，认为“上次开会就是在这里开的，没什么问题，这次大概也不会出什么问题”，因而没想到事先去检查话筒、录音机等设备是否完好；二是将就凑合，说什么“时间来不及了，干脆就用上次会议的代表证算了”。秘书人员一定要有认真负责的精神，不仅要缜密考虑会议的一些关键环节，而且要设想可能出现的问题，制定出补救的措施，使会议不出或少出事故。

1. 安排议题，确定步骤

议题是会议需要讨论的问题，它反映了会议的目的和任务，是每次会议首先要研究的。安排议题前，先要收集和筛选。收集议题有三条渠道，一是单位领导同志批示交办的或指定有关部门汇报的问题；二是下级单位提请讨论决定的问题；三是上级领导下达指示，需要各部门贯彻执行的问题。对收集的议题要进行筛选，并准备一些后备议题，以便见机插入讨论。安排议题须注意三点，一是要讨论同类性质的问题，不能把属于不同体系、互不联系的问题同时拿到会议上来；二是按轻重缓急程度，重要的、紧急的问题先讨论；三是把保密性较强的议题放在会议后面。这样便于让有些人退席。安排了议题后，要送秘书部门负责审核，最后再由单位或会议领导审定。如果他们对议题有异议，秘书人员应无条件服从，更改或撤销原定议题。

安排好议题后，还要确定议程、程序、日程，也即会议步骤。议程是对已确定的议题列出的先后顺序，是程序的基础；程序是对会议各项活动（如各种仪式、报告、发言、有特色的活动等）按先后次序作出的安排。隆重的会议，对程序的设计十分讲究，要求甚严，并由领导审定。日程是对会议活动逐日作出的安排，是程序的具体化。议程、程序和日程，是会议进程的蓝图，是会议有条不紊地进行的保证，一旦确定，就不能随意更动。

2. 拟定与会人员范围或名单

哪些人参加会议，须根据领导意图和会议的性质、任务、内容拟定。拟定办法大致有以下五种：

（1）有固定成员的例会，如五套班子会议（党委、纪委、人大、政协、政府）、正副县长会议、正副厂长会议等，由于与会人员是固定的，只需根据议题的需要，另拟列席人员。

（2）担任一定职务的人参加的会议，如省政府召开的厅局长会议、高校召开的学院院长会议、公司召开的各部门经理会议等，其会议名称已确定了与会对象，只要按单位、名单发通知就行。

（3）与会代表须通过选举或推举产生的会议，如全国人民代表大会、教书育人先进教师代表会议、职工代表大会等，秘书人员要提出一个关于代表产生的范围、代表的名额分配、代表的条件的建议。

（4）由单位指派出席人的会议，如一些巡回报告会，要按会议的规模制发听讲证，根据需要给有关单位分发听讲证，有时还要提出听讲者的条件。

（5）各种协商会、座谈会、茶话会、宴会等，对与会者包括特邀代表有一定的要求。多少人出席、请谁参加，要全面考虑，因有时牵涉到政策性的问题。

与会人员名单须报领导审定，人数从严控制，做到该参加者不漏，不该参加者不来。

3. 办理会议报批手续

有些会议须经上级或有关主管部门批准才能召开。前些年中共广东省委、省人民政府规定，省直机关召开全省性的各种会议，会期 4 天以上，人数 31 人以上的，必须按隶属关系分别报省委、省政府审批。凡需报批的会议，要在请示中将开会的理由、会议的议题、会期、地点、参加人数和人员职别、会议经费和准备情况等写清楚。未批准前不得先发会议通知，更不得先开会后报批。企事业单位、人民团体的报批手续，可根据具体情况参照办理。

4. 发会议通知

发会议通知可用书面或电话、电报两种形式。通知的内容包括会议名称、会议目的和主要内容、会期、地点、与会人员、报到日期和地点、携带的材料和个人支付的费用、主办单位、联系人姓名和电话等。重要的、大型的会议通知要编文号，一般的会议通知不编文号。

发会议通知一要及时，使与会人员能按时参加；二要准确，防止重发、错发、漏发。

用于涉外业务会议的通知，宜用印制精美、设计独特的请柬。这样，既可表示对受邀者的尊重，又可引起他们的注意并对会议产生兴趣。

5. 准备会议文件和材料

会议文件和材料是指领导人的讲话稿或工作报告、会议须知、日程表、编组名单等。讲话稿或工作报告有时由秘书人员起草。当秘书人员把它们交给领导同志时，应提醒哪些问题是重点，哪些地方与会者可能提出质疑。文件和材料在认真核对后即打印好。印刷份数要留有余地，不能有多少代表就打印多少份，因个别代表可能丢了材料找你要第二份，也可能临时增加了几位列席代表。文件和材料不要堆在服务台由与会者自由取阅，那样会使文件和材料的分配不够均匀，且令人觉得欠缺诚意，而应装在资料袋里，在与会人员报到时分发。不要在会场上散发文件和材料，干扰会议。有保密性的文件、材料，要登记签收。

6. 选择和布置会场

开会要借助于一定的场所。会场诸方面条件的好坏、舒适程度的高低，对与会人员的心理起着不可忽视的作用。而与会者的心理状态直接影响到会议效果。因此，要重视会场的选择和布置。

选择会场，要结合开会人数和会议内容来综合考虑，要求：大小适中——太大显得松散，太小又显得小气；地点适中——尽量离与会者的住所近一点，免受奔波之苦；附属设施齐全——准备好照明、通风、卫生、服务、电话、扩音、录音等。某些会议还要有汽车停车场。

会场选定后，接着是布置。不同的会议，要求有不同的会场气氛。人民代表大会会场须隆重庄严，庆祝大会会场要喜庆热烈，纪念性会议会场要肃穆典雅，座谈会会场要和谐亲切。

布置会场涉及主席台、会场形式（包括座位）、附属性设施（如上述）、装饰性设施（包括会标、标语口号、会徽、旗帜、花卉、字画等）等。下面着重谈主席台的布置和会场形式。

大型会议的会场，大多设主席台，和与会人员成面对面形式。由于多在礼堂、会堂召开，主席台一般设在舞台上。中型会议的主席台，设在舞台上下均可。如设在台下，要离与会者近一点，稍微垫高一点。小型会议不用设主席台。

会场形式依会场的大小、形状，会议的需要，与会人数的多少而定，还要符合美学原理和与会者的审美观，通常呈长方形、圆形、方形等。国外对会场形式有专门研究，请看美国的会议、会谈座位安排范例图：①

长方形结构体

椭圆形或圆桌形

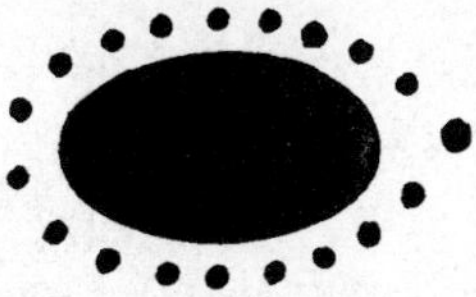

① ［美］安娜·L. 埃克斯利—约翰逊. 韦氏秘书手册. 修订版. 严华，杨光金，袁振华等译. 北京：国际文化出版公司，1989. 93

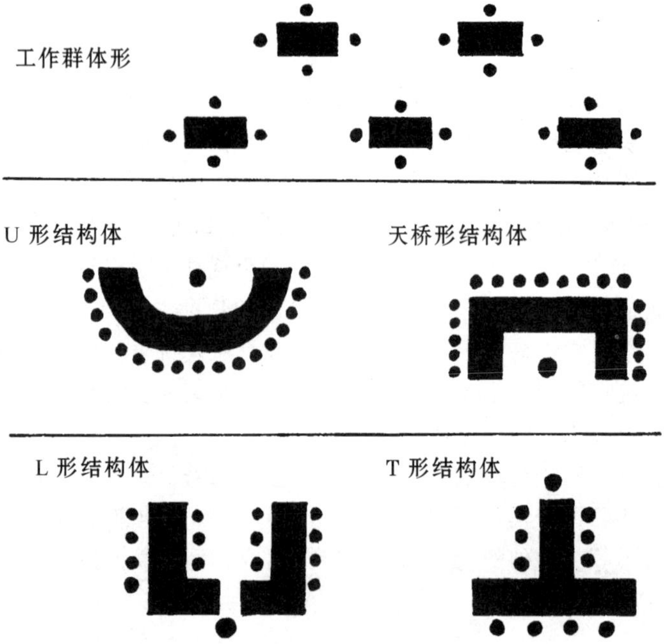

日本秘书部门对会场和桌椅的布置有如下四种类型：①

（1）圆桌式、方桌式。在圆桌或者方桌的周围安放椅子，可以相互看见，领导人和会议成员可以无拘无束地自由交谈，适合于召开 15～20 人的小型会议。

（2）“口”字形。如果出席会议的人较多，可把桌子摆成“口”字形，内侧也可以安排座位。

（3）“匚”字形、“V”字形。摆成“匚”字形、“V”字形时，要注意主席位置要有黑板或银幕。就像研讨会使用黑板或幻灯那样，要让与会者不必挪动席位都可以看到。

---

① 王正等．日本的会议会场选择与布置．秘书之友，1988（12）

（4）教室形。召开发布会或以说明情况、传达事情为目的的会议，或者是群众大会，因为人数众多，桌子都朝前方，就可布置成教室的样子。

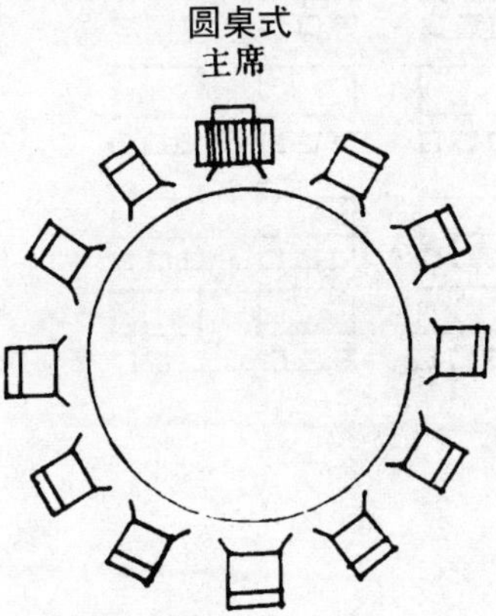

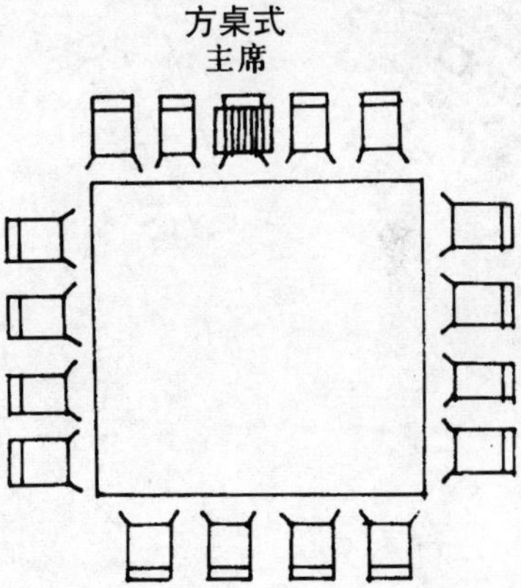

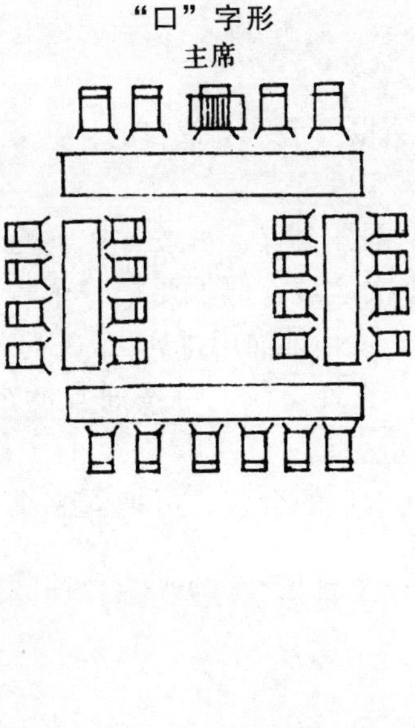

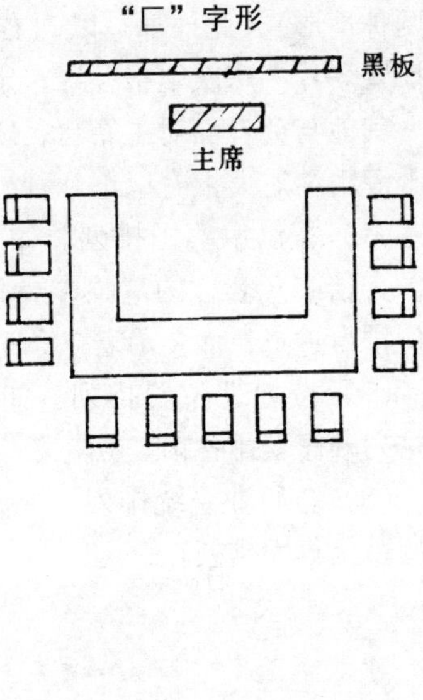

"V"字形

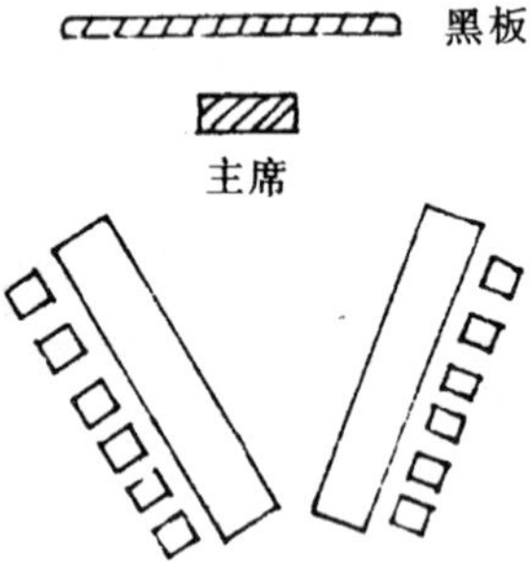

教室形

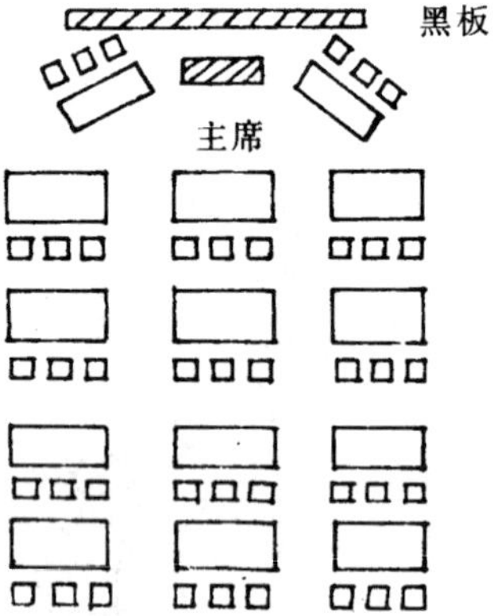

7. 排列座次

座次包括主席台座次和其他与会者座次。关于主席台座次，目前中国内地的惯例是：前排人员的职务高于后排，中央高于两侧，左座高于右座（以当事人为准，且仅限于重要会议与正式场合合影两种情形），此外都是以“右”为高，与国际惯例接轨。座位上要摆置名片。座次须报领导审定。

其他与会者面对主席台，座次排列既要服从会议目的，又要体现平等精神。大抵有以下几种办法：

（1）按汉字笔画排列。如召开全国性会议，可按各省（自治区、直辖市）名称的笔画多少排列座次区域，但不要把一个省的座位排得过宽，而要沿着一条适当的直线由前向后排列。

（2）按地理位置排列。如召开全省性会议，可按通常的市、县排列顺序安排各市、县与会人员的座次。

（3）按行业系统排列。如召开全市性的会议，可把同一个系统的单位集中排列在一起。

以上座次排列方案也要报领导审定。

8. 办妥后勤服务事宜

后勤服务包括会议的物资、资金，与会人员的住宿、膳食以及交通、医疗等工作。如要制订住房分配方案，对不同级别的与会人员，要分配不同的住房；对年老和体弱的，要适当给予照顾。饭菜要可口、实惠，让与会者吃得满意。

9. 做好新闻发布工作

有些重要的、大型的会议，要做好新闻发布工作。这项工作大多由公共关系部门负责，秘书人员只需把预先收到的发言者的情况（履历或自传的概要等）及其他有关材料转交给该部门就行。若没有这样的机构，秘书人员就要起草新闻发布稿，在会前或会后的适当时间发布。

10. 进行全面的会前检查

会前检查是落实各项会议准备工作、保证开好会议的重要一步。重要会议在会前要反复检查。会前检查分为领导人听取大会筹备处各组汇报和现场检查两种方式，以后者为主。秘书人员要密切配合领导人的检查工作。检查的重点是会议文件材料的准备、会场布置和安全保卫工作等。大中型重要会议的会前检查还包括警卫部署、票证检验人员的定岗定位、交通指挥及主席台服务人员的就位等。

会前检查要每个细节都不放过。就拿会议设备来说，“要保证做到随时提供放映机灯泡和电线的备用品。保证在任何意外发生的关头，机器可以更换或修理”；“主持会议者应熟悉所有电源插座和灯光开关位置，秘书可以把这些情况告诉有关人员”，“如果有一点没安排好，赶紧打电话通知有关人员来解决这些可能带来麻烦的小问题”。①

① ［美］安娜·L. 埃克斯利—约翰逊．韦氏秘书手册．修订版．严华，杨光金，袁振华等译．北京：国际文化出版公司，1989. 101～103

二、会议期间的工作

会议期间是秘书工作最活跃的阶段，秘书的工作能力将受到最严格的考验。这时秘书工作的中心任务是，掌握会议动态，协助领导指挥与控制，并通过精心的组织和良好的服务，使会议沿着既定的目标进行。

1. 搞好签到工作

为准确了解与会人员的出席情况，会议开始时要做好入场签到工作。这项工作一般由会议登记处办理，有时也由秘书人员承担或负责监督。当与会者全部进入会场后，要迅速统计出席、列席和缺席人数，报告大会主持人。

2. 热情接待会议成员

大中型会议，一般设专门接待员。他们要预先记熟与会者的名字、职务、单位以及住房号码，以便快捷地把他们带进会场，会后及时向他们指示住房去处。小型会议大多由秘书人员担任接待。他们的态度如何，关系到会议给人的印象。如果会议由某单位召开，秘书应是热情主人的代表，自始至终彬彬有礼、服务周到，让与会者有宾至如归的感觉。

3. 传接电话

开会的时候，如果不是特别紧急的电话，一般都不传呼。一般的电话，可记录下内容，待会议中间休息或散会后交给当事人。只有内容十分紧急的电话才用纸条通知当事人接听。

4. 协助领导掌握情况，控制会议进程

秘书人员对会议中的动态，对与会者的建议和反应，对出现的苗头和倾向，都要心中有数，并及时向会议领导报告。

若会议依据某种错误的或片面的情况作出不正确的决定时，在征得会议主持人同意后，应向与会者如实反映真实情况；当会议作出的决定与党和国家现行的政策或规定相抵触时，应主动介绍有关政策或规定，提请与会者注意。这样做的目的，是使会议不离题、不脱轨，顺利地进行。

5. 担任会议记录，编写会议简报

会议记录是会议内容和过程的真实凭证，在各种会议上做记录是秘书最重要的工作之一。记录的措辞要符合实际、简明扼要，不能有记录人的见解和评论。必要时可用录音机录下，还可运用速记技巧，以免遗漏内容。

会议简报是会议期间编印的关于会议进行情况的简要报道，内容包括代表们在讨论中提出的意见、建议和会议决定的事项等。人数多、会期长的大中型会议都要编写会议简报，无须分组讨论、会期只有两三天的会议，不用编写简报。

在港台地区和国外，会议开始后，秘书有时还须宣读他在上次会议中所做的记录，因为这次会议将作的决定，要以上次会议所作的决定为依据，与会人员需要回想一下上次会议的情形。秘书宣读时，须咬字清晰，音量足以使每个人听到，速度不要太快。

6. 调派车辆

会议即将结束时，要赶紧调派车辆。会议代表一共需要多少车辆，哪些代表坐哪辆车，秘书人员都要了解清楚。这时，最忌讳只顾安排自己领导的车辆，忽略了来宾和其他代表的车辆。最好是让与会者在会议结束后，一踏出大门就能找到自己的坐车。

三、会议的善后工作

1. 送别与会人员

会务人员要预先登记与会者返回日期和乘坐的交通工具，代购飞机票或车船票，使他们在会议结束后及时踏上归程。个别需暂留的，要安排好食宿。

2. 处理遗忘的物品

对与会者遗忘的物品，要尽快与失主取得联系，及早送还。若距离遥远，可利用邮包寄送。

3. 完善会务工作

取走会议场所剩余的物品、视听设备，向单位接待员或合适的大会当事人申报全部用品得失情况。同时，还要做会议财务决算。

4. 寄感谢信

对给予会议帮助的有关人士，要及时寄感谢信表示谢意，措辞要热情诚恳。

5. 打印会议记录

要趁着会议在你头脑中仍然清晰的时候打印会议记录。打印前要送会议主持人审查，审查通过后要精心编排。打印时必须准确。

有时还要草拟会议纪要，整理决议案，写汇报材料。

6. 开总结会

肯定成绩，找出存在问题。布置会议精神贯彻执行情况的检查、反馈工作。

国外把会议后的工作分为在会议地点履行的工作和回到办公室后处理的工作两部分。在会议地点承担的任务是：

（1）取走在会议地点各个房间内剩下的与会议有关的文件（如报告或记录）。

（2）通知负责承办会务的经理收回会议室内的水杯和餐具。

（3）为了安全起见，把视听设备锁进仓库，等待委托人来保管这些设备。

（4）退还租用或借用的设备及材料。

（5）把需查找的无着落的项目交给公司接待员或合适的会议经办人。

回到办公室后，秘书应在闭会后的一周内结束的任务是：

（1）日历。在你的日历、你的上司的日历和记事本上记录下次会议的日期，报告准备下次会议的有关信息。对上司及其他奉命紧接着工作的人来说，在日历上写下提醒他们的话语很有必要。

（2）往来信件。给与会议有关的官员和会议主持者寄去感谢信，而祝贺信则按最新选出的官员和理事的顺序排好。

(3) 会议记录。尽快誊好会议记录，应特别注意赋予与会人员的特殊任务。还需提醒上司在记录上清楚记载还没有安排的工作。记录或会议摘要的副本，应根据需要送给与会议有关的人员。

(4) 资金。租设备的费用和购置供应品的费用应尽快落实。应尽快地付给发言者（演讲者）酬金和旅费。会议结束前为填写支票，要设法得到收款方签名、账号、收据、里程记录和其他必要的资料。这些费用有时也可在会议结束时办理。

(5) 总结会议。如果将来还要召开类似的会议，会议规划者应讨论改进会议程序的办法。这种总结会议应在大家对本次会议还记忆犹新之时召开。

(6) 会议卷宗。该卷宗应包括全部的会议记录，包括一个发给与会者的文件包的样品。如果计划将来召开类似的会议，卷宗还应包括你的评论意见，即会议上什么事情进行顺利，什么事情应该加以改进。①

由此可见，国外十分重视会议之间的衔接，对会后各项工作做得相当周密细致，讲究时效。

第三节　提高会议效率

如前所述，会议的各种重要功能使它具有广泛的应用性，但是，召开会议本身不是目的，而是管理过程中为实现一定时期的工作目标而采取的一种手段。当秘书人员协助各级领导者充分运用这一手段进行管理时，还要协助他们积极寻求和采用其他合适手段。这不仅是工作的需要，而且是节约开支的需要。因为会议是要付出代价的，只有开高效率的会议，这种代价才有意义，而那些无效的或效率不高的会议，只能造成程度不同的浪费。

---

① ［美］安娜·L. 埃克斯利—约翰逊. 韦氏秘书手册. 修订版. 严华，杨光金，袁振华等译. 北京：国际文化出版公司，1989. 107～108

一、从付出代价的角度评估会议效率

苏伟伦认为，可从不同角度评估会议效率：①从付出代价的角度；②从会议品质的角度；③从经验教训的角度。如何从付出代价的角度评估会议效率呢？他认为，计算会议成本的方法是：会议成本＝每小时平均工资的 3 倍 ×2 × 开会人数 × 会议时间（小时）。会议实际费用还要加上会场租赁费、资料费、水电费等等。会议评估可以采用以下公式：

$$\frac{C+T+A+P}{D}=CD$$

这一公式中，C 是指每一个与会者为会议所作贡献的费用；T 是指车旅费用；A 是指食宿费用；P 是指筹办费用，包括地点、设备的租赁费，幻灯片和录影带等辅助资料的制作费等。把以上的数目加起来除以 D（与会者人数），就可以得到一个 CD 值，即在每位与会者身上所花的费用。

在这些费用中，与会者所作贡献的费用 C 很可能被低估。在为期一天的会议上发言的经理们，也许花了足足一天时间来往于开会地点，在此之前，他们还可能花了半天时间准备讲稿内容。当他们参加会议时，无法从事正常的工作，这意味着得有人来代班，或者工作没人做。不管是哪种情况，都有额外的损失。有时，在企业举行大规模会议期间，企业给部分人提供了花企业的钱的机会，而且会后一两天内工作效率明显不高，对企业的损失是不可低估的。

弄明白在每位与会者身上花了多少钱之后，还应当明白钱是否都花在了刀刃上。目的在于调整员工工作状态的会议，比较容易评估效果。比如，会后员工们卖出的汽车是否增多？生产的产品是否增加？或者为顾客服务的质量是否有所提高？如果是这样，企业获得的额外利润就应归功于会议了。

如果会议的目的是为提高士气，为组织上的变动铺平道路，向企业员工通报情况，或者对员工进行培训，这些都是重要和有价值的，但是举行这样的会议，不能立即从财务上显示出利润来。在这种情况下，最好把会议看成是员工在职训练计划的一个部分，看成是对企业前途的投资，并尽可能从中挖掘价值。从长期来讲，投入一定的人力、财力，也绝对是值得的。如果采取另外的办法，比如取消会议，那么结果必然是士气低落、无法接受变动或生产效率下降等。

在传统上，许多会议的举行是不太在乎开销的，一般持这样的观点：所谓好主意就是把经过精挑细选的部门经理和员工送到一家五星级饭店，让他们听取富有创意的创造……这样的会议被普遍认为是让与会者去度假。

而现在，人们在经过了每次重大会议后，习惯反省一个问题："这个会议的举行值得吗？"作为会议决策者，对这个问题必须引起重视。

评估会议是否值得举行，不能仅仅局限在付出代价的角度，而应考虑会议是否管用，也就是会议是否达到了预期目的。

具体地讲，从付出代价的角度评估会议，就是评估花了钱以后，到底得到了什么。①

二、提高会议效率

会议过多、会议效率不高是世界各国普遍存在的问题。美国学者、专业的企业管理顾问罗杰·M. 摩司魏克、罗伯特·B. 尼尔森认为：开会最主要的目的就是资讯分享与达成决议。然而过于频繁的会议并无助于问题的改善，反而会使问题更加复杂。这令许多经营方式未改善的企业倍感困扰。因此，提高会议效率便成为当务之急。毋庸置疑，频繁的会议与主管阶层零碎的决策，常常是企业员工的梦魇。报告显示，员工花在开会上的时间常是造成效率降低的主因。

---

① 苏伟伦. 高效会议. 广州：南方日报出版社，2003. 277～278

会议过多常使得决议难以达成。即使达成，许多决议也是在未能通盘考虑各方资讯的零碎会议中被传达。不良的决议过程，容易使得肩负管理要职的主管对会议的功能失去信心。而因时间仓促达成的决议，往往不仅成为许多企业的致命伤，而且其中因此所浪费的物力、人力，更降低了企业的生产力，威胁其在商场上的领导地位。①

会议多文件必然多，“会海”与“文山”是一对孪生姐妹。因为大多数会议在其过程中少不了动员报告、典型发言和大会总结。散会时，每个代表免不了抱回一大包的会议文件。反过来，文件多会议也必然多。传达文件要层层开会，讨论文件要分片开会。文山与会海这样互相交织，愈演愈烈，必然造成严重的公害。就会海而言，那一个个准备不充分的会，一个个轮流表态的会，一个个只图形式不管实效的会，一个个吃喝游玩之风劲吹的会，不仅耗费了国家大量的人力、财力，而且使一些领导者陷入无效会议的无效劳动之中，影响他们进行有效性管理，进而降低了他们在群众中的威信。

文山会海的产生，既有体制方面的原因，又有思想观念、工作作风方面的原因，需要进行综合治理才能克服。河南省安阳市委办公室从建立工作制度、健全长效机制入手，大力削文山、填会海，切实转变了机关工作作风，提高了办事效率。其经验是：

1. 建立并会套开、会议审批等制度，严格控制各类会议

“并会”是指将需分若干次召开的会议集中召开，“套开”是指“会套会”，见缝插针，开另外一些与并会有关的会议。具体表现为：

（1）改进会议开法。市委规定，凡在同一时间内同时布置多项工作，需要召开多种会议的，一律实行并会套开；对确需集中召开的一些大型综合性会议，尽可能召开电视电话会议，扩大与会人

---

① 罗杰·M. 摩司魏克，罗伯特·B. 尼尔森. 会议管理——如何创造高效率会议. 高维泓译. 桂林：广西师范大学出版社，2001. 3

员范围，减少传达贯彻的中间环节，避免层层开会；对只涉及有关单位的工作，能通过现场会、调度会、办公会解决问题的，不再召开全市性会议。

（2）尽量压缩会议时间，减少参加人员。即使是经批准召开的会议，也实行限时限人制。

（3）推行“无会周”、“无会日”制度，减少会议与工作的交叉。

（4）严格控制会议数量。对所有全市性会议活动，实行一会一表，逐会报批制度。市直各部门原则上每年只召开一次本系统全市性工作会议，特殊情况不得超过两次。

2. 强化文件把关、分流机制，大力精简各类文件简报

一方面，大力推行文件分流制度，尽量减少发文。如通过报刊电视分流，对无保密要求的领导讲话、会议精神、工作部署等，不再印发文件；通过微机网络分流。

另一方面，严格把关截流，减少以党委、政府或两办发文。如避免层层转发文件；规范发文主体；减少发文数量。

3. 推行领导活动呈批制，尽量减少领导同志事务性活动

（1）严格控制各类事务性活动。

（2）实行邀请领导同志出席活动呈批制。未经审批，领导同志一般不出席会议。不按程序擅自邀请的，市委办公室还将提出严肃批评。

（3）从简安排领导同志的公务活动，包括随员从简、迎送从简、食宿从简、报道从简。

4. 强化督促检查和领导带动机制，确保减少文山会海工作取得明显成效

首先，要求各单位进行自查；其次，大力组织督促检查；再次，市委领导同志率先垂范。①

---

① 李孟顺．建立制度　强化机制　大力削减文山会海．秘书工作，2002（11）：11～12

思考与练习

1. 会务工作的总要求是什么？
2. 简述会议的准备工作。
3. 简述会议期间的工作。
4. 简述会议的善后工作。
5. 你认为削减文山会海还有什么办法？

第十三章　调查研究

调查研究包括对社会的调查研究和对自然的调查研究，人们所接触到的调查研究一般指前者。对社会的调查研究又简称为社会调查。

调查研究是人们有目的有意识地通过对社会现象的考察、分析和研究，以认识社会生活的本质及其发展规律的一种自觉活动。“调查”与“研究”是内涵不同但又紧密联系的两个概念。“调查”是指通过对客观事物的考察、查核和计算、算度来了解客观事物真相的一种感性认识活动；“研究”是指通过对调查材料进行审查和思维加工，以求得认识社会现象的本质及其发展规律的一种理性认识活动。调查是研究的基础和前提，研究是调查的发展和深化，两者虽有先后之分，但又是互相贯通，彼此渗透，不可分割的。在进行调查时，必然伴随着初步的分析和研究，这样才能使调查有的放矢，沿着正确的方向进行。在分析研究时，有时需要对一些问题进行局部的或进一步的补充调查，以便更全面地弄清事情的真相和来龙去脉。人们就是这样通过不断的调查和研究，通过实践、认识、再实践、再认识循环往复以至无穷的过程，达到对社会生活及其发展规律的本质认识，进而改造社会。

调查研究作为一种科学的认识方法和工作方法，具有多方面的功能。它是正确认识社会的根本方法，有效改造社会的重要条件，培养开拓型人才的基本途径，进行思想教育的有效方法，端正党风学风的基础一环。调查研究这种广泛的社会功能，使它受到各行各业的普遍重视，人们愈来愈认识到，做任何工作，都要注意调查研究。只有摸清情况，对症下药，才能切实解决实际问题。对于秘书工作来说，也是如此。

第一节 调查研究在秘书工作中的作用

1. 调查研究是秘书人员的重要职责

调查研究首先是各级领导和领导机关的事。到第一线去亲自调查研究，是决策者认识问题、解决问题的一种基础性的社会实践活动，也可以说是决策者的一项基本功。领导干部亲自调查研究，不仅是个带头、示范问题，而且也是在履行职责。毛泽东早于 1941 年在《改造我们的学习》一文中就指出："共产党领导机关的基本任务，就在于了解情况和掌握政策两件大事，前一件事就是所谓认识世界，后一件事就是所谓改造世界。就要使同志们懂得，没有调查就没有发言权，夸夸其谈地乱说一顿和一二三四的现象罗列，都是无用的。"69 年过去了，历史充分地证明，什么时候注重调查研究，坚持一切从实际出发，我们的事业就前进，就发展；什么时候放弃调查研究，陷入主观主义、教条主义，我们的事业就受挫折，就走弯路。因此，领导者应有计划地深入基层进行调查研究。

但是，领导者工作繁忙，不可能抽出很多时间进行调查研究，这项工作多半由为领导工作服务的调研部门、办公部门来做。中共某高层领导人曾在晋察冀当秘书长达 7 年多，任中共中央办公厅主任差不多 1 年，他谈了以下体会："办公厅在什么地方最能够起作用呢？最能起作用的是到基层进行深入的调查研究。了解基层的真实情况，这是领导机关最难做到的事情。各部门也有人在基层调查，但各部门的基层调查有时带有部门的倾向性或片面性。办公厅的基层调查可以比较全面地反映情况，并且从党的政策上去分析衡量，这种基层调查往往对领导的帮助最大。""因为领导同志往往不容易拿出那么多时间去搞这个事情，他也必须到基层去，但往往受到一些干扰。办公厅的调查研究干部，受到的干扰会少一点。"

“此外，领导同志希望对情况能有一个迅速、全面的概括，布置了一项工作，希望能在短时间内迅速地、全面地作出一个情况概括，即使这种概括很粗糙，也是领导机关所需要的。所以，办公厅还要组织比较强的力量，能够在短时间内把情况概括起来，供领导机关及时分析形势。现在各地方送来的报告，许多都是经过推敲修饰，搞得天衣无缝，那种报告你从中看不出什么东西。”① 在这里，他不但阐明了办公厅基层调查工作对领导机关的作用，它们进行基层调查的有利条件，而且强调了“研究”的重要性。他说的“情况概括”，就是对调查情况进行分析研究后得出的。由此可见，调查研究是秘书人员的重要职责。

2. 调查研究是秘书人员做好各项秘书工作的基础

秘书人员的各项工作，无论是收集传递信息、综合反映情况、辅助领导决策、起草各种文稿、督促检查事项，还是安排一次会面，处理一封群众来信，都离不开调查研究。可以说，调查研究贯穿于秘书工作的全过程和各个环节，它不仅是一项经常性的工作，而且是各项秘书工作的基础。只有搞好调查研究，对情况了如指掌，对采取的措施有全面的论证，才能避免和减少失误，提高工作效率。

3. 调查研究是秘书人员辅助决策的关键环节

领导决策是否正确，关键在于能否从实际出发，使主观认识和客观实际相一致。秘书人员要辅助领导作出符合实际的决策，首先须了解实际。了解实际除可采用听汇报、看材料等间接形式外，还要采用实地调查这一直接形式。秘书人员通过接触社会实际，掌握第一手材料；再通过科学分析，了解客观事物的本质和事物相互间的各种联系，才谈得上辅助领导正确决策。

领导作出决策后，秘书人员的调查研究工作并未结束。因为，

---

① 中央领导同志在省区市党委秘书长座谈会上的讲话（1990 年 1 月 10 日）. 秘书之友，1990（4）

任何一项决策，由于主观和客观的原因，很难尽善尽美。在它执行的过程中，经常会出现与客观情况不完全吻合、不完全适应的情况，这就需要秘书人员及时把这些信息提供给领导，作为他们修订、完善政策的依据。而这些信息，只能在调查研究的过程中获取。

决策立足于现实，并要放眼未来，秘书人员还负有辅助领导预测未来趋势的责任。而预测是建立在调查研究之上的。没有调查研究就没有科学预测，离开科学预测的决策，是盲目的决策，实施这样的决策很难不出乱子。总之，在领导决策的全过程中，处处离不开秘书人员的调查研究，调查研究是秘书人员辅助领导决策、当好参谋助手的关键环节。

4. 调查研究是秘书人员坚持群众路线，切实改进作风的有效方式

中国共产党的根本宗旨是全心全意为人民服务。在长期的革命斗争中，中国共产党同人民群众建立了密切的联系，同时形成了一套马克思主义群众路线的理论和工作作风。群众路线包含两方面内容，一是密切联系群众和依靠群众，每个党员都要树立为人民服务、向群众负责、遇事同群众商量、与群众同甘共苦的思想作风和工作作风；二是坚持中国共产党的正确领导，坚持“从群众中来，到群众中去”的工作路线。而要依靠群众，坚持“从群众中来，到群众中去”的工作路线，都与调查研究分不开。试想，你不到群众中去，不了解他们的疾苦，不倾听他们的呼声，怎谈得上依靠群众？你成天坐在办公室，不到基层调查，不作研究分析，“从群众中来，到群众中去”的工作路线从何而来？秘书部门不是领导部门，但由于在领导身边工作，处于承上启下的重要地位，并经常办理领导交办的事项，故他们是否注重调查研究，是否坚持群众路线，显得尤其重要，而且这直接影响到群众对领导机关的看法，直接影响到党群和干群关系。

是否坚持群众路线，还关系到作风建设问题。而作风建设，是

中国共产党的建设的重要方面，是贯彻执行党的路线、方针、政策的重要保证。秘书人员只有不断加强调查研究工作，密切联系群众，始终同人民群众保持血肉联系，才能使工作作风得到切实改进，为消除和克服党内和政府内存在的某些腐败现象和脱离群众的倾向作出自己的贡献。

5. 调查研究是提高秘书人员工作能力的必要途径

秘书人员的成长，工作能力的提高，有两条途径，一是努力学习理论和专业知识，二是积极参加社会实践。调查研究是重要的社会实践，秘书人员通过调查研究，可加深对中国共产党和国家各项方针政策的理解，学习由干部和群众所创造的种种新鲜经验，发现社会上的一些不良现象，可提高辨别是非能力、分析综合能力、交际能力和自我完善能力。所有这些能力，都是书本上难以学到的。对于那些刚离开学校担任秘书工作的人员来说，调查研究工作对他们完成从学生到职业角色的转换，逐渐适应新环境更是大有好处。

第二节 秘书调查研究的特点和内容

一、秘书调查研究的特点

从广义上说，秘书调查研究既包括秘书部门的调查研究，又包括调研部门的调查研究；从狭义上说，仅指秘书部门的调查研究。鉴于不少党政机关和企事业单位把调研机构从秘书部门分离出去的情况，本章所述的秘书调查研究，是指后者。

调查研究不仅是秘书部门的任务，也是调研部门和学术研究机构的任务。它们的调研工作有何异同？只有弄清这些异同，才能把握秘书调查研究的个性，进而准确界定它的特点。

调研部门是指各级党政系统及其下属部门成立或改建的政策研究室、调查研究室等。它们是决策研究机构，有人称之为“行政性政治咨询机构”（即以政策咨询为主的机构）。[①] 中华人民共和国成立初期，政务院就指示各级政府机关“条件许可时，可把秘书业务、研究工作、机关事务管理工作划分开来”，并要求大行政区和各省人民政府应视各地具体工作情况和干部条件，建立政策研究机构。在中央的指示和要求下，不少省市政府机关在办公厅下设置了政策研究室，或配备具有一定政策水平和实际工作经验的干部，以及文化程度较高的知识分子干部，协助秘书长进行某些政策问题的研究。后来，县级机关也普遍设置了调研室。有的县委政研室，实质上是一个从县委办公室分化出来的独立工作机构；有的县，把原县政府办公室的调研科，升格为县政府研究室。各级企事业单位尤其是大中型企业，也根据自己的实际情况，设置调研室，配备调研员。

秘书部门的调查研究和调研部门的调查研究都是为领导决策服务的，但它们又有各自的个性。一是工作重点不同。调查研究只是秘书部门的一项工作，但却是调研部门的主要工作。调研部门有时也为领导起草文稿，撰写一些重要文件、讲话，但不能将所有日常文字工作都包揽起来，以致把调查研究工作降到次要地位。二是调查研究内容不同。秘书部门的调查研究主要结合日常工作，调研部门从事的是以政策咨询为主的咨询活动，其调查研究内容与政策密切相关。三是对调研成果的要求不同。秘书部门的调研成果，一般没有十分具体的要求，但对调研部门，却要以调研成果是否优异以及被领导决策采纳的程度，作为衡量其工作成绩大小的依据。

秘书部门的调查研究与学术研究机构的调查研究，区别也很明显。学术研究机构指科学院、社会科学院、各专业研究院以及高等院校系统中下设的有关所、系、中心、室等。它们的调查研究大多是为论证某个假设、建立和发展某种理论而进行的，即为各专业领域的学术理论发展服务，因而带有很强的业务性和技术性。这与秘

① 李忠尚．新智囊论．北京：人民出版社，1990. 196～197

书部门的调查研究注重应用性有很大的不同。

秘书调查研究的特点是：

1. 切合领导工作的需要

切合领导工作需要，是秘书调查研究的出发点。这种需要来自两方面，一是决策的需要。往往表现为领导预先定下什么时候开会，研究、决定什么问题，需要些什么材料。这给调研划定了范围，秘书部门就应组织调查，力争在会议讨论前为领导决策提供有一定深度和预见性的调查资料和报告。二是平时有些事情表露了某种迹象，使人预感到其中可能存在着问题，一些实质性的东西可能蕴涵在里面，这就产生了调查的需要，秘书部门就应围绕这个范围进行调查。

2. 突击性

秘书部门的调查研究，常常不是按某一时期的工作计划来安排，往往带有不同程度的突击性。这与秘书部门经常要处理一些突发性、临时性的事件有关。因为事情来得急，时间要求紧，任务又相当繁重，这就需要秘书部门尽快组织人员前往调查，迅速把调查研究的结果报告领导，使领导能及时采取相应的措施。

3. 与信息、督查工作相结合

调查研究虽是秘书人员经常性的工作，但不等于说秘书人员要经常地、用大量的时间到基层去，事事直接调查研究。他们可利用经常接触来自各方面的材料的机会，利用秘书部门作为综合部门的优势，了解各种情况，向有关部门搜集调研成果。这是一种间接的调查研究（又称“文献调查法”），也是一种与信息工作紧密结合的调查研究。调研与信息是相互影响，密切相关的。信息是调研的前提，没有大量信息的输入、选择和综合整理，就很难发现重大的调研课题，因此，秘书人员要经常将从信息网上、群众来访来信中得到的各种初级信息进行综合分析，抓住其中的重要问题，组织力量调查研究。反过来，这种调研又促进了信息的深化和扩展，为向领导提供有情况分析、有政策建议、不乏真知灼见的高层次信息打下基础。

调研成果一经转化为领导决策，就需督促检查，它涉及大量的调查研究。但督促检查中的调查研究与决策前的调查研究和一般的调查研究有所不同，其特殊性表现在：一是有鲜明的指向性。它的目的是验证决策是否正确和决策落实是否畅通，为督促检查提供依据，为领导修正、完善决策服务。二是时效性较强。它是一种决策实施过程中的调查研究，有一定的时间要求。若决策已经完全到位，这种调查研究就成了“马后炮”而毫无意义。三是具有了解情况和敦促鞭策的双重作用。四是侧重点放在对落实决策过程中存在问题的了解上。

4. 与基层建立定点联系

秘书部门的调查研究不能停留在走马观花式的一般性调研上，而应把面上的调查和蹲点调查结合起来，通过深入基层，“解剖麻雀”，从个性中提炼出共性，更全面、更准确地认识事物的全貌和本质，进而找出解决矛盾的办法。这就需要选择不同类型并具有一定代表性的区域和具体单位作为基层联系点，经常与他们进行双向交流。设立这些联系点，既促进了秘书部门与基层的沟通和相互学习，又为秘书人员下去蹲点调查提供了场所，可以说是一举两得。

二、秘书调查研究的内容

秘书部门由于其综合性、辅助性的特点，调查研究的内容十分广泛，大概有以下几方面：

1. 围绕领导机构各个时期的中心工作开展调查研究

秘书部门的一切工作都是围绕领导机构的中心工作展开的，因此其调查研究同样必须围绕中心工作开展。这既是秘书部门调查研究的指导思想，又是主要内容。

如湖北省安陆市委办公室在选择调研课题时，十分注意其是否具有较高的理论价值和实践价值。这些课题取之于领导十分关心而又亟待解决的全局性、方向性、疑难性问题上，取之于人民群众最为关注的热点、焦点、难点问题中，含金量较高。该市农村近几年来第二、第三产业和小城镇建设发展较快，带动了农村劳动力的大量输出，同时也不可避免地造成大量土地抛荒，既影响了正常的农业生产秩序，又造成了农民负担悬空，给基层乡镇村的工作带来很大的难度。基层干部迫切呼吁市委、市政府尽快拿出针对性、操作性、可行性强的土地流转指导意见，促进土地有序流转，协调种田与打工的矛盾，做到既能使一部分农民从土地上解放出来，走出去获取可观的劳务收入，又能确保土地有人种，有效解决土地抛荒难题。市委领导也反复强调要把土地流转作为维护农村稳定，促进农村经济发展的大事抓紧抓好。正是在这种情况下，该办公室选择了“农村土地流转专题调查”这个调研课题，在秋播到来之前，选取了四个土地抛荒较严重的典型村驻村蹲点“解剖麻雀”，每个村安排五天的调研时间。由于选题既与市委中心工作相吻合，又与基层工作的迫切需求同频共振，因而使调研成果得到及时转化，很快进入市委决策，并形成相关文件。①

2. 为贯彻执行各项方针政策而进行调查研究

党和政府制定的各项方针政策，反映着各个方面的关系。有时候，一个具体的政策和措施的实行，会使多方的利益发生变化，引起各方面的巨大反响。又由于事物的复杂性和多样性，在执行政策的过程中，往往会出现未曾预料到的情况和问题。这就需要及时到有关部门或基层调查研究，了解这些政策得到哪些人的拥护，受到哪些人的反对，对哪些人有利，对哪些人不利，实行这些政策的进展情况如何，现在发展到了哪一步，出现了哪些偏差和其他问题，实行的结果怎样，是否解决了原有的矛盾，能否收到预期的效果。并及时反映给领导，作为他们修订或完善决策的根据，以便进一步指导工作，实施领导。

---

① 李超群．遵循调研之道　夯实谋事之基——一次成功调研的体会．秘书工作，2002（3）：18～19

湖南省岳阳市党委办公室不但牢固树立党的意识，围绕党的中心工作开展调研，而且树立全局意识，围绕同级党委的决策落实开展调研。2002 年，市委、市政府提出确立发展先于一切、发展重于一切等十种理念，大力倡导优化经济发展环境。中央驻岳企业是岳阳经济的重要支柱力量，当时在生产经营中面临诸多困难，除了自身在转换机制中各种矛盾不断出现的因素外，外部环境不够好是其重要原因。市委、市政府制定了一系列针对性决策措施，但在个别基层地方和部门，落实得不够迅速。对此，该办公室派出精干的调研组，实地座谈、走访，找到了决策落实的“中梗阻”，提出了解决问题的对策建议，市政府主要领导作出重要批示，加快了问题解决的进程。①

3. 为起草政策性文件、重要报告以及其他文稿而进行调查研究

在领导授意下起草各种文稿，是秘书人员经常性的工作。写这些文稿，要注意三点：一是必须与上级的政策规定一致，只能在不违背上级政策的前提下根据实际情况灵活变通。二是必须与同级领导过去制定的政策规定相衔接，不能前后矛盾。若新的政策规定与过去的政策规定不同，要予以说明。三是要能付诸实施。而要做到这三点，一刻也离不开调查研究。因为只有通过调查研究，才能了解上下左右发布文件和执行文件的全面情况；才能从实际生活中发现问题，找出解决问题的办法，使撰写的文稿有的放矢，真正管用。

2001 年 6 月，陕西省富平县企业下岗职工上访较多，针对这一情况，县委主要领导批示：“请办公室深入调查，拿出意见，解决问题，确保社会政治稳定。”接到批示后，该县县委办公室立即组织精兵强将，深入 9 家县属企业和 6 个主管部门，采取与职工、

① 赵协成．立足大局　加强调研　全面提升办公室政务服务工作水平．秘书工作，2002（10）：26

厂领导座谈等方式，摸透情况、分析原因、提出对策、化解矛盾，使当月企业职工上访人数和次数直线下降。与此同时，他们还就县委如何抓落实，充分调研，反复易稿，写成了《县委抓落实的基本途径》，并在《经济日报》、中央党校《党政周刊》、省委《陕西工作交流》、《机关党的工作》、《渭南经济》等刊物上发表。①

4. *为解决突发性事件和倾向性、苗头性问题进行调查研究*

秘书人员经常要跟随领导或受领导委派，在单位内部或到有关部门和基层调查一些突发性事件或事故。它们或是政治性的，或是经济性的，或是生产性、技术性的；有发生于集体的，也有发生于个人的。对这类事情的调查，秘书人员要十分认真、仔细，注意某些关键性细节，尽快查清事实真相及原因，分清责任，以便领导处理，有时还要配合保卫部门、公安部门共同工作。

倾向性、苗头性问题有的是有益的，有的是有害的。有益的要助其成长，予以推广；有害的要加以纠正，阻止其蔓延。进行这方面的调查时，要眼光尖锐，思维敏捷，行动迅速；熟悉政策，掌握业务；还要敢于陈述己见，实事求是。江苏省扬州市中级人民法院法官袁江华认为，只要多观察、多思考，就会发现许多普遍性、倾向性、苗头性的问题。如会议精神的落实问题，现在会议很多，但是有的会议精神常停留在文件上，落实不到位，甚至落实不了，这已是一个普遍性问题，就值得研究。是会议精神缺乏操作性、现实性，还是有的部门对自己有利的就执行，不利的就不执行。当然这里还有一个督查落实的问题。另外，现在很多法院推行人事制度改革，干警的职务、职级晋升搞民主测评，测评的结果作为晋升的依据，这是增加用人公开性、民主性的举措，当然是好事。但是有一个问题就很值得注意，那就是民主测评的公正性、客观性、科学性。一个法院这么多人，真正相互了解的有多少，一个庭一个部门之间的人可能相互了解多一点，对其工作态度、业务水平比较了

① 黎忠利. 我们是如何做好调研工作的. 秘书工作，2002（6）：17～18

解，而对其他大多数的人来讲，并不清楚，让别人怎么投票呢？再加上影响民主测评的因素很多，民主测评的公正性就值得怀疑了，这是苗头性问题。那么如何来客观地评价和看待民主测评的结果？这也值得我们来探讨，因为这牵涉到导向问题，这对法院人事制度的改革完善是有意义的。① 袁先生的这些体会与感受，很值得同行思考。

5. 对一些容易被遗漏的问题进行调查研究

对这类问题的调查，又称拾遗补缺调查。它包括处于几个职能部门的临界点的问题；几个职能部门都管但只管一部分的问题；群众反映甚大但不知归哪个部门管的问题；虽分管部门明确，但被它们长期拖而不决的问题。对这些“几不管”的问题，秘书部门要主动地自选调研课题，组织力量调查，并以高度的责任感和为群众排忧解难的满腔热情，给予处理。湖南省岳阳市党委办公室正是这样做的。2002 年，一些地方和部门反映，仍有少数群众生活十分困难。他们当即由市委办公室牵头，组织 7 个部门参加，行程 1 500多千米，在深山老林中，在湖汉沟渠上，在里弄、工厂里，走穷户、问饥寒、聊家常，掌握了大量一手资料并将之原汁原味地提供给市里主要领导，并引起高度重视。②

第三节 秘书须知的调查研究知识

一、社会调查的基本类型

按照不同的标准，社会调查可作不同的分类。按调查对象的范围大小，可分为全面调查和非全面调查。按调查时间，可分为一次

① 袁江华．强化意识 积极探索 不断在调研中充实和发展自己．秘书工作，2002（10）：28～29

② 赵协成．立足大局 加强调研 全面提升办公室政务服务工作水平．秘书工作，2002（10）：26

性调查、经常性调查和追踪调查。按调查地域，可分为地区性调查（包括省、市、县、乡等）、全国性调查、国际性调查；大城市调查、小城镇调查、农村调查。按调查目的，可分为应用性调查和学术性调查。按调查内容，可分为综合性调查、专题性调查。按调查方式，可分为直接调查和间接调查。在这多种多样的分类中，最基本的是按调查对象的范围分类，即分为全面调查和非全面调查。

1. 全面调查

全面调查也就是普遍调查（简称普查），是对调查对象的全部单位无一例外地逐个进行的调查。普查有宏观、中观和微观之分，大至全世界，小至每一个具体单位，只要是对其中每个个体所进行的调查，就是普查。为了达到一定的目的，有时非做普查不可。例如，为了解某个城市准确的人口总数，并要按年龄、性别、民族、文化程度、职业进行分类，就要进行人口普查。

普查有两种组织方式。一种是组织专门的调查机构，配备一定数量的调查人员，对调查对象进行直接登记；一种是由上级颁发调查表格，由下级根据已经掌握的调查对象的各种原始记录和资料填报。即使是后一种方式，也需配备一定的专门人员，负责整个组织工作。

搞好普查，一定要统一领导，统一行动，还要注意：普查项目必须简明，普查时间必须同一，正确选择进行调查的具体时间，迅速完成普查任务以及尽可能按一定周期进行。

普查的优点是：调查资料具有全面性和准确性，是了解国情、省情、市情、县情的重要方法，但工作量大、花费大、组织工作复杂，只能一般性地了解概况，难以具体深入地进行研究，只适于对有关全局性的基本情况进行调查。

秘书部门一般不组织这类调查，往往是在上级领导的统一部署下，抽调部分人员参加。

2. 非全面调查

非全面调查是对调查对象总体中一部分单位所进行的调查，它又分为典型调查、重点调查、个别调查、抽样调查等。

（1）典型调查。典型调查是从调查对象中选择具有代表性的部分或单位，通过对它们的调查来认识同类社会现象的本质及其发展规律的方法。所谓典型，即同类中最具代表性的人或事物。正确选择典型，是保证典型调查的科学性的关键。要正确选择典型，就必须：用实事求是的态度选择典型，保证典型的真实性和客观性；用发展的观点选择典型，要根据不断变化发展的实际情况来选择新的典型；即使选择了恰当的典型，也还要严格区分哪些是可以代表同类事物的一般性的东西，哪些是由典型本身的特殊环境、特殊条件所造成的只具有独特性的东西，切不可把典型调查的全部结论乱搬乱套；仅选择一个典型，未必有完全的代表性，应尽可能继续进行第二个、第三个典型的调查；典型调查的最大误差，是选点的误差，故对复杂的事物，必须多层次、多类型地选择典型，可采取择高选点、择中选点、择低选点或择优选点、择平选点、择劣选点等办法，来提高被选择事物的代表性。

典型调查的优点是：调查人员较少，花费的财力、物力较小；便于进行深入而细致的调查（它调查的范围较小，调查单位较少，故设置的调查项目可以多一些，调查就相对深入一些）；便于把调查和研究结合起来，有利于揭示事物的本质和发展规律，有利于探索解决社会问题的道路和方法。典型调查的这些优点，是其他类型的调查如普遍调查、抽样调查所没有的，因此它在社会生活的各个方面的应用十分普遍。但典型调查也有其局限性：一是典型的选择受调查者主观意志所左右，难免带主观随意性；二是被选取的典型，与总体中其他同类事物之间，会存在一定差异，其代表性总是不全面的；三是典型调查的结论，究竟哪些是一般性的东西，具有普遍意义，哪些是独特性的东西，只具有特殊意义，很难用科学的手段准确测定。

（2）重点调查。重点调查是从调查对象总体中选取一部分重点单位所进行的调查。所谓重点单位，是指在总体中起主要或决定作用，对总体特征影响较大，能够反映总体基本情况的单位。如通过对首都钢铁公司、包头钢铁公司、鞍山钢铁公司、武汉钢铁公司、宝山钢铁公司、攀枝花钢铁公司等几个重点钢铁公司的调查，就能掌握全国钢铁生产的基本情况。

重点调查的调查对象是一个或几个单位。在这点上它与典型调查相似，但在其他方面又有所区别。一是选择调查对象的标准不同。典型调查是选择同类社会现象中具有代表性的单位，重点调查则是选择同类社会现象中具有集中性的单位。二是调查的主要目的不同。典型调查旨在认识同类社会现象的本质及其发展规律，主要是进行定性调查，重点调查旨在对某种社会现象总体的数量状况作出基本的估计，主要是进行定量调查。

重点调查的优点是：调查的单位不多、花费不大，却能掌握到对全局有决定性影响的情况，因此它的使用亦相当广泛。

（3）个别调查。个别调查也称个案调查，是指为了解决某一问题，对特定的人物或事件所进行的调查，如对某一人物的调查、对某一纠纷的调查、对某一案件的调查。

由于个别调查的调查对象是个别的，故与典型调查类似，但区别也很明显。一是调查的具体目的不同。个别调查是为解决具体问题，典型调查是为探寻和揭示某些社会现象的本质及其发展规律。二是调查对象的特点不同。个别调查的对象是特定的，不能用其他调查对象代替，典型调查却要对调查对象进行认真的选择。

秘书部门对突发性事件或事故的调查，属于个别调查。

（4）抽样调查。抽样调查是从调查对象的总体中，按照随机原则抽取一部分单位作为样本，并以对样本进行调查和统计的结果来推断总体的方法。随机原则又称同等可能性原则，是指在抽取样本时，总体中的每一个单位都有同等可能被抽中的机会。如掷硬币，它的每一面出现的机会都是1/2，对于每一面来说，它们出现的机会都是均等的。

按随机原则抽取样本，叫随机抽样，它是抽样的主要方法。随机抽样的具体方法，主要有简单随机抽样、等距随机抽样、类型随机抽样、整群随机抽样、多段随机抽样五种。除了按随机原则抽取样本外，有时也可按非随机原则抽取样本。往往是在调查对象总体的内涵和外延无法具体确定，不可能或不需要准确推断总体的情况下，用这种方法抽样。非随机抽样又叫立意抽样。它与随机抽样相反，是按调查者的主观愿望抽取样本。常用的方法有任意抽样、判断抽样、配额抽样三种。

抽样调查实际上是一种普遍调查和典型调查相结合的形式。在普遍调查的对象太多而难以进行调查时，它常用来代替普遍调查。抽样调查有不少优点。它一般都按随机原则抽取样本，调查结果比较客观；它的调查结论是运用数学方法计算出来的，便于对调查总体作定量分析，对总体的推断比较准确。但抽样调查不太适合进行定性调查，不能取代为了更深入地研究问题而采用的典型调查。当对调查对象的范围不十分明确时，不能进行抽样调查。

在统计部门、工业部门、教育部门，这种调查方式用得相当广泛。政府秘书部门有时采取这种方式了解某项政策的落实情况，如责任制情况、市场物价波动情况等。

二、社会调查的基本方法

任何社会调查，都必须使用一定的方法。只有根据调查任务和对象的实际情况，采用科学的调查方法，才能保证社会调查的客观性和科学性。社会调查的方法，大体分为两类：一类是搜集材料的方法，一类是研究材料的方法。

1. 搜集材料的方法

搜集材料的方法主要是感性认识方法，包括文献调查法、实地观察法、口头访问调查法、问卷调查法、民意测验法、集体访谈法、德尔菲法、实验调查法等。

（1）文献调查法，又称历史文献法。它是通过搜集各种文献资料，摘取与调查课题有关的情报的方法。在目前印刷型文献仍占主导地位的情况下，它主要是指进行书面的文献调查。文献调查法的优点是：可以超越时空条件的限制；所获得的情报一般比口头情报真实和准确；比直接调查方法方便和自由；花费少、效率高。其局限性是：缺乏具体性、生动性；它所获得的情报，往往落后于当时的现实。因此，文献调查法一般只能作为社会调查的先导，要真正了解社会，还须深入实际进行直接的调查。

（2）实地观察法。它是观察者有目的、有计划地运用自己的感觉器官或借助科学的观察仪器，直接了解当时正在发生的、处于自然状态下的社会现象的方法。实地观察法使人们获得第一手感性材料，而它们是科学认识的起点。它的优点是：具有直观性和可靠性；简便易行，比较灵活。它的缺点是：带有表面性和偶然性；受时空条件等限制，只适于作微观调查，难以作宏观调查；调查的对象和范围受到很大局限；容易产生观察误差。因此，它只有与其他调查方法结合起来，才能收到良好效果。

（3）口头访问调查法，又称访问法、访谈法。它是访问者通过口头交谈等方式向被访问者了解社会实际情况的方法。实地观察法主要是用眼看，而这种方法主要是用口问用耳听。它们都是直接感知社会实际情况的最基本的方法，而且往往结合使用，互相补充。

访问调查的整个访谈过程，是访问者与被访问者互相影响、互相作用的过程，这与实地观察法中观察者基本上是单方面进行观察活动，被观察对象（人或物）都是被动地处于观察者的观察之中的情况刚好相反。由于它是访问者与被访问者的双向活动，故访问者要做好访谈前的各项准备工作，熟练地掌握和运用各种访问技巧，并有效地控制整个访谈过程。访问调查法的优点是：适用于各种调查对象，能了解广泛的社会现象；能深入地探讨各类社会问题。其缺点是：访问调查的质量大多取决于访问者的素质和被访问者的合作态度以及回答问题的能力，当这些主观因素不具备时，会大大影响调查结果；当碰到一些不宜当面询问的问题时，会对调查的效果产生不利的影响；花费人力、财力、时间较多，只适合在较小的范围内使用。

口头访问调查法与实地观察法一样，属基础性的调查方法。问卷调查法、民意测验法、集体访谈法、德尔菲法等其他社会调查方法，实质上都是它的延伸和发展。对这几种方法，在此不再详述。

（4）实验调查法，又称试验调查法。它是实验者有目的、有意识地通过改变某些社会环境的实践活动来认识实验对象的本质及其发展规律的方法。实验调查法的优点是：它是一种实践性、动态性、综合性的直接调查方法，它能直接揭示或确立事物之间的因果联系，其结论一般具有较高的准确性、可靠性和较强的说服力；与文献调查法、实地观察法、口头访问调查法等相比，它是一种更为复杂、更为高级的调查方法。其缺点是：实验对象和实验环境的选择，很难具有充分的代表性；难以对实验过程进行有效的控制；对那些落后的、消极的社会现象，不可能也不允许进行实验。

另外，随着办公自动化的普及，还有一种网络调研法已经兴起。

2. 研究材料的方法

研究材料的方法主要是对搜集的感性材料进行思维加工的理性认识方法，它包括以统计分析为主要内容的数学方法，以及比较和分类、归纳和演绎、分析和综合、抽象和具体、证明和反驳等逻辑方法。

人类社会在不断前进，社会调查和研究的方法也在不断发展。当今的社会调查，出现了以下趋势，即调查范围日益扩大化，调查内容日益多样化，调查方法日益科学化，调查组织日益网络化，调查人员日益专业化等。秘书人员只有适应这种变化，不断提高调查研究水平，才能更好地为领导工作服务。

调查研究成果的集中体现是调查报告。

思考与练习

1. 调查研究在秘书工作中有哪些作用?

2. 秘书部门的调查研究与调研部门、学术研究机构的调查研究有何异同?

3. 秘书调查研究的特点是什么?

4. 秘书调查研究的内容有哪几方面?

5. 举例说明社会调查的基本类型。

6. 概述搜集材料和研究材料的方法。

7. 当今的社会调查，出现了哪些趋势?

第十四章　信息工作

第一节　信息概述

一、信息的含义

信息（information）这个词，是在20世纪20年代通信成为科学研究的对象时，才作为一个重要的科学概念而出现的。但对它的表述，据不完全统计，有文可考的不下数十种。美国数学家、控制论创始人维纳在《控制论与社会》一文中写道：“信息就是我们在适应外部世界，并且使这种适应反作用于外部世界的过程中，同外部世界进行交换的内容的名称。”另一位美国数学家、信息论的奠基人仙农1948年发表了《通信的数学理论》的著名论文，文中虽没有叙述信息的定义，但从他所给出的信息的表达式可以看出，他把信息理解为“用来消除随机不定性的东西”。《牛津高阶英汉双解词典》向人们指出：“信息，就是谈论的事情、新闻和知识。”《韦氏词典》认为：“信息，就是在观察或研究过程中获得的数据、新闻和知识。”以上定义从不同的角度反映了人们对信息的特点和性质的认识。简单地说，信息就是对客观事物的特征和变化的直接或间接的表述。

信息同消息、情报、知识、资料等概念有密切联系，但严格来说又有所区别。当消息是指包含某种内容和意义的音信时，它与信息相近，但人们通常把它看成是新闻学上的一种体裁。信息是消息的内核，消息是信息的外壳。不同的消息中所包含的信息量不同，有的消息中信息量大一些，有的消息中信息量少一些，有的消息中甚至不包含信息。具体包含多少信息，与消息的背景和信息接收者有关。如我们得到一则消息：“中国女排战胜了对手。”这则消息所包含的信息，与“对手”的具体情况有关。若对手是一个弱队，这条消息所包含的信息就很少；若对手是一支与中国女排势均力敌的强队，这条消息就包含了较多的信息。同一条消息，却包含不同的信息量，可见消息与信息并不能等同。再者，对于信息接收者来说，只有那些能被他们了解认识但事先不知道、对其有用的消息，才包含有信息。情报在英文中与信息是同一个词（information）。在日本，信息称为情报。细分起来，它们亦有不同。情报一般是指通过某种秘密手段取得的信息。信息的范围比情报广，情报与信息是局部与全局、部分与整体的关系。情报是信息，信息却不一定是情报。如“××××正在酝酿一场政变”，这是情报，当然也是信息。但“他最近提升为高级工程师”是信息，却不是情报。知识是人类社会实践经验的总结，也可以说是人类通过信息对自然界、人类社会及思维方式与运动规律的认识和掌握，是人的大脑通过思维重新组合的系统化的信息的集合。知识与信息的关系，与情报和信息的关系类似。知识是信息的一部分。知识是信息，但信息不一定是知识。如“水的分子式是 H_2O”，这是知识，也是信息，但“书放在桌子上”，这是信息，却不能叫作知识。资料（这里不包括生活资料、生产资料）是为工作、生产、学习和科学研究等参考需要而收集或编写的一切公开或内部的材料。通常指书报、期刊、小册子、简讯、汇编、图表、图纸等。若和信息联系起来，资料可以看成是信息物化后的一种存在形式。由于信息接收者不同，资料中可能蕴藏着大量的信息，成为获取信息的原料，也可能不包含信息。譬如，不懂英文的人，即使某一英文刊物中确有他所需要的信息，但由于不能为他所认识，故不能从中获取信息。也就是说，“面对宝山不识宝”，他什么信息也得不到。

二、信息的主要特征

1. 客观性

信息是事物的特征和变化的客观反映。由于事物的特征和变化是不以人们意志为转移的客观存在，所以反映这种客观存在的信息，同样带有客观性。信息不仅其内容具有客观性，而且一旦生成，还具有客观存在性。

2. 传递性（也叫传输性）

信息要借助于文字、图像、胶片、磁带、电波、声波、光波等物质形态的载体，才能为人们所感知、所接受。信息通过载体能进行空间和时间上的传递，从一处传到另一处。信息的传递通过信道（信息传递通道）进行，也就是说，信源（信息的源泉，即发信者）发出信息后，经由信道传递至信宿（信息的归宿，即收信者）。信源、信道、信宿组成信息系统的有机整体。信息的传递手段和方式多种多样。信息传递的快慢，对信息的效用影响极大。

3. 时效性

信息作为客观事物的一种反映，总是先有事实，后有信息的。也就是说，信息有一定的滞后性。因此，信息一旦生成，就须赶快传递，尽量减少信息的滞留时间。这种信息的时效性，是由人们获取信息的目的决定的。人们获取信息的目的在于利用，而只有那些及时传递出来并适合需求者的信息才能利用。信息的价值在于及时传递给更多的需求者，从而创造出更多的物质财富。社会需求的强烈时间性带来了信息的时间性。愈是及时的信息愈有价值，过时的信息则价值小甚至没有价值。

4. 共享性

信息借助于载体，既可被传递又可为人们所共享。这是信息不同于一般物质或能量的属性。一吨钢材用于制造汽车，就不能再用于制造轮船；一个发电厂的电力如果全部输送给四川，就不能同时又输送给陕西。而任何信息，如一本书或一部电影所传载的信息，人们却是可以反复共享的。

5. 开发性

从信息作为一种资源看，由于它取之不尽，用之不竭，因而可以不断探索和开掘；从信息所载的内容看，由于客观事物的复杂性和事物之间的相互关联性，反映事物本质的和非本质的信息常常交织在一起，加上它们难免受到历史的和人们认识能力的局限，因而需要开发；从信息的价值看，利用信息可以开发出新的材料和新的能源。不仅新材料和新能源的开发有赖于信息的利用，而且新材料和新能源要得到充分和有效的利用，也有赖于信息。

三、信息的作用

信息对于人类的生存和发展，具有重大的作用。自有人类以来，人类社会生活就充满了信息，只不过人们首先认识了物质，在工业化以后认识了能量，后来才逐渐认识到客观世界中除了物质、能量以外，还存在着另一要素——信息。信息普遍存在于自然界、人类社会和人的思维过程中，也就是说，存在于整个宇宙之中。人类的实践过程，实质上是通过获得和识别各种信息来区别不同事物，进而认识世界和改造世界的过程。

信息的主要作用有：

1. 信息是人类社会发展所必需的重要资源

信息和物质、能量，是人类社会发展所必需的三大资源。作为资源，物质向人们提供各种各样的材料，能量提供各种形式的动力，而信息则向人类提供知识和智慧。信息是一种无形的财富，地质勘探者说“信息就是资源”，工商界人士说“信息就是资本”，领导和管理工作者说“信息就是主意，就是办法”，军事指挥家说“信息就是胜利”，科技人员说“信息就是速度”。这些说法表明，信息本身虽不是财富，但它可转化为财富。当今世界，国与国之间强弱的不同，除了别的原因之外，其中一个重要原因是它们掌握和利用信息的能力不一样。一切部门、一切单位都必须在竞争中求生存，在变动中求发展。哪个部门和单位信息不准，信息不快，就难以在激烈竞争的市场中立足，甚至被淘汰。

2. 信息是决策的基础

在现代社会中，要实现决策科学化，就要充分掌握信息，不能凭空想象。据估计，中华人民共和国在成立以后的经济建设中，由于信息不灵、决策失误造成的损失和浪费至少有 1.3 万亿元之多。多年前不少国家制定法规限制使用“氟利昂”（因其破坏臭氧层）的电冰箱，发达国家纷纷转产。中国内地工业企业部门由于没有及时掌握、理解这样重大的国际工业和市场信息，在 10 年里，花费数亿美元引进 40 多条使用“氟利昂”的电冰箱生产线，造成年产 1.2 亿台而产品销路受限的严重后果。

3. 信息是科学研究的指路明灯和保障

进行科学研究，必须要依靠信息，这样才能避免重复，少走弯路。由于信息不灵而造成的科研失误，国内外都有这样的例子。如上海某研究所，从 1969 年起研究“以镁代银”作保温瓶的镀层，到 1979 年苦干了 10 年获得成功。在进行技术鉴定时，查找科技情报资料，发现美国早在 1929 年就已研究成功，并申请了专利。把其他国家 40 年前已取得的研究成果作为科研项目来攻关，白白耗费了大量的人力、物力，这都是不重视信息所造成的恶果。

第二节 信息工作在秘书工作中的作用

信息工作是围绕信息进行的一系列工作，包括对信息进行收集、整理、传递、利用和储存等程序。信息工作在秘书工作中具有重大作用。

1. 信息工作是秘书部门辅助决策的一项重要工作

决策是领导者的首要职责。决策就是用科学的方法、丰富的经验，对重大问题作出多种可行性研究，从中选择最佳方案。正确的决策往往不是一次性选择的结果，而是一个不断筛选、不断完善的过程，这就需要大量的信息。掌握了准确、全面、及时的信息，才可能作出切合实际、正确的决策；否则，就会导致决策失误。

领导者获取信息一般有三种渠道。一是亲自获取。即通过听取汇报、阅读文件、蹲点调查、视察工作等自身实践活动获取。二是由秘书部门或专门的信息机构、信息人员收集提供。三是由各职能部门提供。由于领导工作涉及的范围很广，领导者只能作一些必要的直接调查，掌握某些点上的情况，不可能用很多时间去直接获取信息。职能部门只收集和提供与本部门业务有关的部分信息，而秘书部门是综合部门，上级、下级、同级以及其他部门的信息都向它输入，因而掌握的信息比较全面、系统，能较灵敏可靠地反映各方面的动态，并可从中形成自己的观点、看法。因此，它是领导获取信息的一条非常重要的渠道。不断提高信息工作为领导决策服务的水平和效率，已经成为党政机关、企事业单位办公室不可回避的考题。

2. 信息工作是秘书部门的一项重要业务

这可从两方面来理解：一是从秘书部门的工作性质看，它作为单位的枢纽部门，其位置决定了它必然成为联系上下左右、沟通四面八方的信息集散地。这就为秘书部门做好信息工作创造了条件。二是从秘书部门的工作内容看，除辅助领导决策必须依靠信息外，办文办事和联系各方也必须依靠信息。秘书经常性的工作是起草各种文件和材料，这一写作过程实际上是收集信息和加工信息的过程。“巧妇难为无米之炊”，没有信息，办文就办不成。要办好各种公务，不仅靠领会领导意图、发挥个人学识，还必须有所参考，有所借鉴。这些参考和借鉴就是信息。信息愈多，耳目愈灵，办事能力就愈强。秘书部门经常与各方面打交道，无论是调查研究、回复问题还是协调关系，都离不开信息。就拿事务性很强的值班室的工作来说，对前来洽谈公事的、反映情况的、告状的、请求处理突发性事件的，值班秘书要根据不同对象，区别不同情况，采取不同的处理办法；而且要当机立断，应付自如，这就必须有足够的信息储备。只有平时注意收集、整理信息，对自己的工作范围非常了解，对工作范围以外的信息也有所涉猎，才不至于事到临头束手无策，拖拉推诿延误工作。有学者说，一流人才抓信息，一流信息育英才。由于秘书的一切工作都离不开信息，因此，信息工作是秘书部门的一项重要业务。

3. 信息工作有利于开创秘书工作新局面

长期以来，中国内地的秘书工作节奏慢、效率低，这除了与管理体制和秘书人员的素质有关外，还与信息工作的落后有关。随着改革开放的更加深入，秘书部门陈旧的管理观念受到猛烈的冲击，传统的工作程序和工作方式的弊端日益显露出来。各级领导愈来愈认识到，为了适应形势发展的需要，为了更好地进行决策，必须要建立和健全信息体系，做好信息工作。1987 年，国务院召开了全国政府系统信息工作座谈会，强调了信息工作手段的现代化和人的思想现代化问题。以后，信息工作有了较大的发展。就党政两大系统来说，已建立了纵横交错的信息网，有一大批信息点和信息员。截至 1987 年，各省（区、市）政府系统有 530 多个下属单位安装了电话传真机或专线电话，各部门使用的电话传真机已达 1 100 多个，还装备了其他一些现代化工具。

信息工作的加强，给秘书部门注入了活力，打破了以往那种按部就班、机械运动的常规，迫使办公室工作以信息为轴心，实行一条龙作业。信息工作不仅由信息人员直接参与，而且收发、文书、文印、内务、机要、档案等其他人员也介入。这就使秘书工作环环相扣，加快了运转的速度。同时，随着信息报刊质量的提高和作用的发挥，许多文件可被取代，而且一些重要情况的通报和上级指示精神的传达，通过信息渠道当天或第二天即可完成，使办公室工作效率明显提高。这些都说明，高质量的信息工作有力地促进了秘书工作的改革，有利于开创秘书工作的新局面。

第三节 秘书信息工作的基本要求和程序

一、秘书信息工作的基本要求

秘书信息工作的基本要求是准确、及时、适用。

1. 准确

真实、准确是信息的生命，只有真实、准确的信息才能使领导的决策建立在科学的基础上。因此，在整个信息工作过程中，秘书人员都要抱着对国家、对人民高度负责的精神，坚持实事求是的作风，尊重事物特征的客观性，对信息如实地进行反映和描述。绝不能为迎合个别领导的意图而将情况任意夸大或缩小，人为造成信息失真。

2. 及时

信息的时效性决定了信息的生命力在于流动，它流动的速度越快，在实践中获得的价值就越高。许多信息，得时而贵，失时则贱，尤其是经济信息。一个领导者能否在瞬息万变的复杂环境中迅速作出反应，并适时作出决策，关键在于能否及时掌握信息。因此，秘书人员在信息工作的各个程序，都要有强烈的时间观念，突出一个“快”字，收集要快、整理要快、传递要快，尽量减少中间环节的梗阻。

3. 适用

适用是指所提供的信息要有针对性，适合领导利用。这就要求秘书人员对领导者在组织中的状况有所了解：

（1）领导者分布在不同的组织类型中，如有的在机关，有的在工厂，有的在商店，有的在学校。不同的组织类型往往决定了领导者所追求的目标各不相同。

（2）领导者分布在不同的组织规模中，如大型厂矿与中小型厂矿、超级商场与小商店、大学与中小学等。不同的组织规模导致领导者在具体的工作内容和时间分布上存在差异。

（3）领导者分布在不同的组织层次中，如中央与省、市、县级。即使在同一个组织层次中，也有高层领导者、中层领导者、基层领导者之分，如厂长、车间主任、工段长、班组长等。组织层次的不同决定了领导者工作重点的不同。

（4）领导者分布在不同的组织环境中，如社会主义制度和资本主义制度，发达地区和不发达地区。组织环境的不同使领导者奉行不同的管理哲学和管理方式。

这种种差异，决定了领导者的决策不仅内涵不同而且层次不同。因此，秘书人员在收集、传递信息时，一定要有鲜明的目的性，时时处处以是否适合不同单位、不同层次的领导者的需要为出发点。但又必须看到，任何领导者在每个时期的领导工作都有其中心，都有其关注的“热点”和“难点”，因此，秘书人员提供信息时要从这些方面进行考虑。有些问题虽然尚未列入领导的议事日程，但比较重要，也应及时报送。

二、秘书信息工作的程序

1. 信息的收集

信息的收集是指信息收集者为满足使用者的需要，根据一定的目的，通过不同的方式搜集、获取信息的过程。信息收集是信息工作的第一步，也是信息整理的基础。

就某个机关、企业来说，它们收集信息的内容如下：

（1）党中央、国务院公布的方针、政策、法规性文件。

（2）上级机关或领导部门发布的直接与生产、工作有关的文件，如决定、决议、批复等。

（3）本机关、本企业和所属各部门的机构、人员、财力、物力、工作、生产等情况，以及生产计划、指标、统计数据、改革状况、科技发展、典型经验、工作总结等。

（4）本机关执行政策、推行工作以及本企业产品销售后的反馈信息，如群众（包括用户）的反映、意见、建议、要求等。

(5) 与本机关、本企业业务有关的外界情况和新信息，如社会动态、思想倾向，城市与农村经济改革、经济发展情况，原材料供应以及市场需求等。

(6) 与本机关工作、本企业业务性质相同的其他地区、单位以及国外同行业可供比较的情况资料。

(7) 与本机关工作、本企业业务未来发展有关的科技新成果（包括新产品、新工艺、新材料）以及先进的经验、方法等信息资料。

秘书收集的信息，有以下三方面的特点：

(1) 领导者要求秘书人员提供的信息资料大多带有全局性、方向性、综合性，与社会组织的整体发展情况和大局相关。

(2) 秘书人员要为变换着的中心工作和领导者的临时索要等突发性任务作好信息资料准备。

(3) 秘书人员收集储存的信息资料大多具有长期的使用价值，如起草文件时常要翻阅过去的相关文件，以求保持政策上的连续性；说明问题或预测未来时常要查找过去的资料。

信息是靠人去收集的，秘书人员首先对信息要敏感，才可能考虑采用哪种方式去收集。信息敏感是秘书人员的一种职业敏感，是对与信息有关的各种事物在认识、实践中培养起来的一种特殊感知能力。有了信息敏感，就能从浩如烟海的事实中，“慧眼识真金”，不失时机地捕捉到具有价值的信息；反之，再好的信息也会失之交臂，让其从眼皮底下溜走。

信息收集的方式（又称信息来源的途径）大致分为两种。一是传统式收集，如通过文件、会议以及电话等口头传达，收集上级的信息；通过下级机构的口头汇报和书面材料，掌握下级的信息；通过同级机构和其他系统互相交换的材料、互通的情况，了解同级机构和其他系统的信息；通过广播电视、报刊等新闻媒体的报道、群众的来信来访、调查研究等渠道了解社会各方面的信息等。二是开拓式收集，即在传统式收集的基础上，组织健全的信息网络，从信息网络及手机中获取信息。据统计，中国内地有4亿多手机用户，2006年短信发送量达4千多亿条。在当今信息量激增，人类进入信息社会之际，后一种方式已成为主要的方式。

除要了解收集的方式，还要讲究收集的方法。收集信息的方法主要有：

（1）阅读法。阅读从文书、报刊渠道获取的信息时，酌情采用速读法（又称走查法）。即不要将全部文字材料用同一速度阅读，对于不甚重要之处，需加快阅读速度。而且阅读时不思考其他的事情，集中注意力。此外还要坚持“由新资料看起”的原则。譬如，当每天要到夜深人静时才有时间看报，先看晚报，后看日报，就可知道最新的新闻；若出差在外长期没看报，回来后尽可能由最近报纸倒着看回去。即使没有时间全部看完，只要将每周大事记过目一遍，重要新闻就不会漏掉了。

（2）从广播电视、电话与会议上捕捉信息时，要善于当一名好听众。第一，要保持客观态度，不能先入为主；第二，聚精会神地听；第三，尽快了解说话者意图，把握其中心思想；第四，听电话时让对方先说话，对不理解之处，不避讳质疑。

（3）调查法。到社会各项实际工作中收集信息时，要细致地进行调查，掌握各种调查方法。

（4）交换法。在用自己的信息与有关的地区、部门、单位或个人进行交换，获取对方的信息时，要特别注意“给”与“取”的关系，即有所给才能有所取。有人把情报（实指信息）解释为“报之以情”，说“活的情报，还是由活的人送来，所以人本身就是情报”①，强调凡事必须回报，有取有给，不无道理。

（5）网上调查法。随着以互联网为基础的交易网站在各个领域的兴起，这种方法用得愈来愈多。

上述这些方法，是互相联系的，什么时候用什么方法，要根据

① 徐伟. 商业情报收集与运用. 香港：星联出版社，1987. 22

具体情况而定。

2. 信息的整理

信息的整理是对收集到的大量原始信息，在数量上加以浓缩，在质量上加以提高，在形式上给予表现，使之便于传递、利用和储存的过程。信息的整理是整个信息工作的核心。

（1）筛选。信息筛选是指从四面八方传来的大量而繁杂的信息中，剔除虚假信息、失效信息和无效信息，从中挑选出有价值的信息。

“堆积如山的情报，等于空无一物”，筛选意味着舍得丢弃。要坚决除掉假的、重复的、过时的、表面的、与本单位关系很小或意义不大的信息，从量与质两方面突出重要的信息。十多年前，某省委办公厅在收到的21 135件约3 032万字的原始信息中，经过筛选只选出1 057件，仅占原数量的5%，也就是说淘汰了约95%。

筛选体现了对内容的初步鉴别，其目的是让领导用最少的时间获得最大量的优质信息。

筛选的第一步工作是剔除虚假信息、失效信息和无效信息。有些信息虽然真实，但已失效或无效，也在剔除之列。譬如，各种文件中蕴涵着大量的信息，但由于时代的变迁和社会的变化，更由于文件本身有一定的时间性，使不少文件在使用一段时间后就失效，故秘书人员在以过去的文件为依据撰写新的文件时，要先弄清过去的文件是否还有效，如果已废止使用，就不能再引用。

筛选的第二步工作是挑选出有价值的信息。在党政部门，有价值的信息包括：第一，全局性信息。主要指党委、政府近期工作的指导思想和工作中心，各级主要领导同志的讲话和活动以及关系全局性的重大情况等。第二，突发性信息。主要指已经发生或可能即将发生的、直接关系到人民生命财产安全和社会安定的突发性事故。第三，方向性信息。主要指改革开放和“两个文明”建设中带方向性的新情况、新经验、新知识与新问题，对实际工作有见解的新看法与新建议。第四，反馈性信息。主要指上级重大决策与部署在各地区、各部门、各单位贯彻落实的情况。第五，预测性信息。主要指能预见未来发展变化趋势、为领导决策提供超前服务的信息。

（2）加工。信息加工是指将筛选出来的信息进行提炼，使其具有较高质量。

信息加工分为两个层次。一是对现有网络上的信息和各地各部门提供的信息进行初步加工，这类信息称为基础性信息。它们只能供接受者了解动态。二是对各种基础性信息进行归纳、综合、分析和调查研究，提出有情况、有分析、有建议、有一定深度的信息，这类信息称为高层次信息。它们具有较大的参考咨询作用。这两个层次的信息，相辅相成，不可偏废。从数量上说，基础性信息是大量的，但需进一步加强对高层次信息的开发。

信息加工能力是秘书人员必备的能力，也是区别事务型秘书与开拓型秘书的主要界限。1971 年 9 月 13 日，中国发生了林彪出逃的“九一三”事件。这个消息当时对国内也是严格保密的。可是一周后（9 月 20 日），日本防卫厅官员与记者谈话时就肯定：中国国内发生了重大事件。他们是怎么知道的呢？主要是从下面的两条信息加工出来的：13 日以来，中国所有的军用、民用飞机停飞了；中国正在把几千份内容相同的电报由北京发往全国各地，命令正在休假、探亲的官兵火速归队。这样，他们推导出两种可能：一是中苏之间又发生边境冲突，二是国内发生了重大事件。但他们发现，苏联无线电通信并无异常，这就排除了第一种可能，因此就断定中国国内发生了重大事件。① 日本战略情报人员这种加工信息的能力，值得秘书人员借鉴。

加工信息须从以下三方面着手：

第一，充实内容。即对零碎、肤浅、杂乱但有用的信息，弄清楚它的性质、范围、意义和发展趋向，充实、丰富它的内容，使之

---

① 胡开度．秘书必须具备信息加工能力．秘书之友，1987（4）

成为完整、深刻和系统的信息。

湖北省孝感市委统战部的主要做法是：①集零为整。即将分散的信息中有价值的相关内容聚合起来，综合成一条完整有用的信息。统战部门职能弱化是基层部门长期挂在嘴边的话，但真正让基层干部总结起来，又说不出个所以然，也抓不准症结。于是他们对平时零星的信息进行搜索汇总，并深入调查研究，整理上报了“基层统战工作有‘六难’”的专题信息，对基层统战部门的工作环境，包括领导环境、社会环境、部门职能及工作条件的现状及原因进行了系统归纳分析，并提出了建设性的意见，上报后被省委统战部采用。②变缺为全。即对内容不具体、不完整的信息通过调研进行补充拓展，使之完整、丰满起来。2001 年他们通过对报送单位查询，与相关单位探讨，到信息发生地采集等方式，综合加工上报了“当前农村邪教组织的四个特点”、“农村宗教信徒趋向年轻化”等信息，被省部及中央统战部采用。[①]

第二，综合分析。即对获得的信息，从总体上进行系统归纳、分类，作出定性、定量分析和判断。通过综合分析，往往能发现带有规律性的变化和倾向性的问题，对领导掌握全局情况、指导工作、预测未来有重要参考价值。比如，企业推行承包租赁后，某一单位群众反映厂长任人唯亲问题严重，引起职工的极大不满；另一单位反映分配极不合理，有罢工现象；又有单位反映厂长独断专行，重大问题不提交职工代表大会讨论就强制实行；还有单位反映因为承包期短，所以厂长在组织生产时进行掠夺性经营等等。这类问题如果单独反映，只能使人认为是实行厂长负责制和推行承包租赁后出现的个别现象，也就不能给人以更大的启发。但如果汇总起来加以分析，就能看到这是因承包制不完善、改革不配套而出现的新问题，若不及时采取措施予以解决，必将酿成大患，使改革受挫，使国家

① 傅志敏．加强信息调研　实现信息增值开发．秘书工作，2003（1）：19～20

遭受损失。将这些情况综合起来，并作进一步的调查，查清问题的症结，然后结合有关政策和实际情况，提出改进的办法和措施，使那些零碎、孤立的信息具有整体价值，从而为领导提供一条高层次的信息。

第三，提出意见。即在综合分析的基础上，提出相应的处理意见，供领导参考。

湖北省仙桃市政府办公室马千惠注重从 8 小时以外发现信息，善于捕捉小中见大的问题和信息。有一次，在与同事交谈中他听到这样一件事情：有一名国有企业职工在企业改制中被买断以后，竟“摇身一变”，到一家事业单位又成了国家职工，被人戏称为“梅开二度”。一个事业单位增加个把职工，这是一件微不足道的事情。但是，他从中看到了不容忽视的问题：国有企业职工被国有企业买断后重新就业，不以临时工、合同工等身份出现，而到事业单位再成为国家职工，就增加了事业单位的开支、负担。同时，被国有企业买断，到事业单位再恢复国家职工身份，这样此伏彼起，实际上是一种改革回归、停滞的表现。此外，再度恢复国家职工身份，不是一件容易的事情，需主管部门与事业单位表态，需拱路子、开后门、送厚礼。这样既拉拢、腐蚀了干部，又败坏了社会风气，是不允许发生的事情。看到了这些问题以后，他以“不能搞‘梅开二度’”为题，写了一则信息。这则信息被市领导认为有参考价值。修改成杂谈后，还被河南《工人日报》刊载。①

但要注意，信息无论如何加工，都不能浓缩、整理得过度，使人无法认识事物的真相。因为隐藏或歪曲事物真相的信息，是没有价值的。日本某大企业的董事长曾说过一个妙喻：“洋葱头摆在菜摊上的时候，还沾有茶褐色的泥巴，这才是真正的洋葱。但是，当部属要将它送给股长或课长之前，一定会把沾有泥巴的外皮剥去，然后告诉上司这就是洋葱；课长送给经理时，又剥去两层，而经理

---

① 马千惠．注重从 8 小时以外发现信息．秘书工作，2002（3）：14～15

势必再剥，等送到我这里来的时候，只剩下包心部分了，若要硬说它就是洋葱，岂不令人啼笑皆非吗?”①

（3）编写。由于信息大都需要通过文字进行传递，因此，筛选加工后的信息常要进行编写。编写是用书面形式对信息进行有序化处理，是信息整理的最后步骤，又是信息传递的前提，它对提高信息的质量和实用价值起着关键性的作用。

对信息进行编写的体裁，叫信息文稿。它的特点是篇幅短小，每则信息两三百字；叙述开门见山，以概述为主；文字简明扼要；标题确切新鲜。

3. 信息的传递

信息的传递是指把筛选和加工后的信息，通过各种传播途径提供给接收者和使用者。传递是信息工作的衔接手段，它使信息的收集、整理成为有效的劳动。一般而言，信息传递的速度越快，范围越广，信息的利用就越迅速广泛，信息共享的意义就越大。

信息传递的途径有：

（1）单通道传递。即信息从信息源发出后沿着单一通道，传给信息接收者。如基层根据上级要求，自下而上地把信息送给上级，上级根据某种需要，把信息自上而下地传给下级。省与市、县、乡镇之间的信息传递大都通过这一途径来进行。有的信息只同某业务部门有关，只传给该部门，也属单通道传递。

（2）多通道传递。即信息从信息源发出后，沿着两种以上的通道传递给信息接收者。如大军区一级信息枢纽机关的信息，可向上传递到中央军委，横向传递给军区机关各部门，向下传到军、师、团机关。

在信息传递中，还要注意合理分流。所谓合理分流，是指将各方汇集的信息，经综合和科学分类后合理投送，以便更适合接收者利用。

① ［日］夏目通利．企业秘书．陈宜译．台北：国际商学出版社，1986. 124

信息传递的方式有：

（1）口头传递。指将信息变成语言传递给信息接收者。它具有简单、直接、快速的特点，是秘书人员在单位内部传递信息时常用的一种方式。

（2）书面传递。指将信息变成文字、符号、图像传递给信息接收者。它是传统的信息传递方式，即使实现了办公自动化，仍然有一部分信息要靠书面传递。它的特点是能避免变形失真，可进行远距离的多次传递，而且便于利用和储存。

（3）电讯传递。它是人类先进的信息传递方式，已有100多年的历史。目前中国内地秘书部门的电讯传递有电话、电报、汉字直拍、传真电报、通信卫星、电子计算机终端设备等多种方式。但由于各个单位的规模和秘书人员的素质不同，通信设备的配备和使用程度有着较大的差距。

信息传递的要求如下：

（1）迅速。信息对于领导者或领导机关是否有用，除了信息本身的质量外，还取决于信息传递的速度。因此，要尽量简化周转层次、审批手续，争取运用直达的、先进的通信手段，以提高信息的时效性。

（2）准确。指信息在传递过程中不能失真。信息传递本身具有客观可靠性，即不受传递者的主观随意性的影响。在计算机应用中有一句名言：“输入的是垃圾，输出的仍然是垃圾。”但信息传递又是由人来操纵的，传递什么，不传递什么，由人的主观因素决定；程序操作也由人来完成。因此，稍有不慎，就会导致传递过程失误。减少传递层次，开辟多种传递渠道，是保证信息准确性的重要措施。

（3）保密。领导机关发出的信息不少具有机密性，而现代化的信息传递手段往往增加了保密的难度。重要的机密信息，应通过机密的通道传递，并尽量缩小传递范围。

4. 信息的利用和储存

（1）信息的利用。信息工作的全部意义在于充分利用信息。充分利用信息，对秘书人员来说，是为领导决策提供适用的信息，提高信息利用率；对领导者来说，是重视使用来自实践的信息，更新观念。实践中常有很多生动有用的信息传入人们的头脑，如果我们总是死守陈见，再好再有用的信息也不可能被利用。譬如中国内地农村包产到户，事先并没有什么高明的理论，也没有国外的信息，就是因为有一部分地区群众生活有困难，率先搞了土地承包，包了以后解决了温饱问题。然后逐渐推广开来，成为举世瞩目的重大改革。可这并不是新的信息，在20世纪60年代初期，广东、安徽也搞了包产到户，但那时信息传到中央，却被看成是离经叛道的行为，遭到批判。而党的十一届三中全会以后的情况则完全相反。同是来自农村的信息，同样是包产到户，却是两种相反的处理办法，产生两种相反的结果。这说明有了信息手段的现代化还不够，还必须有人的思想现代化，首先是使用信息的人要思想解放，否则大量的信息资源会被白白浪费，现代化的信息工具也不会起到应有的作用。[①] 又譬如，当领导者收到一些负反馈信息（把某项决策实施中出现的问题或造成的不良后果回传给决策机关的信息）时，如果以“研究研究”为借口，不予重视，甚至压住不上报，就会挫伤信息工作人员的积极性，使他们不敢放手地、如实地反映情况。长此以往，领导者就不可能清醒地了解现实，更谈不上修正和完善原来的政策。

（2）信息（指信息资料）的储存。信息的储存，指把已利用过和尚未利用、有继续使用价值或可能有使用价值的信息入库存放起来，供以后使用。

信息储存不是一个孤立的环节，它贯穿于信息工作的全过程。

---

① 陈俊生．在全国政府系统信息工作座谈会闭幕时的讲话（1987年12月23日）．领导同志谈秘书工作．北京：现代出版社，1989. 53

如筛选信息阶段，有些信息当时看来价值不大，但从长远看具有潜在价值，需要储存起来备用；对加工后的信息，一方面投入传递，另一方面进行储存（留下至少一份，作日后查考之用）；对反馈回来的信息，也应根据其价值的大小选择储存。

信息储存分两种：一种是秘书部门的信息储存，另一种是秘书人员的信息储存。秘书部门的信息储存，主要有以下几项工作：分类——对各种信息按一定的规则进行类别划分；著录——对具体的信息资料进行如实的记载，一般按照一定格式，制成分类卡片，用简练的语言填写；建立储存检索系统——使源源而来的信息资料根据这个系统归类存放，需要时按类查找；保管——加强信息资料入库的存放和保护。

思考与练习

1. 信息同消息、情报、知识、资料等概念有何区别？
2. 信息有哪些主要特征？
3. 信息有哪些主要作用？
4. 秘书信息工作有哪些基本要求？
5. 简述秘书信息工作的程序。

第十五章　协调工作

协调就是沟通信息，通报情况，解决矛盾。

对什么是协调，为什么需要协调，协调有什么作用，赫伯特·西蒙曾作过各种描述。“群体行为不仅需要采取正确的决策，而且需要人人采取一致的决策。假设有10个人想共同制造一艘船，要是他们各执已见，又‘老死不相往来’，造出来的船恐怕就不大好用。另一方面，即使他们采用了一个很平庸的设计方案，但大家全都按这个方案行事，那么，同第一种情况相比，他们或许会获得更好的结果。”① 这个描述说明了互相通气、配合一致的重要性。“任何管理活动，其规划与组织工作的主要目的，不只是要给每个成员安排一个最适合于他干的工作，而且是要让每个人都能准确料想到别人要干什么。我们如果用‘协作’一词表示参加者目标相同的活动，用‘协调’一词表示向每个参加者通报其他参加者的行动安排的过程，也许就会使管理理论的讨论更为清晰。可见，如果没有协调，那么，无论参加者意向如何，协作通常总是低效的——达不到目标。”② 这里把协调解释为“向每个参加者通报其他参加者的行动安排的过程”，而且指出，协作要以协调为前提，没有协调，协作就难以达到目的。协调也可以说是解决矛盾。任何

---

① ［美］赫伯特·西蒙．管理行为．杨砾等译．北京：北京经济学院出版社，1988. 11

② ［美］赫伯特·西蒙．管理行为．杨砾等译．北京：北京经济学院出版社，1988. 70

社会活动，由于涉及若干不同方面，若干不同人员，他们的情况、利益、看问题的角度、认识水平都会有差异。有差异就有分歧，就有矛盾，因而需要进行科学的协调，以统一人们的认识，进而解决各种矛盾。协调的过程，也就是解决矛盾的过程。

协调在社会生活中有着重大的作用。

第一，它是一种普遍存在的社会现象，是由社会发展的客观规律决定的。在最简单的情况下，个人只要对他人的活动进行简单观察，就能使自己的活动同他人的活动相协调，这种协调叫自我协调。例如，一个群体由三四个偶尔碰到一起干活儿的油漆匠组成，每个人可以只干一部分工作，担当起自我感觉最好和至少不会干扰他人活动的任务。虽然偶尔也会出现一个命令，然而协调大多是沉默的和无须讨论的。但在复杂的情况下，即当个人对其他组织成员不可能进行直接观察的时候，就必须由组织或代表组织的个人提供协调。正如马克思所说："一切规模较大的直接社会劳动或共同劳动，都或多或少地需要指挥，以协调个人的活动，并执行生产总体的运动——不同于这一总体的独立器官的运动——所产生的各种一般职能。一个单独的提琴手是自己指挥自己，一个乐队就需要一个乐队指挥。"①

第二，协调是管理的一项重要职能。管理的各种职能最早是由法国杰出的管理学家亨利·法约尔于1916年提出来的，他把管理定义为："管理，就是实行计划、组织、指挥、协调和控制。"② 也就是说，在他划分的五项管理职能中，包括了协调。还有些学者如美国管理学家孔茨于20世纪50年代提出，协调是管理的本质，而非独立的职能，每项管理职能都包含了协调精神。无论如何划分，协调在管理过程中的位置都是确定了的。协调作为管理的一项重要

---

① 马克思恩格斯全集. 23卷. 北京：人民出版社，1972. 367

② ［法］亨利·法约尔. 工业管理和一般管理（中译本）. 北京：中国社会科学出版社，1982. 5

职能，与其他职能一样，具有普遍性，不论行政机关或企事业单位，不论哪种管理组织，也不论哪一级管理人员，其管理工作都需要协调。

第三，协调是促进国家机器、组织系统正常运转，提高工作效率的重要手段。中国内地的行政结构体系，是由纵向不同层级的政府和横向同级不同分工的部门交织而成的。纵向的分层级行政机关，构成了上级与下级、领导与被领导的关系。如国务院是最高层次的行政机关，它以下的行政机关的次序是省（自治区、直辖市）→市→县→乡各级政府。而在同一个层次的行政组织内部，同样又有纵向的不同层次的行政机构，如国务院各部委，其纵向下级有司（局）→处；省政府各委、办、厅（局），其纵向下级有处→科等。横向同一层级的行政机关，按两种情况分工：一是按行政区域、管辖范围划分，如各省、自治区、直辖市人民政府；二是按业务性质的不同而划分部门，如省政府属下的水利厅、农业厅、商业厅、文化厅、教育厅等。它们的级别、地位相同，只是管辖的范围和分工不同罢了。这样一个纵横交错，既有联系又各自相对独立的行政系统，犹如一台庞大的机器。为使这台机器运转有序，各级政府和各部门的领导者必须协调政府各经济管理部门之间、政府与企业之间、企业与企业之间的矛盾，达到综合平衡，协调发展。如果各自为政，步调不一，产生矛盾又不及时解决，就会在不同程度上影响工作效率。

第四，协调是转变政府职能，促进经济更快发展的有力保证。中国内地政府的职能过去建立在计划经济基础之上，随着社会主义商品经济的发展，原来的经济体制已经不适应发展形势，政府行为的重点必须坚定不移地放到发展市场经济上来。事实证明，哪个地方政府职能转变得快，哪个地方的经济发展就快。而要转变地方政府的职能，目前最重要的是协调好条条和块块的关系。旧体制的一大弊端是条条的权力很大，上级业务主管部门常干预下级政府的正确决定，地方政府统一不到一块，形成各管各的局面。这种状况如不改变，势必延缓经济发展步伐。因此，要充分发挥协调的功能，使条条块块同唱一台戏，做到目标统一，上下同向，工作同步。

第一节 协调工作在秘书工作中的作用

一、协调是秘书部门的一项基本任务

从秘书部门与领导的关系看，协调本是领导者的重要职责，但在实际工作中，任何领导者都不可能也没有必要包揽一切，而需通过为其服务的秘书部门和其他部门来进行协调工作，特别是处理属于工作协调方面的问题。协调工作是秘书部门理所当然要承担的责任。

从秘书工作的指导思想看，前面说过，它是围绕党的总目标、总任务，做好“三服务”，即为领导服务，为平行的和下级的单位服务，为群众服务。而服务离不开协调，服务的内容之一是经常直接协调或授权协调各种问题、各方关系，使信息渠道畅通，整个单位及系统上下左右和谐一致，减少推诿扯皮现象，从而提高办事效率。

从秘书部门所处的位置看，现代组织一般由横向的职能部门和纵向的管理层次所构成。在横向的职能部门中，秘书部门处于各职能部门的中介。在纵向的层次结构中，秘书部门又处于决策层与执行层的中介。这种中介位置——处于纵横管理网络交集点上的特殊地位，不仅决定了秘书部门必须具备协调职能，而且为发挥协调作用提供了有利条件。

二、协调推动秘书工作向深度和广度发展

协调对秘书工作的作用，以往常被忽视。原因有三：一是协调不像其他秘书工作那样看得见、摸得着，它是一种比较隐蔽的、其成果难以量化的工作；二是某些秘书人员在传统观念和习惯方式的束缚下，参谋意识淡薄，欠缺主动服务思想，有些工作不拨不动，秘书部门只起到一种“中转站”、“收发室”的作用；三是从上到

下都没把协调工作明确列入秘书工作领域，更谈不上搞好协调工作。改革开放以来，中国内地的政治和经济领域发生了巨大的变化，其主要标志是党务、政务活动的法律化、程序化，领导决策的民主化、科学化，办事制度的规范化和办事结果的公开化。这些变化冲击着直接为领导服务的秘书部门那些过时的工作制度和工作方式，激励秘书部门不断采用先进的管理方法和科学技术，推动秘书人员迅速地从封闭的思维方式向开放的思维方式转变。在这种情况下，高层次、高水平的秘书工作愈来愈显示出协调工作的重要性，大量的协调工作摆在了秘书人员面前。反过来，协调工作又促使秘书人员去处理许多过去不曾想过和从未接触过的新问题，增长了他们的才干，带动秘书工作向深度和广度发展。

第二节　秘书协调工作的内容

从管理学的角度看，协调工作是管理者对其系统内的各种因素不断地进行组合、调节，使之能经常地保持秩序化、最优化以及不断地与外界系统保持平衡与和谐的过程。管理者亦即领导者，领导者的协调工作离不开秘书部门。秘书部门的协调工作是整个社会协调工作的有机组成部分，具有很强的综合性和系统性，而党政机关的秘书部门还具有很强的政治性和政策性。总的来说，秘书协调工作是一种体现了领导者意图的高层次的协调活动。

领导工作的全面性，决定了领导机关或领导者协调工作的范围很广，它大体包括：目标、计划的协调，政策的协调，组织人事的协调，关系的协调，工作节奏的协调，财务的协调以及社会的协调。从理论上说，由于秘书是为领导服务的，上述几方面的协调内容，秘书都应熟悉和研究，并尽可能辅助领导做好这些协调工作。但是，这并不等于秘书部门要包揽全部协调工作，这是不应该也不可能的。原因在于：一是领导要搞好协调工作，并非只依靠秘书部门，还要依靠各个职能部门。如目标、计划的协调，特别是经济计划的协调，须依靠计委去进行；组织人事的协调，须依靠组织部、人事局、劳动局去进行；财务的协调，须依靠财政、审计部门去进行。二是由秘书机构的性质、地位的特殊性和职责的局限性所限制。秘书协调工作的内容主要是指各级各类单位的办公厅（室）或秘书处（科）在其工作范围内所应做的协调工作。

秘书协调工作的具体内容如下：

一、从协调的对象划分

1. 领导成员之间的关系

涉及领导成员之间关系的协调，原则上应由主要领导或上级领导负责做工作。但是，了解决策全过程的秘书人员的协调作用也不可低估。领导之间在决策过程中的意见分歧主要有三种情况。一种是领导成员之间因各自所处的职位不同、分管工作不同、观察认识问题的角度不同、思维方式不同而产生的意见分歧。对此，秘书人员不要轻易表示肯定一方或否定一方的意见，不要卷入领导的争论之中。另一种是有的领导理论水平不高，对一些方针政策学习不够、理解不深，发表的某些“不同意见”明显偏离中央或上级的政策规定，甚至与某些法律法规相抵触。遇到这种情况，秘书人员不能消极回避，而应采取“暗中相助”的方法，将中央或上级的有关政策条文、法律规定等资料秘密地提供给这些领导，促其临阵“充电”，使其在不失颜面的情况下自行放弃原来的意见。还有一种是有的领导平时深入基层较少，调查研究不多，对具体情况吃不透，讨论中“想当然”地发表所谓看法，导致意见分歧。对此，秘书人员应发挥自己平时掌握情况较多、对本次决策内容比较熟悉的优势，利用会后的时间主动找这些领导交谈，详细介绍和汇报有关情况，帮其体面地“下台阶”。[①]

但是，秘书协调工作也有不少难处。一是由于秘书人员是领导

---

① 海洲．做好辅助决策中的协调工作．办公室业务，2003（2）：13

成员的下级，不像上级协调下级那样，可以居高临下，也不像授权协调那样，可以放开手脚进行。该讲的道理一定要讲，但只能提醒、规劝；该提的意见一定要提，但只能因势利导、和风细雨；该及时协调的一定要及时协调，但不能影响领导的工作和休息，只能见机行事、见缝插针；甚至领导的情绪也要注意。二是由于某些领导成员之间的误解、隔阂、分歧和矛盾，虽也有导致公开争吵的，但更多的是比较隐蔽的，各自放在心里。尽管秘书可以凭直观判断，但判断难免失误。即使判断准确，某些领导成员也会因各种原因不愿披露。因此，只能以隐对隐，言在彼而意在此，采取含蓄的方法。三是容易遭到某些领导成员误解，吃力不讨好，“坠入夹被褥之中”，有时甚至要冒些风险。

广大基层秘书经常同时服务于几个领导，当领导之间关系不和谐时，秘书应善于化解矛盾，还要尽量避免在甲领导面前说：“我已问过乙领导。”这种试图把乙领导的观点作为反驳甲领导意见的方法，往往会使本来较简单的事情变得复杂起来。正如美国罗宾森教授在《下决心的过程》中所说，人有时会毫无根据地形成自己的想法，但是如果有人不同意他的想法，那反而会使他全心全意地去维护自己的想法。不是那种想法本身多么珍贵，而是他的自尊心受到了威胁。秘书人员最好让领导们各自感到，你是第一个征求他的意见、听取他的想法的。

2. 领导与被领导的关系

指本单位与上级领导机关、本单位与下属基层单位或业务部门之间的关系，即有隶属关系的上下级之间的关系。对这种关系的协调，属管理层次之间的协调，也叫纵向协调。

领导与被领导的关系不够协调，往往与彼此之间所处的地位、分析问题的角度不同有关。从领导者来说，可能是滥用职权，超越了下级的接受范围，引起下级不服，或对下级不够爱护和关怀；从下级来说，可能是对领导者不够尊重和支持，过多地考虑眼前利益和个人利益。尤其是牵涉到诸如工资、奖金、住房、职称等切身利益时，与领导者之间产生隔阂和冲突的情况就特别明显。此外，在体制改革中的机构调整、人事安排、权力下放，权、责、利的划分问题，也会引起种种纠纷，造成互相之间的矛盾。由于每一层次所处的地位不同，因而采取的协调方式也有所区别。对上级单位而言，本单位处于被动协调的地位，秘书部门要认真贯彻上级指示，努力适应上级单位的协调要求，多请示，多汇报，始终围绕上级的中心工作，把上级指示与本单位实际相结合，创造性地开展工作。对下级基层单位而言，本单位则处于主动协调的地位，秘书部门要在同级党政组织领导下积极主动搞好协调，运用各种协调手段理顺关系、疏通渠道，特别要注意深入实际，掌握情况，一旦发现问题便及时解决。

3. 本单位内各部门之间的关系

这是同一系统内子系统之间的关系。只有各子系统协调有序，消除扯皮现象，整个单位的大系统才能发挥出最佳功能，提高工作效率，因此，单位内部的协调是秘书部门协调工作的重点。

安徽省委常委、秘书长王明方认为，开展协调工作要注重内部管理，加强对内协调。一是定期或不定期召开秘书长和办公厅、政研室主任碰头会。主要是通报省委近期工作安排情况，对办公厅、政研室的服务工作提出意见和要求，使大家围绕大局，密切配合。二是就某一项工作任务进行专项协调。主要是交代意图，明确要求，落实责任，确保工作任务的落实。三是遇事及时个别通气。他们在工作中比较注意对领导同志、同事之间个别的互通情况。几分钟通报，甚至几秒钟的招呼，举手之劳，作用不可低估，比如上哪儿去，打个招呼，或相互之间在工作上通通气，怎么配合一下、照应一下，达到彼此在整体格局中的理解，实现相互对工作进程的掌握和对各方作用的借重，以及对方方面面的关照，同时也体现着彼此在心理上的位置，在感情上的分量。①

---

① 王明方．努力做好综合协调工作．秘书工作，2002（10）：8

有时一项工作布置下来，不是一个部门能独立完成的，领导往往这样批示："秘书部门牵头，有关部门参加，分工合作，把工作做好。"秘书部门怎样才能牵好头？首先，要认真分析工作涉及的部门，根据各部门的职责范围，落实具体任务，并初步提出完成时间。其次，工作开展后，要经常了解各部门的工作进度，并向领导汇报，征得领导同意后，提出新的要求。牵头颇有学问，须不紧不松，亦紧亦松。牵得太紧，工作追得太急，参与部门不能按要求完成，最后秘书部门只能越俎代庖，把具体工作都揽到自己身上；牵得太松，不能引起参与部门的重视，干干停停，时冷时热，最终会影响整个工作的完成。

4. 本单位与外单位之间的关系

指不存在隶属关系的本系统与其他系统之间的关系，包括本单位与兄弟单位之间的关系，与友邻单位之间的关系，与协作单位之间的关系以及军政之间、军民之间的关系等。对这种关系的协调，也叫横向协调，属于公共关系的范畴。

任何一个单位，总要和外单位发生联系，特别是在商品经济日趋发展的今天，除少数专业特殊的单位（如情报机构及某些具有保密性的科研单位）外，多数单位都具有开放性，都要搞好与外单位的关系。如商业部门要进行一系列的供、销、调、存的商务营销活动，无一不与外单位有联系，此时，商业部门的秘书机构就要承担对外联络的任务。其宗旨是巩固老朋友，发展新朋友，为单位在横向方面发展开出一条新路。即使本单位与某些外单位在工作上没有什么关系，秘书部门也应热情接待，树立单位的良好形象。

二、从协调的内容划分

1. 项目协调

在政府系统，项目包括工业生产、农业开发、市政交通建设等。每个项目都牵涉到多个部门，须协调他们之间的关系，调动他们的积极性，才能上马。如某一江堤常被洪水冲崩，形成涝灾，威胁两岸人民的生命财产安全。当地政府决心立项整治。经调查发现，症结在于：水土流失严重，河床淤高；河障多，减弱了行泄能力；堤围太低太薄，承受不了大洪水的冲击力；在较窄的河段，过往船舶高速行驶产生大波浪，对堤围破坏性很大；排涝设施差。针对这些情况，市府秘书部门召集了水利、林业、航运、航道、财政等有关部门进行研究，提出了整治方案：加高加厚堤围，并在堤围上种植草皮；疏挖淤塞河段；封山育林；限制船舶在狭窄河段的行驶速度。由于可行性研究进行得充分，协调工作做得好，使这一项目上马后收到明显的经济效益。

2. 工作计划协调

这里的计划，不是指专门的计划部门拟定的计划，而是指一般的工作计划。各个单位不论大小，都要制订工作计划，而各部门在制订计划时，往往从部门利益出发，希望自己的工作能“排上号”，受到重视。然而，从整体上说，既有主次之分，又有轻重缓急之分，领导机关需要衡量全局，协调其中的各种关系。因此，在各部门初步拟定工作计划之后，送领导审定之前，秘书部门应会同有关部门，对其中需作协调的问题，逐一准备好协调意见，提供领导审定。

例如，某企业在一场大雨之后，食堂仓库要彻底维修，时近6月，暴雨较多，再遇上大雨就有倒塌的可能。同一个月内，企业办的子弟小学提出要将两间教室改建为少先队活动室，并说有领导曾口头表示同意。为了庆祝“六一”儿童节，子弟小学还提出要抓紧改建工程。但是该企业维修能力有限，两项工程不能同时开工。秘书部门便进行协调，认为食堂不维修将危及全厂70%的职工的安全，而少先队活动室晚建一个月，虽赶不上这一年度儿童节使用，但不影响学校的正常工作。于是，建议子弟小学修改工作计划。

3. 公文协调

（1）草拟文稿的协调。一份文件的内容，涉及多个部门，要事先征求他们的意见；涉及政策一致性、连续性问题，要翻阅有关文件，思前顾后；涉及联合行文，要通过协商来办理。

（2）发文的协调。先看这个文件是否需要发，如果发，用什么形式发为好。再通过仔细校核，看是否符合现行政策。若不符，要与有关单位进行协商。协商完毕后，秘书部门还应进行复核。

（3）文字和公文规范的协调。要把好文字关、格式关，若不符合要求，秘书部门要与呈报单位协商，修改后重新报送。

总之，从公文草拟到发出，每个步骤都需要秘书部门进行协调。

4. 会议协调

（1）会议的时间、地点和出席列席人员的协调。会议时间，要根据会议内容和会议文件的准备情况而确定；会议地点，要根据会议内容和与会人员情况合理安排。总的来说，要遵循有利于工作、有利于精简、有利于保密（指某些会议）的原则，使会议开得卓有成效。

（2）会议议题的协调。这是会议协调工作的重点，要按照领导的批示，同有关方面商量，按重要程度合理安排。

（3）会议纪要的协调。会议议决后，常要用纪要的形式记载下来并传达给有关部门去办。涉及几个部门的决定事项，为贯彻顺利，增加领导决策的可行性，要先与有关部门协商，取得一致意见后再写进纪要里去。

（4）决定事项落实的协调。会议作出决定后，不等于任务完成了，关键在于落实。秘书部门不仅要把议决事项传达给有关部门，而且要将他们的执行情况反馈给决策机关。这种协调是一种督办性质的工作。

另外，会前协调也很重要。

第三节　秘书协调工作的原则

协调工作是一项难度很大的工作，秘书人员在进行这一工作时，须遵循以下原则：

一、从属原则

秘书部门是为领导机关服务的，它必须在同级机关的领导下进行工作，这种从属地位决定了秘书协调工作是一种非权力性的受权协调，须遵循从属原则。也就是说，只有上级领导和领导机关交办的协调事项才去协调，上级机关没有交办的事项，秘书部门可提出建议，待批准后实施，但绝不能先斩后奏。对领导授权协调的事项，要准确领会领导意图，按照领导意图办事，不能自行其是，另搞一套。但这不等于说秘书人员只能消极地等待和处理协调事项。总之，要做到尽职尽责又不越权。

在从属原则指导下，秘书人员在牵涉到领导的协调中要随时随地注意维护领导的威信和形象。应始终从工作角度出发，对领导个人生活、隐私等问题巧妙避开。具体操作中，只能为领导补台，不可拆台，要维护领导的自尊心。

二、分层负责原则

即该由哪一层次协调的问题就由哪一层次负责协调，不要把矛盾上交，上级领导也不要越级处理属于下级职能范围的问题，免得下级把解决问题的希望都放在少数领导人身上，非找主要领导不能解决问题。

协调工作虽是秘书部门的重要工作，但协调的数量不能太多，多了不仅办不过来，也不利于发挥其他部门的职能作用；同时，还要防止协调工作升级。本来属某一层次协调的问题，偏要往上推，结果使解决问题向更加集中化的方向发展，不利于调动各级的积极性。

三、政策原则

党和国家的方针政策是做好协调工作的依据，秘书人员要做好协调工作，必须认真学习和贯彻党和国家的方针政策，依照政策办事，不能偏离方向，不允许将个人感情掺杂其中。

但坚持政策原则并不排斥协调的灵活性。政策本身也是一种协调，没有一成不变的政策，只有与客观实际紧密结合的政策才是正确的政策。协调的灵活性主要指在政策规定的一定幅度之内变通处理问题，对那些政策没有明确规定的问题要根据实际情况灵活处理。

四、及时原则

协调工作要做到及时，不能久拖不决。因为处于萌芽状态和形成时期的矛盾问题，解决起来比较容易，一旦成为痼疾，将很难得到解决。这就要求秘书人员必须具备超前意识，善于在问题刚刚暴露时就抓住它，从而能够协调解决它。中共河南省沁阳市委办公室正是这样做的。他们在上级重大决策贯彻前、重大会议召开前、重要活动开展前、市里重要工作部署前，都始终坚持超前调查，提前介入。尤其针对近几年出现的粮食征购、村委换届、机构改革、干部分流、企业破产、工人下岗、税费改革等矛盾比较集中的重要性工作，每次都未雨绸缪，做到了事前有预测，事中有督查，事后有结果。如 2002 年他们在督查中发现，王召乡东申召村 61 名群众存款被骗，由于作案人隐匿外逃，市信用社以储户没有正式存折为由拒绝支付农户存款，储户强烈不满并有集体上访的苗头。对此，他们一方面做好群众思想工作，引导群众依法起诉，另一方面协调法院提前介入，快速审理，并组织公安局、司法局和信用社共同配合，使此案得到了圆满判决，王召信用社主动给群众兑付了全部存款，及时化解了一起大面积上访案件。①

五、调查研究原则

对任何问题的协调，都必须在调查研究、弄清情况后，才能提出协调意见。调查研究是“谋事之基，成事之道”，是协调的基础。

没有调查就没有发言权，不了解情况就没有协调权。不论是一般性的矛盾，还是重大性的问题，靠文字和电话协调，其作用是有限的。中共河南省沁阳市委办公室经常要求办公室人员多深入基层，多到矛盾问题聚集的现场看一看、转一转，不但要全面吃透情况，而且要深刻洞察矛盾。不但要分清主要矛盾和次要矛盾，而且还要吃透矛盾的主要方面和次要方面。只有明察矛盾的每个细枝末节，协调起来才能得心应手，才能真正提高质量和效率。如在2002年的扶贫帮困工作中，由于对一些国有企业的下岗职工底数摸不清，市直有关部门在确定扶贫对象和分配最低生活保障指标问题上，引发了市化肥厂等企业职工群众的不满和上访。在这个问题的协调解决上，他们在开好职能部门、企业、下岗职工等方面协调会的同时，把重点放在了摸清下岗职工底数上，先后组织经贸、劳动、民政等部门深入到每个企业，深入到每个下岗职工家中，做到逐企核查，逐人见面，核准了情况，有效地化解了矛盾。在此基础上，他们在全市组织开展“一对一”帮扶活动，并积极建议市委市政府扩大财政扶贫规模，鼓励机关干部捐资扶贫，先后筹措300多万元资金救济社会弱势群众，进一步拓宽了帮扶救济范围，受到了群众的好评。②

---

① 傅秋生．搞好协调工作应坚持“四看”与“四性”．办公室业务，2003（2）：11

② 傅秋生．搞好协调工作应坚持“四看”与“四性”．办公室业务，2003（2）：11

附录 秘书协调工作实例评析[①]

张春玲

协调是领导工作的重要组成部分，也是有效地进行管理的重要手段。要进行强有力的领导，就需做好各方面的协调工作，使上下左右同心同德、团结协作、保质保量地完成各项任务，高效率地实现预定目标。在实际工作中，领导者不可能事无巨细都去过问，大量的协调工作是由秘书和秘书部门去完成的。从某种意义上说，秘书部门也是协调部门。协助领导协调好与各方面的关系，是秘书部门的一项重要职能和长期任务。

一、协调工作要到位

案例：一次，一位中央领导同志到南方某省视察，原计划要到位于该省B市的一座大型水电站参观，后因故取消。负责组织协调这次活动的省委办公厅王主任由于工作繁忙，未能亲自将领导同志视察水电站活动临时取消之事告知前卫车有关人员，而只是托人转告。次日车队到达B市时，前卫车脱离车队，直奔水电站。事后了解，才知道前卫车人员没接到已取消视察水电站的通知。

从这个案例可以看出，秘书工作人员只有具备深入细致的工作作风，不怕麻烦，亲力亲为，才能在工作中少出现失误。类似的工作失误，往往都是主办人员协调不到位造成的。如果王主任亲自交代前卫车的有关人员，就可以避免这一失误。

二、协调工作时间要提前

案例：某市市长交代秦秘书长：今天下午2:30，市领导要在市政府办公楼会议厅接见外国客人，请通知电视台届时派记者到现

---

① 张春玲．秘书协调工作实例评析．秘书之友，2009（5）：15～16

场拍摄新闻。秦秘书长根据自己的经验，叫值班室通知电视台：下午2时整记者必须到现场做好采访准备。

当日下午2时整，各有关单位的人员已集中在市政府办公楼会议厅前。2时5分左右，市外办领导陪同外宾提前抵达市政府办公楼，在楼下休息室等候。2时10分，市长从外面赶回办公室准备接见外宾，路过休息室时正好与客人打了个照面，市外办领导立即给双方介绍，于是会见比约定时间提前了20分钟。各有关人员立即投入工作，会谈顺利进行。会见结束时，秦秘书长一看表，正好是原定开始接见的时间——2:30，好险哪！秘书工作的被动性，决定了在工作中经常会有意想不到的情况发生。为避免造成不可弥补的失误和差错，秘书在协调工作中应有超前意识，不能按部就班行事，要提前安排工作。某市政府秦秘书长深知秘书工作的性质和特点，要求电视台提前准备，才避免了一次重大失误。设想如果秦秘书长死板地通知，电视台记者2:30到现场，那么等待他们的将是一次不可弥补的重大工作失误。

三、协调工作切忌过分自信

案例：5月是鲜花盛开的季节，某市的精神文明表彰大会选在5月上旬的一天召开。开幕这天上午，市政府礼堂主席台上摆满了鲜花，台下与会者已坐满所有的位置，领导同志在休息室等候，会场播放着轻快悦耳的乐曲。这时，距预定的大会开幕时间还有15分钟。负责这次大会会务工作的市政府办公室李主任习惯性地在会场周围巡视，检查有无不妥之处。一位记者走到他身边说，主席台背景两侧应插上红旗才显得庄重。李主任一想：有道理，我怎么原先就没考虑到呢！于是他立即将全体会务人员调到主席台上，要求重新布置主席台。有人建议，只剩下15分钟大会就要开幕了，恐怕来不及。李主任却自信地说："时间够用，干吧！"主席台上的红色大幕被重新拉上，只听见响起一阵杂乱的搬动声。

15分钟过去了，主席台并没有像李主任估计的那样在大会开幕前重新布置好，大会被推迟了将近20分钟才开幕。市政府领导对此很不满意，批评了李主任。这件事在与会者中造成了不良影响。

该案例中，表彰大会不能按时开幕的原因很简单，即市政府办公室李主任过于自信，在大会即将开幕时临时改变会场主席台的背景布置。这是十分轻率的举动。其实，就此次会议而言，在主席台布置鲜花或红旗都可以。退一步说，即使会务组织者觉得插上红旗更合适一些，但已到了将要开幕的节骨眼上，只要不构成原则性问题，最好不要变动。李主任的失误，就在于他太自以为是，以致失去了正常的判断能力。

四、协调要注意留有余地

案例：一天早晨，某县县长罗某要赶到市里参加一个会议，但他平时乘坐的汽车因机械故障无法开动。罗县长立即找县政府办公室调车。县政府办公室杨副主任情急之下将常务副县长方某乘坐的丰田轿车临时调给罗县长使用。没想到，这次调车竟捅了马蜂窝。杨副主任送走县长，刚回到办公室，正与马主任研究当天的工作，就听到楼下院子里传来一阵斥责声："为什么用我的车？是谁决定的？"

杨副主任一听，是方副县长的声音。

"这车我不坐，我不去了！"方副县长在大声嚷嚷。

马、杨二位主任正欲下楼了解情况，秘书小沈匆匆赶来报告。原来方副县长正好今天也要到省城开经济工作会。头天晚上他没有通知办公室，今早一到政府小车班，听说他乘坐的车临时调给县长了，很不高兴，大发脾气，并拒绝乘坐改派给他的车，说省城的经济工作会他不去参加了。

马主任一听，意识到问题的严重性，立即起身要去找方副县长解释，杨副主任拦住了他说："我先去，你是办公室的一把手，不宜首先出面，我先去向他解释，你随后来。"说完他先走了。

过了约10分钟，马主任慢慢走到方副县长的办公室门口，听到杨副主任正跟方副县长解释。

“我们昨天晚上不知道您要去省城开会，今天早上罗县长要车又很急，所以……”

马主任推门而入，看到坐在椅子上的方副县长的表情已经缓和了许多，知道杨副主任的工作已经奏效，就趁势来了一番自我批评：“方副县长，是我们的工作失误，影响了领导的工作，首先是我这个主任接受批评，这个教训我们一定要认真吸取。刚才临时调换的车如果您觉得不合适，我们再想法调，还可以到别的部门借，直到领导满意为止，您看……”

这么一来，方副县长倒不好意思了。

“行了，就这辆车吧，这件事也不能全怪你们。”听了方副县长这句话，马、杨二人才松了口气。

结果，方副县长还是坐着政府办公室最初调换的车到省城开会去了。

这个案例中的方副县长因专车被换而大发雷霆，并因此声言不去开会，的确令办公室负责人非常头疼。此类事件在办公室工作中时有发生，且协调起来难度很大，这是由办公室所处的地位决定的。各级党政机关的办公室作为一个综合部门，在领导面前不能发号施令，总是处于被动状态。县政府办公室马、杨二位主任深知自身工作性质，他们面对正在气头上且蛮不讲理的上司，采用冷处理的方法，并注意留有余地。先由副主任出面，以防一开始就由马主任介入，万一碰壁后失去继续做工作的空间。马主任的话语也较含蓄，没有直接劝方副县长去开会，而是婉转地说一定要调换到领导满意为止。这样做，既顾及了上级的面子，也达到了协调的目的。

思考与练习

1. 简述秘书协调工作的内容。

2. 为什么说秘书部门既要熟悉和研究领导机关或领导者协调工作的内容，又不应该也不可能包揽全部协调工作？

3. 为什么说秘书协调领导成员之间的关系，既有许多方便条件，又有不少难处？

4. 秘书协调工作须遵循哪些原则？

5. 举例说明坚持政策原则并不排斥协调的灵活性。

第十六章　督查工作

督查，就是秘书部门协助领导，把看到、听到、查到的一些无人过问或解决不力的重大问题、重要事项，按照领导人的批示，通知有关单位办理，并催促落实。督查又叫督办、查办。

督查有广义、狭义之分。从广义上讲，凡是对领导的重大决策与部署的实施情况进行督促检查，都属于督查工作的范畴，有人称之为“大督办”。从狭义上讲，是指对领导专门批示或特殊交办的事项进行催办落实，有人称之为“小督办”。“大”与“小”有着密切的联系，其中并没有严格的界限。

搞好督查工作，对于落实各项方针政策，促进改革开放和社会主义现代化建设，有着重大意义。具体作用如下：

第一，督查工作是贯彻落实领导决策的一个后续步骤和保证手段。任何领导者都要通过各项方针政策来实现领导过程和行使领导职能。对于每一项方针政策来说，它的正确制定，只是进行了事情的一半，另一半而且是更重要的一半，就是要保证它的贯彻实施。一个再好的决策，如果贯彻落实不了，就会前功尽弃，变成一纸空文。干部、群众中曾流传这样一副对联：上联是“今天开会明天开会天天开会”，下联是“我也讲话你也讲话层层讲话”，横批是“谁去落实”。这是对工作不落实现象的真实写照。造成这种状况的一个主要原因，就是督促检查不够。因此，认真的、强有力的督促检查，在任何时候都是确保领导决策贯彻执行的关键措施。

第二，督查工作是促进领导决策科学化、民主化的重要环节。有效的督查工作能及时掌握决策方案在实践中暴露的缺陷和漏洞，发现原决策与客观现实之间存在的差异和矛盾。同时，还可以倾听和收集群众对决策的意见和建议，及时向领导和有关部门反馈信息，使他们及早采取有效措施，对原决策予以调整、修改和完善，使决策更加科学化、民主化。

第三，督查工作是改变领导作风、克服官僚主义的有效办法。督促检查，从根本上说，是对各级领导工作作风的监督和检查，而对工作作风的监督，是克服官僚主义的手段之一。

第一节　督查工作在秘书工作中的作用

一、督查工作是秘书部门的一项重要任务

在管理工作中，提倡督查由来已久。1948 年，毛泽东在《关于建立报告制度》[①] 一文中提出："各中央局和分局，由书记负责（自己动手，不要秘书代劳），每两个月，向中央和中央主席作一次综合报告。报告内容包括该区军事、政治、土地改革、整党、经济、宣传和文化等各项活动的动态，活动中发生的问题和倾向，对于这些问题和倾向的解决方法。"他还说，建立报告制度是"为了及时反映情况，使中央有可能在事先或事后帮助各地不犯或少犯错误"。1943 年，周恩来在讲"什么是正确的领导"时也说过，必须组织对执行决定的情形的审查，对每一项决定、每一项政策都要组织有系统的经常的审查。毛泽东和周恩来所说的建立报告制度和审查，其目的在于：一是了解情况，二是督促检查。1951 年，政务院明确地把"检查与督促政府决议的执行"列为各级政府机关秘书长和不设秘书长的办公厅主任的工作任务之一。[②] 20 世纪 50 年代，在一些部门的秘书工作中有催办制度，而催办是督查的内容之

---

① 毛泽东选集（一卷本）. 北京：人民出版社，1964. 1263

② 政务院关于各级政府机关秘书长和不设秘书长的办公厅主任的工作任务和秘书工作机构的决定

一。1983年9月，当时党中央的领导人提出在党委各级办公厅建立查办制度，将看到、听到、检查到的问题通知有关地区和部门检查、办理，务求彻底解决。随后，这项措施得到中央一些领导人的肯定，在查办工作报告上批示，要继续这么抓，抓几年，形成传统。

新时期党委督查工作的发展以中央办公厅召开的五次全国党委秘书长座谈会为标志，实现了五次较大的突破。

第一次是1985年1月全国党委秘书长、办公厅主任座谈会。这次会议把查办工作和信息工作作为办公部门政务工作的重要内容，要求各级党委和领导高度重视，加强领导。但那个时候的查办多数是对具体问题的查处落实，也就是我们今天所说的“专项查办”。

第二次是1990年1月全国省市区党委秘书长座谈会。这次会议正式将查办规范为督促检查，提出了督查工作的重点由“批办督查”向“决策督查”延伸的指导思想，并提出了这项工作的原则、重点和工作方式，把督查工作推向了一个新的阶段。

第三次是1994年12月召开的全国党委秘书长、办公厅主任座谈会。会议讨论并形成了《中共中央办公厅关于进一步加强督促检查工作的意见》，第一次从理论高度论述了督查工作的重要性，明确规定督查工作是各级党委办公部门的重要职责，强调要以紧密围绕党的中心工作开展督促检查为指导方针，并从工作方式、内容等方面第一次作出了全面、系统的界定。会议以后，全国党委系统的督查工作网络全面形成，工作向更高水平发展。

第四次是1996年12月在广东省顺德市召开的全国党委秘书长、办公厅主任座谈会。这次会议主要研究了党委办公部门督查工作如何进一步推动中央和各级党委决策落实的问题。

第五次是1999年初召开的全国党委秘书长、办公厅主任座谈会。这次会议把督促检查作为办公部门的三项重点工作和发挥参谋助手作用的重要方面予以强调，形成了中共中央办公厅关于进一步加强督促检查工作的意见，这标志着世纪之交的督查工作进入了新的历史发展阶段。

由此可见，督查工作早已成为各级秘书部门的一项长期、重要的任务。至今，全国各地市以上单位都成立了督查室，地市以下单位也设立了督查员。

另外，从秘书部门工作体系中的逻辑联系来看，督查工作也是其中不可缺少的重要环节。缺此环节，其他各个环节的作用难以真正体现。这是因为，秘书部门的工作系统是按领导决策活动的运行机制划分的。现代领导活动的运行机制一般由决策的准备阶段、决定阶段和实施阶段组成，秘书部门的服务也应该贯穿在决策活动的全过程当中。当领导机构需要进行某项决策时，在准备阶段，秘书部门要依据信息反馈系统提供信息；在决定阶段，由研究系统（或叫咨询系统）作出决策目标的论证，提出决策制定的依据；在实施阶段，由监督系统对决策的执行活动进行监督检查，并将决策的执行情况及时反馈。所有这些阶段的任何一个环节都是非常重要、缺一不可的。没有信息系统，则缺乏决策的依据。没有研究系统，决策就缺乏科学论证，易陷入盲目性。同样，没有监督系统，决策就缺少顺利实现的保障，一些决策在执行中就会流于虎头蛇尾。监督系统由专门的组织机构担任，在企业中通常由负责控制的调度部门承担。秘书部门虽不等于监督部门，但由于它所处的特殊地位，使它具有从事督办工作的有利条件，因此，督查工作自然成为秘书部门工作体系的有机组成部分。

二、督查工作是秘书部门发挥参谋助手作用的一个重要方面

自从党的十一届三中全会特别是1985年1月全国秘书长办公厅主任座谈会之后，办公厅秘书工作有了两大突破、两大新的发现，这就是信息工作和督查工作。秘书部门发挥参谋助手作用，离不开这两项工作。黑龙江省大兴安岭地区行署督办检查室2009年以来不断加大督查力度，改进督查方法，提高督查效率，推动了全

区经济又好又快地发展，很好地发挥了参谋助手作用。他们的主要做法是：

第一，强化督查权威，营造重视督查的浓厚氛围。

……

第二，调整督查重心，把着力点放在强力拉动经济增长的大项目上。

……

第三，加快督查频率，为领导决策提供及时可靠的参考。

……

第四，完善督查制度，提高重点工作落实的质量。

……

第五，注重督查时效，做到督查与全局性重点工作相结合。

……

第六，创新督查载体，畅通信息反馈渠道。

……

第七，提高督查能力，打造督查队伍的精英形象。①

……

三、督查工作是秘书部门从被动服务变为力争主动服务的一个有效手段

督查工作给秘书部门增加了一条具体的信息渠道，使他们能更主动地为领导工作服务，为领导决策服务。通过督查，便于了解情况，检查决策；通过督查，才知道决策符不符合下面的实际情况，在执行时有没有困难，需不需要作一些调整；通过督查，才能使信息反馈比较准确，使领导对决策真正知情。

督查工作还能开拓秘书人员的思路，使他们形成任务布置与工

---

① 孔祥清，冯雷．抓督查　促落实　为经济又好又快发展添动力．办公室业务，2009（7）：23～24

作检查自然结合的意识，产生从政策传达到督促执行的自然联想。无论是对领导人的口头指示或正式下发的文件，都不再局限于传达这一程序，而更注重对执行过程的检查和督促，彻底改变过去那种只管布置而不管检查，只负责传达而不问执行效果的被动状况。同时，他们还能把督查工作中收集到的信息，进行整理、分析、储存，以便更好地为各级领导及时修正决策、正确指导工作服务。北京市委督查室自2001年以来，彻底改变了过去以出刊数量为工作指标的思想，以抓落实、求实效作为工作的重点，把低层次的“传声筒”式的反映情况，转变为积极主动地开展督促检查。① 湖北省荆门市人民政府督查室的督查工作顺应新形势，开拓创新，更上一层楼。他们采用的一种重要的工作方法是造势督查。所谓造势，就是借助和利用各种有利态势，积极创造有利于自己工作的外部环境和客观条件，更好地促进工作的开展。他们从四个方面着手：一是借舆论造势，二是借权威造势，三是借政策造势，四是借开展活动造势。②

第二节　秘书督查工作的范围和程序

一、秘书督查工作的范围

关于秘书督查工作的范围，目前中国内地各省、自治区、直辖市以及各计划单列市不尽一样，有的单位甚至取决于本级领导对秘书部门的使用习惯和重视程度，但大致有以下几方面：

1. 承担上级领导机关交办的任务

如省里直接接受处理中办、国办交办的工作任务，市县接受处理省里交办的工作任务。从实际看，上级领导机关交办的主要是领

---

① 北京市委督查室．改变作风　积极主动开展督查工作．秘书工作，2002（1）：6～7

② 李勇．做好督查工作要善于造势．办公室业务，2001（3）：11，9

导有具体批示的信访案件较多，有时也交办其他方面的工作任务。

2. 承担本级领导机关和领导人指定或交办的工作任务

本级领导机关和领导人指定或交办的工作任务是督查部门承办的主要任务，比较多的是领导批示要办理的事项以及重要会议（包括本级党委常委会议、政府常务会议和工作会议等）决定的事项等。

3. 承担其他任务

（1）承担本级领导机关制发的文件贯彻落实情况的检查，下级请示的办理，基层要求上级机关帮助解决问题的办理等。

（2）承担领导临时交办的事项。

（3）承担报刊和新闻单位对本单位工作的批评和建议的办理。

（4）承担秘书部门在日常工作中发现的，提议专项督查并经领导批准的重要事项。

二、秘书督查工作的程序

凡是需要督查的事项，一般按以下程序进行：

1. 督查立项

立项是对督查内容进行筛选的过程。各地区、各部门发生的问题很多，不必对所有的事情都督查，原则上要督查那些事情比较重大、性质比较严重、久拖不决或无人过问的问题。有关单位已经注意的问题，一般不必提出督查。群众来信来访中反映的问题，一般情况下由信访部门处理。

立项的基本要求是坚持可操作性原则。所谓可操作性原则，就是要把握领导的意图，把比较抽象的任务，变为具体明确的指标，使督查项目看得见，抓得住。具体包括两方面内容：一是量化指标。即把领导的那些大而全的决定、决议、会议报告进行归纳论证，列出条目，逐项研究，细化指标。这样可以突出重点，避免“眉毛胡子一把抓”。二是定标定责。就是把细化出的具体指标分解落实到各有关部门和部门负责人头上，使有关单位、有关领导一开始就有压力，有明确的工作目标，避免相互推诿扯皮。

督查立项要弄清督查的内容、目的、单位，并把它们列入督查单。立项后，一定要认真督办，回复领导。

2. 督查通知

督查立项后，秘书部门要认真领会领导指示精神，学习有关政策和法规。然后，把所要督办的问题和领导人的批示告知负责督查的单位，请他们核实情况，在规定时限内予以处理。通知的方法有发文通知、电话通知、派员通知、会议通知等。

3. 催办

凡是立项的都要加强催办，一催到底，催出督办结果。在催办过程中，若发现有些地区和部门对督查工作重视不够，抓得不力，致使一些案件久拖不决的，要及时报告领导，然后根据情况，采取打电话或派人下去检查的办法，促其解决。有些问题比较复杂，工作量较大，一时难以查清，也要通过催办及时了解进展情况。

4. 直接调查

督查工作离不开调查研究。督查与调查相互依赖、相互渗透，共同贯穿于领导决策执行的全过程。但一般的问题由直接办理单位调查即可。秘书部门需要直接调查的，有以下几种情况：督查单位领导分歧太大，自身无力解决的；督查问题涉及其他单位，办理单位不便调查的；下面抵触情绪很大，久拖不决的；不尽快解决可能产生严重后果的；情况错综复杂，长期弄不清的。秘书人员下去直接调查，目的是弄清情况，但不宜当场表态。要在回来向领导汇报后，再向下面传达领导指示。

5. 商讨处理

一般情况下，负责督查单位在弄清情况后，应向上级汇报处理意见，请领导审核。秘书人员要认真审核其处理意见是否符合党和政府的政策、领导批示的精神和实际情况，然后，连同审核意见报告领导，并按照领导指示，对下面给予答复。

6. 结案反馈

督查结束，下面呈报了处理结果后，秘书部门要审核其是否正确、适当，并分析这些督查的问题有无指导意义，可否转发或登简报，还要做哪些善后工作；然后，及时反馈给交办的领导。

搞好结案反馈，是督查工作发挥参谋助手作用和推进决策落实的重要途径。首先，反馈要及时，尽量使领导同志对决策落实情况了如指掌，时刻把握工作的主动权。其次，要进行综合分析。不能认为把问题反映给领导就算完事，要对问题进行认真的思考和分析研究，提出见解和建议。第三，要敢于揭露矛盾。

督查专报是反馈决策落实情况的重要形式，是督促检查工作的一项重要内容，也是督查部门的一种专用公文。督查专报的质量如何，在很大程度上体现着督查工作水平的高低。办好督查专报，要吃透上情，掌握实情，喜忧兼报，健全网络，形成灵敏畅通的决策反馈体系。①

7. 立卷归档

一个问题督查结束后，要将处理过程中领导批示、督查原件、调查情况、处理结果和来往文件等材料，组成案卷归档。

第三节 秘书督查工作的原则

要保证督查工作得以顺利进行，取得预想的效果，秘书人员须遵循以下原则。

一、领导人员负责和秘书人员协助的原则

督查工作是在各级领导机关和领导人员的指示下进行的，是领导授权进行的工作。所谓领导人员负责，即指督查工作是各级领导的职责。列入督查的事项，一般由领导人员作出批示，交秘书部门

① 刘期聪，刘洋．如何办好督查专报．秘书工作，2002（2）：14

协助办理。即使是由秘书部门主动提出建议的督查事项，也要领导人员批准。下级接到承办件，也是下级领导机关的责任，秘书部门负责协助领导协调各方具体办理，至于如何办理要领导人员授意，结果上报也得领导人员签字。所谓秘书人员协助，是指秘书人员根据授权，协助领导进行督查工作，也就是说，督查立项直至立卷归档等一系列具体工作，由于领导人员不可能事必躬亲，须由秘书人员协助办理。

山东省平阴县委书记孙晓刚介绍，他们在要求各级领导以身作则，带头督促检查狠抓落实的同时，注重发挥办公室的督查作用。在运作方式上，突出抓好对重要督查事项的事先策划。无论是决策督查，还是专项查办，县委领导都与办公室督查人员一起认真分析群众的关注点，督查的着力点，开展工作的切入点，选准角度，科学制定督查预案，合理安排人员、时间，有计划、有步骤地开展工作。在工作导向上，通过督办重点工作和典型案件，实现一个时期或一个阶段工作重心的转移。如为了借助外力加快发展，形成招商引资的“洼地效应”，他们注重抓好优化投资环境的督办，凡反映对外来企业服务不到位，故意刁难、吃拿卡要案件，县委、县政府的负责同志都亲自批示、亲自过问、亲自督查落实情况。2002 年，南方一客商去该县考察项目时，遭到不法分子的敲诈勒索，县委立即要求公安局尽快破案，并由县委办公室具体督办，仅用两天时间就抓获了犯罪嫌疑人，挽回了客商的经济损失，这件事在外来客商中引起了极大反响，坚定了他们在该县投资兴业的信心。正是通过优化经济发展环境、查办影响发展的典型案件，不少外地客商看中了该县的投资环境。2001 年以来，全县新引进内外资项目 121 个，合同吸引县外资金 10 亿元，到位资金 2 亿元。也正是督查工作的引导，使全县各级各部门特别是领导干部强化了抓环境就是抓机遇、抓发展的意识，全县的对外开放不断扩大，形象日益看好。①

二、分级负责的原则

督查可以说是一个复杂的系统，因而需要我们用系统的观点来分析督查工作。它的对象和内容十分广泛，覆盖各地区和各职能部门，既有为领导和群众普遍关注的热点、难点问题，又有带有一定全局性、宏观性的问题。督查工作的这种特性以及秘书工作的从属性，决定了它不可能代替地区和部门的工作，只有依靠各级党委、政府、组织和各职能部门，充分调动各级各部门的积极性，实行分级负责制，才能真正使各项政策和重要工作部署落到实处。

对于分级负责的含义，温家宝总理曾有过一段说明。他说，督查工作“要严格工作制度和工作程序。比如，要健全分级责任制度，哪些事项由哪一部门、哪一级负责督促检查，要分清责任，既不能推诿扯皮、无人负责，也不要越权。中央办公厅要充分依靠和尊重地方和部门，涉及地方和部门的工作，首先要由有关地方和部门进行督促检查，中央办公厅要作好情况汇总。中央办公厅进行督促检查工作，以了解情况为主，不直接处理问题，不代替地方和部门的工作”。② 也就是说，涉及哪一级的，就由哪一级负责督查，逐级负责。对落实的主体来说，各级领导是主体。所以，分级负责实质上是各级党委、政府和各部门负责。只要坚持和贯彻这个原则，层层负责，一级抓一级，一级促一级，就会形成自上而下都抓落实的机制，推动督查工作向纵深发展。

---

① 孙晓刚．协调左右　突出重点　推动办公室各项工作顺利开展．秘书工作，2002（12）：8～9

② 温家宝．切实改进作风，进一步做好办公厅工作——在全国省、区、市党委秘书长座谈会上的发言（1990 年 1 月 8 日）．秘书之友，1990（5）

三、实事求是的原则

督查工作作为辅助领导实施决策的一种工作任务，根本目的在于促进决策的有效执行，推动决策实实在在地落实，因此，在整个工作过程中，要实事求是，深入实际了解情况，注重实效，不搞花架子。

山东省章丘市委督查室自成立以来，强化措施，实行真督实查。他们深刻认识到，检验督查工作成效的唯一标准就是落实。为此，市委每次重要会议、每项政策或领导每次重要批示之后，他们都力求做到快速反应，马上行动，雷厉风行，以“求真务实”的态度，认真督促办理。具体工作中，他们区别不同的督查内容，分别运用全面督查、系统督查和专项督查的方法，提高督查工作的针对性、有效性。主要表现在：

一是全面地查。对市委的重要决策部署和中心工作，他们的督查横向到边，纵向到底，不留死角，不留空白，确保落到实处。2002 年初，他们在搞好市里确定的重点项目检查调度的基础上，为了实现督促检查工作的延伸，要求各乡镇（街道）上报各自的重点工程和项目，并印发了一期《章丘督查（专刊）》。之后，又采取明察暗访的方式，就上述项目“真不真、实不实、准不准、行不行”的问题，逐一进行实地考察，并写出一份有情况、有问题、有分析、有建议的督查报告，引起了市领导和各乡镇（街道）的高度重视，加快了全市重点工程项目建设的步伐。

二是系统地查。对引起全社会关注的重点工作，他们都进行系统的督查，确保这些工作做得更好、更有特色、更有成效。2001 年该市南部山区发现一处明清时代保存比较完好的村落，被考古文物专家称为“齐鲁第一古村，江北居落标本”。为了充分开发利用好这一历史文化资源，他们组织力量到该村进行了实地考察和调研，写出了一篇题为“关于朱家峪古村落情况的调查与开发建议”的专题报告，并在《章丘督查（呈阅件）》和《济南督查（特刊)》上分别刊登。济南市委、市政府主要领导和该市领导先后作出重要批示，要求有关部门抓紧搞好保护、开发和利用。按照领导要求，他们立即要求有关部门和乡镇迅速落实领导指示精神，并拿出贯彻实施意见。之后，又请市委、市政府分管领导和有关单位负责人到该村现场办公，确立了“内抓保护开发，外抓包装宣传”的基本思路和工作措施。他们拿出较大精力，不定期进行调度和实地检查，按照“修旧如旧”的原则，相继投资300多万元对该村古街古校古桥古庙等重点部位进行了整修改造，国内外新闻单位作了大量报道，一时成为旅游观光的热点。

三是重点地查。对领导关注、群众反映强烈的热点、难点问题，他们采取专项督查的办法，切实做到为领导分忧，为群众解难。他们先后下发《督查事项通知》20多份，对明水城区管理、农村电工管理、山区教师工资发放等热点、难点问题进行了重点督查。各有关部门均拿出了切实可行的解决办法，使这些问题得到了圆满解决。①

四、不直接办案的原则

在通常情况下，秘书部门不直接参加具体办案，主要依靠下级组织和群众。秘书部门不同于司法和纪检等部门，后者直接、具体办理案件，秘书部门的督查则不直接办案，而是解决工作中的问题。其中涉及纪律和法律的案件，要由纪检和法律部门处理。但这类案件如果是原已督查过的，也应将处理结果上报领导。督查中的监督，也不同于纪检、行政监察和司法、审计方面的监督。它是对工作执行情况和决策实施情况的监督，不能独立行使职权，不具有党纪处分权、行政处分权、独立审判权和审计监督权。因此，秘书部门的主要精力，应放在了解情况、研究问题、督促解决问题上。

---

① 李忠新．求真务实　不断创新　扎实有效地做好督查工作．秘书工作，2002（12）：22～23

即使有些特殊问题要由上级秘书部门出面或派人督查，也要注意分清职责，防止少数秘书人员避开下级组织包办代替。

吉林省委积极探索新形势下开展督查工作的有效途径，力求在继承中创新，在发展中完善。其中一个经验是完善机制，即与纪检机关、组织部门一起，协力加大对各级领导干部抓落实工作的督促制约力度。2000 年初，吉林省委根据全省乡镇领导干部“走读”问题比较突出，并有逐渐蔓延趋势的实际，作出在全省解决乡镇领导干部“走读”问题的决定，要求年底前基本解决这一问题。省委领导考虑到这项督查既需要科学的督查组织进行监督检查，又需要在工作中对各级领导干部进行严格的组织、纪律约束。鉴于督查室不具备纪检机关、组织部门对干部任免、责任追究方面的职能，就及时接受省委督查室的建议，由省委督查室牵头，组成纪检、组织、督查“三位一体”的督查组，加大了对不落实干部的岗位调整和责任追究工作力度，使这项决策的落实速度快、效果好。同时，以此为契机、基点，注意与纪检机关和组织部门的联系和配合，尽可能把督查工作结果及时向纪检机关、组织部门通报和反馈，每次向省委反馈督查结果时，都增发给省纪委和省委组织部领导和有关处室，以便他们在干部任免和干部责任追究时作为依据。此外，该省还将各级各部门领导干部工作不落实问题写进了省纪委下发的关于对领导干部实行责任追究管理办法，以此来进一步加大对各级领导干部抓落实的督查制约力度。①

秘书人员既不直接办案，但又要把督查工作搞好，这就需要做好协调工作。协调既是秘书部门一项独立的任务，又是督查工作中不可缺少的环节。面对复杂繁重的督查任务，单凭为数有限的机构、人员去孤军奋战，是远远不能胜任的，必须动员和调动各级各方面的力量，共同努力，才能做好工作，这就少不了协调工作。可

① 吉林省委督查室．积极探索督查工作的有效途径．秘书工作，2002(2)：10

以说，没有协调，就没有督查工作的发展；没有协调，就没有督查工作的成功。秘书人员不但要亲自动手督查，而且要挑起协调的重任。督查中的协调包括任务协调、利益协调、信息协调、关系协调等诸多方面。协调的手段有健全约束机制，规范督查工作；运用调节机制，搞活督查工作；完善保障机制，维护督查工作等。

五、时效原则

决策要掌握时机，决策的实施同样要掌握时机，讲究时效。那种拖拖拉拉，互相推诿，扯皮不休的现象之所以要反对，是因为它延误了决策的执行，甚至使决策流于形式。督查工作之所以重要，在某种意义上就是为了争时间、争效率，使决策尽快落实。

在督查中，秘书人员要把时间观念渗透到各个步骤中。具体事项的催办，强调要按时按质办结；重大决策、重要工作部署的督查，虽然时间长些，但也要按实际情况把它划分为若干小的阶段，分段规定时限，并及时跟踪检查，分段汇总反映情况，使领导及时得到决策实施的反馈信息，有效进行调整控制。

河南省三门峡市委办公室清醒地认识到，专项查办工作一般都涉及党的路线、方针、政策，国家的法律、法令或群众关注的热点、难点问题，具有权威性高、政策性强、办理难度大、急事要事多等特点。如不及时、有效地加以处理，就会影响社会稳定和经济发展，损害党和政府在人民群众中的形象。他们在严把质量关的同时，加快查办速度。领导批示件一经接手，就立即进行登记建档，认真阅读、领会原件内容及领导批示精神，弄清事项的轻重缓急。进而分三种情况确定办结时间：一般批件的办理时间缩短到一个月，每旬口头汇报一次查处进度；疑难事项办理超过一个月的每周要口头汇报一次进展情况，每月上报一次书面进度；对个别急件根据情况确定3天至数周不等时限。同时，通过电话、会谈、书面等形式与承办单位及上访人保持联系与沟通，既增强了承办单位与承办人员的责任感和紧迫感，又加快了办理速度，有效防止了漏、拖、迟报现象。[①]

思考与练习

1. 秘书督查工作的范围有哪些方面?
2. 列出秘书督查工作的程序。
3. 什么是立项的可操作性原则?
4. 秘书督查工作须遵循哪些原则?

① 杨治安，李迎建．突出五个环节　确保查办质量．秘书工作，2002(9)：20

第十七章　信访工作

信访，是群众来信和群众来访的简称。负责处理群众来信来访的工作，就是信访工作。

信访工作是党政军、人民团体和企事业单位领导机关的一项重要的、经常性的工作。早在1951年中央人民政府政务院颁发的《政务院关于处理人民来信和接见人民工作的决定》中就明确规定："县（市）以上各级人民政府，均须责成一定部门，在原编制内指定专人，负责处理人民群众来信，并设立问事处或接待室，接见人民群众，领导人应经常地进行检查和指导。"1982年中央下发了《党政机关信访工作暂行条例（草案）》，初步将信访工作纳入制度化、规范化轨道。1995年，国务院颁布了我国第一部《信访条例》。2000年，在原中办国办信访局的基础上成立国家信访局，这是新中国历史上第一个负责信访工作的国家级行政机构，标志着信访工作走上了法制化轨道，开始由"秘书型"向"职能型"转变。从新中国成立至今，信访工作机构从无到有，逐步建立和健全，从中央到省、市、县已普遍建立了完善的信访工作体系，乡镇、街道、社区也都普遍确立了专兼职的信访工作机构和人员。政府部门以外，大中型企业一般设有信访科或信访组。各报社、电台、电视台也都普遍设立信访组或信访室，基层单位则由秘书人员专任或兼管信访工作。由此可见，信访工作是秘书部门的一项基本工作，是秘书人员直接为领导服务又直接为群众服务的一项重要职责。

第一节　信访工作的任务和作用

一、信访工作的任务

信访是社会成员通过写信、访问等形式向社会组织管理者反映个人或集体意愿的一种社会政治交往活动，是一种客观存在的社会现象，是社会矛盾通过特殊形式的必然反映。只要社会存在矛盾，只要社会矛盾长期存在，信访和信访工作就必然存在并将长期存在下去。这就决定了信访工作是一项长期的任务，只是随着时代的发展和社会政治、经济状况的变化，各个时期、各个阶段信访工作的任务以及处理问题的标准、依据有所不同。

信访工作的任务，从宏观上考察，主要是通过对人民来信来访的受理，研究和满足人民群众的需求，正确处理人民内部的矛盾，协调和密切社会组织间、人民群众间以及社会组织和人民群众间的关系，从而调动广大人民群众的积极性，加速社会的发展。从微观上考察，主要是：

（1）受理本地区、本系统和上级领导机关交办的来信来访问题。

（2）定期综合研究人民群众来信来访的情况和问题，及时向有关党政领导机关反映，并提出解决问题的建议。

（3）向有关地区、部门和单位交办来信来访的问题，并有责任督促、检查，直到解决为止。

（4）协助党政领导机关检查本地区、本系统的信访工作，发现问题，解决问题，组织交流经验。

二、信访工作的作用

1. 做好信访工作，是为了保障人民群众当家做主的权利，发扬社会主义民主

《中华人民共和国宪法》（以下简称《宪法》）第四十一条规定：“中华人民共和国公民对于任何国家机关和国家工作人员，有

提出批评和建议的权利；对于任何国家机关和国家工作人员的违法失职行为，有向有关国家机关提出申诉、控告或者检举的权利。”人民群众的信访活动，正是他们行使当家做主权利的具体体现。群众是社会主义事业的直接实践者，他们对周围的实际情况知道得最多，最有发言权。改革开放以来，群众通过信访渠道所反映的，已不只是个人切身利益的问题，还涉及法制建设、廉政建设、投资环境和参政议政等层次较高的问题，他们提出了许多宝贵意见，这对各级领导机关研究政策、促进工作大有帮助。

在信访工作中，要充分发扬社会主义民主，必须正确对待群众。对群众的各种意见，即使是不完善的，甚至是暂时不能采纳的，也要满腔热情地受理。哪怕只有百分之一的合理成分，也要给予肯定。对信访中提出的各种有益建议，要及时辑录，编制信访快报，送有关领导或部门，以便改进工作。

2. 信访工作是沟通党、政府、企事业单位与人民群众联系的桥梁

密切联系群众是中国共产党的优良传统之一，在社会主义建设时期，党和政府更要密切联系群众，依靠群众。《宪法》第二十七条规定：“一切国家机关和国家工作人员必须依靠人民的支持，经常保持同人民的密切联系……”信访工作是党和国家以及企事业单位与人民群众联系的一座桥梁。原因在于：

第一，这种联系比较直接。凡是需要并愿意通过信访向领导人反映情况和问题、提出意见和建议的人，都可以直接通过书面或口头形式，同有关领导人进行对话，交流思想。这是各级领导机关和负责人了解群众情绪、倾听群众呼声、把握时代脉搏的最简便的形式，是送上门来的群众工作。

第二，这种联系比较广泛。一切社会成员都可以通过信访渠道同领导机关和负责人发生联系。一切社会问题，大至国家要事，小至生活琐事，都可以作为信访的内容反映给领导者。

第三，这种联系比较常见。它不受时间和空间的限制，无论在任何时候，在任何情况下，人民群众都可以向有关领导机关和负责

人写信或上访，反映各种问题。信访工作能使各级领导机关同人民群众保持经常的不间断的联系。

如今，随着党和政府以及企事业单位的威信不断提高，信访工作这座沟通的桥梁正在不断地延伸，它不仅联系着中国内地的广大群众，而且还联系着越来越多的港澳同胞、海外华侨和外国客商。多年以来，有数以万计的来信表达了海外赤子的报国之心和要求早日与亲人团聚的热切愿望，国家机关和有关部门对这些来信的及时答复和妥善处理既温暖了这些海外亲人的心，也提高了党和政府在海外的威望。

3. 信访工作是接受群众监督的有效途径

《宪法》第二十七条规定，一切国家机关和国家工作人员必须“接受人民的监督，努力为人民服务”。当群众无法对他们中少数人的以权谋私、违法乱纪行为以及严重官僚主义失职行为进行面对面的监督，或这种监督失去作用时，便会通过信访形式，向上级领导机关揭发、检举，因此，信访工作成为接受群众监督的有效途径。

4. 信访工作是维护安定团结的有力措施

信访工作对维护安定团结的政治局面具有重要作用。这种作用主要表现在三个方面：

第一，信访工作是正确处理人民内部矛盾，调整人们之间的相互关系的有意义的工作。在社会主义社会，人民群众的根本利益虽然是一致的，但也存在一定的矛盾，诸如城乡之间、工农之间、党群之间、干群之间、工农群众与知识分子之间、单位与单位之间的矛盾等。信访工作的重要任务就是对信访中反映的矛盾进行调查分析，研究解决，息讼止争，做好矛盾化解工作，化消极因素为积极因素，创造安定团结的政治局面和社会环境。

第二，信访工作是党政机关和企事业单位接受群众监督的有效途径。而这种监督本身，有利于严肃党纪，端正党风，有利于准确地打击犯罪分子和各种违法行为，归根到底有利于改善党群、干群关系，维护社会秩序和治安，巩固安定团结局面。

第三，信访工作还可以通过落实党和政府的各项政策，如平反冤假错案，落实统战政策、知识分子政策等，调动各方面的积极性，促进安定团结。

5. 信访工作是信息反馈的重要渠道

信访工作是各级领导机关获取信息和反馈信息的一条重要渠道。领导机关获取信息的途径是多种多样的，信访工作则是渠道之一。每个信访者都是一名义务信访员。大量的群众来信来访，把群众的意见和要求，把社会各个领域的信息，源源不断地反映到各级领导机关，成为领导者制定政策、部署工作的重要依据。

信访工作在信息反馈方面也是十分敏感的。通过信访工作，把党和政府各项方针政策的贯彻执行情况大量反馈上来，可帮助领导机关检验这些方针、政策、法规、部署的正确性以及完善程度，了解下级执行的情况和效果，并把它们作为修改和制定新的方针政策的依据。对工商企业来说，反馈信息的作用更为直接和明显。企业通过各种渠道收集反馈信息，包括对来信来访的信息收集，可以从中了解消费者对本厂产品的价格、质量、款式、性能等方面的要求和建议。经常处理和研究这些信息，对企业计划的制订、产品的开发、质量的提高和销售服务工作的改进，均有重要的指导作用。

从某种意义上讲，信访工作是观察社会的“晴雨表”，检验党和政府工作的“检测仪”，解决群众矛盾纠纷的“减压器”，是一项为党分忧、为民解难的“民心工程”。

第二节 信访工作的原则和制度

一、信访工作的原则

1. 按政策、法规办事的原则

“政策和策略是党的生命”，也是信访工作的生命。处理人民群众的来信来访，必须要以党和国家的方针、政策、法律法令和本系统的规章制度为准绳，不能超越政策、法规的范围，各行其是，随意处理。为此，秘书人员必须了解党和政府的基本政策，如体制改革政策、经济政策、知识分子政策、民族政策、宗教政策等；必须熟悉国家的宪法和某些基本法令、法规，如民法、刑法、经济法、婚姻法等；必须熟悉与人民群众切身利益有关的某些政策、规定，如关于户口、工资、住房、离休退休待遇等规定。只有这样，才能正确处理人民群众来信来访中所涉及的各种问题，才能保护人民利益，妥善解决问题。

四川省南部县综治委罗伟在总结几年来的信访实践经验时，归纳出了八条提高政法信访接待艺术的方法，其中一条是“明之以法”。他认为，在政法信访接待工作中，信访秘书既要注意把握好“情”的尺度，又要做到依法“治”访。若信访者提出的要求超过法律许可的范围，信访秘书要向其讲明相关法律法规，晓以利害；若其提出的要求是符合法律规定的，则要告知其依法维权的方式和途径。有一次，一名青年女子在一老人的陪同下走进了他的办公室，反映某法院在办理其离婚案中未支持其索要“青春损失费”的诉讼请求，因此不服从法院的判决。他仔细询问了事情的来龙去脉，对这名未到法定婚龄即与他人同居的女子深表同情，但“青春损失费”之说却无法律依据。基于此，他认真地分析了她婚姻不幸的原因，对她能勇敢地拿起法律武器维护自身合法权益的行为给予了肯定。同时，又仔细地就《中华人民共和国婚姻法》中有关结婚、离婚的法律规定对她作了宣传和解释。半个小时之后，那名女子忍住了泪水，在点头应允中愉快地与他道别。[①]

当然，由于群众反映的问题多，情况复杂，不可能事事都有明文规定，也没有解决问题的固定模式。这就要求秘书人员对具体问题具体分析，不搞一刀切。群众反映的问题多种多样：有合情合理

---

① 罗伟．情与法的交融——谈政法信访接待工作的艺术．秘书之友，2003（10）：38～40

合法的，不合情合理合法的，还可能有合情合理而不合法或半合法的，以及无法可依的，或过去的政策已失去时效无法执行的。这都应在不违背国家政策、法律的前提下，根据具体情况，进行研究，请示解决。

在信访工作中，要防止两种现象：一是个别领导机关或负责人从局部利益出发，凭自身好恶对待群众意见，偏离政策和法规；二是秘书人员没注意做好群众的疏导工作，无原则迁就，出现“大闹大解决，小闹小解决，不闹不解决”的错误倾向。

2. 调查研究、实事求是的原则

事实是处理一切问题的依据，处理人民群众来信来访同样如此。信访反映的情况和问题，一般是真实的，但难免片面和部分失实，还有极少数人出于错误的动机和自私的目的，故意夸大或捏造事实，诬陷好人或是提出无理要求。如果秘书人员偏听偏信，轻率处理，就会使人民群众的利益以及党和政府的威信受到损害，甚至造成重大的错误。因此，必须坚持调查研究，本着实事求是的精神，认真地处理信访问题，特别是对检举揭发违法乱纪问题的来信来访，更要谨慎从事。信访工作是一项十分严肃、十分细致的工作，只有坚持调查研究，坚持实事求是，才能把这一工作做好。

3. 分级负责、归口办理的原则

所谓分级，指中央、省（市、自治区）、市（地）、县、区、乡（镇）等各级，该哪一级管的问题就由哪一级负责处理，凡属自己应该办和能够办的事，就不要往下转，或把矛盾上交。一般来说，中央和省、市、自治区机关，要转办结合，以转为主；地市级机关应转办结合；县（市）一级机关，应多办少转；区、乡（镇）和企事业等基层单位的信访问题，基本上都要直接办理，不再下转。总之，要明确分工，层层负责。

所谓归口，是指对于群众提出的各种各样的问题，要依靠各个业务部门和工作单位，结合各自的业务和工作进行处理。如党委、政府以及下属的政法、纪检、文教、财贸、统战等系统，该谁解决的就由谁解决。为此，秘书人员要熟悉当地各部门、各系统的分工情况，以便准确认定归口对象，防止归口不准，往返转递的情况发生。大致上可按以下各类分别归口：

（1）有关党员、党员干部的申诉以及检举揭发党员、党员干部违反党纪的，由党的纪律检查委员会办理。

（2）有关党员延长预备期、取消预备资格和审干方面的问题，由党的组织部门办理。

（3）有关干部工资、福利、退休、调动和大、中专毕业生的分配，部队转业干部的安置等问题，按干部管理权限，分别由组织部门、人事部门处理。

（4）有关老干部的工资、福利、离休待遇等方面的问题，由老干部管理部门（老干部局、处等）办理。

（5）有关冤假错案平反方面的问题，由专门落实政策机构或纪检部门办理。

（6）有关改正右派工作的遗留问题和民主党派、民族、宗教、工商业者以及台属、台胞方面的问题，由党的统战部门和有关部门办理。

（7）有关定性戴帽、拘留、劳动教养的申诉和户口管理、进出境签证等问题，由公安部门办理。

（8）有关刑事、民事判决不服的上诉和民事纠纷等问题，由法院办理。

（9）有关控告国家机关工作人员贪污受贿、侵犯公民民主权利、渎职等问题，由行政监察机关办理。

（10）有关优抚、救济、复退军人安置、大型水库移民和盲流人员的收容管理等问题，由民政部门办理。

（11）有关工人的工资、福利、退休、退职、停薪留职、调动工作、就业和对开除、除名不服的申诉等问题，由其主管部门或劳动部门办理。

（12）有关招生和学生的学籍管理等问题，由教育部门办理。

（13）有关计划生育工作的问题，由计划生育部门办理。

（14）有关医疗事故、要求就医等问题，由卫生部门办理。

（15）有关市场管理等方面的问题以及城市个体经济方面的问题，根据不同内容分别由工商行政管理部门及有关部门办理。

（16）有关农村经济政策和山林、水利纠纷等问题，由农村工作部门办理。

（17）有关侨务管理的问题，由侨务办公室办理。

（18）有关房屋违章建筑、房产管理、城市规划等问题，由城建有关部门办理。

（19）其他问题，由有关部、委、办、局和省、市、地、县分别办理。

对于涉及几个部门、情况又比较复杂的信访问题，应由党委或政府负责人组织有关单位联合办理；撤销单位的信访问题，由上级主管部门处理；隶属关系变动的单位，由现在的主管部门处理。

4. 把问题解决在基层的原则

《党政机关信访工作暂行条例（草案）》规定：“县一级党委和政府（包括相当于县一级的单位），要就地解决来信来访中的问题。凡是县里能够解决的问题，都应当积极主动地就地予以解决。”“县一级党委和政府要注意发挥基层组织处理信访问题的作用。教育党员、干部认真执行党的政策，改善工作作风，注意工作方法，正确处理人民内部矛盾，努力把问题解决在基层。”要把大量的信访问题解决在基层是因为：信访者大多生活在基层，基层组织对信访中反映的问题比较了解，有利于对问题的调查核实和解决；可避免群众长途跋涉，往返奔波，劳民伤财；有利于减少越级信访，缩短信访受理周期，减轻领导机关的工作负担；有利于上级领导机关集中精力抓要案、难案。

把大量信访问题解决在基层，县级是关键。有人说县一级是基层信访工作的“主战场”，也是保持全局稳定的“主阵地”。县级党政负责人要切实加强信访工作的领导，把信访工作列入县委、县政府的议事日程。县委和县政府各部门的负责同志要亲自处理信访问题，同时要加强基层信访网的建设，做到组织落实、工作落实、制度落实。只有把各方面的工作都做好了，才能遏制集体上访。湖北省公安县委办公室借鉴行政处罚中的听证程序，推行信访听证会制度，使县内大量积难上访案件得到了化解，全县越级上访量明显减少，广大干部群众也从中受到了教育。他们采取了以下做法：①不回避，以对人民群众高度负责的精神勇破信访难题；②不遮掩，将上访者反映的问题和要求彻头彻尾公开；③不敷衍，由相关部门把处理问题的政策法规讲深讲透；④不满足，把听证会处理意见切实督办到位。[1] 山东省齐河县委常委、办公室主任刘宗德认为，要遏制住不少地方集体上访和越级上访有所增多这股势头，必须在控制信访源头的同时，改进接访治访，实行综合治理：①强化以法治访；②强化信访责任制；③强化全员信访意识；④强化信访网络；⑤强化查处力度；⑥强化对群众来信的处理。[2]

5. *件件有着落、事事有结果的原则*

件件有着落、事事有结果，这是对人民群众民主权利的尊重和爱护，是对人民群众信访活动高度负责的表现。秘书人员应设身处地地为人民群众着想，急人民之所急，为人民排难解忧，实现对上级负责和对人民负责的统一。山东省海阳市委副书记史本胜认为，在新的形势下，做好信访工作必须坚持改革创新，多措并施，综合治理。在他们突出抓好的六个方面中，第四方面是开展会战，化解重大疑难信访问题。多年未结、结而不服的信访积案涉及面广，处理难度大，是影响社会稳定的主要因素，也是信访工作的“老大难”问题，仅靠个别部门的力量难以奏效，必须调动县、乡（部门）、涉案单位三级的积极性，开展信访问题集中会战，集中时间、集中力量，集中处结。纳入集中会战的每一起信访案件，他们

---

① 陈儒华. 推行听证会制度　破解信访难题. 秘书工作，2002（1）：42～43

② 刘宗德. 关于强化信访工作的建议. 秘书工作，2002（3）：39～40

都确定一名县级领导包案、一个牵头部门负责、一套工作班子承办，包调查、包处理、包答复、包结服。对有道理、有条件的，立即解决；对需要进入司法程序解决的，积极引导上访人依法解决；对要求过高，一时无法解决的，做好思想工作，引导上访人自觉接受合理的处理意见。①

二、信访工作的制度

1. 登记制度

对人民群众来信来访，受理机关均应单独编号登记。主要项目包括：来信来访者的基本情况（包括姓名、单位、职业、住址等）、来信来访反映的主要问题、处理意见。登记要准确、简明。

2. 呈阅制度

信访人员应注意选择带有政策性、普遍性、倾向性问题的重要的来信来访材料，及时地用呈阅笺（有的叫“要信（访）请示”或“要信（访）呈批表”）、来信（访）摘要、信访简报或专题报告等形式，连同原信和上访材料，呈报有关领导同志阅批。

3. 交办制度

凡上级机关或领导同志阅批的重要信访问题，信访部门可函交有关主管部门或地方组织调查核实和处理，并限期汇报处理结果。

4. 转办制度

对于一般的信访，受理机关可按照“分级负责，归口办理”的原则，将信访材料转交有关地区、部门或单位处理，但凡属揭发、控告性质的信访，应转给被揭发、控告者的上级领导机关处理，不能转给被揭发人所在的单位和本人。

5. 催办制度

各级信访部门要对本地区、本系统的信访工作和交办到各地、各部门处理的信访问题，进行及时的检查和督促处理，不能一转了

---

① 史本胜. 做好信访工作要抓好六个方面. 秘书工作，2002（7）：39～40

事。凡逾期不报告的，均应催办。

6. 回告制度

承办单位对上级机关交办和负责同志批办或要求查处的信访问题，应及时处理，一般应在三个月内上报处理结果。如到期未能处理或正在处理，不能上报回告的，要在限期内主动说明情况。

7. 审查结案制度

承办单位上报信访问题处理结果的回告材料，原交办单位要认真审查，及时结案。结案标准是：事实清楚，结论正确，处理符合政策，手续完备。上报结论和处理意见，必须有申诉者签署的意见。

8. 复信制度

对信访的处理结果，应区别情况，给来信来访者书面复信或口头答复。原则上由承办部门负责办理。复信要注意签署日期，加盖公章，留存底稿。若口头答复，要做记录存档，以备查考。

9. 信访归档制度

各级信访部门在信访工作中形成，并作为历史记录保存起来的文件、资料（包括来信登记卡片和簿册、接访记录、案件调查处理报告、处理结果记载、统计报表等）、人民来信，均应按性质分类整理，立卷归档，建立信访档案。

第三节　处理信访问题的方法和要求

处理信访问题的基本方法是：综合反映，分别处理。综合反映，就是对群众来信来访中所反映的各种问题，进行具体分析、综合研究，经过加工整理，供领导在决策和指导工作时参考。分别处理，就是根据党和国家的政策、法令、规定、制度，对群众反映的、应当解决也能解决的问题，区别不同情况进行恰当的处理。综合反映要求信访部门运用研究部门的工作方法，分别处理要求信访部门采用办事机构的工作方法。这两种方法互相交替，配合使用，不可偏废。

对处理信访问题的具体方法和要求，下面分别从处理来信、接待来访、办理案件、综合反映四个方面来介绍。

一、处理来信

处理来信的基本要求是：及时拆封，详细阅读，认真登记，准确交办，妥善处理。

受理来信的基本程序是：拆封，阅读，登记，办理，立案和复信。

1. 拆封

当日来信，当日拆封，加盖收信章。拆封前，首先要检查一下来信，看是否属自己受理，以免拆错。拆封后，把来信读一遍，以便对要信、急信及时处理。拆封时要注意：

（1）随信寄来的证件、现金、各种票证和其他贵重物品，要逐一清点核对，妥善保管，防止丢失。

（2）要保持信封和邮票的完整，以便佐证投信时间和地址。若发现原信封无邮票，应注明。

（3）信封与信纸一并装订。有来信、转办单或另套有信封的，也应装订在一起。

（4）来信如缺张少页，要注明。

2. 阅读

阅读时要集中注意力，认真细致。外文或少数民族文字的，如看不懂，可请有关部门代译。对可能是精神病患者的来信，可向有关单位了解一下写信人的现实状况再行处理。对重复来信，如果不是内容完全相同的印刷或复制信，都要如同初信一样细看。

3. 登记

登记是在来信摘要单或来信登记簿上按照项目填写来信的基本情况。要用钢笔、毛笔填写，不能用铅笔填写。摘记来信内容时，要准确无误，言简意赅，字迹清楚。一般要交代清楚人物、时间、地点和主要内容。

4. 办理

根据来信的内容，采取呈送领导阅批、直接查处，或按“分级负责、归口办理”的原则转有关部门处理等方法，分别加以办理。

5. 立案

对于群众来信反映的重大问题，应按照有关立案标准立案查办。

6. 复信

一般说来，遇到下列情况，应给予复信：

（1）反映的问题或情况重要，而且比较可靠，要复信给来信者，告诉他们所反映的问题已转有关部门处理。

（2）反映的问题或建议确有价值的，要简复，予以鼓励。

（3）属于认识上的问题，或其他可以直接答复的问题，要复信宣传党和政府的政策，或针对其所提问题，予以准确的解答。

（4）反映的问题已经地方恰当处理，后本人要求不合理的，除考虑函转有关部门请他们做好思想工作外，还要复信表明态度，劝其服从地方处理。

（5）知名人士或代表性人物的来信，要复信说明他的信已交某领导或某机关处理或参考。

（6）反映的问题需要处理，但需要了解具体情况的，要复信问明情况。

（7）凡已摘登内部刊物的来信，或经领导阅批的信件，均应给来信人复信。

（8）馈赠各种礼品的，一般均应退回，并复信说明拒收的理由。不能退回的，可与有关部门联系作价，汇给价款，并复信声明以后不要再送。

（9）对随信寄来的证件、票证、现金、物品、稿件和著作作何处理应函告来信人。直接退还本人的，要简复说明。

（10）对群众申诉，要求解决具体问题的信，一般都要答复。

对于匿名、化名来信检举、揭发者则应视情况而定：如反映的情况严重，经调查属实，应对被检举、被揭发者依法处理，而不必追查来信者的真实姓名和身份；如反映的情况严重，经调查纯属诬告，并已对被检举者造成损害，必须查明来信者的真实姓名及身份，追究其法律责任；如反映的情况较轻微，可不予处理。

二、接待来访

接待来访的基本要求是：热情接待，认真听记，恰当处理，耐心教育，维护秩序。

受理人民来访的基本程序是：接待，登记，接谈，处理，立案和回访。

1. 接待

凡是人民群众来访，都要先迎接，后问好，再让座，然后请问姓名和单位。这是来访接待的几个具体程序。总之，要来有迎声，问有答声，走有送声。对于言辞激烈，由于各种原因发脾气的来访者，也应以礼相待，切忌简单急躁，更不能推脱了事。

2. 登记

应依次问准姓名、年龄、单位、住址、职业、职务、文化程度、参加工作时间、入党入团时间、来访次数、反映的问题，并记明来访时间、来访字号、来访人数和问题的性质。对于有一定文化程度的来访人员，应把来访登记表发给本人填写，然后由接待人员复核。

3. 接谈

这是受理工作的主要内容。一要集中精力倾听来访者的叙述，二要迅速作好记录，三要亲切地进行必要的询问，四要明确告诉来访者须对反映情况的真实性负责，五要复述记录的主要内容，六要征求来访者对记录的意见，七要向来访者索要书面材料，八要共同确认来访者反映的内容摘要。总之，接谈的任务是听清情况的反映，查明事实真相，问准要求解决的问题和提出的具体要求。

4. 处理

对来访群众反映的问题要作出符合党和政府的政策的处理，满足其正当要求。具体做法是：

（1）能当即答复解决的应予以答复解决。

（2）应由来访群众所在地领导机关和单位处理的，可通过电话向有关单位进行初步核对，弄清有关情况，酌情处理。

（3）来访群众反映的比较重要、典型的问题，可及时整理材料或编写“来访简报”，送领导批办。

（4）来访群众要求合理，政策允许，应该解决而长期得不到解决的问题，可交办或直接调查，查明情况后，督促有关单位处理。需要与有关部门共同研究处理的，应联系安排，组织落实，并动员来访群众回原单位，等待处理结果。

（5）来访群众留下的申诉材料，需要转办的，应及时转办。有关身份证明或其他证件，看后应退还来访人，必要时可请来访人将有关证件复制一份留下，以便送阅材料时附上，供领导判断处理。

5. 立案

对于来访群众反映的重要问题，应根据立案标准立案查处。

6. 回访

回访，即拜访来访者。回访的过程，就是调查研究，解决问题，了结案件的过程。它与复信工作一样重要。回访的重点，一般应放在问题已恰当处理而本人思想不通的人身上，以便有针对性地做好疏通引导工作。

对以下几种情况，要采取不同的处理方法：

（1）对揭发、检举、控告的处理。对这类性质的信访，应深入了解情况，区分界限，严肃处理。需转办的，只能转给被检举、被控告者的上级领导机关或政法、监察、纪检部门，不得转给被检举的单位或本人。对于误告，应予以解释说明，批评教育。对于诬告陷害的人，应按《宪法》第四十一条“不得捏造或者歪曲事实进行诬告陷害”的规定，送司法机关依法惩处。

（2）对无理取闹者及某些病患者的处理。这在《国务院关于维护信访工作秩序的几项规定》（1980年8月22日发布）中均有说明：“对于来访人员中已经接待处理完毕、本人坚持不走、说服教育无效的，可由信访部门出具公函，公安部门协助，送民政部门管理的收容遣送站收容送回。”“对于来访人员中有伪造材料、冲击机关、强占接待室、拦截汽车、破坏公物、串联来访人员闹事和殴打工作人员等违法行为的，由公安部门依法处理。”“对于来访人员中的麻风病患者，由信访部门通知卫生部门派人检查；其中有传染性的，由卫生部门负责处理，信访部门予以协助。”

（3）对查问性信访的处理。来信来访查问对本人信访的处理结果，如属转办的一般问题，可以告知已转给何部门或单位，请其直接联系。但对于信访人所在单位前来查阅来信或来访记录，须持有县以上党政机关的介绍信，并有正当理由，经请示领导，同意后方可查阅，否则不予提供。

（4）对集体上访的处理。对集体上访，应说服劝导上访群众推选代表，反映情况，尽量减少集体往返，以免影响工作。集体聚众哄闹的，可以不予接待，或报请有关部门制止。

（5）对上访群众食宿医疗问题的处理。根据有关规定，凡到上级党政领导机关所在地进行上访的人员，其食宿、路费均应自理。只对极个别确有特殊困难者，才酌情适当解决，但必须从严掌握。如发现有急重病患者，应及时向领导反映，或送医院先行治疗，后通知所在地区政府或单位派人负责领回。

三、办理案件

办理信访案件的基本要求是：立案手续完备，案情清楚，定性准确，处理恰当，善后工作落实。

办理信访案件的基本程序是：立案交办，直接查处，结案上报和督促检查。

1. 立案交办

立案交办，就是受理信访的部门立案，将信访问题函交有关部门或单位组织办理，并要求汇报处理结果。属于下列情形之一者应立案交办：

（1）重要的或长期顶着拖着不办的申诉、求决的问题。

（2）需要了解的重要情况和问题。

（3）对严重违法乱纪或党内不正之风问题的揭发检举。

（4）对严重压制民主和打击报复事件的投诉。

（5）对党和政府的各项方针、政策阳奉阴违，不贯彻执行的人和事。

（6）领导批示或上级交办的问题。

凡立案交办并要求报告处理结果的信访问题，都应填写信访登记表，发文通知承办单位，限期查处，报告结果。

2. 直接查处

凡是属于本级职权范围内的信访案件和其他不宜转交下级机关或单位办理的案件，立案机关应直接派人调查处理。有时，为加快办案进度，提高办案质量，领导应负责承办信访案件。具体方法是"三定三包"（定包案单位、定办案人员、定结案时间；包调查、包处理、包做思想工作），做到包一案、查一案、结一案、了一案。

3. 结案上报

结案和上报是处理信访案件的两个不可分割的重要环节。前者是从受理到查处全部过程的终结，后者是报请上级审批结案的开始。结案的标准是：事实清楚，结论正确，符合政策，手续完备并有申诉者的意见。对于负责人批办和上级领导机关交办并要求上报处理结果的信访问题，都要及时上报。有些信访老户，上级机关虽然没有要求汇报，但是为了互相通气，信访部门应在调查处理后主动上报。

4. 督促检查

这是使信访案件件件有着落、事事有结果的重要措施。特别是对交办的信访案件，更应加强督促检查。应重点抓好以下几个方面的问题：一是抓逾期不报的信访积案，二是抓报而不结的信访要案，三是抓结而不报的信访老案，四是抓久办不决的信访难案。催办也是信访部门督促检查处理信访问题的主要方法。

四、综合反映

综合反映，就是把群众来信来访中反映的各种分散的、零碎的、不系统的问题，通过比较鉴别、分析研究，从中找出普遍性、倾向性的问题，加以综合整理，为领导决策提供参考依据。综合反映是总结信访工作经验，探求信访工作规律，提高信访工作效率的根本性措施，因而也是对信访工作的较高要求。

要搞好综合反映，就要在分类统计的基础上，重点抓住政策性、苗头性、倾向性的问题。

1. 抓政策性问题

所谓政策性，就是涉及党和政府的某些政策，并带有一定影响的问题。综合反映政策性问题，主要包括三个方面：一是各单位在执行政策中发生的问题；二是政策虽有明文规定，但某些规定群众认为不合理，有意见，需要着重研究的问题；三是群众要求合理，但尚无相应的政策规定，或者政策有规定，实际情况还无力解决的问题。第一方面是维护政策的正确执行，第二、第三方面是为制定和调整政策提供依据。

2. 抓苗头性问题

所谓苗头性，就是客观事物略微显露的发展趋势或情况。群众写信上访，从各自的立场和各个侧面反映出来的问题，在一定时期内可能代表着一种动向。对这些苗头认真分析，综合整理，及时反映，有利于领导决策。对苗头中的积极因素，应加以保护扶植，扩大推广；对消极因素，则应防微杜渐，制止其蔓延滋长。

3. 抓倾向性问题

所谓倾向性，就是客观事物显露的趋势已在一定范围内有了影响，发展成了一种倾向，或者造成了一定的损失。这是事物由量变到质变的过程。它与苗头既有联系，又有区别。区别主要在于表现程度上的差异，广度和深度有所不同。后者的影响大于前者。抓倾向性问题，要着重抓各级组织内以及社会上出现的某些不良倾向。同时，还要注意发现一种倾向可能掩盖着的另一种倾向，尤其要抓伴随政治形势发展可能出现的问题以及在一定时期内与某项工作紧密相关的问题。

如上所述，信访工作是保障群众利益，维护社会稳定，促进社会和谐的基础性工作。随着各项改革的逐渐深化和社会利益关系的逐步调整，各类社会矛盾不断显现。新时期的信访工作有何特点，如何提高信访工作水平，是值得各级党委、政府及信访部门思考的重要课题。中共湖北省建始县委常委、县委办公室主任程银阶从三方面进行了论述：

（1）全面把握当前信访工作的基本特征。这些特征是：

①信访主体趋向多元化。

②信访内容呈现多样性。

③信访方式时有冲突性。

（2）辩证分析形成信访现状的主要因素。这些因素是：

①历史因素。

②政策因素。

③工作因素。

④认知因素。

（3）积极探索信访维稳工作的创新举措。这些举措是：

①既要坚持以人为本，又要注重依法依规。

②既要坚持畅通渠道，又要注重维护秩序。

③既要坚持源头预防，又要注重化解积案。

④既要坚持强化责任，又要注重机制创新。

⑤既要坚持构筑网络，又要注重培养队伍。[①]

以上见解，值得信访部门借鉴。

思考与练习

1. 从宏观和微观上考察，信访工作的任务是什么？
2. 信访工作有哪些作用？
3. 信访工作有哪些原则？
4. 简述信访工作的制度。
5. 处理信访问题的基本方法是什么？

---

① 程银阶．对于提高信访工作水平的思考．办公室业务，2009（2）：43～45

第十八章　立卷、归档和档案工作

立卷、归档和档案工作，是秘书工作的重要组成部分，也是秘书人员专门性的业务工作。在中国台湾，通过问卷调查，档案管理列为现职女秘书日常工作的第四位①，足见其重要性。

第一节　立　卷

一、立卷的作用

立卷就是将办理完毕的零散文件，根据它们之间的联系，分门别类地组成一个或数个案卷的过程。办理完毕不是指文件的内容全部贯彻执行或工作全部做完，而是指文件在处理程序上已经办理完毕。如收到上级机关的来文，由文秘部门提出拟办意见，经本机关负责人批示或交有关部门办理，即算是办理完毕；本机关形成的文件，经审核、签发、缮印、登记，分发出去，即算是办理完毕；上下级或机关、部门间互相行文，“请示”已得到“批复”，“问函”已有“复函”，也是办理完毕。案卷，是一组互为联系或具有共同特征并经过系统整理的文件集合体，它是文书档案的基本保管单位。

立卷是文书处理过程的最后环节，也是现行文件转化为档案的必经步骤。

立卷有以下作用：

---

① 王全禄．女秘书实务．香港：三民出版社，1982. 103

1. 保持文件之间的历史联系，便于查找利用

在工作活动中，文件是一份一份形成的，但在同一个单位或同一项工作、同一个问题的处理过程中形成的许多份文件，它们相互之间又有着密切的联系。如有个材料反映了职称评定中一些不正之风，有个材料反映了一些单位评定职称标准不一，有个材料反映了乱立职称名目，没有权威的批准机关。于是，领导机关、领导人员对此十分重视，召开了相应的会议，产生了会议纪要，发出了暂停职称评定工作的通知。此后，经过一段时间的整顿，有的材料提出，停顿时间太长不利于调动专业人员的积极性，接着，有关部门制订了评定职称的具体方案。于是，领导机关、领导人员又召开会议进行讨论，发出了恢复职称评定和有关政策规定的通知。这前前后后的材料、纪要、通知，都是围绕职称评定的，都有着内在的联系，或叫历史联系。立卷工作就是通过对它们进行一番整理、鉴定、区分工作后，组成案卷，如实反映这段历史，保持这种历史联系。只有保持这种联系，查找利用时才方便顺当。如果面对的是一大堆杂乱无章的文件，找到了一份，不知是征求意见稿还是定稿；找到了问文，不见复文；找到了会议报告，不见会议议程，这样就费时费力，大大降低了文件的查考价值，更谈不上利用了。

2. 保护文件的完整与安全，便于保管

单份文件不仅零散杂乱，而且容易磨损和丢失，特别是有些文件如果长期分散在各部门或个人手里，极易造成遗失、泄密。将它们按一定规格装订成册，就可以避免文件的破损和散失，便于管理和保存。所以，在档案部门，编目、鉴定、统计、提供利用等工作，都是以案卷为基本单位来进行的。

3. 为档案工作奠定基础

秘书部门把办理完毕的文件立成案卷，才算是最后完成了文书处理工作。案卷移交给单位档案室后，文件便从运转过程进入档案管理阶段。案卷是档案部门的工作对象，立卷质量如何，直接影响和决定着档案的质量，所以，立卷工作是档案工作的基础。

二、立卷的范围和方法

1. 立卷的范围

每个单位需要立卷的文件，都有一定的范围，并非片纸只字有文必立卷。划定范围，目的是保证确有查考价值的文件能齐全完整地立卷保存；把没有查考价值的文件剔除出去，既避免遗漏主要文件，又不使案卷重复和庞杂臃肿。

立卷的范围，一般是指本单位在工作活动中形成和使用的、经过办理完毕、具有查考价值的收发文件，包括电报、会议文件、内部文件、电话记录、本单位编印的出版物原稿（附印本）以及图表、簿册、照片、录音带、录像带等。主要有：

（1）本单位工作中形成的，直接反映本单位主要职能活动的重要文件。

（2）与本单位产生的文件有密切联系的上、下级单位的重要文件。

（3）本单位进行工作需要遵循和查考的上、下级单位的文件。

（4）具有查考价值的本单位和上、下级单位的一般性文件。

2. 立卷的方法

第一，编制案卷类目。

案卷类目由若干“类”组成，每一类又由若干“条款”组成。它是每年年初在文件尚未产生之前，根据单位性质、职权范围、内部组织结构情况、当年工作计划和任务以及一年中可能产生的文件情况，参照往年的案卷类目，按照立卷的要求拟制出的案卷分类名册。它是一种比较详细的立卷规划，有人把它称为立卷工作人员的一个很好的助手，应进行立卷工作的指南。由于案卷类目带有预计性，故很难同实际情况完全相符，部分予以修改和补充的情况是常有的。

另一种情况是不预先编类目，而是根据文件内容按已经熟悉和习惯的做法临时编类立号，但这要求立卷人员有较高的业务能力，能随时确定什么内容归入什么类，编入什么卷。

第二，灵活运用文件的六个特征。

每一份文件都有一定的特征，一般分为问题特征、时间特征、名称特征、作者特征、通信者特征、地区特征，通称为六个特征。立卷时要把一些有着共同特征和密切联系的文件组合到一起，构成一个案卷；把一些具有不同特征和联系不密切的文件分别进行立卷，也就是按文件的特征立卷。下面分述六个特征及其运用。

（1）问题特征。是指文件内容所说的事情或问题。按问题特征立卷，就是将文件内容所说的同一问题或某一方面问题，或有关同类性质问题的文件组成案卷。如“关于对×××事件进行处理的文件材料”、“关于本厂机构改革方案历次稿”。

按问题特征立卷的应用比较广泛，是一种常用的主要方法。这是因为在较多的情况下，它符合文件形成的自然规律，便于保持文件的历史联系，便于贯彻以党和国家的方针政策为纲整理档案的指导思想，便于查找利用。文件是在制定和贯彻执行党和国家方针政策的过程中形成的，是在工作活动中形成的。工作就是解决各种问题，党和国家的每一项方针政策都是为了解决一定的问题，都体现在一定的问题上。因此，问题的联系，通常是文件本质的内在联系。

按问题立卷最多最广，是一种主要的立卷方法，这是就整理某一全宗（全宗是一个独立的单位或个人在社会活动中形成的全部档案的总称）或全宗内某一类别（如某一组织机构某一年）的文件而言的。在整理某一全宗或全宗内某一类别的文件的时候，通常主要是按问题特征来立卷的。但这并不是说，组合任何一个案卷，都要以问题特征作为主要的立卷方法；也不是说在任何情况下，不管任何文件，按问题立卷都是最好的方法；更不是说问题特征唯一而排除其他特征。如会议文件不能按问题拆开立卷，综合性的计划、报告不能按问题分开立卷。

（2）时间特征。一是指文件内容所针对的时间，一是指文件形成的时间。按时间立卷，就是将属于同一时间，即同一年度、同一季度、同一月份或上半年、下半年等文件集中立卷，如“××县常委会2009年会议记录”、“2008年生产年度报表”、“2010年第一季度劳资报表”。

按时间特征立卷，一般不得把不同年度的文件放在一起立卷，跨年度的请示与批复放在复文年立卷，没有复文的放在请示年立卷；跨年度的规划放在针对的第一年立卷；跨年度的总结放在针对的最后一年立卷；跨年度的会议文件放在会议开幕年立卷；非诉讼案件放在结案年立卷。

（3）名称特征。也叫文件名称特征，指决定、通报、请示、意见、函等。按名称特征立卷，就是把同一名称的文件组成一卷。不同的文件名称，反映文件的不同作用，按名称特征立卷，可以体现文件的不同价值。

一般情况下，按名称特征立卷的情况不会很多，因为一年之内，把决定与决定、请示与请示等分别放在一起立卷不一定合适，但也有的单位将综合性的计划、总结、会议记录和有专用名称的文件按名称特征立卷。另外要注意的是，有些文件虽然名称相同，但性质不同，例如转发上级机关和不相隶属机关的公文的通知和任免人员的通知，就不能按名称特征立卷。

（4）作者特征。指制发文件的单位或单位负责人。例如，国务院发的文件、广东省高级人民法院院长×××发的文件。按作者特征立卷，就是将同一作者形成的文件集中立卷，即通常所说的分级立卷。分级立卷，是指在不分割文件历史联系的条件下，按照文件的来源，把上级单位的来文、下级单位的来文和本单位直接产生的文件适当分开立卷。分级立卷的好处是便于重点整理、保管和利用本单位直接产生的档案以及与其有紧密联系的一些档案。一般来说，本单位直接产生的档案以及与其有紧密联系的一些档案，是该单位档案中最重要的部分，查找利用也最多，应该重点整理和保管。分级立卷还可从大的方面来区分和考虑文件的不同价值。

（5）通信者特征。指收发文单位。按通信者特征立卷，就是把本单位与另一单位关于某一问题或几个问题来往产生的文件组成一卷。如××厅关于工资改革问题与广东省人事局的来往文件（一个问题），××大学关于新增专业问题与广东省教育厅的来往文件（几个问题）。通信者特征与作者特征有所不同，按通信者特征立卷，是双方相互往复的文件，不包括这两个作者各自的单独发文；按作者特征立卷，卷内的文件都是发送本单位的，属本单位的收文。

使用通信者特征立卷，不等于把本单位与某一单位互相来往的全部文件组成案卷，而仅限于对一个问题或几个问题的有问有答，如请示之后有批复，问文之后有复文。

（6）地区特征。指文件内容涉及的地区。按地区特征立卷，是将内容涉及同一地区的文件集中立卷，便于反映该地区的工作情况或对该地区某些问题的处理。例如，“关于湖北省大别山区多种经营的调查”。在通常情况下，作者所在地区或文件来源的地区与文件内容涉及的地区是一致的。

地区特征一般多用于下属机关的来文、调查统计材料和某些专门文件，至于本单位的发文、上级单位的来文，则很少按地区特征立卷。

对于文件的六个特征，应该围绕立卷的原则（即按照文件的自然形成规律保持文件之间的历史联系的原则），根据本单位的实际情况和文件的不同情况，灵活选用，结合选用。实践证明，单纯按某一特征立卷，或在每个卷中分别使用不同的特征，都是不好的。在一卷之内结合使用两个以上特征立卷，是比较科学的可行办法。如“国务院关于严格控制召开全国性会议的通知”，这个卷具有作者（国务院）、问题（严格控制召开全国性会议）和名称（通知）三个特征。

第三，适当考虑文件的保存价值。

由于文件内容的重要程度以及在单位中所起的作用不同，因而它们的保存价值，即保管期限的长短，也有所不同。在立卷工作中应适当考虑文件的保存价值，将具有相同保管期限的文件组合在同一个卷中，而把保管期限不同的文件分开立卷。根据《关于机关[①]档案保管期限的规定》（1987 年 12 月 4 日国家档案局发布，自 1988 年 1 月 1 日起施行），文书档案的保管期限定为永久、长期和短期三种。长期为 16～50 年，短期为 15 年以下。确定机关档案保管期限的原则是：

（1）凡是反映机关主要职能活动和基本历史面貌的，对本机关、国家建设和历史研究有长远利用价值的档案，列为永久保管。

（2）凡是反映本机关一般工作活动，在较长时间内对本机关工作有查考利用价值的文件材料，列为长期保管。

（3）凡是在较短时间内对本机关有参考利用价值的文件材料，列为短期保管。

立卷时适当考虑文件的不同保管期限，不仅从查考价值上反映了同一案卷中文件的共同规律，而且为以后档案的整理鉴定、检索利用等一系列工作奠定了基础，创造了条件。

第四，妥善进行案卷编目。

（1）给卷内文件编号。卷内文件经过排列，案卷经过审定以后，就可给案卷内的文件编号。编号是为了固定卷内文件的位置。对装订起来的案卷，卷内文件除编份号以外，还应编总顺序页码（张号），以利保管。

（2）填写卷内文件目录。卷内文件目录按照卷内文件的顺序号逐份填写。目录项目包括顺序号、发文机关、文电简要内容、文电日期、文电所在份号、备考等。

（3）填写卷末备考表。每个案卷末尾都有一张备考表（有的直接印在卷皮上），立卷人和检查人逐项填写后要签字注时，以示负责。

---

① 各级党、政机关和人民团体统称为机关。

（4）填写卷皮。项目有六项：机关名称、案卷标题、起止日期、卷内文件份数、保管期限以及全宗号、案卷目录号、案卷号。

（5）恰当排列案卷与填写案卷目录。案卷排列包括案卷的分类和排列。这项工作是在立卷过程中进行的，但是案卷立好以后，还须进行一次全面的检查和调整，最后确定案卷的排列次序，并编上顺序卷号。排定案卷并编了卷号之后，便填写案卷目录。案卷目录是案卷的登记簿，用来揭示一年形成的全部案卷，统计案卷的数量，并作为查找和管理案卷的基本工具。文书部门每年要向档案部门移交案卷，案卷目录又可作为移交目录，是交接案卷的凭证。案卷目录包括八个项目：顺序号、文书处理号、卷名、起止日期、份数、张数、保管期限以及备考。案卷目录编好以后，文书部门就完成了文件立卷工作，下一步可准备向档案部门移交。

第二节　归　档

一、归档的作用

归档，是指文书部门将办理完毕且有保存价值的文件经系统整理后交档案室①或档案馆②保存的过程。归档是国家规定的一项制度，又叫“归档制度”。《中华人民共和国档案法》③ 指出，“对国家规定的应当立卷归档的材料，必须按照规定，定期向本单位档案机构或者档案工作人员移交，集中管理，任何个人不得据为己有”，“国家规定不得归档的材料，禁止擅自归档”。

---

① 档案室是国家机构、企事业单位或其他社会组织内部设置的集中管理本单位档案的专门机构。

② 档案馆是集中管理特定范围档案的专门机构。

③ 1987 年 9 月 5 日第六届全国人民代表大会常务委员会第二十二次会议通过，1988 年 1 月 1 日起施行；根据 1996 年 7 月 5 日第八届全国人民代表大会常务委员会第二十次会议《关于修改〈中华人民共和国档案法〉的决定》修正。

归档是文书工作的最后一个环节，又是档案工作开始的一个环节，可以说是文书工作和档案工作的“结合部”，即两者交接的一个环节。单位内文件的归档是档案室档案的主要来源，也是档案室收集工作的常规任务。所以，建立和健全归档制度是非常重要的，它是单位档案室工作的起点，也是为国家积累档案财富的重要保证。

二、归档的范围、时间和要求

健全的归档制度，一般包括归档范围、归档时间和归档案卷的质量要求三方面内容。

1. 归档范围

恰当界定归档范围，就要明确哪些文件应该归档，哪些文件不必归档。根据国家的规定和本单位的具体情况准确地确定文书材料的归档范围，是非常重要的。归档范围过宽，把没有保存价值的文件材料归档，必然造成档案的繁杂、臃肿，给保管和利用带来困难。曾有位统计学家的报告指出，美国的商业机构里，每年每份需要保存费一分钱的文件，有一兆份以上，而且每年还要增加 1.75 亿份。要知道，懂得什么是应该丢弃的，要比懂得何处可以安排更重要。档案柜里的卷宗往往保留得太多——保留得太久。据有人统计，几乎有 90% 的卷宗是一放进去，就永远不再拿出来用的。换句话说，职员要浪费时间来整理这些废物，而单位也要浪费金钱来维修档案器材。但归档范围又不能过窄，过窄会使有保存价值的文件材料不能全部归档，必然会影响档案的完整性，给单位工作带来不便，给党和国家造成无法弥补的损失。

在《机关文件材料归档和不归档的范围》(以下简称《范围》，1987 年 12 月 4 日国家档案局发布，自 1987 年 12 月 4 日起施行) 中，对归档和不归档的文件材料的范围作了明确规定，总的来说，凡是反映本机关工作活动、具有查考利用价值的文件材料均属归档范围，它们包括上级机关的某些文件材料、本机关的某些文件材料、同级机关和非隶属机关的某些文件材料以及下级机关的某些文件材料。不归档的文件材料的范围，则包括上述机关的另一些文件材料。《范围》还申明："各机关应根据本《范围》的精神，结合实际情况，制定本机关、本系统文书材料归档和不归档的具体范围。"

2. 归档时间

要实行定期归档。定期归档，就是办理完毕的文件材料由文书部门或业务部门整理、立卷后定期向档案室移交。移交的时间一般在第二年上半年，一些专门性文件或驻地分散的个别业务单位的文件，可推迟至第二年下半年。不要等文件成了堆才向档案室归档，也不要将办理完毕的文件零散地、不定期地交给档案室。

移交档案时交接双方要根据移交目录清点核对，并履行签字手续。

3. 归档案卷的质量要求

根据《机关档案工作条例》（1983 年 4 月 28 日中共中央办公厅、国务院办公厅发布，自 1983 年 4 月 28 日起施行）的规定，归档案卷应符合下列要求：

（1）应归档的文件材料齐全、完整；

（2）文件和电报按其内容的联系，合并整理、立卷；

（3）对归档的文件材料，要保持它们之间的历史联系，区分保存价值，分类整理、立卷，案卷标题简明确切，便于保管和利用。

三、电子公文的归档管理

电子公文是指各地区、各部门通过由国务院办公厅统一配置的电子公文传输系统处理后形成的具有规范格式的公文的电子数据。电子公文的归档管理，按《电子公文归档管理暂行办法》① 办理。

---

① 国家档案局第 6 号令，2003 年 7 月 28 日发布，2003 年 9 月 1 日起施行。

为了加强对电子公文的归档管理，有效维护电子公文的真实性、完整性、安全性和可识别性，该《办法》作了若干规定，其中有：

电子公文形成单位应指定有关部门或专人负责本单位的电子公文归档工作，将电子公文的收集、整理、归档、保管、利用纳入机关文书处理程序和相关人员的岗位责任。

机关档案部门应参与和指导电子公文的形成、办理、收集和归档等各工作环节。

电子公文的真实性、完整性、安全性和可识别性，移交前由形成部门负责，移交后由档案部门负责。

电子公文参照国家有关纸质文件的归档范围进行归档并划定保管期限。

电子公文一般应在办理完毕后即时向机关档案部门归档。

电子公文形成单位必须将具有永久和长期保存价值的电子公文制成纸质公文与原电子公文的存储载体一同归档，并使两者建立互联。

电子公文的收发登记表、机读目录、相关软件、其他说明等应与相对应的电子公文一同归档保存。

电子公文形成单位应在运行电子公文处理系统的硬件环境中设置足够容量、安全的暂存存储器，存放处理完毕应归档保存的电子公文，以保证归档电子公文的完整、安全。

电子公文形成单位应在电子公文处理系统中设置符合安全要求的操作日志，随时自动记录对电子公文实时操作的人员、时间、设备、项目、内容等，以保证归档电子公文的真实性。

归档电子公文的移交形式可以是交接双方之间进行存储载体传递或通过电子公文传输系统从网上交接。

通过存储载体进行交接的归档电子公文，移交与接收部门均应对其载体和技术环境进行检验，确保载体清洁、无划痕、无病毒等。

归档的电子公文，应按本单位档案分类方案进行分类、整理，并拷贝至耐久性好的载体上，一式三套，一套封存保管，一套异地保管，一套提供利用。

超过保管期限的归档电子公文的鉴定和销毁，应按照归档纸质文件的有关规定执行。对确定销毁的电子公文可以进行逻辑或物理删除，并应由档案部门列出销毁文件目录存档备查。

第三节 档案工作

档案工作是管理档案和档案事业的活动。

一、档案的作用

档案法中所称的档案，是指过去和现在的国家机构、社会组织以及个人从事政治、军事、经济、科学、技术、文化、宗教等活动直接形成的对国家和社会有保存价值的各种文字、图表、声像等不同形式的历史记录。档案的作用，具体表现在以下几方面：

1. 档案可作为单位工作查考的依据

档案是历史的真凭实证，是过去单位工作活动的记录。单位领导和工作人员了解情况、总结经验、制订计划、处理问题，常常需要从档案中查考过去的记载。如果没有完整的档案，往往会使本来容易解决的问题也变得不好解决。清华大学核能技术设计研究院充分认识到办公室做好档案工作的重要意义，长期以来十分注意做好档案工作。该院自创建伊始，就开始自行设计建造中国的第一座核反应堆——清华大学屏蔽试验反应堆，并于 1964 年建成。他们在建堆过程中始终坚持的“知难而进”、“建堆树人”和“用我们的双手开创祖国原子能事业的春天”等指导思想，是核研院传统精神的基石。这是对内进行传统教育以增强凝聚力、战斗力，对外进行宣传以扩大影响、争取科研任务的好素材。1965 年，当时的党政领导所作的题为“六年的奋斗，四个方面的丰收”的长篇总结，可惜在“文化大革命”中散失了。20 世纪 80 年代末，经过他们多方努力查找，终于在高教部 1965 年编的《高教简讯》增刊第 3 期上找到了这篇总结，这对他们来说是一份极为重要的档案。此后，在核研院5兆瓦低温供热堆和10兆瓦高温气冷实验堆先后建成时，院里分别召开了六次座谈会，对建堆工作和建堆过程中形成的“为国争光，为民造福，建堆报国”、“团结、进取、求实、奉献”精神进行了充分的总结，他们对此作了详尽记录，并及时整理归档，现已成为该院重要的精神财富，成为对该院工作进行查考的依据之一。①

2. 档案可作为生产活动的依据和参考

档案中记载了各种生产活动的情况、成果、经验和教训，可以为国家和各单位的建设和发展提供丰富的资料。充分利用有关档案，对提高经济管理水平，促进生产力发展，具有直接的作用。有的地方查阅历年档案，找出本地区降冰雹的规律，据此采取措施，防止了冰雹灾害，增加了粮食产量；不少企业狠抓档案业务建设，促进了企业质量认证，为走向国际市场铺平道路。与此相反，有的单位因为没有完整档案，或“有案不查”，造成生产上管理混乱、重复劳动、返工浪费以及出现事故等，给国家和单位建设带来损失，教训是沉痛的。

3. 档案可作为政治斗争的工具

在中国大量的档案中，记载着国内外敌人在不同时期和各个方面的活动，以及中国人民进行革命斗争的情况和有关的历史事实，这些都可作为党和国家进行对敌斗争的锐利武器。譬如，中央档案馆接收的审判林彪、江青两个反革命集团案的全部文书档案和声像档案，包括大量罪证和审判全过程的有关文件，就很好地发挥了档案作为政治斗争工具的作用。

4. 档案可为科学研究提供必要的资料

档案是第一手的参考资料。无论是社会科学还是自然科学，所

① 杜淑英，马栩泉．办公室要重视做好档案工作．秘书之友，2003(3)：26～28

有的研究工作都须借助各种各样的档案，有人比喻说，档案是进行科学研究不可缺少的“食粮”或“能源”。恩格斯的《英国工人阶级状况》，就大量利用了英国的官方文书。中国水利、气象、地震等方面的一些研究成果，都利用了两三百年间记载有水文、气象、地震等情况的历史档案。

二、档案管理的内容

档案管理的内容包括档案的收集、整理、保管、鉴定、统计和提供利用等活动。

1. 收集

收集是档案馆、档案室接收及征集档案和其他有关文献的活动。在接收和征集机关、团体、企事业单位的档案材料的同时，还要主动鼓励一些社会机构或者个人向国家各级各类档案馆、档案室等档案机构捐赠档案及其收藏品的行为。广州市档案局何世藻认为，在捐赠过程中，要明确捐赠档案所有权的完整性，捐赠档案版权归谁所有，捐赠档案在使用方面的限制，还要订立捐赠档案协议书（法律文书）。①

2. 整理

整理是按照一定原则对档案实体进行系统分类、组合、排列、编号和基本编目，使之有序化的过程。中国航天科工集团三〇四所王喆对档案整理的甘苦深有体会。他认为，档案整理工作必须要遵循科技档案的形成规律，保持档案材料之间的有机联系，确保整理后的档案案卷及文件完整齐全、系统有序，便于保存和查找。如该所承担的航天型号软件检测任务，是一项十分复杂的系统工程，由于型号软件检测是分型号、分阶段进行的，而每一阶段又有多次复测，这时就必须把每次检测产生的静态分析报告、测试问题表及测试报告等技术文件按型号、阶段进行组卷，这样整理便于科技人员

① 何世藻．试谈档案的捐赠及其合法权益．办公室业务，2002（4）：40～41

查找，给下次的复测工作带来方便。档案整理工作除了分类、组卷，还包括装订及修复，即把铁质材料装订的文件换成线装订。这是一项细致、烦琐的工作，需要极大的耐心，因为它的质量好坏直接关系到档案的使用寿命，所以也是不容忽视的。由于文件在使用阶段没有得到精心保护，到归档时不少封皮都有磨损的现象，甚至有些页面也有磨损的情况。这些文件在归档整理时如不加以修复，将严重影响其使用寿命。总之，装订、修复工作在档案整理工作中是必不可少的。①

3. 保管

保管是维护档案完整与安全的活动。保管与保护紧密相连，保护是防止档案受损，延缓档案蜕变和抢救、修复受损档案的活动。如果不重视档案的保管保护工作而令一些宝贵档案湮灭，真的是对不起历史，对不起后人。报载，广东省唯一完整保留着的农业集体化时期的基层档案史料——北水资料，正面临着虫蛀、鼠啮、脆裂、破碎的危险。

据介绍，1996 年广东省社会科学院助理研究员简小欢在顺德市杏坛镇北水村调研时，偶然发现该镇北水管理区一农民的阁楼上完整地保存着一批该村农业社、人民公社时期（1956—1984 年）的全部会计档案和文件档案资料，共 32 麻袋之多，囊括了人民公社发生、发展和转化为双层经济制的全过程。出于职业敏感，她当即向有关部门说明这批资料的研究价值，并请求运送至社科院收藏。至 2001 年 3 月，广东省社科院共获得了北水原生产大队、生产队两级核算单位的会计账册近 600 本、会计单据 3 000 多册、外出证明存根 200 多册及大批各类统计资料。有关专家估计，这可能是广东省迄今唯一比较完整保留的农业集体化时期的基层档案史料。

有关专家对北水资料给予了极高的评价，认为这是“世界上独一无二的，再过半个世纪，就成金子了”，应将这批史料看作广

① 王喆．试论科技档案质量的全过程控制．办公室业务，2003（1）：38～40

东省的一份重要历史文化遗产妥善珍藏。当时，这批史料的保管、修复工作迫在眉睫，但苦于没有资金。有关专家呼吁，在快速发展经济的时代，不能付出文化遗产被毁弃的代价，政府部门和社会各界应共同关心这类历史文化遗产的保护工作。①

4. 鉴定

鉴定是判定档案真伪和价值的过程。譬如，对重大活动照片档案的鉴定，也是一项细致的工作。机械科学研究院档案馆郭忠认为，对于收集到的照片，并非一律存档，而应首先对其进行鉴定，考证其是否具有档案价值，这是继档案收集工作之后的一个重要环节。主要是以照片所包含信息的质量及价值为依据进行分门别类的鉴定。

（1）照片选取。重大活动照片是否需要保存，首先应从全局考虑，从保存照片便于利用考虑，特别是历史照片和反映党政活动、重大会议的照片更应珍惜。同一内容的照片只需选取一两个角度，按照“专题”进行整理取舍，应选取拍摄质量好、艺术性强的照片，数量不必多，力求面面俱到。

（2）照片考证。对选中的每张照片要作进一步的考证，确定照片所反映的各类要素，如拍摄时间、地点、事由、背景、人物、摄影者等，对已有文字记录的要进行核实，对无文字记载的要了解后补正。②

5. 统计和提供利用

统计是对反映和说明档案及档案工作现象的数量特征进行搜集、整理和分析的活动。利用是利用者以阅览、复制、摘录等方式

---

① 潘林．无情岁月摧残珍稀史料　广东省唯一完整保留着的农业集体化时期的基层档案——北水资料，由于缺乏资金保护，目前破坏严重．羊城晚报，2001－11－05

② 郭忠．浅议重大活动照片档案的收集、鉴定和整理．办公室业务，2002（4）：44

使用档案的活动。中央档案馆的基本职能是保存和管理党和国家中央机关所形成的档案材料。馆内现藏有自中国共产党诞生以来各个时期的中共中央、国务院、全国人大、全国政协以及中央和国家直属机关、部门的档案材料近60万卷、1 000万件，另有与此相关的图书资料200万册。美国国家档案馆有着丰富的馆藏，其藏品截至1991年底，计有320亿件档案原件，1 600万份图表，520万张档案翻拍件，970万张航空摄影照片，11万卷电影资料，17万盒录像带和录音带资料。[①] 提供利用是档案的价值之一。今天，已有越来越多的人通过查阅档案的方式，从浩如烟海的珍贵资料中找到自己的所需。广东省档案馆新馆自2004年6月15日开馆以来，登门市民络绎不绝，有的寻祖屋资料，有的查父辈待遇，有的找官司文件。[②] 这说明，档案意识已越来越深入人心。

思考与练习

1. 何谓立卷？立卷有什么作用？
2. 立卷的范围一般指哪些？
3. 简述立卷的方法。
4. 举例说明按文件的特征立卷的方法。
5. 何谓归档？归档有什么作用？
6. 为什么说准确地确定文书材料的归档范围非常重要？
7. 何谓定期归档？移交的时间以什么时候为宜？
8. 归档案卷应符合什么要求？
9. 何谓电子公文？电子公文归档管理有什么规定？
10. 何谓档案？档案有什么作用？
11. 档案管理有哪些内容？

---

① 钱江．踏在未来的开端上——记美国国家档案馆．南方周末，1993-06-04

② 钟珮璐等．档案翻出真金白银莫走宝．羊城晚报，2004-10-07

第十九章　办公自动化

第一节　办公自动化概述

一、办公自动化的含义

办公自动化（OA，office automation）是一门综合性很强的新兴学科。它研究如何有效地将计算机技术、通信技术、系统科学和行为科学应用于传统的数据处理技术所难以处理的，数量庞大且结构不明确的，包括非数值型信息的办公活动。办公自动化又是在技术革命的浪潮中，适应形势发展的需要而产生的一项新兴产业和一门综合性的技术。国内外对办公自动化有多种解释。一般来说，办公自动化指具有现代化思想和技能的人，使用先进的办公自动化设备和科学管理的方法，充分利用信息资源，提高办公室的管理水平和工作质量，求取更好的经济效益。

二、办公自动化的主要特征

（1）办公自动化是一门综合性学科，它涉及行政管理、电子、文秘、机械、物理等多个领域。它不是自动化科学的一个分支，而是当今迅速发展起来的一门综合性多学科和多技术的新学科。

（2）办公自动化是一个人机信息系统，是一门具有信息处理功能的科学。一个较完整的办公自动化系统包括信息的采集、加工、传递和存储等环节，其主要任务是向各级办公人员提供各种所需的信息。因此，人、信息、设备和辅助工具是办公自动化系统的互相联系的基本组成部分。信息是加工的对象，设备是信息加工的工具，人是加工过程的设计者、指挥者和成果的享用者。

（3）办公自动化是对文字、数据、语音和图像等信息的一体化的处理过程。它能把基于不同技术的办公设备（如计算机、传真机、打字机等）用联网的方法连成一体，将文字处理、数据处理、语音处理和图像处理等功能组合在一个系统中，使办公室具有综合处理这些信息的功能。

三、办公自动化的支撑技术和功能

1. 办公自动化的支撑技术

（1）办公自动化系统的硬件。主要包括：

①计算机。计算机是办公自动化系统的主要设备。可以用一台或多台计算机，可以是大型机或中型机，也可以是小型机或微机，一般都要求它们有较大的存储容量与较高的运算速度。目前，微机是使用数量最多的计算机。

②计算机网络与通信线路。计算机网络将计算机与计算机（或终端）设备相连，从而构成一个完整的资料共享系统。

③终端设备及其他各类专用设备。它们可直接或通过网络与计算机连接，负责收集和发送信息，是整个系统与外界联系的纽带。这些设备有打字机、打印机、显示器、绘图仪、传真机、电话机、交换机、文字识别器、语音识别器、语音发生器、光笔、图像输入器、汉字输入设备等。

（2）办公自动化系统的软件。办公自动化技术的核心是办公信息处理技术，因此，用于办公信息处理的软件是办公自动化的重要工具。从办公应用的观点看，可以把这些软件分为基本软件、办公自动化通用软件和办公自动化专用软件。

2. 办公自动化的功能

政府机关与企事业单位的办公自动化功能并不完全相同。一般来说，工矿企业办公自动化需要的技术和设备相对复杂一点，如日本东芝公司的办公自动化系统过去就包括 12 个子系统。一般秘书并不需要精通系统内的全部技术和设备，而必须了解和掌握与秘书工作有关的以下几种技术和设备的功能：

（1）文字处理。文字工作是所有办公活动中工作量最大的工作。文字处理就是用办公机器来协助办公人员进行文字工作。中国的文字处理离不开汉字，因此，必须有高效率的汉字处理系统才能满足办公人员的需要。这种系统必须是简单易学的，它应具有完善的输入、输出、存储和编辑功能，具有效率较高的汉字输入方式和大容量的存储空间，并能按要求输出各种字体和字型。

文字处理功能有：能迅速处理各种文书、资料，包括输入、翻译、编辑、排版、修改、复制、打印、储存等，并能合并资料，控制资料在电子计算机终端按需要显示。还可控制打印、复印文件的格式，如页边、行距、字体大小、加边加图等。

（2）数据处理。数据处理泛指除科学计算以外的一切形式的数据资料处理。例如企业的库存管理、报表统计、账目计算、情报检索，甚至单位的日常事务管理等大量的数据信息的处理。数据处理和数据处理的结果经常以表格的形式出现，因此，功能全面、使用方便的制表软件也是处理数据不可缺少的工具。

数据处理功能是：可以对数据系统进行监控，处理局部数据，完成所需要的各种数据计算，以及把原始数据编写成一定的格式等。

（3）语音处理。语音是语言的声音表达。说话同文字一样是人际交流中最常用的一种方法。它也是办公活动中人们交换信息时使用的一种最简单和最重要的形式。电话是目前最普通的语言通信工具，打电话在办公活动中所占的比例相当大。

语音处理功能是：使电话具有自动拨号、自动录音、自动转接等功能；通过电话线能够实现人与机器、各机器之间的信息交换；通过语音识别、语音合成与存储，使计算机能听懂一些操作指令并使之能用语言提示操作人员。

（4）图形与图像处理。把办公信息用图的形式表示出来，将大大有助于对复杂情况的理解。这是因为，一幅好的图可以容纳大量的信息，而且据统计，人眼通过阅读图所获取信息的速度是阅读文字资料的许多倍。图形是指用点、线、圆和圆弧来表示描述对象的轮廓。而图像则是用点来描述整个物体，不仅描述它的轮廓，而且还用点的灰度级来体现物体的层次。因此，表示一幅图像的信息量比表示一个图形的信息量要大得多，且复杂得多。在一般的办公事务中用得较多的是图形处理。

图形与图像处理功能，一是将计算机存储处理的数据绘成简明的图表，使复杂冗长的数字报表成为直观形象的图形展示在人们的眼前。二是把光学字符阅读器纳入办公自动化系统，从而可以直接读到各种手写或打印的资料，然后对此进行各种处理，以克服计算机处理的高速度同人工输入数据的低速度之间的尖锐矛盾。

（5）决策支持。决策支持功能是一个办公自动化系统是否成熟的重要标志。办公自动化的目标是使全部信息处理都实现自动化，产生一种对领导决策的“决策支持能力”。决策支持是从数据、管理科学、人工智能、系统工程学等基础上发展起来的，它实际上是办公自动化与管理信息系统（MIS）的交集。决策支持是辅助决策而不是取代决策，其核心内容是要具有数据处理和模型处理功能，使决策人可以用它来寻找解决问题的方法和模型。

（6）网络通信。通信技术是 OA 领域的关键技术之一。传统的通信方式只有信函、电报、电话等，而 OA 系统已采用的现代化通信技术还包括：分组交换数据通信、交互式可视数据、图文电视、智能用户电报、图文传真、电子邮件、电子书写以及电子会议等。在 OA 环境的通信系统中，网络技术占有重要位置。从硬件配置的角度来看，一个 OA 系统实际上是一个由各种类型的计算机、各种功能的智能通信设备和智能办公设备连接在一起的网络系统。

网络通信功能，一方面可使办公系统的各部门之间和系统同外界交换与办公有关的信息，这些信息的形式包括数据、文字、图形、图像以及语音等；另一方面可使办公人员能共享各种集中保管的资料、文件以及档案等。如航空工业部已经实现了坐在北京可了解全国所属企业的人员状况、工资状况，以及能在北京起草文件，并在几分钟内就把文件传到南京翻印出来。秘书坐在办公室里就可以直接索取与阅读各地甚至全世界的图书资料。

（7）信息查询。能高效率、大容量地登记、分类、储存、检索各种信息资料，并可通过网络达到共享，以备及时备询，向用户安全、保密地提供文字、数据、图表资料。

（8）行政管理。包括编制日程安排，制订工作计划，制作批抄单，制作备忘录，实现约会提醒，拟定办公设施的调度安排，担负会务（如签到、检选票）、工资、财务、物资等管理工作。

在极其重要的首脑机关，办公自动化系统还具有实现辨识身份、检测危险品、防范坏人袭扰、保卫重要场所等自动化的功能。

四、办公自动化的发展概况

1. 办公自动化的发展概况

在人类社会中，办公活动和办公设备经历了漫长的渐变过程，而办公自动化虽然只有50多年的发展历史，却发展迅猛，迅速改变着人类的办公方向。在农业时代，因为工商业很不发达，办公的社会组织主要是各级衙门，即政府机构；办公人员主要是政府官吏；需要得到办公工具支持的办公活动主要是文字处理和算术运算。被人们称为“老三件”的纸、笔和算盘作为主要办公工具被延续使用了近2 000年。造纸术和活字印刷术是农业社会中期中国的重要发明。自18世纪中叶开始，欧洲和北美的国家先后进入工业社会，办公的社会组织不再局限于政府机构，工商企业的白领人员、各级学校的教师也加入到办公人员的队伍中，各类办公信息的数量、传输的距离和对处理速度的要求已远远超过农业时代。在100多年的工业化发展过程中，于19世纪末20世纪初，“老三机”（打字机、电话机、电传机）在各种办公室中得到了广泛应用。到了20世纪中期，“新三机”（复印机、传真机和微缩设备）用于办公活动。20 世纪 60 年代以后，以微电子技术为基础的信息技术、生物技术、新材料技术和新能源技术等为标志的当代科学技术，推动了生产和社会的快速发展。除政府办公人员、工厂的白领人员外，在先进的工业国家，第三产业从业人员的数量已超过蓝领工人；国际合作日益广泛和密切。各类办公信息、科技信息、经济信息、社会信息达到了难以处理和存储的“爆炸”状态，“老三件”、“老三机”、“新三机”已不能适应信息时代办公的需要。据估计，近几十年处理的各类办公信息，超过了人类有史以来的办公信息的总和，办公自动化的理论和技术水平、设备的发明创造以及生产能力等方面，超过了人类几千年的成就。

在办公自动化方面走在世界前列的有美国、日本、英国、法国、意大利、德国等国家。美国是办公自动化的发祥地，其办公自动化的发展过程分为三个阶段。第一阶段是 1956—1976 年，它以单机应用为中心，主要进行单项数据的处理，以帮助解决秘书级事务。第二阶段是 1977—1982 年，进一步将办公室的办公机器连成办公自动化网络系统，帮助解决经理级事务，使经理人员通过网络系统及时掌握各方面的信息，进行快速有效的决策。第三阶段是 1983 年以后，由局部网络向跨单位、跨地区的联机系统发展，建立了众多企业间或地区间庞大的计算机网络，以实现办公业务综合管理的高度自动化。

办公自动化的发展趋势是：整个办公自动化系统向数字化、智能化、无纸化、综合化方向发展；办公自动化设备向高性能、多功能、复合化和系统化发展；由计算机构成的办公工作站向同时能处理文字、数据、图形、图像、声音的多功能发展。

2. 中国内地实现办公自动化的进程

中国内地的办公自动化工作起步较晚，20 世纪 80 年代才开始抓，但发展速度喜人。政府系统的办公自动化建设起始于 80 年代中期。国务院电子振兴领导小组于 1985 年 5 月 6 日宣布成立“办公自动化专业领导小组”，其主要任务是制定近期和远期规划，制订政策方案，组织和核实重大项目，协调研究、制造和应用之间的关系。1985年8月，专业领导小组在北京召开全国第一次办公自动化规划会议，来自全国各有关机关、企事业单位、高等院校和部队等的领导和专家70多人出席了会议。大会分析了国内外办公自动化技术的发展趋势，确立了中国实现办公自动化的指导思想。这就是，必须建成一批能为“四化”服务、功能完善、效益明显、影响深远的项目。同时，又要开展量大面广的、初级的办公自动化系统的建设，以便从更广泛的方面收取效益。短时间内在中国实现办公自动化的重点应是直接体现重大经济效益的部门，如能源、交通、机械、冶金、银行、海关、公安等，解放军各级机关和指挥机构，全局性的决策机构，信息集散中心，重点企事业单位和重点工程指挥部等。至于其他有条件的单位，应主动开展工作。现在，国务院办公厅、各省级政府办公厅的计算机已经联网，省级政府办公厅开通了与各行政公署（市）之间的计算机数据通信网，有些已开通到县、乡政府，并在日常办公、信息管理，特别是在处理紧急、突发性事件中发挥了作用。

与此同时，办公自动化也遇到了一些难题。吴紫标认为，它主要受阻于以下几道难关：一是随着机构不断改革，管理流程不断优化，办公自动化系统如何才能适应经常性的需求变化？二是业务系统多，各种业务系统开发工具和所依赖的平台不一样，软件开发商也各有不同，如何才能将这些系统有机地结合在一起，建立一个统一、完整的系统？三是信息量多，传输速率低，造成阻塞，出现“瓶颈”现象，如何才能解决大容量高速率信息的传输问题？他指出，只有攻破这些难关，办公自动化建设工作才能有更快的发展。①

---

① 吴紫标，夏榕．浅论现代办公自动化的新特点．广东行政学院学报，2001（4）：46～48

第二节　办公自动化在秘书工作中的作用

一、办公自动化极大地提高了办公效率和办公质量

办公自动化是现代科技在办公领域中兴起的一次新变革，是当今实现科技现代化的一个远大目标和发展方向。实现办公自动化以后，大部分业务都可以借助先进的办公设备进行处理，使秘书人员从繁忙、低效的手工操作中解放出来。据《经济日报》报道，北京中关村科技园区实行电子政务“一网式”办公系统，实施政务处理集约化、快捷化，实现了政府的公共事务管理职能，使办公效率提高了5倍，信息查询工作的效率提高了20倍，为该单位和所属基层单位节约了大量的经费、时间和人力。河南省南阳市河南油田党办尝到了办公自动化给他们带来的甜头，张孝友等撰文说，办公方式的改变，最直接的是文件处理方式的转变。对秘书人员来说，主要表现在写作方式灵活高效。一是变手写为敲打。过去是一本稿纸一支笔，苦思冥想著华章，如今面对屏幕，手指翻飞，脑子想到什么，就可以在屏幕上将其变成文字。二是变顺序写为成熟先写。运用电脑以后，可以完全打破传统的思维模式，哪个问题考虑成熟了就先写哪一部分，哪个问题最难就把它放到最后再来攻坚。三是修改更方便。公文的草拟、审核、签发、登记、分发等均可在计算机上进行；通知、开会、决策、反馈信息、征求员工意见等均可在网络上实现。四是在特殊情况下处理文件更便捷。只要有一台笔记本电脑，接上电话线，便可在家里、旅途中、异国他乡等任何时间任何地点办公，丝毫不受区域、时间的限制；而且能够保证在自己情绪最好、思维最活跃、效率最高的时候工作。如此等等的便利条件，可以让他们放开思路去尽情想象、大胆探索、勇于

创新。[①]

办公自动化还有力地保证了办公质量。以往，由于秘书人员的素质高低不一，各种工作规范及规章制度不够完善，常出现上下不对口、左右不协调现象。结果造成重复劳动，很多人从事同一工作，却又搞不好工作，既浪费了时间精力，又降低了工作质量。而在办公自动化系统中，各种工作都要按一定的规程和模版进行，容易达到规范化和标准化。譬如，计算机进行文书工作主要是通过资源管理器来完成的，关键在规范性上。浙江传媒学院何坦野认为，要实现文书编辑工作自动化的规范，必须达到以下四方面的要求：①文件命名的规范化；②文件查找工作的规范化；③文件模版工作的规范化；④文件文字输入工作的规范化。[②] 由于规范化、标准化的工作程序有利于信息流的一致性流动和分发、处理，使办公事务的准确性得到提高，因而保证了办公工作质量。

二、办公自动化有力地促进了管理工作的改革

实现办公自动化的过程，也是促进管理工作改革的过程。实现办公自动化后，可以实现时间管理现代化。因为电子日程表和电子备忘录可以在两三分钟之内安排好一个在平时需六七十分钟方能安排好的会议，还能巧妙地解决同一时间段中很多人参加的多种会议的问题，使人轻易地应付大量会议改期或撤销等情况；能及时发出信号，提醒人们不要错过会议或迟到；还能科学地调配会议室、交通工具和其他服务设施。实现办公自动化必然促进管理系统和管理手段的改革。因为管理机构臃肿和软弱不利于办公自动化，必然促其精干；决策手段凭经验不能输入电脑，必然要将经验升华为科学

① 张孝友，李金山．办公室人员要积极适应办公自动化的需要．办公室业务，2002（6）：39～40

② 何坦野．文书工作办公自动化的规范与发展．办公室业务，2002（4）：45～46

化手段；公文格式不一、报表五花八门不便于输入电脑，必然促其简明划一，形成标准化。办公自动化能在分享信息中获得大量好处，因此就能促进那些手工业式的、自给自足的小农式的单位和设备的横向联合。如办公自动化需要计算机、信息库和通信网三者结合，而中国内地有些单位只注意在办公室里使用计算机，忽视了通信，结果计算机不能很好地发挥其效用。为了充分发挥办公自动化设备的效用，必须联结成网，成为整个单位、系统、地区、国家的网，并与世界有关系统的网络相通，成为国际互联网。为达此目的，必然促使中国电话通信系统迅速发展。

三、办公自动化改变了办公结构

办公自动化彻底改变了传统的管理格局，由原来金字塔形的管理模式转变为平面化管理或网状管理，层次减少、信息传递加快，使讨论和决策都能在系统内迅速得到转移或送达。此外，平面化或网状管理能促进办事周期的缩短，把信息传送的方式从串行转变为并行，能把信息及时传送到目标个人或办公机构。根据网络化和数字化的需要，通过工作流程的再造，对机构进行改造，有的实现了项目管理模式。办公自动化还实现了个性化和移动办公。由于办公网络化、虚拟办公环境的出现，秘书人员可以在任何地点、任何时间与办公室联络和处理办公事务。

四、办公自动化促使秘书人员的思想观念、心理结构和业务素质发生一系列变化

办公自动化是一场思想、工作和技术三结合的革命，它要求实现机器与机器之间、人与机器及环境之间的综合、统一。归根到底，就是机器适应人还是人适应机器的问题。在其中，办公人员起决定和主导作用。秘书人员作为生产型办公人员（办公人员按其职能可分为生产型办公人员和知识型办公人员，后者指各级领导人员、工程技术人员和科学家等）的一部分，必须严格要求自己，

使自己的思想观念、心理结构和业务素质来一番变化，尽快适应办公自动化的要求。

信息时代的秘书必须具有很强的信息观念、时间观念、战略观念、效率观念和竞争观念。马克思曾经以新式武器的应用必然会带来军队的组织形式和管理方式的变革，来说明生产力对生产关系的作用。同样，办公室运用工具上的巨大变革，不可避免地会引起办公室组织机构、管理形式、人员素质的巨大变化。秘书如不解放思想，不敢突破传统观念和习惯做法，就不能适应这一历史性的变化，而被时代所淘汰。

信息时代的秘书必须具有旺盛的求知欲、积极的进取心、强烈的责任感和对信息的灵敏性、对工作的预见性。他们只有善于透过纷繁错杂的现象抓住事物的本质，才能迅速处理潮水般涌来的信息，使各项工作有条不紊、井然有序地进行。他们必须努力使自己成为智能型秘书，真正成为决策者的助手。传统秘书的谨小慎微、唯唯诺诺的心态要彻底抛弃。

信息时代的秘书必须具有较强的业务素质，不仅要具有较为丰富的社会科学和自然科学知识，熟知本部门、本行业的专业基础知识和各环节的一般运行规律，懂得两门以上的外语，以适应中国加入世界贸易组织后国际交往日益频繁的需要，而且要能够熟练地掌握和运用各种现代化办公机具，善于加工信息，编制程序，成为使用微电脑和电视终端设备的内行。

当然，办公自动化并不是十全十美的，其缺点也是显而易见的。如秘书人员长期与机器打交道，工作单调、枯燥；借助于网络通信手段传递信息，减少了人员之间的交流、沟通，会引起秘书人员神经紧张，产生一些心理障碍。此外，随着计算机的普及推广，利用计算机进行违法犯罪的行为也与日俱增。这种种弊端，已引起有关单位和秘书人员的注意。

第三节 办公自动化的主要设备

办公自动化设备种类繁多，从大的方面分为计算机设备、通信设备、办公设备。计算机设备分为工作站、计算机、文字处理机和联机外部设备；通信设备分为通信控制设备、通信传输设备、通信传输介质、通信网络设备和用户终端设备；办公设备分为邮件处理设备，信息生成设备，复印、印刷设备，信息存储设备，信息传输设备，电子会议支持设备和其他办公机械。每一小类又可再细分为若干类。

下面重点介绍几种除计算机系统外必不可少的基础设备。

一、复印设备

复印技术是随着现代科学技术的发展而产生和发展起来的一门新技术。它的诞生同历史上印刷术的出现一样，对人类文明起了一定的促进作用。静电复印机能够快速、准确、清晰地再现文件资料以及图样的原型，从而给人们的办公、科研、生产和生活带来了极大的方便。复印机已经成为办公机构提高工作效率的一种重要的办公设备之一，其使用范围日益广泛。

二、电话通信设备

电话是现代文明社会极为重要的通信工具之一，也是中国经济建设和社会生活应用最广泛、最便捷的通信工具。电话通信的普及率是衡量一个国家通信发达程度以及社会文明程度的重要标志之一。电话通信是办公通信工具之一，电信网络也是计算机网络的基础通信网络的重要组成部分。办公自动化系统中的移动办公、办公信息的传送与共享也依赖电信技术的质量和发展。

三、图文传真机

传真机是在公用电话网或其他相应网络上，将静止图像、文件、报纸、相片、图表及数据等信息作远距离实时传送的一种通信设备。传真机的英文名为 facsimile，国际上通常简称为 FAX。就通信技术而言，在办公自动化领域里广泛使用传真机还是近十几年的事。1980 年后出现的“文件传真三类机”使传真通信进入了大众化阶段。

传真机是集计算机技术、通信技术、精密机械与光学技术于一体的通信设备，其信息传送速度快，接收的副本质量高，能准确地按照原样传送各种信息，适用于保密通信，在办公自动化领域中占有极其重要的地位。①

思考与练习

1. 何谓办公自动化？
2. 办公自动化在秘书工作中有哪些作用？
3. 简述办公自动化的发展概况。
4. 办公自动化有哪些主要设备？

---

① 郑德庆．办公自动化技术．广州：暨南大学出版社，2003. 190 ~ 204

第五编　秘书实务（下）

第二十章　公文写作

第一节　公文的特点、作用和种类

公文是国家机关、社会团体、企事业单位在公务活动中使用的文体。国家行政机关的公文（包括电报，下同），是行政机关在行政管理过程中形成的具有法定效力和规范体式的文书，是依法行政和进行公务活动的重要工具。

一、公文的特点

1. 鲜明的政治性

公文是在阶级、国家出现后产生的，它作为管理国家、组织和发展社会生产的重要手段，必然体现统治阶级的意志和愿望，为统治阶级的政治服务。任何国家的公文，都直接或间接地反映国家政权的性质和根本利益，具有鲜明的政治性。

2. 由法定的作者制定，具有特定的格式和严格的办理程序

公文的作者，必须是法定的作者。所谓法定的作者，指依法成立并能以自己的名义行使权利和履行义务的组织或担负一定职务的负责人。公文主要用机关或机关内某一单位的名义发布，有时也用国家、军队或各级机关领导人的名义发布，如一些命令、任免通知等。但要注意，签署他们的名字，并不等于是以他们的私人身份和私人名义制作公文，他们是以所在机关的领导人、负责人身份出现的。由于他们的职务不是自封的，而是经过选举程序或委任后报请领导机关批准的，因而他们也是法定的作者。

公文具有特定的格式。中国内地的公文一般由秘密等级和保密期限、紧急程度、发文机关标识、发文字号、签发人、标题、主送机关、正文、附件说明、成文日期等部分组成。

公文还有严格的办理程序。中国内地的公文办理分为发文办理和收文办理。发文办理包括草拟、审核、签发、复核等程序，收文办理包括签收、登记、审核、拟办、批办等程序。

上述特点反映了公文的严肃性。

二、公文的作用

1. 法规和准绳作用

在公文中，有相当一部分是用以公布法律和行政法规的，如《宪法》和依据《宪法》制定的法律、条例、通则、办法等，它们统称为法规公文，有法规和准绳作用。这些公文一经制定、发布，在它有效的范围内，人人必须遵守，国家以强制力保证它的权威。但并不是所有公文都有法规和准绳作用，有些公文是某个组织工作及活动的规范，只对该组织成员有约束力，如《工会章程》等。

2. 领导与指导作用

在政府系统、国家机关上级和下级之间，存在领导与被领导关系，因此，上级机关对下级机关发布的公文，如决定、通知、通报等，虽不是法规，但对下级的工作有领导作用。在中国内地，由于共产党在中国的政治生活中居于领导地位，因此，它所制定和发布的各项方针政策，如决定、通知等，虽不是法规，但具有法规性质，起着领导作用。

有些公文，只对下级机关起指导作用，明确提出“可以参照执行”，因此，下级机关不能照转照抄，要根据自己的实际情况制定出相应的措施。

3. 宣传教育作用

各项方针政策的贯彻、各项工作任务的完成，光靠行政命令是不行的，主要还得靠提高广大人民群众的觉悟。因此，有许多文件，特别是上级机关的指导性文件，重点是交代政策，阐述方针，对广大人民群众进行政治思想教育，起宣传教育作用，如关于保护森林、维护社会秩序、实行计划生育等，政府机关都发布过有关公文。

4. 公务联系作用

各级各类机关经常利用公文与上下左右的机关进行联系，借以了解情况、商洽工作、处理问题。如上级机关通过政策指导下级机关开展工作，下级机关在执行政策过程中，如遇到难以解决的需上级机关批准的问题，则要以请示上呈，上级机关经过研究，又用批复将意见下达。公文的这种作用，使机关间能够互相沟通信息，并能正常有序地工作。

5. 凭证和依据作用

每份公文都反映了制发机关的意图，收文机关要以此为根据贯彻执行或处理工作，正所谓“有文件为证”，这就是凭证和依据作用。双方签订的协议、合同等，任何一方都不能违反，否则要追究责任，这些协议、合同就是凭证；介绍信、证明信和各种证件，写明某人的姓名、籍贯、年龄、身份、职务和被委派的任务，它们就是凭证；会议记录和各种登记，供日后查考，也有凭证和依据作用。

公文这五方面的作用，是就总体而言的，事实上，一份公文往往有好几方面的作用，而且这些作用之间又是彼此联系的。

上面讲的作用，是公文的现行效用。公文在现行工作中形成，在现行工作中使用，为推动现行工作服务。某项工作完成了，在该项工作中形成并使用的公文，它的作用也随之消失。因此，公文的效用是有时间性的，没有一份公文具有永久性的效用。但是，公文是历史发展的真实记录，将它们立卷归档后，转化为档案，在现实生活中仍起着凭证和依据作用。

三、公文的种类

公文分两种：一种是通用公文，一种是专用公文。通用公文通用于各类机关、团体和企事业单位，使用范围比较广；专用公文在外交、军事、司法、财经等专门领域中使用，只在一定的范围内起作用。

第二节 公文的写作要求

长期以来，人们普遍形成了一种观念，即只要掌握了公文格式，照猫画虎就能写出好的公文，这其实是一种误解。诚然，一个有中等文化程度的人，也可写出一份公文，但是否写得好，则取决于撰写者的政策水平、思维能力和文字表达能力。公文的写作要求如下：

一、符合党和国家的方针政策及有关规定

如上所述，公文有鲜明的政治性，鲜明的政治性决定了公文写作的庄重性。因此，撰写者要以认真严肃的态度对待公文写作，注意学习理论知识，熟悉和研究党和国家的方针政策、法令规定，不断提高政策水平。凡是写得好的公文，都是旗帜鲜明，体现党和国家的方针政策的。

一般来说，由于公文撰写者具有一定的政治修养，公文又有严格的办理程序，因此，违反党和国家方针政策的情况是比较少的。但由于对某些方针政策没吃透，受一些错误思想影响，有时也会出错。如在西部大开发热潮中，广东客商陈先生等一行到四川、重庆一些地方考察后，被一份地方保护主义色彩浓厚的“政府纪要”吓退了。

原来，他们在川东北某县考察时，得到了一份县政府的地方产品促销工作会议纪要（以下简称“纪要”）。“纪要”称：保护本地产品是“工业兴县”、“商贸活县”的重要手段。“纪要”规定，县内各宾馆、酒店等，除世界名酒、中国名酒外，一律不得销售外地酒类产品，只许销售本地产品；凡本地有的外地同类产品进入本

县，须先经税务、工商部门收缴足额税费后才能上柜；交通、交警部门要从交通规则、装载标准、车辆性能、证照方面，对运载外地产品进入本县的车辆进行制裁；技术监督部门对外地产品要严格检查，重处重罚，绝不手软。[①] 有学者认为，公文主旨出错，其内容同法律规定、方针政策相抵触，称之为抽象行政违法。[②]

二、紧密结合实际

公文所陈述的一切都应当是实事求是的，不能有半点虚假。要做到不脱离实际，就要把事情的各个方面了解清楚。毛泽东曾指出："人们要想得到工作的胜利即得到预想的结果，一定要使自己的思想合于客观外界的规律性，如果不合，就会在实践中失败。"[③]

过去国务院发了一份关于调整工资的文件，在谈到应较多地给中年知识分子增加工资时，规定在某些年限以前毕业并参加工作、工资相当某个级别及其以下的普通高等学校本科毕业生，可以升两级。这个规定体现了国家对原来工资较低的中年知识分子的照顾，但光以毕业年限作为增加工资的依据，又有不够全面之处。因为，中国普通高等学校的学习年限有四年、五年的，还有六年的。同是某年底入学的学生，读四年在某年底以前毕业，读五年的在后一年底以前毕业。若按国务院规定，岂不是同年入学学习年限超过四年的知识分子反而升不了两级工资吗？国务院充分认识到调整工资工作的复杂性，指示各地要切实做好调查研究，根据国务院规定的方针政策，从当地实际情况出发，制订实施方案和具体政策。最后责成劳动人事部负责解释。对调整工资中其他一些共同性的具体问题，由劳动人事部提出处理意见并下达执行。劳动人事部遵照国务

① 纪新云．一份"政府纪要"吓跑投资人．党建文汇，2000（5）：31

② 张庆儒．公文处理学．北京：中国档案出版社，2001. 496～497

③ 毛泽东．实践论．见：毛泽东选集（一卷本）．北京：人民出版社，1964. 273

院指示，接着发了个处理意见，对学历的掌握充分考虑到学习年限。显然，由于经过细致调查，这个处理意见把国务院文件中不可能囊括的具体问题解说清楚了，更符合实际情况。

三、选择恰当文种

每种公文都有自己的名称，如命令、决定、公告、请示等，它们统称为文种，或叫文别。这些公文名称，是在长期实践中总结出来的，各有各的用途。古代有些理论著作，对公文文种作过研究，南朝刘勰在其《文心雕龙·章表》中说："章以谢恩，奏以按劾，表以陈情，议以执异。"即"章"是用来感谢皇上的恩典的，"奏"是用来弹劾、揭露坏人的，"表"是用来陈述下情的，"议"是用来发表不同意见的。不同的公文名称，体现了发文机关的权限范围和行文机关之间的关系，反映了不同的办文目的和要求。因此，我们拟公文时，应根据本机关的职权、所处的地位与发文的目的，恰当选择文种，不能乱用。否则，就会妨碍收文机关对公文意图的准确理解，影响对公文的及时、妥善处理。

但在实际工作中，却存在滥用、乱用公文名称的现象，主要有三种情况：一是不该用公文名称的用公文名称，二是文种与内容不符，三是自造文种。

四、遵守公文格式

公文格式是在长期使用过程中形成的一套比较稳定的规格式样，又叫"程式"。在中国内地公文格式中，发文机关标识、签发人、标题、主送机关、正文、成文日期、印章等是必不可少的，秘密等级、紧急程度、附件、抄送机关则看具体情况而定。

公文要讲究格式，不仅是这种文体的需要，而且也是社会发展的需要。随着社会的进步、技术的更新，公文管理已日益现代化。要使公文管理实现现代化，先要将公文写作标准化。一份公文，如果格式不规范，或某部分残缺，不仅会削弱公文的合法性，而且会给收文单位的检阅、归档带来不便，直接影响公文效用的发挥。因此，写一种公文，就要严格遵守这种公文的格式，绝不能出现差错或遗漏。

然而，不遵守公文格式的情况也时有发生。就拿公文标题来说，一般由发文机关（或叫签发机关）、事由（主要内容）和公文名称构成。有时虽可省略发文机关或事由，却是有一定条件的，或是公文末尾已写明发文机关，或是公文内容很简短。有的公文只写公文名称，如“通报”、“报告”等，这样苟简是不合要求的。又如有附件的公文，在填写附件时，应注明附件顺序和名称，但有的公文只写“附件如文”或“附件×份”，这也是不严密的。

五、注意行文关系

行文即公文的运转。从行文关系分，公文分上行文、平行文、下行文。行文关系是指机关之间文件的授受关系，它是根据机关各自的隶属关系和职权范围来确定的。

上行文指下级被领导机关向上级机关的发文，平行文指平级机关或不相隶属机关之间的发文，下行文指上级机关向所属下级机关的发文。

不同的行文关系要用相应的行文语气。行文语气是指组织文字、表达意思时用的语气。上行文体现本机关请求和接受上级机关的领导，要用请求的语气；平行文体现平行机关之间的互相协商与工作联系，语气要谦虚；下行文体现本机关对下属机关的领导，可用比较严肃、庄重的语气，但也不能盛气凌人。

六、掌握公文的语言特点及其术语

1. 公文的语言特点

公文的语言对写好公文有举足轻重的作用，因为“一字入公文，九牛拔不出”。公文的语言特点是准确、质朴、简明。

（1）准确。写任何文章，语言都要准确，尤其是公文。公文只有语言准确，才能如实反映客观事物，如实传达发文机关的意图，使收文机关正确地理解公文的内容，从而顺利地贯彻执行或及时批复。准确包括概念准确、判断准确和造句合乎规范。请看《宪法》第二章第四十五条：

国家和社会保障残废军人的生活，抚恤烈士家属，优待军人家属。（着重号为笔者所加）

“保障”、“抚恤”、“优待”这三个动词，准确地表明国家和社会对这三种人的态度和所采取的政策，很有分寸，它们放在这些位置恰到好处，绝不能易位。残废军人为国家和人民，部分或全部丧失劳动能力，应给他们基本生活费用，“保障”他们的生活；烈士家属与烈士毕竟不同，国家不可能也没必要把他们的生活费用包下来，但不能忘记他们，而应给以安慰、慰问和适当的物质帮助；军人家属指现役军人家属，只有将他们的工作做好，才能使军人安心参军，安心上前线，因此用“优待”。

（2）质朴。公文的语言要质朴无华，少用描写和抒情的手法。写公文要提倡直话直说，不能用含蓄的笔法委婉地表达意思。太平天国建立政权后，颁布过《戒浮文巧言谕》，开头说：“文以纪实，浮文所在必删；言贵从心，巧言由来当禁。”并强调“嗣后本章禀奏，以及文移书启，总须切实明透，使人一目了然，才合天情，才符真道”。太平天国提倡的写公文要禁绝浮文巧言，是值得借鉴的。

（3）简明。列宁曾说，文件要“写得简短些，采用电报文体，如果必要的话，可以另加附件。写长了我根本不看，一定不看”①。毛泽东在《关于建立报告制度》一文中曾提出过具体要求，规定“综合报告内容要扼要，文字要简练，要指出问题或争论之所在”，“报告文字每次1 000字左右为限，除特殊情况外，至多不要超过2 000字”②。

---

① 列宁．给伊·克·叶若夫．见：列宁全集（第35卷）．人民出版社，1959. 524

② 毛泽东选集（一卷本）．北京：人民出版社，1964. 1263

公文语言要简明，是高速传递信息的需要，是时代的需要。在外国，公文语言的总趋向也是简明。美国总统原来签署命令这样起句："我秉承合众国宪法和法律所赋予合众国总统的权力，兹发布命令……"，前总统卡特改成："我作为合众国总统命令……"。

要使语言简明，就须开门见山，尽快道出主旨，摒弃"橡皮图章语言"（即可以普遍套用的语言）。有些公文，不论内容如何，开头总是"在……领导下"、"在……的亲切关怀下"、"在……的大力支持下"、"在……的形势下"；结尾总是"让我们……吧"、"只要……一定……"；中间则赘语成串。这种穿靴戴帽、枝蔓丛生的写法，使公文篇幅被人为地拉长，这是造成文牍主义的原因之一，必须予以纠正。

2. 公文的术语

术语是各门学科中的专门用语。每一术语都有严格的意义，如政治经济学中的"商品"、"商品生产"，化学中的"分子"、"分子式"等。

公文术语是指那些在公文中出现次数较多、使用频率较高、具有相对固定位置的词语。它们是在长期的公文写作实践中逐渐形成的专门用语。中国传统的公文术语比较繁杂，多用文言，现在的公文术语则日益简单，并趋于口语化。

公文术语大致如下：

（1）称谓语。包括第一人称"我"、"本"，第三人称"该"，称对方用"你"、"贵"。如我校、本局、该单位、你医院、贵厂等。

（2）起首语。用于文稿开头，使用较多的有"为了"（表示目的）、"鉴于"（"考虑到"的意思，多用于说明原因）、"兹"（"现在"的意思）。由"兹"构成的术语有兹因、兹介绍、兹有、兹聘等。

（3）引述语。用于引出事项，或引出文件，或引出意见，或引出事件。在批复、复函两种公文中较常用。引述语较多，常见的有：接、据（根据、依据）、照（依照、按照、遵照）、奉（敬辞，多用于对上级或长辈）、查（用于依法考察事项）、悉（知道，开头引述完毕时用）。如悉、函悉、电悉、已悉、收悉、敬悉、奉悉。

（4）经办语。说明经办的过程、情况等。如经（表示动作发生时的状态）、并经（并且经过，补充前述已办事项）、后经（后来经过，交代前案之后办理的事项）、未经（没有经过）、业经（已经办理）。

（5）强调语。强调程度、方式、范围、时间等。如大力、大肆、务必（务、必须。务必即一定要做到）、务祈（一定请求）、严禁、严查、严守、确系（的确是、确定是）、果系（果然是）、切切（千万、恳切。切切不可忘记即千万不要忘记，多用于书信中；切切请求即恳切地请求；切切此布，表示叮咛，多用于布告、条令等末尾）、为要（为表示“是”的意思，为要即很重要的）、为盼（是十分盼望的）、即、即日、即可（立刻就可以）、即令（现在就命令）、须即（必须立即）、顷接（刚刚接到）、顷奉（刚接到，用于回复上级来文）。

（6）期请语。请求、希望对方协助或办理。如以期（以，连词，表示目的。以期即希望、期望）、希予（希望给予、希望得到）、望即（希望立即）、拟请（打算请、想请）、请查照（请查核、比照）。它们一般用在结束语之前。

（7）允辞语。表示许可或推辞、肯定或否定。如可否（可以还是不可以）、同意、不同意、准予照办（对下级用）、应予驳回（对下级，多用于司法部门）、歉难同意（抱歉地难以同意，多用于平级机关）。

（8）结束语。用在公文的结尾。有的为了加强语气，有的为了表示礼貌，要根据不同的公文种类和行文关系酌情使用。如特此函告、特此通知、谨启（恭敬地陈述）、感荷（荷表示“承受”的意思，多用于书信中表示感激，如感荷、至荷、为荷）。

除以上术语外，还有一些配套用语，它们有的包含在句子中间，有的出现在句群里。

第三节　13种国家行政机关公文的写作

一、命令（令）

适用于依照有关法律公布行政法规和规章（例1），宣布施行重大强制性行政措施（例2），嘉奖有关单位及人员（例3）。

例1

中华人民共和国主席令

第十七号

《中华人民共和国人民武装警察法》已由中华人民共和国第十一届全国人民代表大会常务委员会第十次会议于2009年8月27日通过，现予公布，自公布之日起施行。

中华人民共和国主席　胡锦涛

2009年8月27日

（载《全国人民代表大会常务委员会公报》2009年第6号）

例2

云南省人民政府2006年森林防火命令

云政发〔2006〕55号

各州、市、县（市、区）人民政府，省直各委、办、厅、局：

最近一段时间，由于持续高温，旱情加剧，我省森林火险等级居高不下，连续发生多起森林火灾，森林防火形势极其严峻。目前全省已进入森林防火戒严期关键时段。

为坚决遏制当前森林火灾高发势头，确保森林资源和林区人民群众生命财产安全，维护国土生态安全和边疆民族稳定，特发布如下命令：

一、严格落实森林防火责任制。各级人民政府对行政区域内的森林防火工作，实行统一领导、统一组织、统一指挥。要全面落实人民政府负总责、林业主管部门担主责、森林防火指挥部成员单位各司其职的“三线”森林防火责任机制和各级人民政府主要领导是第一责任人、分管领导是主要责任人、林业主管部门领导是重要责任人、单位领导是直接责任人的“四个责任人”制度，使领导责任、部门责任、地块责任和包片责任切实落到实处，做到宣传教育百分之百覆盖、火灾隐患百分之百消除、上岗执勤百分之百到位、保障措施百分之百可靠、防火责任百分之百落实。森林防火戒严期内，各级领导特别是“一把手”，要把森林防火工作当作林区第一件大事、第一位任务、第一项职责，亲自抓研究部署，亲自抓检查落实，亲自抓薄弱环节，发生火灾亲自到火灾现场组织指挥扑救。

二、全面检查消除火险隐患。各级人民政府要立即组织开展森林防火工作大检查、火灾隐患大排查活动，做到横向到边、纵向到底，不留死角、不留盲区，对高火险地区和火灾多发区要派出工作组蹲点督察、巡回检查，做到隐患不除，工作组不撤。各级森林防火指挥部成员单位要深入到各自的联系挂钩点进行检查。自然保护区、森林旅游区和公园、林区的施工单位要切实履行森林防火职责，按照当地森林防火主管部门的要求，及时查清和消除火灾隐患，确保林区森林安全。

三、严格控制林区野外火源管理。各地、各部门要严格执行野外用火申报、审批、监烧制度。森林防火戒严期内，停办任何野外用火审批手续，严禁任何单位和个人在林区和林缘一切野外用火，林区一律实行封山管理，严防火种入山。要加强对儿童和中小学生的安全防火教育，严格对呆傻人员的监护，避免非行为能力人失火引起森林火灾。

四、充分做好扑火救灾准备工作。各地要制定和完善森林火灾处置预案，发生森林火灾要按照预案快速反应、迅即处置，特别要落实扑火经费，备足扑火物资，确保通信联络和后勤保障。武警森林部队、森林航空消防和各类森林消防队要高度戒备、就近驻防，驻滇解放军、武警部队、公安、预备役部队和民兵要做好应急准备，严阵以待，一旦发生火情，全力以赴，组织力量“打早、打小、打了”。

五、大张旗鼓开展宣传教育活动。当前，各地、各部门要组织开展一场声势浩大的全民防火宣传教育活动，使森林防火宣传“进学校、进社区、进施工单位、进乡村”，坚决消除盲区死角，不断提高全民森林防火、爱林护林责任意识和法制观念，做到家喻户晓，人人皆知。各级宣传部门要负责组织新闻媒体广泛宣传森林防火法律法规及防扑火知识、播放森林火灾典型案件、发布公益广告及预警信息，形成全社会重视、关心和支持森林防火工作的良好氛围，提高林区群众防火意识和紧急避险能力。

六、继续强化森林火情监测和处置。在目前我省森林火险等级居高不下，各大林区正陆续进入森林火灾高峰期的情况下，各级人民政府分管领导、森林防火指挥部主要领导、主管部门负责人必须坚守岗位，履行职责。各级森林防火办公室必须执行24小时值班带班制度，保持政令和火情信息畅通。严格执行森林火灾归口上报制度，保证火情得到及时妥善处置。巡山护林员、瞭望监测员要加大火情巡查和监测的范围和密度，发现火情立即快速反应。

七、不断加大依法治火力度。对发现火灾隐患不作为，对因玩忽职守、失职、渎职引发森林火灾，对发生火情隐瞒不报、贻误扑火战机，对防火责任不落实、组织扑火不得力造成重特大森林火灾或造成重大影响的，要按照事故原因未查清不放过、事故责任者未处理不放过、整改措施未落实不放过、教训未吸取不放过的原则，依法从严追究有关地方政府和部门领导的责任。各级公安机关、森林公安局对森林火灾案件要依法从严从快查处，并及时向社会公布。

省长徐荣凯

二〇〇六年四月十日

主题词：林业　森林防火　命令

（载《云南省人民政府公报》2006年第8期）

例3

国务院　中央军委关于授予丁晓兵同志“保持英雄本色的忠诚卫士”荣誉称号的命令

国函〔2006〕126号

公安部、中国人民武装警察部队：

丁晓兵，男，1965年9月出生，现任武警一八一师五四二团政治委员，上校警衔，1983年10月入伍，1984年10月在遂行军事任务中英勇负伤，失去右臂。该同志入伍20多年来，牢记使命，献身国防，以伤残之躯续写人生辉煌篇章，先后被人事部和中国残联授予“全国自强模范”称号，被武警部队评为第八届“中国武警十大忠诚卫士”，被中组部授予“全国优秀共产党员”荣誉称号，荣立一等功1次、三等功2次。他自强不息，争创一流业绩，任指导员期间，所在连队被军区评为基层建设先进连，荣立集体一等功1次、三等功2次；任营教导员和团政治处主任期间，所在单位年年被评为先进。他刻苦钻研，积极探索新形势下的带兵特点规律，总结归纳出“心理自我调节12法”、“群众性教育20法”等105条带兵经验，被上级推广。他关爱部属，以情带兵，先后捐款5万多元救助67名家庭困难的干部战士，在他的教育帮助下，28名后进战士被转化，30多名战士考上军校，17名战士直接提干。为表彰先进，国务院、中央军委决定，授予丁晓兵同志“保持英雄本色的忠诚卫士”荣誉称号。

丁晓兵同志是践行“三个代表”重要思想和落实科学发展观的楷模，是保持共产党员先进性的典范。国务院、中央军委号召全体公安民警、武警官兵和全军指战员向丁晓兵同志学习，学习他爱党爱国、永葆党和人民忠诚卫士本色的崇高品质，坚决听党话，始终跟党走；学习他战时舍身、平时忘我的崇高思想境界，努力实践我军宗旨，自觉为祖国和人民的利益不懈奋斗；学习他心系基层、情注士兵的高尚情操，坚持为基层官兵做好事、办实事、解难事；学习他自强不息、奋发有为的进取精神，立足本职岗位争先创优、建功立业。广大官兵要以丁晓兵同志为榜样，高举邓小平理论和“三个代表”重要思想伟大旗帜，牢固树立和落实科学发展观，爱岗敬业，无私奉献，为构建社会主义和谐社会，更好地履行新世纪新阶段我军历史使命而努力奋斗！

国务院总理　温家宝

中央军委主席　胡锦涛

二〇〇六年十二月五日

（载《国务院公报》2007年第3号）

1. 发布单位

命令（令）有严格的发布权限。按照宪法规定，全国人民代表大会，全国人民代表大会常务委员会，中华人民共和国主席，国务院，国务院各部、各委员会，县级以上地方各级人民政府，都有权依照法律规定发布命令。但在实际使用中，国家最高领导机关和领导人以及中央军事委员会领导人用得较多，地方政府用得较少。

2. 组成部分

命令（令）的标题由发布单位、事由、公文名称组成，也可只写发布单位（或领导人）和公文名称，如例1。正文一般包括缘由（或依据）、命令事项，如例2、例3。末尾要说明本令什么时间开始施行，如例1。若无明确说明，即表示自颁布之日起生效。其右下方要写上单位名称或领导人姓名，签发日期。

3. 行文要求

使用命令（令）这种文体时要十分严肃慎重，语言要庄重、果断。

二、决定

适用于对重要事项或者重大行动作出安排（例4），奖惩有关单位及人员（例5），变更或者撤销下级机关不适当的决定事项（例6）。

例4

全国人民代表大会常务委员会
关于召开第十一届全国人民代表大会
第二次会议的决定

（2008年12月27日第十一届全国人民代表
大会常务委员会第六次会议通过）

第十一届全国人民代表大会常务委员会第六次会议决

定：中华人民共和国第十一届全国人民代表大会第二次会议于2009年3月5日在北京召开。建议会议的议程是：听取和审议政府工作报告；审查和批准2008年国民经济和社会发展计划执行情况与2009年国民经济和社会发展计划草案的报告，批准2009年国民经济和社会发展计划；审查和批准2008年中央和地方预算执行情况与2009年中央和地方预算草案的报告，批准2009年中央预算；听取和审议全国人民代表大会常务委员会工作报告；听取和审议最高人民法院工作报告；听取和审议最高人民检察院工作报告。

（载《全国人民代表大会常务委员会公报》2009年第1号）

例5

广州市人民政府文件

穗府〔2009〕11号

关于表彰广州市突出贡献技术能手的决定

各区、县级市人民政府，市政府各部门、各直属机构：

近年来，各单位认真贯彻国家、省、市关于进一步加强高技能人才工作的要求，创新机制，优化环境，加快高技能人才的引进和培养。目前全市有近40万名高技能人才在各行各业发挥着骨干作用，他们当中涌现出一大批爱岗敬业、技能高超、贡献突出的“能工巧匠”。

为鼓励先进、树立榜样，进一步营造尊重劳动、崇尚技能、鼓励创造的良好社会氛围，经省政府同意，市政府决定对王萍等80名高技能人才给予表彰，授予“广州市突出贡献技术能手”称号。

各单位要研究制定加强高技能人才队伍建设的措施，

努力营造创业成才的环境，充分发挥高技能人才在推动广州产业发展和现代化建设中的重要作用。希望受表彰人员再接再厉，开拓进取，再创佳绩。希望广大高技能人才以先进为榜样，振奋精神，勤奋工作，为广州建设全省“首善之区”做出新的更大的贡献。

附件：广州市突出贡献技术能手名单

广州市人民政府

二〇〇九年二月十五日

附件

广州市突出贡献技术能手名单

（按姓氏笔画为序排列，80 名）

（略）

主题词：人事　表彰　决定

（本文与正式文件同等效力）

（载《广州政报》2009 年第 5 期）

例 6

贵州省人民政府文件

黔府发〔2008〕9 号

省人民政府关于撤销贵州省卫生厅关于同意有条件保留盘县印江县单采血浆站的函的决定①

各自治州、市人民政府，各地区行署，各县（自治县、市、市辖区、特区）人民政府，省政府各部门、各直属机构：

2007 年 12 月 29 日，省卫生厅未经省人民政府同意，印发了《贵州省卫生厅关于同意有条件保留盘县、印江县单采血浆站的函》（黔卫函〔2007〕365 号）。该文内容违反《中华人民共和国献血法》、《血站管理办法》、卫生部《采供血机构设置规划指导原则》，卫生部、中央编委办等国家九部委《关于单采血浆站转制的工作方案》以及经省人民政府批准的《贵州省采供血机构设置规划(2007—2010 年)》的有关规定。省卫生厅擅自代省人民政府答复六盘水市人民政府、铜仁地区行署，同意有条件保留盘县、印江县单采血浆站，属于不适当的行政决定。根据《中华人民共和国宪法》第一百零八条、《中华人民共和国地方各级人民代表大会和地方各级人民政府组织法》第五十九条第（三）项之规定，省人民政府决定：

一、撤销《贵州省卫生厅关于同意有条件保留盘县

① 贵州省卫生厅未经省人民政府同意，擅自代省人民政府给下级机关印发了一份函，该函“属于不适当的行政决定”，现省人民政府予以撤销。

印江县单采血浆站的函》（黔卫函〔2007〕365 号）。

二、立即停止恢复盘县、印江县单采血浆站的相关工作，恢复设立盘县、印江县中心血库。

三、六盘水市人民政府、铜仁地区行署、省卫生厅要加强领导，按照有关规定组织做好盘县单采血浆站、印江县单采血浆站撤销后的相关善后工作。

贵州省人民政府

二〇〇八年二月二十九日

主题词：行政事务　卫生　决定

（载《贵州省人民政府公报》2008 年第 4 期）

有的决定很短，只有一句话；有的很长，如同一篇文章。总之是可短可长。

1. 发布单位

县级以上地方各级人民政府都可发决定。决定的发布单位，不像命令那样严格，如广州市消费者委员会曾作出过变质“泰康什锦饼”不得出售的决定。

2. 组成部分

一般有缘由、决定事项两部分，如例 5、例 6。

三、公告

适用于向国内外宣布重要事项或者法定事项。

例 7

中国证券监督管理委员会公告

〔2009〕3 号

为进一步提高基金管理公司投资管理人员的合规意识，规范投资管理人员执业行为，防范利益冲突和道德风险，完善公司内部控制，我会对《基金管理公司投资管理人员管理指导意见》（证监基金字〔2006〕226号）进行了修订，现将修订后的《基金管理公司投资管理人员管理指导意见》予以公告，自2009年4月1日起施行。

证　监　会

二〇〇九年三月十七日

（载《国务院公报》2009年第24号）

四、通告

适用于公布社会各有关方面应当遵守或者周知的事项（例8）。

例8

广州市人民政府文件

穗府〔2009〕50号

关于开展国家机关办公建筑和大型公共建筑等能耗统计工作的通告

为贯彻落实国务院《民用建筑节能条例》“县级以上地方人民政府建设主管部门应当对本行政区域内国家机关办公建筑和公共建筑用电情况进行调查统计和评价分析，国家机关办公建筑和大型公共建筑采暖、制冷、照明的能源消耗情况应当依照法律、行政法规和国家其他有关规定向社会公布”的规定，全面推进国家机关办公建筑和大型公共建筑节能工作，根据住房和城乡建设部《关于印发〈民用建筑能耗统计报表制度〉（试行）的通知》（建科函〔2009〕271号）和广东省建设厅《关于开展2009年度全省国家机关办公建筑和大型公共建筑能耗统计审计和公示工作的通知》（粤建科函〔2009〕105号）的要求，现对我市国家机关办公建筑和大型公共建筑以及沙面街道、龙津街道、洪桥街道、流花街道、赤岗街道、南华西街道、五山街道、天河南街道、三元里街道、棠景街道、黄埔街道、沙头街道、新华街道、南沙街道、萝岗街道、荔城街道等16个街道的建筑基本信息和能耗进行统计。本次统计工作经公开招标，由广东省建筑科学研究院、广州大学和深圳市建筑科学研究院联合体共同承担，请各有关单位对承担调查单位的数据收集、数据核实、现场调查等有关工作给予大力支持与协助，并做好相关工作。

广州市人民政府

二〇〇九年十月十日

（本文与正式文件同等效力）

（载《广州政报》2009年第21期）

通告除张贴外，还经常登报。

通告的写法与公告大致相同。

这两种公文都没有明确的行文对象，都希望人们广为知晓，多不写主送机关。

五、通知

适用于批转下级机关的公文（例9），转发上级机关和不相隶属机关的公文（例10），传达要求下级机关办理和需要有关单位周知或者执行的事项（例11），任免人员（例12）。

例 9

国务院批转发展改革委关于2009年深化经济体制改革工作意见的通知

国发〔2009〕26号

各省、自治区、直辖市人民政府，国务院各部委、各直属机构：

国务院同意发展改革委《关于2009年深化经济体制改革工作的意见》，现转发给你们，请认真贯彻执行。

国　务　院

二〇〇九年五月十九日

（载《国务院公报》2009年第16号）

例 10

国务院办公厅转发国务院纠正行业不正之风办公室关于2009年纠风工作实施意见的通知

国办发〔2009〕31号

各省、自治区、直辖市人民政府，国务院各部委、各直属机构：

国务院纠正行业不正之风办公室《关于2009年纠风工作的实施意见》已经国务院同意，现转发给你们，请结合实际，认真贯彻执行。

国务院办公厅

二〇〇九年三月二十七日

（载《国务院公报》2009年第12号）

例 11

国务院办公厅关于严格执行
国家法定节假日有关规定的通知

国办发明电〔2009〕6 号

各省、自治区、直辖市人民政府，国务院各部委、各直属机构：

最近，社会上出现了关于恢复“五一”长假的议论，个别地方也在考虑出台相关调整措施。国务院对此高度重视，责成有关部门进行了认真研究。经国务院同意，现就有关问题通知如下：

一、严格执行《全国年节及纪念日放假办法》。这一办法是在广泛征求社会各方面意见和充分研究论证的基础上制定的，将部分传统节日增列为法定节假日，丰富了我国法定节假日的文化内涵，增加了广大人民群众的休假福利。新办法实施一年多来，总体运行情况良好，对于弘扬中华民族优秀传统文化、合理安排生产生活、满足人民群众休假休闲需求发挥了积极作用，受到广大人民群众肯定，各地区、各部门要严格执行。

二、认真落实《国务院办公厅关于 2009 年部分节假日安排的通知》。该通知已对 2009 年元旦、春节、清明节、劳动节、端午节、中秋节和国庆节放假调休日期作出了具体安排，各地要认真执行，不得擅自调休、自行安排。落实《职工带薪年休假条例》，单位可根据生产、工作的具体情况和职工本人意愿，灵活安排。

三、清明节和“五一”国际劳动节即将来临，各地区、各有关方面要及早合理安排节假日休闲旅游、交通运输、生产经营等活动，妥善安排好节日期间值班、安全、保卫等工作，确保人民群众平安祥和度过节日假期。

国务院办公厅

二〇〇九年三月二十六日

（载《国务院公报》2009年第10号）

例12

关于香港特别行政区政府白韫六、黎栋国职务任免的通知

国人字〔2008〕49号

香港特别行政区政府：

依照《中华人民共和国香港特别行政区基本法》的有关规定，根据香港特别行政区行政长官曾荫权的提名和建议，国务院2008年3月28日决定：任命白韫六为入境事务处处长，免去黎栋国的入境事务处处长职务。

国　务　院

二〇〇八年三月二十八日

（载《国务院公报》2008年第15号）

通知是一种应用最广的公文，但同时要防止滥用或乱用。

有些通知，由几个单位联合发出，叫“联合通知”；有些通知，事情紧迫，要迅速传达给有关单位，叫“紧急通知”。

写通知要说明发通知的原因，交代清楚通知的具体事项。

六、通报

适用于表彰先进（例13），批评错误（例14），传达重要精神或者情况（例15）。

例 13

广东省人民政府
关于表彰2008年度广东省产业转移目标责任考核评价优秀单位的通报

粤府〔2009〕103号

各地级以上市人民政府，各县（市、区）人民政府，省政府各部门、各直属机构：

近年来，在省委、省政府的正确领导下，全省各地、各部门及各产业转移工业园，坚决贯彻党的十七大精神，落实省委、省政府关于推进产业转移和劳动力转移的决策部署，全面推进产业转移和产业转移工业园建设工作，并取得显著成效，为推动我省经济社会发展、促进区域协调发展发挥了重要作用。为表彰先进，树立典型，省人民政府决定，对获得2008年度广东省产业转移目标责任考核评价优秀等次的佛山市人民政府等6个地级市人民政府和广州白云江高（电白）产业转移工业园等5个省产业转移工业园，予以通报表彰。

受表彰的地区、省产业转移工业园要再接再厉，总结经验，在推进全省产业转移工作中再创佳绩。全省各地、各部门及各产业转移工业园要认真学习受表彰单位的先进经验，深入贯彻落实科学发展观，进一步落实省委、省政府关于推进产业转移和劳动力转移的各项工作部署和政策措施，不断创新“双转移”工作的新路子，为开创全省产业转移和劳动力转移工作新局面，推动广东科学发展作出新的贡献。

附件：2008年度广东省产业转移目标责任考核评价优秀单位名单

广东省人民政府

二〇〇九年九月二十七日

附件

2008年度广东省产业转移目标责任考核评价优秀单位名单

（略）

主题词：经济管理　产业　表彰　通报

（载《广东省人民政府公报》2009年第29期）

例14

国务院办公厅关于违规修建办公楼等楼堂馆所案件调查处理情况的通报

国办发〔2007〕41号

各省、自治区、直辖市人民政府，国务院各部委、各直属机构：

近年来，各地区、各部门认真落实中央的有关要求，严格控制机关办公楼等楼堂馆所建设，取得了一定成效。但是，一些政府机关违规修建办公楼等楼堂馆所现象在一段时间有所抬头，且有愈演愈烈之势。党中央、国务院对此高度重视，国务院第五次廉政工作会议做出专门部署，要求采取有效措施，坚决刹住这股歪风，维护党和政府的良好形象。为加强警示教育，严明纪律，经国务院同意，现将河南省濮阳县违规修建办公楼及领导干部住宅楼等4起案件的调查处理情况通报如下：

一、河南省濮阳县违规修建办公楼及领导干部住宅楼等4起案件的基本情况、主要问题和处理意见

（一）关于河南省濮阳县违规修建办公楼及领导干部住宅楼问题。

……

（二）关于山西省粮食局违规修建培训中心及“粮神殿”问题。

……

（三）关于甘肃省兰州市财政局违规修建综合办公楼问题。

……

（四）关于山西忻州煤矿安全监察局违规修建办公楼等问题。

……

二、廉洁从政，依法行政，严格控制机关办公楼等楼堂馆所建设

上述4起案件，严重违反了党中央、国务院关于严禁党政机关违规修建办公楼等楼堂馆所和领导干部廉洁从政的有关规定，损害了党和政府在人民群众中的形象，在社会上造成了十分恶劣的影响。各地区、各部门特别是各级领导干部，要切实从中吸取教训，引以为戒，进一步把思想认识统一到中央的要求上来，全面落实科学发展观，树立正确的人生观、价值观和政绩观，坚持勤俭办一切事业的方针，加强监管、深化治理，确保严格控制机关办公楼等楼堂馆所建设各项措施落到实处，取得明显成效。

（一）加强作风建设，大力提倡艰苦奋斗、勤俭节约的作风。

……

（二）严格廉洁自律，进一步规范从政行为。

……

（三）加强监督检查，严肃查处违规违纪问题。

……

国务院办公厅

二〇〇七年五月三十一日

（载《国务院公报》2007年第20号）

例15

广州市人民政府办公厅文件

穗府办〔2008〕66号

关于2008年人大代表建议和政协提案办理工作情况的通报

各区、县级市人民政府，市政府各部门、各直属机构：

2008年，市人民政府共接办各级人大代表建议和政协提案777件，其中全国政协提案4件、省人大代表建议13件、省政协提案39件、市人大代表建议305件、市政协提案416件。经过市政府各有关部门和单位、各有关区和县级市政府的共同努力，全部人大代表建议和政协提案已在规定的期限内办理答复完毕。

一年来，市政府各承办单位按照办理人大代表建议和政协提案工作的有关规定，将建议、提案办理工作作为坚持与完善人民代表大会制度、中国共产党领导的多党合作和政治协商制度，建设社会主义政治文明的重要内容；作为全面贯彻落实科学发展观，将广州建设成为全省“首善之区”的重要举措；作为努力解决人民群众最关心、最直接、最现实的利益问题，构建社会主义和谐社会的具体体现；作为促进科学决策、民主决策，不断提高政府工作水平的实际行动，以饱满的热情、负责的态度、务实的作风，扎扎实实开展研究办理工作，取得了较好的成效，促进了政府各方面工作的深入开展。经市领导批准，现就2008年市政府系统建议、提案办理工作通报如下：

一、以办理工作为动力，不断提高政府服务工作水平

……

二、坚持规范运作，切实抓好办理工作的各项环节

……

三、认真抓好跟踪落实，巩固扩大办理工作成果

……

四、突出重点，以点带面推动办理工作深入开展

……

经过各承办单位的共同努力，今年市政府系统办理人大代表建议和政协提案的工作取得了比较好的成绩，得到了人大代表、政协委员以及有关机关的充分肯定。为促进市政府系统人大代表建议和政协提案办理工作水平的不断提高，根据对各承办单位一年来办理工作的考评情况和各有关方面的反映，特对在2008年建议、提案办理工作中表现比较突出的市发展改革委等24个单位和王依红等24位工作人员予以通报表扬。

优秀单位（12个）：

（略）

表扬单位（12个）：

（略）

优秀个人（24人）：

（略）

广州市人民政府办公厅

二〇〇八年十二月二十六日

主题词：文秘工作　建议　提案　通报

（本文与正式文件同等效力）

（载《广州政报》2009 年第 2 期）

通报与通知不同，通知只需写清要办什么事以及如何办理，通报则要认真选择典型的人和事，它大多采用叙述和议论相结合的写作方法。表彰先进的要将先进单位或个人的主要事迹叙述清楚，然后指出其值得学习的地方，最后发出号召，提出要求，如例 13；批评错误的要先叙述被通报单位或个人的主要情节，然后指出错误的性质，最后作出处理意见，以引起人们警戒，如例 14；传达重要精神或情况的要把情况一一列出，然后扼要地阐明道理，如例 15。“通报”之所以叙述较多，是由其办文目的决定的。因为只有把事实叙述清楚，才能讲清办文的缘由，所作的结论才有所依附，受文单位才易于理解、接受，才能收到教育有关人员、改进工作的效果。

表彰性和批评性通报，属对问题定性的文件，写作时必须十分慎重，一字一句都要经过仔细推敲。传达重要精神或者情况的同样要注重事实，如实反映情况。

七、议案

适用于各级人民政府按照法律程序向同级人民代表大会或人民代表大会常务委员会提请审议事项。

例 16

国务院关于提请解释《中华人民共和国香港特别行政区基本法》第五十三条第二款的议案

全国人民代表大会常务委员会：

香港特别行政区署理行政长官曾荫权于 2005 年 4 月

6日向国务院提交了《关于请求国务院提请全国人民代表大会常务委员会就〈中华人民共和国香港特别行政区基本法〉第五十三条第二款作出解释的报告》。国务院研究认为，该报告中提出的问题关系到《中华人民共和国香港特别行政区基本法》第五十三条第二款的正确实施，关系到新的行政长官人选的顺利产生和此后中央人民政府对行政长官的任命。依据《中华人民共和国宪法》和《中华人民共和国香港特别行政区基本法》的有关规定，现提请全国人民代表大会常务委员会对《中华人民共和国香港特别行政区基本法》第五十三条第二款作出解释。

国务院总理　温家宝

2005年4月10日

（载《全国人民代表大会常务委员会公报》2005年第4号）

议案是各级国家行政机关按法律程序向同级国家权力机关提请审议事项，故其行文方向十分明确，而且发布单位和收文单位受严格限制。

议案写法上与函类似，第一行是称呼，结尾一般用“现提请审议”或“请审议决定”。

八、报告

适用于向上级机关汇报工作，反映情况（例17），答复上级机关的询问（例18）。

例 17

国务院关于四川汶川特大地震灾后恢复重建工作情况的报告

——2009 年 6 月 24 日在第十一届全国人民代表大会常务委员会第九次会议上

国家发展和改革委员会主任　张　平

全国人民代表大会常务委员会：

我受国务院委托，向全国人大常委会报告四川汶川特大地震灾后恢复重建工作情况，请予审议。

一、关于灾后恢复重建进展情况

……

二、关于灾后恢复重建的政策措施

……

三、当前存在的主要问题

……

四、下一步工作措施

……

（载《全国人民代表大会常务委员会公报》2009 年第 5 号）

这种报告与党代会和人代会上某些负责同志作的“政治报告”、“政府工作报告”或某方面工作的报告不同，后者往往篇幅较长，要注意口头性和面对性。

例 18

关于治理水质污染问题的报告[①]

××市人民政府：

前接×政发〔200×〕106 号函，询问我县水质污染原因及治理问题，现将有关情况报告如下：

我县水质现污染较严重，其主要原因：一是公众环境保护意识差，一些居民随意向河道坑塘倾倒垃圾；二是我县市政基础设施薄弱，无污水处理厂，居民生活用水直接排入大环境；三是近几年，我县“三业”发展较快，其废水杂物直接排入护城河及坑塘，造成水质严重污染；四是县纸厂停产治理后，虽有污水处理系统，但运行费用高，工程设计落后，不能做到不间断达标排放。

解决水质污染问题的根本途径：其一，建设污水处理厂，目前，县政府正在积极筹措资金。其二，加大宣传力度，提高全民环保意识，减少污水无序排放。其三，加大环保监督检查力度，确保排污企业治污设施正常运行、达标排放，促进水质好转。其四，环保部门依法行政，严格执法，从源头把关，减少各种污染。

专此报告。

××县人民政府（章）

二〇〇×年四月二十日

这份报告是接到上级来函后所作的答复。开头写“前接”第几号函，然后根据询问报告有关情况，最后用“专此报告”作结束语。

---

① 谷颖. 现代实用文体写作. 北京：清华大学出版社，2009. 170 ~ 171

这类报告和上面介绍的报告不同，是被动报告。内容要有针对性，不能答非所问。

无论哪类报告，都以陈述为主，是陈述性公文。

九、请示

适用于向上级机关请求指示、批准。

例 19

关于申请设立××经济开发区的请示[①]

×政×〔2007〕180号

省人民政府：

我市××区成立于1999年底，全区国土面积1 657平方公里，辖17个乡镇、5个街道，总人口83.6万人。2006年全区地区生产总值42.5亿元，财政收入2.15亿元，农民人均纯收入2 488元，是一个农业市辖区、国家级贫困区和省江淮分水岭重点治理区。为促进该区经济社会又好又快地发展，亟须设立“××经济开发区”，依据如下：

一、设立××经济开发区是以工促农、以城带乡、统筹城乡发展的需要。××区现有农业人口65.6万人，占79%，22个乡镇街中有乡镇17个，占78%，是典型农业区，还是全省商品粮生产重点县（区）、国家级贫困县区和省江淮分水岭重点治理区，区域经济发展任务繁重，以农为主、工业发展不足是该区当前主要矛盾。要实现以工促农、以城带乡，必须发展壮大工业。××区不论从人口

---

① 王凯．最新法定行政公文写作与范例解析．北京：中国纺织出版社，2008.308～309

总数、国土面积，还是经济总量、投资强度等方面都相当于本省中等县规模，而且区级政府职能齐全、财政独立，应给予一个工业发展平台，与县一样设立工业园区。

二、设立××经济开发区是适应区域工业经济快速发展的需要。××区十分重视工业发展，制定并实施了工业主导发展战略，形成了一批支柱产业和骨干企业，并向集群化发展。2006年全区工业增加值占生产总值30.8%，预计“十一五”期末工业经济占全区经济总量将达50%。为适应全区工业经济快速发展的需要，建立一个用地集约化、工业集群化、产业相互配套的工业园区势在必行。

三、设立××经济开发区符合我市城市规划、经济布局的要求。根据×××市城市总体规划，城区已没有设立××经济开发区的理想地块，拟于××区三十铺镇内设立。三十铺镇位于××城区东部，相距仅15公里，宁西铁路、合武铁路、合武高速、312国道穿境而过，距合肥新桥机场不足30公里，区位、交通优势明显，具备建设工业园区的外部条件。将××经济开发区设于此镇，符合市委、市政府提出的城区“哑铃型”发展思路，符合东向发展、融入省会经济圈的需要。

四、设立××区经济开发区的条件基本具备。拟设立××经济开发区的三十铺镇现为副县级建制，工业基础较好，发展速度较快。××区专门成立了“××区三十铺镇工业基地领导小组”，有专设办事机构和专人办公，对工业基地进行专项规划，建立了工业基地管理制度。2005年全镇规划工业用地3.5平方公里，经过近几年建设，工业区内道路、给排水、绿化等基础设施逐步配套，已引进工业企业等33家，累积到位资金2.7亿元，具备了设立经济开发区的条件和要求。

综上所述，在我市××区三十铺镇设立××经济开发区，既十分紧要，又切实可行，恳请省政府批准同意。

特此请示。

×××市人民政府

二〇〇七年十一月十五日

（联系人：××× 联系电话：05××—3379××××）

请示的公文，应当一文一事。

请示的格式与函相似，开头称呼写主送机关，落款写请示单位或单位负责人，注明时间。时间后另行写联系人、联系电话，并要加上圆括号。结尾一般不写祝颂语。

请示一般只写一个主送机关，如需同时送其他机关，应用抄送形式。

请示不能滥用，该请示的（不是自己职权范围内）要请示，不该请示的应由本单位处理，不要把事情推给上级。

请示与报告存在一定的区别。从写作的目的看，报告是汇报或反映情况，不能夹带请示事项，不要求回复；请示虽也陈述情况，但目的是请示。凡请示，均要求上级答复。

“请示”和“报告”要分开，不宜用“请示报告”作公文名称。如果只是向上级机关汇报工作、反映情况，并不要求上级答复，可用“报告”。如果要求上级答复，可用“请示”。若把“请示”写成“报告”，上级会误以为是一般的工作汇报，不需要答复，而使请示的问题得不到处理，贻误了工作。

十、批复

适用于答复下级机关的请示事项。

例 20

国务院关于同意天津新技术产业园区更名为天津滨海高新技术产业开发区的批复

国函〔2009〕25 号

天津市人民政府：

你市《关于天津新技术产业园区更名为天津滨海高新技术产业开发区的请示》（津政报〔2009〕2 号）收悉。现批复如下：

同意将“天津新技术产业园区”更名为“天津滨海高新技术产业开发区”。

国　务　院

二〇〇九年三月五日

（载《国务院公报》2009 年第 9 号）

批复因是对下级机关请示事项的答复，故有行文的被动性、回复的针对性和效用的权威性。

开头称呼写请示单位。正文一般分两部分：第一部分写某单位某号文收到，或概括复述请示要点；第二部分写批复机关的意见。末尾写“此复”或“专此批复”，也可不写。

答复态度要明朗，措辞须庄重，而且要限期批复，不能推诿，杜绝公文“旅行”。

十一、意见

适用于对重要问题提出见解和处理办法。

例 21

教育部关于制定中等职业学校教学计划的原则意见

教职成〔2009〕2号

各省、自治区、直辖市教育厅（教委），各计划单列市教育局，新疆生产建设兵团教育局：

教学计划是指导和管理学校教学工作的主要依据。为了贯彻落实《国务院关于大力发展职业教育的决定》精神，深化职业教育教学改革，全面提高职业教育质量，更好地指导中等职业学校教学计划的制定工作，规范中等职业学校教学计划管理，保证高素质劳动者和技能型人才培养的规格和质量，现提出如下意见：

一、指导思想

……

二、基本原则

……

三、招生对象与学制

……

四、培养目标与要求

……

五、课程设置与要求

……

六、教学计划的基本内容与时间安排

……

七、教学计划管理

我部负责制定中等职业学校教学计划的原则意见，并组织制定国家重点建设专业教学指导方案等专业建设规范性文件。

省级教育行政部门负责本《原则意见》和国家重点建设专业教学指导方案的实施，并按照本《原则意见》的要求，结合地方和行业经济发展的实际需要，加强与行业部门的合作，组织开发具有地方特色的其他专业的教学指导方案，报我部备案。

中等职业学校应按照本《原则意见》的要求，依据国家和省级教育行政部门发布的教学指导方案，制定实施性教学计划。各级教育行政部门要加强对学校实施性教学计划制定工作的指导及执行的管理监督。

2000年我部印发的《关于制定中等职业学校教学计划的原则意见》（教职成〔2000〕2号）自本文下发之日起停止执行。

教　育　部

二〇〇九年一月六日

（载《国务院公报》2009年第21号）

"意见"可以用于上行文、下行文和平行文。作为上行文，应按请示性公文的程序和要求办理。上级机关应当对下级机关报送的"意见"作出处理或给予答复。作为下行文，文中对贯彻执行有明确要求的，下级机关应遵照执行；无明确要求的，下级机关可参照执行。作为平行文，提出的意见仅供对方参考。

十二、函

适用于不相隶属机关之间商洽工作（例22），询问和答复问题（例23），请求批准和答复审批事项（例24、例25）。

例 22

关于商洽代培文秘人员的函

×工函〔2009〕×号

××大学中文系：

获悉贵系将于今年 9 月份开办秘书业务进修班，系统讲授有关秘书业务以及公文写作与处理的基本理论与方法。我厅拟派 10 名文秘人员随班学习，委托你们代为培养。有关代培所需的一切费用，我厅将如数拨付。可否，盼予函复。

××省工业厅人事处

二〇〇九年五月一日

例 23

国务院办公厅关于天津市福建省农村税费改革试点方案的复函

国办函〔2003〕68 号

天津市、福建省人民政府：

你省（市）上报的农村税费改革试点方案已收悉。经国务院领导同志同意，现函复如下：

一、原则同意你省（市）上报的农村税费改革试点方案（以下简称《方案》）。今年是否在全省（市）范围进行改革试点，由你省（市）根据全面试点应当具备的条件自主决定。请根据《国务院关于全面推进农村税费改革试点工作的意见》（国发〔2003〕12 号）等有关文件精神，分别对《方案》中的有关内容作进一步修改、补充和完善：

（一）明确暂停执行对不承包土地并从事工商活动的农村居民收取资金用于村内公益事业的政策；

（二）……

（三）……

（四）……

（五）……

（六）进一步制定和完善相关配套改革措施和办法。

此外，福建省在修改和完善《方案》时，要进一步明确改革后农业税（与改革前相比）税负不再增加；农业税附加比例最高不超过正税的40%；统一规定的“两工”取消后，遇到特大防洪、抢险、森林防火、抗旱等紧急任务需要临时动用农村劳动力，须经县级以上人民政府批准。

二、要按照中央要求，切实加强对农村税费改革试点工作的领导，周密部署，精心组织实施。……

请将修改完善后的《方案》及有关配套文件，抄送国务院农村税费改革工作小组备案。

国务院办公厅

二〇〇三年九月二十五日

（载《中华人民共和国国务院公报》2003年第33号）

例24

关于请求××研究所给予办公电脑化技术指导与协助的函[1]

××研究所：

最近，我们获悉你所在办公电脑化的研究与应用方面

① 古月. 新编公务员公务文书写作与规范处理大全. 北京：海潮出版社，2009. 90～91

取得重大进展，我们谨向你们表示祝贺，并提出如下请求：

1. 我们计划用一年时间基本实现办公电脑化，准备在近期举办两期办公电脑化学习班，希望从贵所聘请一位兼职教师，教授电脑操作知识与技术。

2. 我们希望贵所委派一至两名专业技术人员来我部指导与协助完成计算机的安装与调试工程。

以上请求如能同意，请即复函，我们当派人前去具体洽谈。

此致

敬礼

中共××市委组织部

××××年××月××日

例 25

国务院办公厅关于同意中央军委外事办公室综合办公楼悬挂国徽的函

国办函〔2007〕6 号

中央军委外事办公室：

你办《关于新建综合办公楼悬挂国徽事》来函收悉。经商有关部门并报有关领导同志同意，现函复如下：

同意你办在新建成的综合办公楼悬挂国徽。国徽直径为 80 厘米，请严格按照《中华人民共和国国徽法》的规定使用国徽，切实维护国徽尊严。

国务院办公厅

二〇〇七年一月九日

（载《国务院公报》2007 年第 7 号）

函即信，公文中的函，指公务往来的信件，又叫公函。

函的内容要专一、集中，以陈述为主，措辞要得体。末尾可写“特此函达”或“请即函复”、“此复”等。

格式上，有的比较完备，除有文件头外，还有标题、发文字号、时间、印章等；有的只写上款、落款和时间，加盖印章。

十三、会议纪要

适用于记载、传达会议情况和议定事项。

例 26

巴蜀江油发电厂恢复发电综合性评价专家组第二次会议会议纪要[①]

2008 年 6 月 26 日

2008 年 6 月 26 日，四川省经济委员会在江油市召开了巴蜀江油发电厂恢复发电综合性评价专家组第二次会议（以下简称会议），西南电力设计院、四川省建筑科学研究院、四川电力工业调试所、四川电力试验研究院、北京北重汽轮机有限责任公司、川投集团、巴蜀电力公司和巴蜀江油发电厂等单位的专家或代表出席了会议。会议宣布了专家组组成名单，听取了巴蜀江油发电厂关于发电厂综合性评价专家组预备会议和第一次会议安排的检查、检修、试运、试验工作完成情况和四川电力工业调试所对#32机组启动前试验工作的报告，专家组对#32 机组灾后

---

① 这是四川省经济委员会上报给国家发展改革委《四川省经济委员会关于巴蜀江油发电厂恢复发电情况的报告》的一份附件，成文日期是 2008 年 7 月 2 日。

恢复发电的各项工作和具体问题进行了逐项检查和评议，并作出了结论性意见。现纪要如下。

会议充分肯定了专家组所开展的各项工作，也充分肯定了巴蜀电力公司、巴蜀江油发电厂按照综合性评价专家组第一次会议要求积极开展恢复发电所进行的各项工作。专家组在听取了巴蜀江油发电厂关于相关检查、检修、试运、试验工作完成情况的汇报和四川电力工业调试所关于#32 机组启动前试验工作的报告，对江油发电厂#32 机组灾后恢复发电相关具体问题和工作进行了评审。专家组认为：经过江油发电厂和有关单位的共同努力，#32 机组及其有关的公用系统达到了整体启动条件，一致同意机组启动恢复发电。

会议同意专家组评审意见，并决定由巴蜀江油发电厂恢复发电启动指挥部于 2008 年 6 月 26 日进行机组联合启动及启动过程中的各项试验。

会议要求：巴蜀江油发电厂要精心组织，周密安排，搞好机组安全生产。加强#32 号机组恢复发电后的安全管理工作，严防安全事故发生，做到安全稳定运行。巴蜀电力公司要攻坚克难，继续抓好其余机组的恢复发电工作。面对各种困难，要带领全体干部职工振奋精神，树立信心，积极争取支持并创造条件，全力以赴抓好恢复生产的各项工作，力争所有机组早日恢复生产发电，为我省抗震救灾、恢复重建和经济社会发展作出积极的贡献。

会议纪要是扼要记述会议概况、讨论的主要问题和结果的一种文体。比较重要的会议都要写会议纪要。

会议纪要有会议情况通报性质，与传达重要精神或者情况的通报类似。

会议纪要写成后，可由会议的有关单位直接下达，也可由上级领导机关批转，作为附件转发。有的会议纪要还可由会议主持单位加按语发表。

按其写法，会议纪要分为以下三种：

（1）决议式纪要。它着重记述对有关问题讨论的结果和作出的决定。

（2）概述式纪要。它以记述会议内容为主，着重反映会议精神，如例26。

（3）记录式纪要。它是用记录的形式写成的纪要，又叫会议发言纪要。这些发言大多是党和国家机关负责人发表的重要谈话、某领导机关或部门负责人讨论内部工作问题的发言、机关或业务部门召集有关人员进行专题座谈的发言。记录式纪要，有的把发言内容归类，用小标题予以概括；有的一气呵成，只记发言内容。

写会议纪要，首先要掌握会议的第一手材料和相关资料，如会议记录、现场录音、汇报会情况和与会议有关的文字材料等。写作时要做到：

（1）言简意赅地揭示会议主题。会议纪要要根据会议的宗旨和议程，对议定事项和主要精神进行分析综合，言简意赅地揭示会议主题。要揭示会议主题，选择材料时就须突出中心和重点。一般来说，会议的中心和重点就是会议纪要的中心和重点。

（2）要条理化。会议纪要要对议定事项和主要精神进行归类排队，力求条理化，使之眉目清楚、层次井然，或并列，或递进，或因果，让读者顺利地阅读下去，不致发生梗阻。

（3）安排好基本结构。标题由会议召集单位名称、会议名称和文件名称组成，大多只有后两项，如例26。

正文开头也叫前言，类似新闻的导语，主要写会议概况，包括召集会议的单位、会议举行的时间地点和参加人员等，有的还点出议定的事项和主要精神，或略述会议举行的背景。正文的主体，不同种类的会议纪要写法有所不同。决议式纪要——列举讨论的结果和作出的决议，大多有小标题，其中又用序号列出若干条，如

《全国农村工作会议纪要》（载《人民日报》1982年4月6日）。概述式纪要以概括的语言，综合会议讨论的意见或发言，可分成几个问题写，也可不分几个问题，顺着写下来。记录式纪要可按会上发言的先后，把发言者的主要意见依次写下来，也可根据发言内容的主次轻重，由撰写者归类后分成几个问题来写。

结尾大多写与会者的决心、希望与建议，也有的不写这些，正文写完全文就结束了。

要说明的是，本节列举的例文，随着时间的推移，在内容上有的可能会因适用期已过或调整对象已经消失而自行失效，有的可能已被新发布的公文所代替，因此，阅读时要注意成文日期；若要引用，须查阅有关文件，看是否在明令废止或宣布自行失效的法规目录之列。在格式上，由于公文工作保密性较强，它们大多选自公开发表的报刊，有的没注明是公文的正文还是附件，有的没写主送机关或主题词、抄送机关，因而不够完备。在数字用法上，为忠于原件，有时用阿拉伯数字，有时用汉字，因而不够统一。写作时应以《国家行政机关公文处理办法》为准。

第四节　其他公文的写作

一、会议记录

会议记录是当场把会议情况，包括发言、讨论的问题和决议的事项等记录下来的一种公文。但它只在本单位保存，不在社会上流传。一般开比较重要的会议，如党政机关会议、商务机构会议、学术团体会议、国际会议等，都要有会议记录。

例 27

××学院第×次办公会议记录

时　间：××××年×月×日上午9时
地　点：第一会议室
出席人：罗××（院长）、吴××（总务处长）、黄××（院长办公室主任）、谢××（院长办公室秘书）及各系各部门主要负责人。
缺席人：朱××、王××（到省开会）
主持人：罗××（院长）
记　录：谢××（院长办公室秘书）

（一）报告：

1. 吴××报告院基本建设进展情况（略）。

2. 主持人传达省人民政府《关于压缩行政经费的通知》（以下简称《通知》）（略）。

（二）讨论：

我院如何按照省人民政府的《通知》精神，抓好行政费用的合理开支，切实做到既勤俭节约，又不致影响正常教学、科研等活动的开展。

（三）决议：

1. 利用两个半天时间（具体时间由各系各单位自己安排，但必须安排在本周内）组织有关人员集中传达学习《通知》精神，提高认识，统一思想。

2. 各系各单位负责人在认真学习的基础上，利用下周政治学习时间向群众传达、宣讲。

3. 各系各单位责成有关人员根据《通知》的压缩指标，重新审查和修订本年度行政经费开支预算，并于两周内报院长办公室。

4. 各系各单位必须严格控制派出参加校外会议及外

出学习的人数，财务部门更要严格把关。

5. 利用学习和贯彻《通知》精神的机会，对全院师生员工普遍开展一次勤俭节约、艰苦朴素的传统教育。

上午11时15分散会。

主持人（签名）
记录人（签名）

1. 会议记录的特点

（1）迅速。迅速指记录人的书写速度要快，这是写好会议记录的前提。若书写速度跟不上发言，会使记录的内容残缺不全，甚至违反发言者的原意。为此，记录人员要注意训练听写能力，掌握一套速记方法。

（2）准确。准确指记原话、原意、原来语气，不能用记录人的语言去加工概括，不能加入记录人的意见。会议的插话一般不记，但重要插话如主持人作的提示、对被插话人的发言所持的态度、总结性的语句等，要加括号记明。发言人的姓名要写全称，标点符号要正确运用。用第三人称，不用第一人称，这是表示客观，强调准确。

2. 会议记录的作用

它是形成各种文件的重要媒介，各项方针政策、人事安排、功过奖惩等，往往是通过会议决定的，决定以后，才制定命令、决定、纪要等各种文件；它能为今后贯彻执行会议精神、分析研究问题、检查与总结工作提供依据；它是反映会议真实情况的第一手资料，是日后查考的证物。有些比较重要的会议记录，还具有文献价值和历史档案的价值。

3. 会议记录的写作

（1）做好记录前的准备。开会前，记录人员要做好会议的组织工作，事先向领导和有关部门了解开会程序和内容，拟好议题，并经领导审核后通知开会单位或个人。若有重要的专题汇报，要收集好发言稿，开会时发给与会者每人一份。这样做能使会议按原定程序有条不紊地进行，对作记录大有帮助。另外，还要做好书写材料的准备。目前，会议记录有的用本子，有的用留有装订线的专用记录用纸，有的用白色打字纸，并不统一，但都要求纸质好，用钢笔或毛笔书写，以便长期保存和使用。若使用录音机，必须准备充足的录音磁带，而且规格要正确，以适用于会议上将要使用的特定录音设备。

（2）掌握记录的基本写法。记录分为两部分：

第一部分是会议的组织情况。包括会议名称、届次数；开会时间、地点；出席人姓名、职务；列席人姓名、职务；缺席人姓名、缺席原因；主持人姓名、职务；记录人姓名。会议名称和届次数写在第一行正中，其他的另起一行，低两格书写。这些都要在会议主持人发言之前写好。

准备签到册。若人数较多，可按签到统计人数，不必写出席、列席人名单。

第二部分是会议的内容。这是记录的主要部分，包括会议议程、主持人发言、与会人发言、作出的结论。

最后要另起一行写“散会”或“休会”、“结束”，并注明时间。

记录主要有两种方法，一是摘要记录法，即在原意不变的前提下，只记发言要点和决定事项，如例27；二是详细记录法，即尽量记原话，把发言全部记下来。还有的是两种记录方法交错使用。究竟采取哪种，视实际情况而定。

（3）做好记录后的工作。会议结束后，要全面检查记录，改正错字，补上漏字，字迹不清的地方要补写；对未听懂或没表达清楚的问题，应找有关人员核对；用录音的，要根据所录制的会议实况，整理出文字材料。重要的会议记录，会议主持人要审核并在记录右下方签字，记录人也要签字，以示负责。

二、大事记

大事记也是一种记录，主要记载单位的重要日常活动与事件。大事有时一天不止一件，有时几天、十几天也没有，应该有则记之，无则免记。一天之内有几件大事，就记几件，成为一天的大事记；也有半年或一年的大事记；还有时间跨度更大的大事记。有的大事记只在本单位保存，不在社会上流传；有的可公之于众，在报刊上发表（例28）。

例28

广州大事记

二〇〇九年四月

1日

广州专业市场商会与阿里巴巴签署战略合作协议。根据协议，广州专业市场将利用阿里巴巴平台上网“升级”，建设国际化、展贸化、电子化专业市场交易平台。广州市委常委、副市长李荣灿出席相关发展论坛等活动。广州专业市场商会旗下包括海印实业集团、广州国际轻纺城等，会员市场年交易总额超千亿元。

由中国科学院、广东省政府、广州市人民政府组织的专家验收委员会宣布三方共建的华南植物园项目顺利通过验收。该项目自2002年12月16日签订协议，三方各投入1亿元人民币。

3日

广州、佛山、珠海、惠州、江门、中山、东莞、肇庆八市的公积金管理中心负责人在广州共同签署了八城市公积金异地互贷协议。从5月1日开始，在这八个城市缴存公积金者，只要符合条件，就可在任一城市申请公积金贷款购买住房。

广州大学和意大利帕多瓦大学合作建立的帕多瓦大学孔子学院在意大利正式挂牌成立。庚建设校长和帕多瓦大学校长米拉内代表双方签署了《关于孔子学院建设的执行协议》。

7日

广州市首个小额贷款公司——广州市花都万穗小额贷款股份有限公司成立。广州市委常委、常务副市长邬毅敏，广东省金融办主任周高雄，广州市金融办主任周建军和花都区主要领导潘潇、林中坚等出席了成立仪式。资本金1.5亿元，全部来自国内民间资本，参股股东总计13人。而相对于民间借贷的高利，万穗公司是严格按照国家以及省市的相关规定来运行，其贷款利率不会超过同期银行贷款利率的4倍。

8日

国务院常务委员会议决定在上海市和广东省广州、深圳、珠海、东莞等4城市开展跨境贸易人民币结算试点，人民币结算，即允许进出口企业以人民币计价结算，居民可向非居民支付人民币，允许非居民持有人民币贷款账户，以便进行国际结算。

广州亚运会特许商品——“亚洲之路”系列产品首发仪式在广州天河城举行。此次市的纪念品共有四款，分别是“福船·阔阔真公主号绒金船模”（大、小号）、“亚洲之路徽章套装”、“亚运福船金条”。

17日

广东中远船务公司为印度APJ公司建造的5.7万吨散货船“凯斯”轮在广州港新沙港正式交付，该轮是华南地区成功建造并交船的最大载重吨散货船。

30日

市长张广宁会见科威特石油部部长谢赫·萨巴赫，双方就进一步加强经贸合作交换意见。市领导邬毅敏、陈明德等参加。

以四位大兵为原型的雕像《九天九夜》在广州雕塑公园揭幕。

（文/市档案局）

（载《广州政报》2009 年第 14 期）

1. 大事记的特点

（1）客观性。客观性指实事求是，忠实记录，不能有任何主观随意性。这是因为大事记是记述性材料，具有史料性，今天的记录就是明天的历史，只有如实反映现实，才能供以后查对。

（2）时序性。时序性指一系列事件以时间的先后顺序梳理排列，时间成为统领事件的枢纽，使大事记呈现明显的条理性，便于检索。

（3）简洁性。简洁性指行文简约，干净利落，在有限的篇幅内，尽量做到高密度和大容量。

2. 大事记的作用

编写大事记，总的来说是利在眼前，功在未来。它有利于了解各部门政治、经济、文化等方面的沿革情况，探索各方面工作的规律，不断提高工作效率；有利于定期考核各部门的工作和干部的政绩、有关人员的业绩，分清是非和责任，奖优罚劣，调动广大职工的积极性；它是珍贵的第一手资料，可作为总结经验、检查工作、查证历史的依据，具有凭证作用。

3. 大事记的种类

按记载方法的不同，可分为分类大事记和综合大事记两种。

（1）分类大事记。它是分门别类记载，国家机关和比较大的单位才使用。如《大事辑览（2009 年 11 月）》[①] 记载了中国各个领域和世界各洲的重大事情。国内分为政治、经济、文化科学、对

---

① 新华月报社. 新华月报，2009（24）：121 ~ 128

外关系四大类，每类按时间顺序排列；国际方面大致按地区分为亚洲、非洲、欧洲、美洲、大洋洲、国际组织和国际会议六大类，每类也按时间顺序排列。

（2）综合大事记。它不是分门别类地记载，而是把各种大事综合地记下来，一般机关、单位大都采用这种写法，如例28。

4. 大事记的写作

首先，确定何谓大事。

所谓大事，是指重大的有典型意义的事情。但在不同级别的机关和不同部门、单位又有不同的内容，全国、省、市、县、乡以及各个不同部门和单位，都有各自特定的大事。在乡政府中是大事的，在省政府中不一定是大事，而全国范围内发生的大事，也没必要照搬到本单位的大事记中。对不同部门和单位来说，由于它们的工作性质和业务范围不同，对大事的确定也不能划一。但也有规律可循，一般可记载以下内容：

（1）本单位开展的主要业务活动及其进展情况。

（2）本单位召开的（包括上级在本单位召开的）各种重要会议。

（3）本单位负责人的重要活动，如参加的各种会议、发表的重要讲话、下基层调查的情况。

（4）上级对本单位的重要领导活动，包括发来的重要文件、电话或口头指示、来本单位检查和指导工作的情况。

（5）本单位的组织变动情况，包括本单位的机构变动、人事变动、干部奖惩等。

（6）以本单位名义发出的文件、刊物等。

其次，分条记录，一事一记。

大事记要分条记录，使之眉目清楚。每条记一件事，不要把不同内容的事放在同一条写，以致增加阅读的困难。

再次，概括与具体结合。

大事记要善于概括事实，在对大量事实进行分析、综合的基础上，寥寥几笔，勾勒出大致的轮廓。但又不能空洞抽象，对有些地方，如重大事件发生的时间、地点、内容甚至起因、结果，重要活动（包括持续多天）的起止日期等要具体写，以便以后能查有实据。

最后，言简意赅。

好的大事记，在语言上以简约朴实为上。段落也要短，不要黑压压一片，令人厌烦。

三、简报

简报是情况的简要报道。它是个统称，“情况交流”、“互通情报”、“××动态”、“内部参考”等，都属于简报。

例 29

暨南大学简报

第 41 期
总 656 期

JINAN UNIVERSITY NEWSLETTER

暨南大学校长办公室编　　二〇〇九年十二月十五日

要　闻

国务院侨办马儒沛副主任视察我校番禺新校区建设用地

12 月 1 日下午，国务院侨办副主任马儒沛在国侨办人事司司长许玉明、监察局局长王丽华，校领导胡军、蒋述卓、刘洁生、林如鹏的陪同下，视察了我校番禺新校区建设用地。

在去新校区建设用地的路途中，马儒沛副主任听取了学校新校区征地工作最新进展情况的汇报，特别是今年8月25日，马儒沛副主任来广州与广东省、广州市委市政府有关领导会面后的进展状况。

在新校区建设用地现场，马儒沛副主任对照首期用地红线图仔细询问了调整红线后的征地面积，征地范围内被拆迁房屋、征地补偿以及新校区周边市政配套等情况。在了解相关情况后，马儒沛副主任还深入地块内仔细查看了拟征用土地的地形地貌和周边的市政配套现状。视察过程中，马儒沛副主任强调指出，学校要进一步摸清新校区周边市政配套情况，为新校区下一步的建设规划做好准备；要尽快完成新校区可行性研究报告的调整，争取在明年取得国家发改委对新校区立项和可研报告的批复。

视察结束后，马儒沛副主任会见了番禺区区委书记谭应华、常务副区长戴友华，并希望番禺区委、区政府进一步支持暨南大学在番禺区的征地、拆迁和建设工作。谭应华书记表示将给予最大的支持。

基建处处长姜煜东、副处长李海云，校办副主任孙彧等陪同视察。

（基建处）

学校隆重举行两岸四地名人名家文学艺术作品展暨暨南大学档案馆挂牌仪式

值暨南大学建校103周年、暨南大学文学院建院80周年之际，12月1日上午，两岸四地名人名家“祖国颂·暨南情”文学艺术作品展暨暨南大学档案馆挂牌仪式在我校蔡冠深博物馆隆重举行。

本展览展出岭南画派大师关山月、黎雄才、赵少昂、杨善深，原国务院副总理李岚清，全国政协委员、中国美术家协会副主席许钦松，著名画家陈金章、欧豪年等名人名家书、画及雕塑、篆刻精品共103件。

国务院侨务办公室副主任马儒沛、人事司司长许玉明、监察局局长王丽华，广东省政协原副主席王兆林，广东省委副秘书长杨桐，广东省委台湾工作办公室主任陈国兴，广东省政府参事室主任、中央文史馆书画院南方分院院长周义，广东省委统战部副部长唐晓萍，广东省侨办副主任林琳，广东省港澳事务办公室副主任金萍，暨南大学校董梁仲景，国家档案局业务指导处处长刘爱民，国务院侨办调研员陆静梅，广东省档案局监察指导处处长钟伦清，香港中华两岸四地文化交流总会会长冯柏乔，香港著名画家黎明，台湾画院执行院长冯仪，澳门书法家协会主席连家生，校领导胡军、蒋述卓、贾益民、陆大祥、纪宗安、叶勤、刘洁生、林如鹏等出席了开幕式。仪式由林如鹏副校长主持。

开幕式上，胡军校长、蒋述卓书记代表学校接受了著名雕塑家曹崇恩，著名企业家、校董梁仲景，著名书画家孙戈、方瑞等捐赠的艺术作品。为暨南大学捐赠艺术作品的还有著名书画家欧豪年、林勇逊、连家生、李荣海、周义、欧广勇、黄泽森、孟浩、蔡照波、张弘、崔跃、陈秋明、刘胄人、张慧谋、范淳奇、任桂森、卢彦讯、李海、陈挺通、赵节初、胡江等。

胡军校长在致辞中表示，举办此次具有历史意义与艺术价值的主题展览在暨南大学乃属首次，在百年侨校暨南大学的集结下，两岸四地的艺术家们以拳拳爱国之心，精心创作出这些高水平的艺术作品，不仅是对暨南大学在促进两岸四地文化交流方面做出努力的莫大肯定，同时也是让海内外更多有识之士了解暨南、关注暨南、支持暨南、发展暨南一个极好的机会。

为办好此展，暨南大学两岸四地文化交流中心与港、澳、台及大陆有关机构及著名文学艺术家们联系并联手中央文史馆书画院南方分院等机构分别组织了海内外一批知名的书画家、雕塑家、文史学家、诗人、摄影家等，以“祖国颂·暨南情”为主题，创作出这批体现暨南特色的艺术作品，表达他们对暨南大学的深情和祝愿。

暨南大学档案馆揭牌仪式上，马儒沛副主任、刘爱民处长、胡军校长、蒋述卓书记共同为档案馆揭牌。胡军校长介绍了学校及档案馆的整体情况，肯定了我校档案馆多年来所做的工作以及取得的成绩。胡校长指出，暨大档案馆挂牌不仅翻开了暨大档案事业的崭新一页，迈出了暨大文化素质教育工作新的一步，更为学校103岁生日献上了一份厚礼；实现数字化建设、现代化管理、网络化服务的档案馆，对学校的建设与发展起到了重要的支撑作用。他希望档案馆以挂牌为新起点，百尺竿头，更进一步。

香港书画家协会、香港美术家协会、暨南大学香港校友会、暨南大学澳门校友会、广东社会科学联合会以及中山大学、华南理工大学等高校档案馆发来贺信。贾益民副校长宣读了贺信。

（档案馆 文学院）

校友林维义捐赠仪式暨思源—现代物理科技创新实验室揭牌仪式隆重举行

11月30日下午，校友林维义捐赠仪式暨思源—现代物理科技创新实验室揭牌仪式在我校隆重举行。“思源—现代物理科技创新实验室”由我校理工学院物理学系1985届校友、香港飞达投资有限公司董事长、露露南方有限公司董事长林维义先生捐赠500万元创建。校长胡军会见了林维义先生。党委书记蒋述卓出席仪式，向林维义先生颁发了捐赠证书并赠送纪念品。仪式由党委副书记、副校长叶勤主持。

胡军校长对林维义校友持之以恒的捐资助学行动和关爱母校、回馈社会的精神风尚给予了充分肯定和高度赞扬，并祝愿林维义先生事业更加辉煌。

蒋述卓书记在讲话中指出，林维义先生关心学校发展，十余年来资助了众多家庭经济困难的大学生完成学业，使他们成为对社会、对国家有用的人才。如今，林先生再次捐资建立“思源—现代物理科技创新实验室”，为我校人才培养作出重要贡献。林维义先生是暨南大学校友的骄傲，是暨南大学的骄傲。蒋书记还勉励在校同学们珍惜好时光，努力学习，立志成才，并向林维义校友学习，报效国家，回馈社会。

随后，林维义先生发表了热情洋溢的讲话，感谢社会、母校和老师对他的培养。理工学院院长马宏伟介绍了林维义先生的情况。

资产与实验室管理处、科学技术研究处、校友工作办公室、理工学院有关负责人及师生代表参加了仪式。

（理工学院）

我校亚运会　亚残运会志愿者工作正式启动

12 月 3 日下午，亚运会、亚残运会志愿者招募培训示范基地授牌仪式暨暨南大学亚运会、亚残运会志愿者工作启动仪式在学校礼堂举行，我校副校长、青年志愿者协会会长贾益民，广州亚组委志愿者部副部长、共青团广州市委副书记安建国，广州亚组委志愿者部招募调配办公室主任叶兴仁，广州亚组委志愿者部培训督察办公室主任隋红，学校党委宣传部部长夏泉以及我校刚刚招募的一千余名亚运会、亚残运会预录志愿者参加了本次仪式，仪式由校团委书记区向丽主持，示范基地的建立标志着我校广州亚运会、亚残运会志愿者工作正式启动。

仪式上，贾益民副校长简要总结了我校亚运会、亚残运会志愿者的招募、选拔工作，并表示我校将秉承严谨细致的工作作风，发挥自身优势，充分调动各方力量，进一步将志愿者培训及组织工作做好，全面提升我校志愿者的服务水平和质量，不辜负亚组委对我校的信任和支持，最后贾益民副校长对志愿者提出了希望和要求，鼓励志愿者进一步提升自身素质，在亚运赛场上展示暨南学子的青春风采，展现中华民族的生机和活力。

安建国副部长为我校示范基地授牌，并对我校志愿者的组织、招募工作表示赞赏，希望我校能认真开展志愿者培训，规范志愿者管理，发挥示范基地的表率作用，为广州亚运会、亚残运会的顺利举办作出更大的贡献。

随后，全体预录志愿者进行了庄严的宣誓仪式，并接受了第一期培训，进一步了解亚运会历史及本届亚运会概况。

本次广州亚运会、亚残运会志愿者招募得到了我校学子的大力支持和积极参与，报名人数创历史新高。学校团委、校青年志愿者协会认真组织面试，从众多报名者中挑选出1 932名学生预录为广州亚运会、亚残运会志愿者。此后，学校团委将按照亚组委志愿者培训大纲为预录志愿者安排系列培训课程，并对预录志愿者进行综合能力测试，根据志愿者培训和测试成绩选拔出2010年亚运会、亚残运会赛会志愿者。

（校团委　孟祥磊）

校领导与理工学院学生代表亲切座谈

12月3日下午，学校党委副书记叶勤与理工学院本科学生代表亲切座谈，倾听同学们在学习、生活中遇到的问题和困难，结合自身的学习经历排解同学们的困惑，鼓励同学们心怀祖国、志存高远，勤奋学习、夯实科学研究基础，积极培养良好的学风和校风，努力成为高素质人才。理工学院院长马宏伟、学院党委副书记王玉娟及学生辅导员参加了座谈会。

座谈会一开始，叶勤副书记用轻松愉快的开场白立即拉近了与同学们之间的距离。各与会学生代表畅所欲言，就专业实践、创新思维的形成、课程设置、本科生导师制、择业就业、学生活动创新、学生宿舍环境、校园安全等方面提出了自己的意见、建议和问题。

叶勤副书记认真听取了同学们提出的问题，认为同学们提出的问题很有意义，并针对同学们提出的问题予以详细解答，表示会将未能现场解决的问题呈交学校，由相关单位妥善解决。马宏伟院长、王玉娟副书记也现场回答了学生的提问。

叶勤副书记对理工学院的学生代表以及广大同学提出

了几点希望。希望每一位同学言忠信行笃敬，时刻铭记祖国和母校，珍惜大学的黄金时期，在大学期间培养完善的人格；要胸怀理想，取志于凌云，存心于高远，勤于学习，善于创造，努力提高报效祖国的能力；希望同学们要刻苦学习、勤奋钻研，努力成为社会发展需要的知识结构全面的高素质人才。他肯定了理工学院学生在各类学术竞赛中获得的优秀成绩，并希望更多的同学能够参加进来，夯实科学研究的基础，为今后走向社会，成就事业打下坚实基础；希望同学们与学校一起培育优良的学风和校风，为学生成长成才提供良好的校园环境。叶勤副书记还就当前就业形势和我校的就业工作向大学生做了介绍，他认为尽管全球性的金融危机对我校大学生的就业带来了一定的影响，但我校积极应对，主动出击，通过举办校董、校友企业和校市合作企业招聘会等多种形式，为我校学生就业拓宽了渠道，尤其是国家出台的刺激经济增长的宏观经济政策的实施，定会给同学们的就业和前途带来光明。

最后，叶勤副书记深情地寄语理工学子：青年兴则国家兴，青年强则国家强；千里之行，始于脚下，希望同学们继续发扬“实实在在、求真务实”的理工精神，珍惜大学四年的美好时光，努力实现人生的辉煌。

（党委办公室　理工学院）

我校举办2009年澳门文化节

11月29日，我校2009年澳门文化节在建阳篮球场成功举行，林如鹏副校长出席开幕式并致辞。

林如鹏副校长表示，澳门学生积极参与学校的学术科技、社会实践活动，及“侨生杯”、“国际文化聚暨南”、“中国文化节”等文化活动，为学校的发展、为建设异彩缤纷的校园文化作出了突出的贡献；并感谢澳门校友会一直以来关心学校的工作和对本届活动的大力支持。

随着我校综合实力的不断增强，越来越多的海外学子和港澳台地区学生前来我校求学，目前，我校在校澳门学生共3 995人。多年来，我校为澳门地区源源不断地输送人才，澳门政府、工商界、文教界及医疗卫生界均有我校的杰出校友。

每年一届的澳门文化节由澳门校友会主办，我校学生会外招生部澳门学生分部承办，旨在宣传具有独特魅力的澳门文化，展现澳门悠久的历史，增进广州高校澳门学生的交流和友谊。本届文化节以图片展览、知识问答、游园活动、文艺表演、美食摊位等形式展示了澳门的历史文化、风土人情。

澳门校友会理事长黎柏强，学生处、校友工作办公室、学校驻澳办负责人，澳门校友会的校友以及来自澳门学生联合会、澳门新青协、广州地区高校的澳门学生代表参加了文化节。

（学生处）

我校启动2009年普法宣传周活动

为了迎接全国法制宣传日的到来，由学校依法治校工作领导小组办公室、党委宣传部、法学院联合主办的以“加强法制宣传教育　提高师生法律意识”为主题的2009年暨南大学普法宣传周系列活动在校内展开。系列活动以现场法制咨询宣传为主，包括大型橱窗图片展示以及组织师生参加全国“2009年百家网站法律知识竞赛”。

12月3日上午11点，现场法制咨询在建阳篮球场拉开帷幕，标志着我校法制宣传周活动正式启动。现场活动以法律咨询和有奖问答的形式展开，吸引了大批的师生。法学院苏文卿、高新会博士出席了宣传活动，为各位有法律疑问的同学提供了咨询意见，帮他们寻找正确解决问题的途径。同时，由法学院研究生会的同学们组织的有奖问答活动也在火热进行，同学们通过回答各种各样的法律问题，在不知不觉中增长了法律知识。

在法学院研究生会工作人员的齐心努力和同学们的踊跃参与中，现场法制咨询及宣传活动圆满地落下帷幕，学校希望通过此次活动引导同学们进一步加深对相关法律知识的了解 ，并合理地维护自己的合法权益。

（学校依法治校领导小组办公室　徐芳）

主题词：暨南大学　简报

报：钱伟长董事长，国务院侨办文化司、宣传司、秘书行政司、政策法规司、国内司及有关领导，教育部高等教育司、高校工作司、港澳办公室，国务院港澳事务办公室，国务院台湾事务办公室，省委办公厅、宣传部、高校工委，省府办公厅，省教育厅，省侨办。

送：校领导，兄弟院校。

发：学校机关部处、直属单位，各院系。

联系电话：020－85220013　　E－mail：oxmk@ jnu. edu. cn

---

1. 简报的特点

（1）简。是指简明扼要，字数不超过2 000 字，最好是“千字文”。但简不等于苟简，要在说明问题的前提下求简。

（2）快。是指写简报要迅速及时，尤其是会议简报，上午的讨论，下午要写出简报；晚上的讨论，第二天早上要写出简报。但快要建立在尊重事实的基础上，不能一味求快，而忽视了事实的准确性。

简报这种一简二快、轻便灵活的特点，使它与消息相似。但消息是报纸和广播广泛使用的新闻体裁，而简报有不同程度的保密性，是一种内部公文。

2. 简报的作用

简报过去只用于向上级汇报情况，1955 年 6 月 9 日国务院作出的《关于所属各部门工作报告制度的规定》，对写简报提出过明确的要求："工作简报：各办、外交、计委、建委、体委、民委、侨委，每两周向总理写一次工作简报，明白、扼要地报告所掌管的范围内重大问题的处理、工作中的重要情况和经验。"以后，因各项事业发展的需要，简报不仅可用于向上级反映情况，而且可用于与平级或下级单位沟通情况，总之，上下左右之间都可以使用。现在，中国内地的各级机关、企事业单位一般都有简报。

3. 简报的种类

按其内容划分，简报有四种类型：

（1）工作简报。这是一种反映本地区、本部门、本单位工作情况或问题的简报，又称业务简报。它定期或不定期编印，以不定期编印居多。它具有连续性，从某单位一年的简报中，可看出该单位一年中大致的工作活动情况，如例 29。

（2）专题简报。这是一种针对某项工作、某项任务编印的阶段性简报，如反映打击经济领域犯罪活动的简报等。工作或任务一旦完成，简报就停办。

（3）会议简报。这是会议期间编印的反映会议进行情况的简报，内容包括代表们在讨论中提出的意见、建议和会议决定的事项等。它也有阶段性，会议一结束，简报就停办。

（4）思想动态反映。它反映不同阶级、阶层和不同地位、身份的人们，对国内外重大事件或国家重大决策的不同态度和认识。这类简报主要供高级领导人看，机密性较强。

以上简报，按其反映形式又可分为一般简报和综合简报。一般简报是一事一反映，综合简报是把一个时期内的几件事情或几个问题集中予以反映。

4. 简报的写作

（1）选择典型的、有针对性的材料。每个部门和单位，每天都会产生不少情况和问题，不可能也没必要把它们都搬上简报。应选择那些典型的、有针对性的材料。典型是指有代表性，通过一点能反映全面。它既包括正面材料，又包括反面材料，还包括带有倾向性的苗头或雏形经验。有针对性是指有的放矢，能对改进和推动工作起比较直接的作用。

（2）在简练、准确上下工夫。要在较短的篇幅中把反映的情况或问题说清楚，文字上就要简练，切忌拖泥带水。光简练还不够，还要准确。简报有不少是向领导机关反映情况的，领导机关常以此为依据制定决策。如不准确，会造成决策的失误，从而影响工作。

（3）遵循规定的格式。简报由报头、正文、报尾三部分组成。

报头是公文样式的标志，并不是简报的题目。包括四项内容：简报名称位置在报头中间，可套红，也可不套红；简报期数位置在简报名称下方；编印单位位置在报头左下方；印发时间位置在报头右下方。

正文之上，一般有标题。正文可只刊登一份材料，也可刊登几份材料，分别写标题。若内容较多，还可按内容性质分成若干栏目。正文末尾可注明供稿单位或写稿人姓名，加上括号，也可不注明。

报尾位置在简报末页，有两条平行横线。里面写明发送单位和印发份数。

顺带谈谈简报的编辑。写简报和编简报虽不同，但又有联系。往往采写简报的人同时又要编辑简报。编简报是对现成材料再进行选择，对文字加以修改。应选择那些与当前中心工作密切相关的、对推动工作有利的现成材料，把文字修改得简明而准确。有的简报还要写编者按。

四、总结

总结是回顾前阶段某项工作、某项任务和其他实践活动的进行情况而写成的书面材料。它写在实践活动之后（可以是比较长的全过程的实践，也可以是一个阶段的实践）。

例 30

政府班子年度工作总结①

×××区人民政府

2008 年是极不平凡的一年，也是逆境奋进的一年。区政府班子在市委、市政府和区委的正确领导下，在区人大、政协的监督支持下，按照“两城三区”建设的总战略和区四届二次党代会、三届二次人代会的工作部署，团结和带领全区干部群众，深入贯彻科学发展观，集中力量攻坚，围绕重点推进，抓住关键突破，较好地完成了年初的目标任务。现根据市委要求，将区政府班子 2008 年度的主要工作汇报如下：

一、以前瞻的眼光谋局，创新发展战略

面对严峻经济形势，我们在区委的领导下，深入调研、多方问计，在年初人代会和干部大会上明确提出了“富民为先，民生为重，克难攻坚抓落实，创业创新谋发展”的总体战略和具体的工作措施，扎实推进“两城三区”建设。特别是去年二季度以来，我们较早地预测到

---

① 应用写作，2009（7）

次贷危机可能给×××区带来的影响，在认真贯彻中央有关加快转型升级决策的同时，把经济“保稳”工作放在更加突出的位置，并通过各种会议强调要“提振信心”、“保稳促调”，因地制宜采取了一系列“保市场、保企业、保增长、保民生”和“促调整、促转型、促升级”的应对举措。在困难面前，班子成员“分工不分家、补台不拆台”，协力克难攻坚，通过现场办公、定期督导等方式，协调各镇（街道）和有关部门抓好落实。

由于见事早、行动快、措施实，使应对金融危机的过程转变为提高经济质量和效益的过程，推动了经济社会保持较快发展。2008 年，我区实现生产总值 270. 31 亿元，财政总收入 32. 71 亿元，其中地方财政收入 15. 54 亿元，有多项主要经济指标名列全市前茅，9 项指标总量或增幅居三区之首，人均 GDP、城镇居民人均可支配收入、农民人均纯收入稳居全市第一。

二、以互动的理念发展，夯实经济基础

一年来，区政府班子面对严峻形势，立足区情，坚持重点建设项目与产业项目互动、工贸互动和城商互动，努力激发发展活力，增强经济实力。

坚持重点建设项目与产业项目互动。以“两年”活动为抓手，继续倡导经济工作项目化，在“两城三区”建设总战略指导下，坚持“东西并重、海陆共进”。在东部，积极实施滨海发展战略，大力推进×××、×××围垦工程，加快××港口开发论证，建成东方大道二期、疏港大道一期等基础设施，既拓展了城市的发展空间，又改善了东部的金属资源再生产业基地迁建、大石化、黄琅废盐场等产业项目的发展条件。在西部，围绕×××铁路建设，加快铁路货站、104 国道西改线及国际物流中心等项

目进度，使重点建设项目与产业项目相得益彰，互动推进。同时，城区的民营经济发展论坛等一批项目也加快实施，在全年安排的67个各类项目中，有15个被列为省、市重点建设项目，完成投资12.8亿元，项目推进工作走在全市前列。

坚持工贸互动。在经济尤其是工业经济遭遇前所未有挑战的形势下，我们一方面千方百计地推动工业“保稳促调”，另一方面更加注重生产性服务业发展。工业“保稳促调”方面，主要突出企业帮扶和自主创新两个重点。企业帮扶主要体现在：一是在政策服务上，要求相关职能部门加强宣传，引导企业用足用好用活国家新出台的各类优惠扶持政策。二是在资金保障上，推动银企加强合作，组织银企签订了“三年新增贷款198亿元”的战略协议，鼓励社会资本投入潜力较大、前景较好的产业化项目，支持企业加快“两证”办理，提高企业融资担保能力，缓解了企业融资难题。三是在用地供应上，优先保证重点项目用地，加快供地速度，并在全市率先推出“零增地技改”政策，健全“以亩产论英雄”的土地集约利用机制，不断盘活存量，扩大增量，提升容量。全年上报批准农转用土地1 891亩，争取计划外指标708亩，农转用报批率达100%；32家企业实施“零增地”技改，新增厂房19万平方米。推动企业自主创新主要体现在：一是注重技术创新。在全省率先建立区域专利服务平台，成为省级知识产权示范创建区，新增了一批省级高新技术企业、技术（研发）中心和国家级技术创新项目与授权专利，新参与制定国家和行业标准7项。二是注重管理创新、制度创新，精益生产管理模式逐步推广。经过全区上下的共同努力，工业五大主导行业发展总体平稳，外贸逆势上扬，全年实现外贸进出口总额23.9亿美元，其中自营出口16亿美元，同比分别增长 38.5% 和 45.1%，增幅分别高于全市平均水平 14 个百分点和 19.5 个百分点；实现规模工业总产值444.1 亿元，新增规模企业124 家、销售产值超20亿元企业3 家，生产汽车 7.53 万辆。服务业方面，优先发展生产性服务业。加快商贸、金融、物流、会展“四中心”建设，实现社会消费品零售总额 127.66 亿元，年末金融机构存款余额 399.5 亿元、贷款余额 332.8 亿元，均居全市第二。在 2008 年全区地方财政收入贡献前十强企业中，8 家为服务业企业（其中银行3 家、房地产企业4 家、通信企业1 家）。

坚持城商互动。将新城开发、旧城改造、铁路货运站建设与商贸服务业发展结合起来，重新明确并优化城市功能布局，鼓励发展大型零售商业，整合提升专业批发市场，××国际塑料城、钢材市场迁建、小商品市场改造等项目有序推进。

三、以统筹的思路推进，加快城乡一体

坚持“以城带乡、以工促农”，着力改善形象、提升内涵，推进城乡一体化发展。一是城市形象继续改善。以“多城同创”活动为契机，加大新城开发、旧城改造和“城中村”改造力度，新城框架加快向东、西扩展，一批商贸、办公、住宅、休闲建筑设施逐步建成，旧城“脏乱差”现象有所改观，配合市里通过省环保模范城和卫生城市复审。二是城乡基础设施进一步完善。完成×××、×××、×××等5 条道路延伸、改造以及一批农村道路、危桥改造，建成农村公交站点近百个；建成或扩容了广场变电站等一批电力设施项目，顺利通过省级电气化县（区）验收；东部供水工程进展顺利，农村饮用水工程完成工程总量的80%，城区供水管网和居民小区“黄水”改造年度任务全

面完成。三是新农村建设加快推进。围绕服务“三农”，以改善农业农村生产生活条件为切入点，加大政策扶持力度，深入实施农业特色产业“三强”工程，扎实开展“百千工程”、“洁净家园”行动，农村劳动力培训，全区财政预算内支农资金增长15.1%，农村土地承包经营权流转、农业植保等社会化服务工作全省领先，农民人均纯收入11 776元，居全市之首，新增4个市级全面小康建设示范村、39个整治村。××村蝉联“全国文明村”，并成为第一批国家级生态村和省级特色旅游村。

四、以亲民的作风践行，改善民生福祉

坚持以人为本和“群众利益无小事”的工作理念，致力于群众关心的衣食住行及就医、就学、就业、社保等民生问题，全面实施“八大民生工程”，推进发展成果的普惠共享。住房方面：67万平方米的安置小区建设全面启动，××安置小区已经结顶，××××和××××、××等安置小区顺利分房；廉租房保障范围进一步扩大，对符合规定条件、申请廉租房租赁补贴的低保家庭做到“应保尽保”。卫生医疗方面：进一步完善公共卫生和医疗服务体系，市××医疗中心建设进展顺利，区二院迁建工程正式启动，新型农村合作医疗参合率达97.6%，农民免费健康体检人数11.1万人。文化方面：成功举办第二届商都文化艺术节，农村基层文化俱乐部覆盖率达92%，“全民健身迎奥运”等群众性体育活动蓬勃开展。教育方面：着眼“优质、均衡”，坚持“软、硬”齐抓，全年共安排教育经费3.3亿元，教育质量和办学条件进一步改善，各类教育协调发展，2万多名外来人员子女和5千多名贫困家庭学生顺利入学。社保方面：新参加城镇职工基本养老保险7 062人、医疗保险7 428人、工伤保险10 027人；被征地农民

生活保障政策进一步完善，创新实施被征地农民生活补助模式，新增参加保障的被征地人员2 746人。就业方面：就业服务不断加强，招聘110名高校毕业生到社区工作，帮扶了一批城镇“零就业”家庭和农村低保劳动力就业，转移城乡富余劳动力就业2 807人。安全稳定方面：社会管理视频监控系统实现主城区全覆盖，安全生产事故控制指标实现“四个零增长”，连续四年被评为省级平安创建工作先进区。此外，区政府班子还带头响应上级和区委号召，积极开展抗震救灾工作，全区共募集各类善款3 071万元，支援灾区建设过渡安置房521套。

五、以严格的要求自律，增强班子合力

坚持用激情提振信心，用意志战胜困难，用科学指导发展，致力加强学习，改进作风，厉行勤俭节约，努力建设务实高效、干净干事、群众满意的服务型政府。

加强学习增合力。在繁忙的工作中，我们班子成员坚持工作与学习两手抓、两不误，坚持区委中心组学习与自学相结合，理论与实践相结合，认真学习党的十七大、十七届三中全会精神和经济管理、税收政策、土地法规等知识。通过学习，班子成员在实践中牢固确立了科学的发展观和正确的政绩观，形成了坚定信心、逆境奋进、共克时艰的精神风貌和求真务实、肯干小事、注重潜绩的工作作风，为人民服务的意识和总揽全局的能力进一步增强。

民主集中增合力。班子成员在工作中积极贯彻区委区政府的统一部署和要求，自觉坚持民主集中制，并且相互协调、相互配合、相互支持、相互监督，大事讲原则，小事讲风格，共同维护班子的团结。坚持用法律手段调节和管理经济社会事务，严格执行重大事项集体决策、专家咨询、社会公示与听证、决策评估等制度。对一些重大问

题，通过区长办公会议等形式进行集体讨论和决策，并主动邀请区人大、区政协的领导参加。全年共召开区长办公会议 6 次，研究解决了 128 个热点难点问题和重大事项。

廉政建设增合力。班子成员带头廉洁自律，坚持把党风廉政建设列入重要议事日程，认真落实党风廉政建设责任制，加大审计监督、纪律监督和案件查处力度。去年审计部门共完成审计项目 25 个，区纪检监察部门依法查处了一批干部违纪违法案件。全面推行工程招投标、土地使用权出让、产权交易、政府采购和国资管理等制度，全年公开挂牌出让经营性国有土地使用权 151 宗 676.3 亩，成交额 10.66 亿元；实现建设工程进场交易 79 项，中标价 21.65 亿元，比预算价节约资金 2.15 亿元；完成政府采购预算金额 3 502 万元，实际成交额 3 116 万元，节约资金 386 万元，节约率为 11%。同时，大力压缩行政性开支，规范津补贴发放和公车使用管理，加强节约型政府建设。

上述成绩的取得，主要归功于市委市政府和区委的正确领导以及区人大、政协的监督支持，归功于全区干部群众的共同努力。我们清醒地认识到，区政府班子还存在诸多不足，突出表现在：就新时代的要求和形势发展的需要来说，班子的思想还不够解放，能力和水平有待进一步提高，亟须通过加强学习与实践，来开阔眼界、提高整体素质；从上级的要求和群众的期望来看，在造福民生、帮扶企业及促进经济与社会、人与自然和谐协调发展等方面还有许多工作要做；此外，在新形势面前，班子自身的廉政勤政意识也需进一步增强。这些问题我们将认真对待，并在今后工作中努力加以解决。

（陈训建供稿　浙江省台州市路桥区政府）

例 31

大胆尝试动态目标管理
实现办公室工作新跨越[①]

赵丙元

2003 年以来，我们面对调整后的办公室新人多、人员知识结构单一和工作经验不足，驾驭工作的能力不强等新情况，大胆引入动态目标管理机制，把各项工作量化、细化，明确目标，狠抓落实，使办公室工作人员在能力、效率、水平、质量等方面迅速提高。

一、科学地确立任务，筑牢动态目标管理的根基

为了科学合理地确立工作目标任务，我们事先召开了办公室领导成员会，讨论目标确立的方式、方法和档次等级，初步形成了一个三级目标管理模式的设想。所谓“三级目标”，即办公室设立总体目标，也就是一级目标；各科室设立二级目标；工作人员设立三级目标。基本要求是：各级目标相互对应，工作任务层层分解，工作责任步步明确，真正做到一级目标统揽，二级目标辅佐，三级目标压担。一级目标突出一个“实”字，定得实实在在，有利于增强机关工作的凝聚力和亲和力，增强全体工作人员达成目标的决心和信心。二级目标突出一个“活”字，便于在实践中具体操作，切实培养机关内部争先创优意识，营造各科室赶超竞争的工作氛围。三级目标突出一个“严”字，定得严紧适度，能够产生任务刚性，既压担子，又装轮子，压力在前，动力在后。

---

① 赵丙元．大胆尝试动态目标管理　实现办公室工作新跨越．秘书工作，2004（9）：28，34

目标草案形成后，分别印发给办公室各个副职、各科室负责人以及每位工作人员，广泛开展目标管理工作大讨论，征求大家的意见与建议，充分体现出浓厚的民主氛围，为目标管理的顺利实施打下了良好基础。同时，针对搜集到的意见、建议，对目标任务进行再次增删，真正做到目标任务人人清楚、个个明白，引导工作人员自觉融入到动态目标管理中去，共同运作，共同参与，最终达到共同提高的目的。

随后，举行了目标管理摊牌会，公示目标任务，就是要为大家构筑一个公开、公平、公正的竞技平台。在会上，每个办公室领导就如何实现工作目标谈了各自的设想，各科室负责人和每个工作人员就自己的目标任务进行公开承诺，并实行目标管理责任制，层层签订目标管理责任书。这样一来，就为办公室工作整体提升提供了重要载体，为各科室工作不断完善提供了有效方式，为每个工作人员素质的自我强化提供了可贵支撑。

二、建立完善的驱动网络，确保目标任务顺利实施

目标确立后，怎样在管理中让目标动起来、活起来，把目标管理延伸到办公室工作的方方面面，则成为问题的关键。为此，我们先后建立健全了内部规章制度，形成了科学有效的工作驱动机制。

一方面，进一步严格内部管理制度。一是围绕提高工作效率，实行了考勤制度、值班制度、检查评比制度等，保证了机关工作正常、有序、高效运行；二是围绕提高工作质量，实行了轮岗学习制度、对口跟班学习制度和周二学习日制度等，内设科室抽调部分人员实行内部轮岗学习，并不定期派出业务骨干到上级机关跟班学习，提高了工作人员的业务能力和理论水平；三是围绕提高服务水

平，实行了全员信息制度、全员调研制度、全员新闻宣传制度，要求大家充分发挥自身优势，针对新形势下出现的新情况、新问题、新动向，深入基层，调查研究，广泛搜集，认真捕捉，或写出兼具适用性、前瞻性、指导性的深层次调研文章，或形成极具价值的工作信息，及时向领导和上级党委报送，为领导决策提供科学依据；四是围绕提高工作能力，实行了轮流授课制度、工作体会大家谈制度等，通过模拟公文处理、公文撰写、事务性应急协调训练等多种形式，培养工作人员的适应能力、应变能力及处理日常工作的能力，努力使每一位工作人员都能够成为独当一面的能手；五是围绕树立良好形象，实行了挂牌上岗制度、诫勉谈话制度等，把维护机关形象落实到每一个工作人员身上，体现在每一个工作岗位上。

另一方面，积极建立灵活多样、操作性强的工作机制。一是推行对比机制。通过目标成果展示、工作量登记展示、问题专题会等形式，在纵比中求进步，在横比中找差距，提高了工作人员听、说、读、写等方面的实际工作能力，调动了全体工作人员的积极性，推进了目标任务的有效落实。二是推行巡查机制。通过周一例会、当月考评等办法，对目标任务完成情况进行全方位的巡查。发现不能按时完成目标任务的科室或个人，对其进行及时的提醒和督促，让其看到差距与不足，加压奋进。三是推行激励机制。对确定的各项工作目标任务，按时完成的不奖不罚；完成较好或超额完成的，年度评优评先优先考虑，并对超额部分按级别给予物质奖励。同时，对不能按时完成任务的，实行一票否决，年终除不能享有评先评优权利外，还要在办公室全体会上说明理由。

三、彰显叠加效应，凸现目标管理的辐射带动作用

通过实施动态目标管理，办公室工作发生了明显变化：崇尚学习的风气浓了，勇争一流的意识强了，认真办事的劲头足了，争出精品的呼声高了，干事创业的合力大了，乐于奉献的内容实了。在圆满完成各项目标任务的同时，动态管理的综合效能日益显现。

（作者单位：河南省长垣县委办公室）

1. 总结的特点

总结和调查报告[①]特别是典型经验的调查报告比较接近。写这两种文章，都要深入调查研究，取得第一手材料；都要对材料认真分析研究，摸索出规律性的东西；都要处理好材料和观点的关系，观点来自材料，但又统率材料；都可成为领导机关制定政策的依据。但它们也有不同之处。从写作目的看，调查报告以点带面，通过对“点”上经验的介绍，推动“面”上的工作，而总结立足本单位或个人，不强调具有普遍意义。从写作范围看，调查报告大小不拘，可今可古。可调查某人、某个问题，也可调查全国乃至全世界共同性的问题；可调查现状，也可调查历史。总结只能写本单位或个人的实践活动。从人称看，调查报告多用第三人称，总结多用第一人称，若是记者采访后见报，可用第三人称。

2. 总结的作用

总结是提高认识的有效手段。对本单位和个人来说，通过总结能比较全面、系统地了解本单位和个人的基本情况，明确成绩和缺点，使今后的工作做得更好；对领导机关来说，仔细分析研究下级有分量的总结，能摸清情况，及时指导工作，避免盲目性；对其他

---

① 调查报告是对某些情况、某个事件或问题进行深入调查，并经分析综合后写成的书面报告。它也属其他公文。

单位来说，有些总结所提供的经验，能供其参考和借鉴。

3. 总结的种类

总结按内容划分，有工作总结、学习总结、科研总结、生产总结；按范围划分，有部门总结、单位总结、班组总结、个人总结；按性质划分，有综合总结、专题总结；按时间划分，有年终总结、季度总结、月份总结、阶段总结。下面着重谈综合总结和专题总结，因为其他类型的总结，都分别采用这两种总结的写法。

综合总结涉及某个国家、某个部门、某个单位乃至个人各方面的情况，包括思想、生产、学习、工作等，要反映出被总结对象的全貌。它常用于向上级汇报工作或向群众介绍工作的进程、结果。按时间划分的总结，大多属于综合总结，如例30。

专题总结是对某项工作、某个问题或其他实践活动进行的专门性总结，内容比较集中，大多以总结经验为主，其他问题少写或不写，如例31。

4. 总结的写作

（1）提炼规律性的东西。写总结，如果把进行过的实践活动原封不动地搬到纸上来，是毫无意义的。只有对实践中的成功与失败、成绩与缺点进行分析研究，把感性的、分散的印象上升为理性认识，提炼出规律性的东西，我们才能正确地认识并掌握客观事物的规律，能动地认识世界并改造世界。因此有人说，“总结就是实践的本质概括”、“总结就是提高”、“总结就是转化”。

（2）突出重点。总结不能事无巨细，统统都写，应根据实际情况和具体写作目的，确定中心，突出重点。

专题总结要做到突出重点比较容易，综合总结则要费一番工夫。如年终工作总结，它既要写出一年来该部门或单位各方面的情况，又不能面面俱到。这就要把材料分类排队，加以筛选，选用那些能直接反映该部门或单位本质特点的材料，并详细地写，其他的次要材料则略写。

（3）具有特色。总结是例行公事，若事前不作深入调查研究，写作时不认真对待，容易千人一面，百部一腔，改动一下单位或时间，搬到哪里都可以。这样的总结是无效劳动，不如不写。诚然，总结要反映出共性，但绝不能淹没个性。学校的总结和医院的总结不同，与工厂的总结更不一样。同是学校，小学、中学、大学也有区别。没有个性，不具有本部门或单位的特色，就无法指导下一阶段的实践。

（4）选择恰当的结构形式。总结的结构一般有基本情况概述、主要经验或教训、存在问题和今后打算（意见、努力方向）等几部分，但每篇总结根据总结对象、要求和种类的不同，可几部分都写，也可只写两三部分。

基本情况概述和主要经验或教训是基本的结构形式。专题总结有的只写这两部分，有的再加上今后打算部分。综合总结叙述的内容较多，分析的矛盾较复杂，往往几部分都要写。因为它与专题总结不同，不是对某项工作或某个问题的专门总结，而是对过去工作的全面总结，故须概述基本情况；本部门、本单位乃至个人即使取得很大成绩，也难免存在问题或缺点，因此在谈了主要经验后，接着写存在问题；这类总结大多与今后工作的开展紧密相连，故说明了成绩和缺点后，有必要谈今后打算。

五、述职报告

述职报告是述职人在会议上向本单位领导与群众如实陈述个人履行职责的情况、请求他们评议的报告。

例32

2008—2009年个人述职报告

张柏星①

各位领导、各位老师：

大家好！一年一度的个人考核今天进行，借此机会，认真总结一下自己一年来的工作，以便更好地促进今后的工作，争取更大的进步，是很有意义的。同时，主动向组织、向同志们对自己一年来的工作作简明扼要的汇报，也是很有必要的；通过总结自己的工作，积极向成绩优秀的同志学习，从中找出差距，激发上进心，提高工作能力，更是自己所希望的。

一年来，自己在校友工作办公室工作岗位上，勤勤恳恳，认真学习，积极向上，踏踏实实，努力工作。作为副主任，深知自己的责任和位置，在思想上做好准备，在工作能力、工作成绩方面要作出更大的努力，才能不辜负领导、同志们对自己的期望。下面就从几个方面作简要的汇报：

一、思想政治素质方面

一年来，积极参加学校党委统一部署的政治学习，与支部同志一起认真学习邓小平理论、“三个代表”重要思想的论述。认真学习中央“科学发展观”的重要论述，积极参与深入学习实践科学发展观活动，对照检查，从自身工作中找出差距，积极寻求解决问题的方法。通过这些学习和活动，提高了自己的认识，更加坚定了对社会主义

① 作者是暨南大学校友工作办公室副主任。

科学发展观的信心。在四川赈灾活动中，积极响应党组织的号召，关心灾区，自觉捐款，积极上交特殊党费。

二、工作能力方面

本人的业务知识及综合知识较扎实，有较好的文字编辑、电脑操作方面知识，工作能力较强，具有较好的专业知识和作为一个行政科级干部所具有的业务水平和业务能力。特别是被聘任为校友办副主任以来，自己不断检查对照，逐步熟悉新岗位的工作环境和岗位职责，从思想上高度重视角色的转换。在工作中，能达到领导对本岗位职责所赋予的职责要求，较好完成岗位所要求的各项工作任务，有较好的组织、协调工作能力和实干、简洁、高效的工作方法，工作上有较好的计划性，能按时按质按量完成任务。

三、工作作风方面

在工作中，有较强的责任心和较高的事业心，在努力完成本职工作的同时，注意团结协作精神，乐意帮助办公室其他同志做好工作。同时，也注意原则性，遵守国家各项法律及学校的规章制度，争做一个好公民、好干部。日常工作中，严格要求自己，树立窗口服务意识，十分注重工作态度和工作作风，作风民主，尊重他人，服从领导，做好领导的助手，努力为教职员工和各方来宾做好服务工作。

本人在工作中积极主动，有较好的敬业精神，热爱校友工作，遵守学校的工作纪律，坚持不迟到、不早退、不旷工，严格上下班制度，经常加班加点做好办公室工作，不患得患失，不计较个人报酬。有较强的自觉性、责任心、纪律性，能尽职尽责主动工作。

四、廉洁自律方面

本人一贯保持艰苦奋斗、勤俭节约的好传统，自觉遵守国家、学校有关廉洁自律的有关法律、法规、规定，注重自己的廉政自我修养，加强廉政学习，从思想上重视廉政工作，从工作中落实廉政规定，从小处着眼，大处着想，时刻保持廉政警惕性。坚持勤俭办事的原则，能不浪费的尽量节省，在节约中把工作做好。

五、主要工作

一年来，主要做了以下几项工作：

1. 服从领导安排，拟写日常办公公文如下：香港校友会新一届理事会贺信、香港管理学院同学会成立贺信、广东省台盟负责人郑晶莹校友的唁电、香港王国兴校友当选立法会议员的贺信、2009 年校友办上半年工作小结、深入学习科学发展观校友办自查报告、致上海市委和国侨办关于保护暨大上海办学旧楼函件，以及有关领导讲话发言稿等。

2. 参与接待前来学校出席 2008 年 11 月举行的暨大重建 50 周年、复办 30 周年活动的校友。协助校友总会理事会三届二次常务理事会的举行。拟写领导讲话稿等。

3. 协助学校有关单位举办“校友、校董、校市合作单位企业招聘会”。

4. 接待香港校友会新选举的第 12 届理事会成员访校，同时举办香港学生就业讲座，并拟写祝贺信。

5. 代领导拟写“校友办科学发展观自查报告”，事先征求校领导及有关同志的意见，找出本单位发展的瓶颈所在，提出一系列解决问题的方法，得到校办领导和学校主要领导的好评。

6. 协助学校组织部向各地校友会征求科学发展观意见。

7. 长期负责暨南大学校友会社会机构年审工作，以及社团法人代码证的年检手续。填写上报民政部门和教育厅“社团清理整顿”表格。

8. 陪同胡校长和贾副校长前往上海出席上海校友会举办的“纪念上海解放六十周年活动”，以及陪同校领导察看暨大上海办学旧址旧楼，校领导与上海文物管理部门领导商谈保护事宜，返校后，按校领导指示，拟写出致上海市委和国侨办要求协助保护的函。现该事正在跟进，上海方面已有回复，取得一定的进展。

9. 协助有关部门参与广州市经济普查工作，填写经济普查表格上报。

10. 协助管理校友办国有资产，做好国有资产的统计核实工作。

11. 受领导委派，出席全国和广东省校友工作研讨会，加强与全国和广东兄弟院校的工作交流。

12. 联系各地校友会及校友，加强与各地校友联系、沟通。

13. 协助做好校友总会会刊《暨南校友》稿件收集、编辑、校对工作。

14. 做好校友楼日常设施、办公设备的维护和维修工作。

15. 做好领导临时交办的各项任务。

六、有待改进方面

在过去一年里，自己尽管取得了一些成绩和较大的进步，但有许多地方有待进一步提高。本人也殷切希望校办的各位同志给予帮助，提出宝贵意见，加强沟通，共同进步。同时，借总结的机会，衷心感谢校办各位同志对本人工作的大力支持和无私帮助。

2009 年 10 月 14 日

1. 述职报告的特点

（1）限定性。首先是作者被限定，述职人一般是各级机关、企事业单位、人民团体的领导干部或在某一岗位工作的人员；其次是内容被限定，只能围绕述职人的职责范围选材。

（2）严肃性。上级领导的重视、干部群众的监督以及述职场合的庄重，要求述职人必须严肃对待述职报告。这表现在述职态度要实事求是，好处说好，坏处说坏，不夸大，不缩小；分析问题要辩证；报告中涉及的时间、地点、数字、事例等必须经过核对，不能失实。

（3）鉴定性。述职报告要当着上级委派的考核人的面，向本单位干部群众宣读，经本单位干群分组讨论，辨别是否正确客观后，进行民主评议，再上交主管部门，让上级了解述职人的情况，作为升迁、留任、降职、调整等的重要依据之一。

（4）简朴性。述职报告要使领导、群众、自己三满意，就须用明确的观点、清晰的线索以及恰如其分的语言去表现事实；加上作报告的时间一般是 10 ~ 20 分钟，这就决定了述职报告要具有朴实、自然、简练的特点。

述职报告与会议报告有区别。两者虽然都是向与会者交代公务上的事项，但会议报告是以集体名义进行的，即使署名个人，也是代表集体的；述职报告则以个人名义进行，是代表个人的。

述职报告与个人工作总结也不同。一是回答的问题不同。个人总结回答的是做了哪些工作，有哪些成绩，存在哪些不足。述职报告回答的是有什么职责，履行职责如何，是否称职。二是侧重点不同。个人总结侧重讲得失教训，述职报告以报告履行职责情况为主，着重讲德能勤绩。三是表述成果的范围不同。总结不受职责范围的限制，凡是自己做过的事，取得的成果都可以写。述职报告则必须写职责范围内的事。

2. 述职报告的作用

述职报告是伴随着人事制度改革，各地普遍实行了岗位责任制和干部聘用制后经常使用的一种公文。通过述职，群众评议，开展批评与自我批评，可使上下级之间沟通思想，加强安定团结，促进单位廉政建设；通过述职，便于上级考核，能更合理地任用干部；通过述职，能促进群众监督，使领导干部增强把群众当主人的“公仆意识”。对在其他岗位上工作的人员来说，通过述职，能对自己的工作进行正确的自我评价，推动自己今后更好地工作。

3. 述职报告的种类

述职报告按时间划分，有任期述职、年度述职；按内容划分，有全面工作述职、单项任务述职；按形式划分，有书面述职、口头述职、书面口头结合的述职。

4. 述职报告的写作

一般是先写自己的职务职责，再写履行职责的情况，最后说明自己称职或不称职。

写作时还要注意：

（1）突出一个“我”字。写出“我”所任职务及分管工作范围，对自己作出基本的评估；写出“我”任职期间所发挥的作用、取得的成绩以及对失误应负的责任；写出“我”最深切的感受，使自己的述职报告阅文见貌。总之，无“我”之事不提，无“我”之策不说。

（2）围绕一个“职”字。讲清楚自己“该干什么，干了什么，干得怎么样”。着重反映在自己职权、职责范围内进行的具有个人特色、个人优势的实践活动。虽然一般来说作出较多成绩的人是能干的人，但这不等于说成绩和称职是一回事。因为，如果一个人离开职责干的事情越多，并不能证明其履行职责越好，反而会证明其不务正业。

（3）注重一个“实”字。这与述职报告严肃性的特点相联系。

述职内容要求真实、客观、准确、深刻。认真剖析自己、评估自己，注意处理好自己与其他成员之间、与集体之间的关系。如在成绩面前，自己是指导、支持的，不能说成是亲自组织取得的；是其他成员提议的，不能讲成是自己的主张；是协同有关单位完成的，不能让人误认为是“独家成果”。

（4）体现一个“述”字。采用第一人称写法，以陈述为主，夹叙夹议，用事实说明自己的主张与结论。有时也需说理论证，展示自己的思辨能力。

第五节　港澳地区及资本主义国家公文写作举例[①]

港澳地区及资本主义国家公文的写作与中国内地有共通之处，但由于社会制度、经济模式、文化背景和价值标准不同，其公文写作亦存在差异。此节以几篇公文为例，从某些层面对其写作特点作些评析。

一、香港、澳门地区及美国、新西兰公文写作举例

例 33

劝诫信[②]

（部门信笺）

本署档号：（29）in HD/LO/97/6

---

① 此节内容为笔者于 2007 年提交第九届现代应用文国际研讨会（在新疆乌鲁木齐举行）论文，后载《应用写作》2008 年第 6 期，论文题目为“例谈公文中的人文关怀”，有删节。

② 香港特别行政区政府法定语文事务署．政府公文实例　行政及人事．香港：法定语文事务署，2000. 142

来函档号：

二级××主任

　　莫××女士

莫女士：

表现欠佳

最近一份评核报告（截至二零零零年七月三十一日）显示，你的工作表现略有改善，整体评级由“可”提高至“常”。

不过，在上述评核期内，你迟到了 17 次，合共 232 分钟。由于经常迟到，你于二零零零年四月十八日受到口头警告。

本署会继续密切留意你的情况。稍后，你的上司会再提交一份报告，评核你在二零零零年八月一日至二零零一年一月三十一日六个月内的表现。你必须积极纠正迟到陋习，准时上班，否则可能受到纪律处分。

××署署长

（黄××签名代行）

副本存：评核报告档案

二零零零年八月二十二日

香港人工作认真、细致、负责，办事讲求实效是世界闻名的。这源于它有一套严格、公平、可行的人事管理制度。这封劝诫信（公函的一种）从一个侧面印证了这一点。

标题明确、准确、措辞严厉，文末提醒受文者若不积极纠正陋习的后果。从文章结构看，作者以辩证思维为指导，首先肯定了受文者的优点，然后笔锋一转，切入主题——以具体数据作为依据，用事实说话，直言不讳地告知对方在前一阶段评核期内的失职行为。作者先扬后抑，目的是批评劝诫对方，但又不忘先肯定受文者，从而使受文者感受到发文方的全面、公正、客观，进而积极纠正陋习。

例 34①

广州市天河区（邮编：510632）
黄埔大道西 601 号
暨南大学中文系
陈合宜教授　台启　（D23）

来函编号 Sua referência	来函日期 Sua comunica ção de
发函编号 Nossa referência 00669	日期 Data 18/05/2007

事由

Assunto：《澳门人文社会科学研究文选》——语言翻译卷

为对澳门人文社会科学的研究作出全面和客观的检阅、总结和回顾，澳门基金会计划于本年出版一套 12 卷《澳门人文社会科学研究文选》，收集近 20 年来澳门人文社会科学研究的优秀文章。

欣悉　阁下与陈满祥先生曾发表下列文章，水平甚

① 此为澳门基金会 2007 年 5 月给笔者的公函，有些内容中、葡文并用，收信人姓名和地址沿用葡文书信格式。

高，而且在发表当时饶具代表性，《文选》编辑部拟将之收录出版于《澳门人文社会科学研究文选——语言翻译卷》内，书籍并将上载于“澳门虚拟图书馆”（www.macaudata.com）网站以供读者浏览。

澳门公文与内地公文的比较研究（载于《语体与文体》）

谨此耑函奉达，敬希同意将有关文章收入《文选》，以出版并上载有关网站，如蒙俯允，本会将奉致薄酬，以表谢意。

随函附奉声明书乙份，敬请填妥后将声明书正本、上列文章的原稿列印本（或印刷本）及电子版本，寄往澳门友谊大马路918号世界贸易中心15楼C、D座澳门基金会研究所。

如有查询，欢迎致电853－7978529或电邮cherry@fm.org.mo与陈小姐联系。

谨此致谢，并期望得到 阁下支持。

耑此候覆，即颂

台祺！

澳门基金会

二零零七年五月

声明书 （B23）

本人__________（姓名）__________（外文译名），身份证明文件编号______________，谨同意澳门基金会将下列文章：

澳门公文与内地公文的比较研究（载于《语体与文体》）

收入《澳门人文社会科学研究文选——语言翻译卷》

出版，并同意编者对本人被选入文集的论文作适当修改及将文章转成电子档案置于其澳门虚拟图书馆网站（www. macaudata. com）上。

向本人支付稿酬时，请转至以下账户：
开户姓名：______________账号：__________________
开户银行：____
银行地址：____
签署：__________________
日期：__________________
本人联络方式如下：
地址：____
电话：____________________传真：________________
流动电话：________________电邮：________________

笔者与陈满祥先生合写的《澳门公文与内地公文的比较研究》一文，载于澳门2000年12月出版的《语体与文体》一书中，时隔将近7年，笔者收到澳门基金会发来的这封邀请函。它请求笔者同意将论文收入《文选》，以出版并上载有关网站，并用“声明书”的形式予以确认。与此同时，还要求笔者填上银行账户，以便支付稿酬。这表明，发文者非常尊重作者的著作权，按照著作权法办事。值得一提的是，文中使用了大量简洁凝练的文言词和恰当得体的敬辞、谦词，这也为其文增色不少。如“欣悉”、“甚高”、“饶具”、“谨此”、“耑函奉达”、“敬希”、“如蒙俯允”、“奉致薄酬”、“敬请”、“耑此候覆”、“台祺”等，使人读来如沐春风，殊觉快意。

例 35[①]

国土安全局

美国公民及移民服务部

欢迎来到美利坚合众国

我们非常荣幸地欢迎你成为美国的居民。

你的移民签证和新的居民地位已经被注册。在这份通知的上端你会发现一个很重要的号码，这就是你的 A 号码，也就是你的永久居民文件号码。这个号码极其重要。在你和我们联系时，你需要（引用）这个号码。

很快我们会邮寄给你新的永久居民卡。你会在以后的三个星期内收到。你用（其卡）以证明你新的身份。如果你 18 岁以上的话，你需要随时携带此卡，这是法律所规定的。

请阅读随附着卡的通知。它包含有关此卡的一系列重要信息。

你的新卡十年有效。你必须在（过期）一个月前更新旧卡。如果你想知道更多信息，请电 1 - 800 - 375 - 5283 或登录 www. bcis. gov 这个网站。

再一次地欢迎来到美国，并恭喜你成为美国居民。

这封信不是签证，但可以当作签证来使用。

这是一份 2005 年发出的通知性公文，除交代清楚重要事项外，还具欢迎词色彩，带礼仪成分，给受文者一种温馨的感觉。“非常荣幸地欢迎”、“再一次地欢迎”、“恭喜”等词语的运用，显示了

---

① 原为英文，现译成中文。通知对象及带保密性的有关资料没译出。

发文方对发文对象的友好态度。

开头用“非常荣幸地欢迎你成为美国的居民”这样的语言，开门见山而又富含热情地表明欢迎的态度，迅速拉近了双方的情感距离，为全文奠定了颇具亲和力的情感基调。

随后又有条不紊地列出对方需要知道的具体事项，虽是硬性规定，但由于开头的情感铺垫和行文过程中语气的平和、亲切，使受文者能够心情愉悦地阅读和接受通知的事项。

最后的补充也很有必要，明确告诉受文者该通知书可以当作签证来使用，对于那些初次出国而又不了解相关情况的人，这一条显然很重要。

例 36

“财富”耆艾就业机会计划人力服务部

2006 年 9 月 26 日

尊敬的利益相关者：

“财富”耆艾就业机会计划已将您列入通信名单。本计划的宗旨在于协助您得到培训及工作机会。一旦有相关机会出现，我们将及时通知您。情况介绍是您加入本计划的第一步，将令您对我们的工作内容有所了解。

本计划由美国联邦政府出资，要求参与者年龄 55 周岁以上，居于加州阿拉米达县境内，有资格获取收入，暂无固定兼职或全职工作。举行情况介绍会之前，我们的员工将致电于您以确定您是否具有相关资格，而且我们需审核您在过去六个月内的收入状况。

在此期间，我们要鼓励您充分利用我们办事处提供的特殊工作搜索资源。“财富”下辖职业资源中心，该中心专门提供 50 周岁以上人员的就业及培训资源。该中心拥有各种资源，包括职位信息表、指导求职的书籍及录像、用于与雇主联络的电话，还有多台计算机，可供您练习打字、准备简历、上网搜索职位。

职业资源中心开放时间为周一至周五，上午九点至下午五点。该中心位于弗兰克·H. 奥加瓦步行街150号四楼4212房。我们鼓励您在参加情况介绍会之前造访此资源中心。随信附上该中心的宣传单。

“财富”员工愿意帮助您熟悉资料、寻找工作。请您移步职业资源中心。

我们期待您的光临！

您诚挚的

Brendalynn Goodall，

老年人 & 成人服务部经理

附宣传单

55 岁

或更年长？

经验

是财富

“财富”耆艾就业机会计划免费提供……

- **工作安置协助**
- **课堂培训机会**
- **带薪兼职工作职位**

需55周岁以上、有收入资格、居于阿拉米达县

更多信息请致电（510）238－3535

欢迎拥有各级经验者！

“财富”是提供平等就业机会的雇主，不因种族、肤色、宗教、年龄、残疾、政治派别或信仰而有所歧视。

奥克兰市人力服务部

对老人、穷人（家庭年收入低于3万美元）求职提供援助，这是美国政府抑制贫富悬殊、维系社会稳定的基本国策之一。这是一封给老人职业援助申请者发的信及宣传单，发文机构是美国渥仑市的一个基层机构。这类机构遍布全美，有效地帮助老人、穷人解决实际问题，渡过难关。

对于这样一封带有慈善救济性质的通知，发文方没有流露出丝毫居高临下的怜悯之情，只是进行了客观平实的陈述和说明，遣词造句考究，字里行间闪烁着富有人文关怀的理性光芒，让受恩者或被救济者感觉不到或很难察觉到是在受人恩惠或被人救济，从而抱着健康积极的心态加入到这个计划之中。这也显示了发文方平等的精神和高明的写作艺术。

例37

受拘留者告示

致：______________

姓　　　　名

你现在被依法拘留是基于：（＊请划去不适用的条款）

＊遵照逮捕令对你进行的逮捕；或

＊出庭后被还押拘留[①]；或

＊你已被逮捕并被指控犯有如下罪行：

1. ______________________________

2. ______________________________

3. ______________________________

4. ______________________________

---

① 由控方申请，法庭决定。对有严重罪行的受拘留者不准保释，防止：a. 放出去后仍伤害他人；b. 弃保（保释）而逃。

或

*警方代另一个新西兰政府部门对你进行拘留。

你有权立即找律师作私下商量。

你有权不作任何陈述。

警方将应你的要求与你所指定的家人或朋友联系，并告知其你被拘捕，以及对你的指控和能否被保释。

如果你未满17岁：

*则无论你愿意与否，都将通知你的父母、监护人或其他负责照管你的人。

*你的父母或监护人有权来探望你。

如果你被拘留（而不是被立即保释或释放），你可以会见和谈话的人如下：

*你的家人，或一位朋友（如果家人不在）

*一名医生

*一名神职人员

如果你是外国公民，你可以要求我们把你被逮捕的事实以及对你的指控通知你国家的大使馆或领事馆。你也可以与你国家的外交或领事代表谈话并会见他们。请在下列方框选择中勾选其一，以便告知我们你是否希望通知你国家的大使馆或领事馆。

□是，我想把我被逮捕的事以及对我的指控通知我国大使馆或领事馆。

□不，我不想把我被逮捕的事以及对我的指控通知我国大使馆或领事馆。

注：你有权与来访者作私人谈话，除非这样做会对你或其他人的安全造成威胁或对罪证有危害。

依家庭暴力法所作拘留

如果你是因为违犯了根据《1995年家庭暴力法》所

作出的保护令而被拘留，警方无权在你被拘留后二十四小时内保释你。你被拘留的二十四小时将从______起到______止。但是，如果你有机会可以在上述时间内被带上法庭，则可以向法庭申请保释。

警方在你被拘留期间从你处收集的个人资料，是出于维护法律和保护公共安全之目的。你有权要求获得警方所掌握的有关你自己的资料。如果你认为资料中有不正确之处，你有权要求修正。这些信息只能依法在必要的情况下使用或公开。

____

受拘留者签名

______________ ______________ ______________

Witness signature（证人签名） 职务 日期

对受拘留者而言，他失去了人身自由，但是，他能申请保释，并拥有法律赋予的各种权利。近年，新西兰某市警察局写的这份面交受拘留者的告示，从写作内容看，既告诉受拘留者为何受拘留，警方在其被拘留期间做了些什么，又分条列项逐一明示受拘留者“有权”做什么，“可以”做什么。尤其是列出了以“如果”领起的多种不同情况，说明了作者思维的缜密和思路的清晰，透明度较高，操作性较强，同时也显示了作者务实、客观、亲民的写作态度，既充满冷静理性的法治精神，又富含以人为本的人文关怀。

二、公文写作中体现的法治精神和人文关怀

以上几例，无不体现出法治精神和人文关怀。“法治”和“人文关怀”是历代中外哲学家、政治家探寻的重要理论之一。法治

的主要内容是“以法治国”①。战国末期法家大师韩非继承并发展了申不害、商鞅和慎到的法家学说，成为法家术、法、势三派的集大成者。在西方，18 世纪法国启蒙运动的先驱之一孟德斯鸠在资本主义制度刚成立之际，就呼唤建立法治社会，认为“三权分立”以分权制约权力，能建立起真正的法治国家。“人文关怀”的核心是“以人为本”，战国时期的墨子针对当时各国诸侯的好战与残民现象，竭力提倡“兼爱”和“非攻”。他认为“天下兼相爱则治，交相恶则乱”，其“兼爱”主张爱无差等（即对一切人同样地爱）。战国时期的儒学大师孟子倡导行仁政，提出“民为贵，社稷次之，君为轻”的政治主张。“人文关怀”可追溯到欧洲文艺复兴时期(14 世纪至 17 世纪初）兴起的资产阶级文化，历史上称作“人文主义”。它与封建文化、宗教神学针锋相对，主张以人为中心，一切为了人的利益。人文主义者要求重视物质享受，发展个性自由，把人的思想感情和智慧都从神学的束缚下解放出来。他们的口号是：“我是人，凡是人的一切特性，我都具有。”17 世纪荷兰唯物论者斯宾诺莎认为国家的最好形式是民主制度。他说：在一个自由国家里，每个人应该做他所愿意做的，并说出他所想的，国家不应该用法律规定来限制思想自由。18 世纪法国启蒙思想家卢梭认为人民是国家的主人，人民的主权是不可转让、不能剥夺的。

中国历史走过一条漫长而曲折的道路，今天，人们愈来愈认识到以“法治”代替“人治”，以“以人为本”代替“以官为本”、“以钱为本”的重要性和紧迫性。《中华人民共和国宪法》第五条增加一款，作为第一款，规定：“中华人民共和国实行依法治国，建设社会主义法治国家。”2004 年 3 月 14 日《中华人民共和国宪法修正案》诞生，第一次把“人权”引入宪法。随着政治体制、经济体制改革的深入进行，公文写作中的法治精神和人文关怀也日渐彰显。

---

① 《韩非子·有度》。

思考与练习

1. 某工厂一青年男职工，旷工达两个月零九天；因酒后打架斗殴五次，并无故打伤一名劝架的退休干部，三次被公安局派出所拘留。厂里为了严肃厂规，教育该厂职工，按厂内“无故旷工两个月，给予除名处分”的规定，决定将这个职工除名。请你以此为内容，代拟一份处分决定。

2. 某公共交通枢纽（火车站、长途汽车站、码头或机场）因故取消某一班次的车（船、飞机）。请拟一份公告，向旅客说明情况，并提供改乘办法（班次和改乘办法可假设）。

3. 根据以下已知条件，拟一份公文。

（1）发文机关：广州市公安局；

（2）公文种类：通告；

（3）发文字号：3号；

（4）缘由：2002年6月5日至6月10日，广州市北郊××大学附近地段施工，每天于10时、16时定时爆破两次，每次爆破时间为10分钟；

（5）事项：爆破期间，欲进此地段的车辆及行人须绕道或暂停行驶、行进；

（6）成文时间：2002年6月1日。

4. 请把下面一篇消息，改写成一份表彰性通报。

涟源站最近有一件感人之事
谭德定见儿子被电击死仍坚持接车

蒋桂桥　陶知信

本报讯　广州铁路局涟源车站扳道员谭德定见儿子被电击死，为保证行车安全，依然立岗接车的感人之事，在职工中传为美谈。

2月5日13时50分左右，正在当班的扳道员谭德定听说变压器旁有个小孩被电击倒了，心里一怔：儿子正在那里玩，莫不是他……他用电话向值班员请了5分钟假，急跑到离扳道房20来米远的变压器旁一看，正是自己6岁的儿子躺在地上。老谭以最快的速度，跑回扳道房，想继续请假抢救儿子。这时，值班员已发布了62次特快列车进路命令。谭德定强忍悲痛，手拿信号旗，主动向二号扳道房要道还道后，又按规定，站在扳道房外立岗接车。62次列车安全通过了。党总支书记、站长和准备顶班的联结员看到这一感人场面，止不住热泪盈眶。

5. 下面这份请示是否符合“请示”的写作要求？请改写一份。

关于要求拨款修建房屋的请示

××县财政局：

我们税所是××年建成的，至今已有20年了。部分职工居住的房屋出现多处裂缝、漏雨等情况，需要维修；而有些房子款式古老，房内光线太暗，需要改装。为解决这些问题，所里决定从经费中拿出部分钱作维修费使用。另外，为美化税所周围环境，丰富职工们，特别是青年同志们的娱乐活动，准备在所后面的空地上修建篮球、羽毛球两用场地。据建筑队的工程人员“实地考察”，共需要开支1.5万元左右，而我们资金不足，望能给予解决1万元。是否可以，请从速批复。

××税所

××年×月×日

6. 简述下列四组相近文种的异同。

(1) 命令与决定　　(2) 公告与通告

(3) 通知与通报　　(4) 报告与请示

7. 下面是××省税务局在收到××县税务局〔2001〕×税字第5号《关于××县电子器件厂申请免税问题的请示》后作出的

批复。请指出这份批复件的不足之处。

××省税务局

关于××县电子器件厂申请免税的批复

〔2001〕×税字 87 号

××县税务局：

×月×日来文收悉。你县电子器件厂由于外购原材料困难和经营管理不善等原因，造成了亏损。希你局协助该厂积极采取有效措施，解决生产中的实际困难和问题，改善经营管理，加强经济核算，扭转亏损。特此批复。

××省税务局（印章）

2001 年×月×日

8. 无隶属关系的某单位来函，希望支援某方面的资料。本单位也没有，但知道另一单位有。请拟一份复函，说明情况，并提供线索。

9. 下面是一些应用文的标题，有的是恰当的，有的却是不恰当的，请将不恰当的加以改正。

（1）××学校关于要求拨款维修危房的报告

（2）×市××工程招标公告

（3）×省政府关于授予赵××劳动模范称号的决定

（4）电工安全操作章程

（5）××商店文明服务条例

10. 以下是广东某高校内有关部门张贴的一份通知：

任免通知

×××，女，从××××年××月××日起提升为副科级（原工人身份不变）。

××大学

××××年××月××日

请回答下列问题并改写一份：

(1) 对被提职的某人来说，她愿不愿意此份公文将自己的工人身份公之于众？

(2) 目前高校中的工人处于一种什么样的社会地位？

(3) 笔者认为“原工人身份不变”是一种隐含歧视的语句，显示出发文者对弱势群体的语言侵害，有违“以人为本”、“人文关怀”的行政理念，忽略了受文者的内心感受。你同意这种说法吗？

(4) 该校组织部某负责人说，因曾出现过被提职者到退休时要求单位按副科级待遇办理的情况，故行文中用括号加以注明；又说，省组织部一直以来均用此写法，下属单位无权修改。你认为这有道理吗？

第二十一章　礼仪文书写作

第一节　概　述

礼仪文书是指国家、单位、集体或个人在喜庆、哀丧以及其他社交场合用以表示礼节的、具有较固定格式的文书。

礼，本谓敬神，引申为表示敬意的通称；亦指为表示敬意或表示隆重而举行的仪式。仪，既指仪式，亦指礼节。总之，礼仪是礼节和仪式的总称。人有生老病死，喜怒哀乐，遇到这些情况，他人应表示祝贺、慰问或哀悼；人与人之间是互相平等、彼此尊重的，但毕竟亲疏有别、长幼有序，故在交往中要注意分寸，在文字上也要有所反映。可见，在社会生活中，礼仪和礼仪文书都是必不可少的。

礼仪文书是传统应用文，它适应社会的需要而产生，又随着社会的发展变化而发展变化。许多礼仪文书在古代通用，在科学技术高度发达的当今社会也通用。如庆贺文中的庆贺信函，属书信。书信一体，由来已久，刘勰在《文心雕龙·书记》中说："详总书体，本在尽言，言以散郁陶，托风采，故宜条畅以任气，优柔以怿怀。文明从容，亦心声之献酬也。"它的主要意思是，书信的根本在于"尽言"。今天的庆贺信函不离其宗，写作时也是尽庆贺之言。再如以"序"名篇的文章，古代有序跋文（序和跋体例略同，合称序跋文）、赠序文，还有一类与前两者稍为不同，有学者[①]称之为

---

① 褚斌杰．中国古代文体概论．北京：北京大学出版社，1984. 371

序记文。序跋文中的序，指序文。宋代王应麟的《辞学指南》说："序者，序典籍之所以作。"序亦作"叙"，或称"引"，是说明书籍著述或出版意旨、编次体例和作者情况等的文章，也可包括对作家作品的评论和有关问题的研究阐发。古代多列于书末，如《史记·太史公自序》等。后来一般置于书前，而谓列于书后者为"跋"，亦称"后序"（序、跋有如现在图书中的前言、后记）。显然，这类序文不属礼仪文书。赠序文是专门为送别亲友而写的，一般以叙友谊、道惜别为主，盛行于唐宋。唐代古文家韩愈扩大了赠序文的内容，他在《送孟东野序》中，援引大量历史事实，说明时代与文学的关系，抒发自己的文学见解。它已不是常用的应酬之作，而是一篇熔叙事、说理、抒情于一炉的论文。宋、明以后，赠序文才逐渐成为单纯赠别之文。序记文多用以记宴饮赋诗盛会，着重写宴饮之乐和盛会的场面。由于它的写作对象比较褊狭，因而与记事广泛的记事文不同；又由于它以记事为主，也与赠序文性质相异，晋代王羲之的《兰亭集序》、唐代王勃的《滕王阁序》就是名篇。当代赠序文不多，序记文却不少，《一九七九年小榄菊花会序》就是其中一篇。

祭悼文中的墓碑文、纪念志（或写作"誌"）中的纪功碑文，都属碑文。碑文是刻在石碑上的文字。石碑上原来并不刻字。古时候，宫室的石碑是用来识日影（通过观察日影的移动来计算时间）的，宗庙的石碑是用来系牲口的，后来才发展到在这些石上刻字，逐渐形成碑文。《文心雕龙·诔（lěi 垒）碑》一文，详细谈了碑得名的由来及其社会作用："碑者，埤（pí 皮，增益）也。上古帝皇，纪号封禅，树石埤岳，故曰碑也。周穆纪迹于弇（yǎn 眼）山（在今甘肃省天水县西）之石，亦古碑之意也。又宗庙有碑，树之两楹（楹，原指堂屋前部的柱子，这里的两楹指东西两楹之间的中庭），事止丽牲，未勒勋绩。而庸器渐缺，故后代用碑，以石代金，同乎不朽。自庙徂（cú"粗"的阳平声，往）坟，犹封墓也。自后汉以来，碑碣（jié 杰，碣也是碑，但形状不同。古人把长方形的刻石叫碑，把圆首形的或形在方圆之间、上小下大的刻石叫碣）云起。”它的意思是：碑是增添之意，上古时候的帝王，记录名号，登山筑坛祭天，辟基祭地，树立石块，来补凑山岳的不足，所以叫碑。周穆王在弇山的石头上记下他的踪迹，也就是古代立碑的意思。宗庙也有碑，它树立在院子中间，用途只是系牲口，并没有在上面记下功绩。但是由于用来纪功的金属器皿逐渐缺乏，所以后代才用石碑，因为用石块来代替金属同样不会腐朽。把石碑从宗庙搬到山坟上，就像把墓上的土堆成坟堆，作为标志一样。后汉以来，碑碣愈来愈多了。开始时，碑碣只为少数统治者所专用，后来才形成刻碑风俗，正如明代徐师曾在《文体明辨序说》中所指出的：“后汉以来，作者渐盛，故有山川之碑，有城池之碑，有宫室之碑，有桥道之碑，有坛井之碑，有神庙之碑，有家庙之碑，有古迹之碑，有风土之碑，有灾祥之碑，有功德之碑，有墓道之碑，有寺观之碑，有托物之碑，皆因庸器（彝鼎之类）渐阙（同缺）而后为之，所谓‘以石代金，同乎不朽’者也。”这些古代碑文，有不少保存了珍贵的史料，具有重大的历史价值。又由于许多碑文，如韩愈的《柳子厚墓志铭》、宋代文学家欧阳修的《泷冈阡表》（这个“表”不是上行文的“表”，而是墓表文的“表”）、明代张溥（pǔ 普）的《五人墓碑记》等，写得声情并茂，深切感人，成为脍炙人口的名作，今天仍有借鉴作用。如今，因社会的改革和生活节奏的加快，伴随土葬风气逐渐淘汰，墓碑文已不多见，但纪功碑文仍沿用。而致辞、题词、柬帖等礼仪文书，无论是在公共关系工作还是私人交往中的使用，都愈来愈普遍。

礼仪文书分类复杂，作法各别，学起来有一定难度，现提出两点供参考。

1. 分类上的复杂

（1）礼仪文书该如何界定，哪些文体应划入其范围，至今未有一致意见。有的书籍，在引例文时把演说词也归入礼仪文书。这是因为演说词与某些礼仪文书有相同之处，它们都是在集会或会议上发表演讲，都具有口头性、面对性的特点。但细分起来，又不宜这样笼统。有些演说词可以视为礼仪文书，如林肯在葛底斯堡国家烈士公墓落成典礼上的演说以及竞选成功者在庆贺会上的答谢词等。但有些演说，如竞选演说、演讲会上的演说，就不能算礼仪文书。

(2) 礼仪文书按内容划分，会出现与某些文体彼此交叉、包含现象。如庆贺文中的庆贺函、祭悼文中的唁函，又属信件类，而楹联中的寿联、春联、喜联，可划入礼仪文书的庆贺文，挽联则可划入祭悼文。

(3) 礼仪文书之中，也有重叠现象。如表庆贺或哀悼的致辞、题词，分别划入庆贺文或祭悼文也未尝不可。

2. 写法上的差异

(1) 古今差异。礼仪文书既有传统性，又有时代性，这就要求写作者既要有一定的古文知识，又须避免盲目套用，遵循古为今用的原则。

(2) 地域差异。礼仪文书还具有地域特点，不仅不同国家有所不同，内地与港澳地区也不完全一样。譬如贺词，中国划入致辞类，但在马来西亚，贺词即庆贺性题词。① 这一同名异实现象易给写作者造成混乱，故写作时进行调查（包括阅读有关书籍、资料）研究，是十分必要的。

第二节　礼仪文书的特点和写作要求

一、礼仪文书的特点

1. 传统性

礼仪文书与书牍文、公牍文一样，很早就成为中国古代文章中的重要体裁。西晋文学家挚虞分类编集古代文章，名《文章流别集》；并撰《文章流别志论》，今仅存佚（yì 逸）文（散失的文

① 《现代应用文》编写组．现代应用文．香港：天地图书有限公司、星洲日报（马来西亚）、香港万里机构出版有限公司，1989. 101

章）。从辑佚的条目看，就有颂、诔、哀辞、碑等礼仪文书。清代桐城派古文家姚鼐（nài 耐）编撰的《古文辞类纂》75 卷，选录战国至清代的古文辞赋，依文体划分为 13 类，也有碑志类、杂记类、颂赞类、哀祭类等。礼仪文书能在漫长的封建社会发生、发展和完善，既是它适应社会生活需要的明证，又是社会语言不断发展变化、作者写作经验长期积累的结果。

诚然，由于时代的变迁，今天的礼仪文书和过去的尤其是古代的礼仪文书，无论在类别上，还是在制作形态、结构特点以及写法上，均已有所不同，但今天的礼仪文书是在过去的礼仪文书的基础上发展起来的，故有其继承关系。有些应用文变化并不大，如致辞、柬帖等，其形式与过去差别甚微。考察这种文书的演变过程，探寻其发展轨迹，吸收其精华，扬弃其不适应当代社会的部分，对促进今天礼仪文书的兴旺和更新，是有益处的。

2. 应酬性

礼仪文书是一种应酬文字。应酬即交际往来。陆游《晚秋农家》诗云："老来万事懒，不独废应酬。"《红楼梦》第三十二回说："谈讲谈讲那些仕途经济，也好将来应酬事务。"

应酬固然要能言善辩，但首先须提高交际者自身的素质。一个缺乏涵养的人，很难有优雅的言辞和姿态。因此，想学会应酬，先要学会做人。

在此前提下，还须掌握礼仪文书这种交际工具，不但要通过多种途径了解、揣摩各种礼仪，而且要区分各种礼仪文书的写法。这当中，还有必要钻研一些心理学著作，让你写的礼仪文书令对方满意，收到预期的效果。

3. 情感性

应用文旨在实用而不在于给人欣赏，不要求以情感人，这也是它和文学作品的区别之一。但礼仪文书由于其特殊性质，却与其他应用文特别是公文不同，在严肃性之外还添加了情感性，它实际上是人们进行情感交流的一种书面形式。

据《太平御览》[①] 第五百八十八卷和第五百九十六卷的引录，挚虞对颂及哀辞的文体特点和流变，作了精细的研究："颂，诗之美者也。古者圣帝明王，功成治定而颂声兴。于是史录其篇，工歌其章，以奏于宗庙，告于鬼神。故颂之所美者，圣王之德也，则以为律吕。或以颂形，或以颂声，其细已甚，非古颂之意……"；"哀辞之体，以哀痛为主，缘以叹息之辞"。颂与哀辞所特有的庆贺与哀痛的感情色彩，在此可见一斑。不仅这类礼仪文书富情感性，就像题词、柬帖等简便礼仪文书，也无不蕴涵着题写者、邀请者的真挚感情。

因此，写礼仪文书不仅是写作技巧问题，应先考虑它们需表达一种什么样的感情，感情的深度如何，然后再考虑采用哪种格式，怎样遣词造句。

二、礼仪文书的写作要求

礼仪文书的写作要求与其特点紧密相连，总体来说，有以下几点：

1. 审时度势

礼仪文书使用范围极广，小至私人应酬，大至国际交往，都用得上。外交礼仪文书如用于国家之间、地区之间、国家与地区之间、军事集团之间的贺信、贺电、唁函、唁电，用于外交场合的各种致辞等，兼有外交公文特点，具有一定政策性，写作时务须审时度势。这是因为，世界形势风云变幻，国际关系错综复杂，只有站在较高的视点上俯瞰全局，充分了解对方国情、民情，用字谨慎，才能写出有利于增进友谊、促进友好合作的文书。这一点，读者平时阅读报上登的贺电、唁电、致辞之类，就可领会得到。

即使不是外交礼仪文书，只要涉及人与人之间关系的，都要遵

---

① 类书名。宋太宗命李昉等辑。初名《太平总类》，太宗按日阅览，改题今名。简称《御览》。始于太平兴国二年，即公元 977 年，成于八年。1 000卷，分55 门。引书浩博，多至1 690 种。

循这个原则。如《柳子厚墓志铭》(例43)，通过富于感情的语言，叙述了柳宗元一生不幸的政治遭遇，指责了官僚士大夫社会的冷酷无情。但写到王叔文等执政失败、柳宗元被贬[1]时，只用几笔带过，不露王叔文等姓名，甚婉曲，这也是作者审时度势使然。因为即使不写姓名，读者也能意会，而一旦写了，可能会分寸失当，授人把柄，无异于引火烧身。

2. 分清对象

应酬是在不同的人和人群中进行的，而人与人之间呈现出多种关系。从职位看，分上级、平级、下级；从与本单位的关系看，有贵宾、一般来宾；从与个人的密切程度看，有挚友、普通朋友；从辈分看，有长辈、平辈、晚辈，等等。因此，在交往中须根据这些关系，采取相应礼仪。总之，要谨记你写给谁，给谁看；讲给谁，给谁听，要有强烈的对象感。

譬如同是唁慰函，慰唁长辈丧侄的和慰唁烈士家属的，写法上就有不同。如林肯给毕斯璧夫人的信（例48），切合林肯的总统身份，对于一个五子在美国南北战争战场上光荣殉国的母亲来说，就比较容易接受。因为，对她这位蒙受深重痛苦的母亲，表面上安慰和尊敬的话，多说无益，关键是要说得恰到好处，让她感受到它的分量，从而可以坚强地忍受痛苦，勇敢地面对未来。由于抒情真切，立言得体，此信被后人誉为“有史以来最伟大的文范”。

3. 区别场合

礼仪文书应用于各种场合，写作时要讲求与场景气氛和谐融洽。

譬如致辞，在公共关系中使用较多。开业或周年庆典会、新闻发布会、学术研讨会、展览会、宴会、舞会等，都需要有关人士致辞。但不同场合的致辞，内容和写法有所差别，大会致辞要庄重严

---

① 顺宗即位，王叔文等执政，柳宗元参加了王叔文的集团，被任命为礼部员外郎。王叔文执政不到七个月，因遭到宦官和旧官僚的联合反攻而失败。柳宗元被贬为邵州刺史，未至，道贬永州司马。

谨，宴会致辞要活泼新鲜，答谢致辞要诚恳亲切。香港作家曾敏之先生的《思佳客》（例54），写于1994年1月。此前，中国作家代表团取道香港赴台，获得圆满成功。回内地前，香港作家联会在香港敦煌酒楼设宴欢迎。在这喜庆的日子里，作者联想起文化阻隔的往昔，欣慰于相逢泯怨的今朝，展望金瓯圆梦的未来，感慨万千，不禁即席赋辞。这首蕴藉深沉、典雅清新的佳作，不仅引起作家们的共鸣，而且十分切合当时热烈祥和的场面。

4. 概括简明

礼仪文书不宜长篇大论。且不说题词、柬帖等要求文字简短，就算是致辞，也应压缩篇幅，长了就令人感到沉闷，冲淡气氛。如祝酒词，是在宴会开始之际主人向客人致意时的讲话，它常采用的结构顺序是：泛指的称呼语—祝酒缘由—举起酒杯说："我提议，为……干杯！"应该说，祝酒词仅是宴会开场白，目的是引起赴宴者注意，表达主人庆贺、祝愿之情，营造酒会气氛，以便使宴会顺利进行。讲长了，就把宴会变成演讲会了。

林肯在葛底斯堡国家烈士公墓落成典礼上的致辞（例52），言简意赅，堪称美文。美国南北战争时期，林肯作为联邦政府首脑，领导北部军民经过浴血奋战，终于粉碎了南部奴隶主发动的叛乱，结束了内战，恢复了国家的统一。在这场战争中，每天都有几千人阵亡，林肯如何在这个庄严的公墓落成典礼上演说？他只讲了十句，就把烈士为国献身的伟大意义、全世界永远不会忘记他们、活着的人应把自己奉献于他们尚未完成的事业、不让死者白白牺牲等内容表述无遗。中心是：继承先烈遗志，使自己的国家永世长存。若致辞过长，洋洋洒洒数千言，效果常常会适得其反。

5. 用语得体

礼仪文书用语是否得体，关系到它的成败。用语得体包含两重意思：对某些礼仪文书指分寸感，对另一些礼仪文书指需形成某种风格。如写庆贺信函，措辞宜典雅，合乎吉利要求，切莫掺进个人牢骚乃至失意之事。碑文等刻石文体，是为了把事情公诸于众，传给后世，使人们不忘祖宗，不忘历史，大都风格凝重，用语古朴。如《抗法纪念碑文》（例50），通篇发人深省、促人景仰，语言亦见功力。从“遂溪人民”至“汹涌南天”，句子紧凑而富于变化，在连贯中见整齐，在对偶中显递进，加上动词、副词的恰当使用，造成一种奔流直下、凌厉纵横的情势，深深地感染了读者。文中有不少短句，用词精确，铿锵有力，把作者强烈的爱憎倾泻无遗。“勇闻天下，气挺人间”，何等威武！“视寸土若寸金，誓与乡土共存亡”，何等坚决！而敌人“削减租地，退缩赤坎”，又何等狼狈！

第三节　常用礼仪文书的写作

常用礼仪文书大致有庆贺文、祭悼文、纪念志、致辞、题词以及柬帖六大类，分述如下：

一、庆贺文1：庆贺函

庆贺函是对受贺者一方取得的胜利、成就或对节日、生日、寿辰、婚嫁等喜庆之事表示祝贺的信函。

例38

温家宝总理致非洲联盟第九届首脑会议贺函

阿克拉

非洲联盟国家元首和政府首脑会议：

值此非洲联盟第九届国家元首和政府首脑会议召开之际，我谨代表中国政府，并以我个人名义，向会议致以热烈的祝贺。

今年是非洲联盟成立五周年。五年前，非盟接过非洲统一组织的旗帜，引领非洲人民踏上联合自强、发展振兴的新历程。五年来，非盟自身建设不断完善，在维护非洲地区和平与稳定、推进非洲一体化进程、协调非洲国家对外立场等方面发挥了重要作用。我们为非盟在推动非洲和平与发展事业中取得的显著成绩感到由衷的高兴。

今年也是落实中非合作论坛北京峰会成果的开局之年，中非关系面临更大的发展机遇。中国政府将秉承和发扬中非友好的传统，进一步加强同非洲国家和非盟的合作，与非方共同落实好北京峰会后续行动，推动中非新型战略伙伴关系深入发展，造福于中非人民。

预祝本届非盟首脑会议成功！

中华人民共和国国务院总理　温家宝

二〇〇七年六月三十日于北京

（载《国务院公报》2007年第22号）

二、庆贺文2：喜报

喜报是把受贺者一方取得的胜利、成就或其他喜事向公众报告的文章。

例39

喜　报

由近日结束的在北京召开的国家自然科学基金成立十周年庆祝、表彰大会暨一九九七年国家自然科学基金工作会议获悉，我校科研处的××同志被评为国家自然科学基金管理工作先进个人。我们特此向××同志表示祝贺，并向全校师生报喜。

××大学科研处

1997年4月2日

三、庆贺文3：序（序记）

序（序记）是用以记宴饮赋诗或其他盛会的文章，着重渲染宴饮之乐或铺陈盛会场面。

例40

一九七九年小榄菊花会序①

刘警寰②

己未③十月初六至念五日，小榄菊花盛会，既承传统，又启新风。溯斯会之由来，历史悠久；志先人之开拓，寓意深长。嘉庆④之时，甲戌⑤之岁，兴此创举，远近知名。后经订期，遂成惯例，区区榄镇，誉称菊城。唯六十载一届之规，殊嫌太久；故五九年破格之会，堪称适时。况今国展宏图，建四化之大业；民怀壮志，奋万丈之雄心。攀科技之高峰，赶先进之行列，扬民族之气节，谋国家之富强。神州遍地欢歌，良有以也⑥，菊城今届菊会，岂徒然哉！

---

① 小榄菊花会始于嘉庆甲戌年，用以纪念先人对该地的开拓，并订定逢甲戌年（隔60年）照例举办。1979年的菊花会，是在中国建设四化，奋发腾飞的大好形势下举办的。作者用骈文写了这篇序，分清主次地写下菊展的内容，热情渲染了场面和气势，是一篇旧瓶装新酒的成功作品，后被收入《小榄镇史》。

② 作者是广东省中山市小榄镇建斌中学退休教师，国际中国书法家协会会员，中国老年书画研究会会员。已故。

③ 己未，公元1979年，按中国农历计算是己未年。

④ 嘉庆，清朝嘉庆王朝年号。

⑤ 甲戌，农历甲戌年。

⑥ 良有以也，确是有道理的。

传统盛名，栽培巧技，引动四方游客，迎来百万嘉宾。船似行云舟似鲫；车如流水马如龙。人群川流于彩巷花街；云集于菊场艺圃。

主场门外，五彩缤纷，红旗飘扬，锦带轻拂。金鲤腾挪戏水；白鹭伫立窥鱼。红莲满溪兮映旭日；花桥跨岸兮跃飞虹。

场内金山银海泛宝气珠光；玉叶琼枝[1]呈劲节翠色。银佛座；白莲台。金绣球；青松叶。玉冠、宫袍、银带，独立寒江；金盔、紫绶、锦衣，横吹玉笛。回风舞雪，探海银龙；淡月疏星，腾枝雏凤。方赏罢“千层雪”；又得观“万卷书”[2]。凤岭山腰，高挂银帘冲“白燕”[3]；幽谷篱下，平铺金毯缀“黄花”[4]。插花廊夹道皆花，瓶花并丽；赏菊轩周围俱菊，人菊相辉。盘数超逾十千；品种不

---

① 玉叶琼枝，菊花的主场设在人民公园内，玉叶琼枝是对园内苍劲古树枝叶的美称。

② 银佛座、白莲台、金绣球、青松叶、玉冠、宫袍、银带、独立寒江、金盔、紫绶、锦衣、横吹玉笛、回风舞雪、探海银龙、淡月疏星、腾枝雏凤、千层雪、万卷书，俱是菊花会提供的菊花名。

写菊展当然要写菊花，本文写菊花却是异样笔墨。骤看列举菊名，平平无奇，细心阅读，则一幅幅生动图景展现眼前：一人头戴玉冠，身穿宫袍，腰系银带，江边独立，若有所思；另一人头戴金盔，腰系紫带，身穿锦衣，在横吹玉笛，怡然自得。漫天风雪中，忽见银龙探海；星月辉映下，惊动雏凤腾枝。这样描写，不但符合骈文音韵、对仗的要求，而且写来有人物、有景致、有动有静、有声有色，令人陶醉，在前人咏菊的诗文中突出一种独特的写法。

③ 白燕，菊花名，开白花。山腰上放了一盆悬崖白燕菊，一簇簇白花悬于山上，有如银帘高挂，白燕俯冲。

④ 黄花，菊名，又名地菊，在会场的一角，相传小榄先人在此地种了许多菊花。菊会按照传统，插上竹篱，满地黄花，宛如铺了一大块金色地毯。

下八百。盖得沾霏霏雨露，且沐灿烂阳光[①]，俊杰英豪，尽皆献身家国；高人隐士，不再息影林泉。

名菊固足流连，巧技亦堪鉴赏。哪吒闹海，英武宣威；狮子滚球，顽态可掬。七尺白虎出洞，隐隐风生；六丈金龙腾空，团团云涌。飞禽、走兽、鱼灯之扎作，吉羊、花篮、菊塔之造型，集各家之所长；具地方之风格。

更有盆栽小景，古树石山。参天老干栽尺土；拔海云崖纳一盆。三山神异现身前；五岳精灵收眼底。诸君神游于崇山峻岭，心驰于飞瀑险滩，当叹艺师匠心，天造地设；能人巧手，鬼斧神工。

沉浸于花卉幽香，陶醉于天工魅力，悦目于繁花竞放，开怀于百业俱兴。壮士健儿，纵情歌喝；骚人墨客，触景吟哦。试看诗书画廊，琳琅满目，录前贤之佳作，选今人之画诗。

至于要道通衢，彩楼高耸；清溪绿水，花桥叠重。花街穿三区闹市；火树吐万朵银花。纱龙游街，轻舟竞渡，民间武术，绚丽烟花。果真花满城中，香飘天外。无怪欢声阵阵，喜气盈盈。

看一城之朝气欣欣；知全国之生机勃勃。赏今日清雅秋色；迎前景明媚春光。欣然抒怀，并以志庆，是为序。

四、庆贺文4：贺电

致贺的电报。

① 沾霏霏雨露，且沐灿烂阳光。菊花有隐士之称，菊会展出之数百种菊花，正是受到阳光雨露的滋润才如此动人。从政治气候来说，干部受迫害的阴影已经尽扫，革命干部纷纷复出，为祖国四化建设贡献力量。这人菊双关语句，使人感受到时代气息。

例 41

贺 电

澳门大学中文系程祥徽
并风格学研讨会

因身体一时欠佳医嘱暂勿远行故不克与会甚憾以往对风格学多作为修辞学一部鄙意似可单独研究或更妥切至于翻译学与风格学关系亦复杂一并研究甚有意义谨祝大会成功诸友健康愉快！

张志公①
十二月十三日

又：用传真通信方式传送的电报，称为“传真电报”。

五、祭悼文 1：祭文

在告祭死者或天地、山川等神祇（qí 奇，泛指神明）时所诵读的文章。体裁有韵文和散文两种。内容主要为哀悼或祷祝之词，以既恭且哀，辞实情宜为佳。其格式为：开头写“维 × 年 × 月 × 日，×××（祭奠者）以清酌庶羞之奠，致祭于 ××（死者）……”，结尾为“呜呼……尚飨”。

祭文的“祭”，也可署“吊”（同弔）。吊是哀悼死者之意。与祭文性质相近的还有诔和哀辞。

① 张志公，语言学家、中国课程教材研究所学术委员会主任。已故。本贺电载《澳门写作学刊》第 8 期，1994 年 5 月。

例42

祭石曼卿文

欧阳修

维治平四年，七月日，具官欧阳修①，谨遣尚书都省令史李敭（yáng 扬），至于太清②。以清酌庶羞之奠，致祭于亡友曼卿之墓下③，而吊之以文曰：

呜呼曼卿④！生而为英，死而为灵。其同乎万物生死，而复归于无物者，暂聚之形。不与万物共尽，而卓然其不朽者，后世之名。此自古圣贤，莫不皆然。而著在简册者，昭如日星。

呜呼曼卿！吾不见子久矣，犹能仿佛子之平生。其轩昂磊落，突兀（wù 悟，高高地突起）峥嵘，而埋藏于地下者，意其不化为朽壤，而为金玉之精。不然，生长松之千尺，产灵芝而九茎⑤。奈何荒烟野蔓，荆棘纵横。风凄露下，走磷飞萤。但见牧童樵叟，歌吟而上下，与夫惊禽骇兽，悲鸣踯躅（zhí zhú 侄烛，徘徊）而咿嘤（yī yīng 伊英，指鸟的悲鸣声）。今固如此，更千秋而万岁兮，安知其不穴藏狐貉（hé 和）与鼯鼪（wú shēng 吾生，鼯鼠和黄鼠狼）。此自古圣贤，亦皆然兮，独不见夫累累乎旷野与荒城。

呜呼曼卿！盛衰之理，吾固知其如此，而感念畴昔，

---

① ［维……欧阳修］：维，发语词。治平，宋英宗年号。七月日，七月某日。具官，公文函牍等应用文章对官爵品级的省称。当时欧阳修官衔为观文殿学士，刑部尚书。

② 太清是石曼卿的故乡，在今河南省商丘市南。

③ 曼卿，名延年，河南商丘人，一生不得志。

④ 呜呼是叹词。

⑤ 九茎是灵芝中最好的一种。

悲凉凄怆，不觉临风而陨涕者，有愧夫太上之忘情①。尚飨（xiǎng 享，泛指请人享受）②。

六、祭悼文2：墓碑文

碑文的一种。碑文又叫碑志。志是记事的意思，碑志就是用碑来记事。铭是记载、镂刻的意思。商周时代，曾在青铜器上铸字或刻字，这些文字叫铭文（又叫金文，旧称“钟鼎文”）。《礼记·祭统》说：“夫鼎有铭”，意思是，祭祀用的鼎，常铸有铭文。后来不再把字刻在器物上而刻在石碑上，故碑文又叫碑铭。碑文分纪功碑文、宫室庙宇碑文和墓碑文三种。墓碑文又分两种：一种立于地上，叫墓碑文或墓表文；一种埋在地下，叫墓志铭。

碑文是记事文体，以叙事为主。古代碑文一般分为两部分：第一部分是序文，主叙事，用散体；第二部分是铭文，为总括性赞语，以押韵为常。

例43

柳子厚墓志铭

韩　愈

子厚讳宗元③。七世祖庆，为拓跋魏侍中④，封济阴公。曾伯祖奭（shì 式），为唐宰相，与褚（chǔ 楚）遂良，韩瑗（yuàn 愿），俱得罪武后，死高宗朝。皇考讳镇⑤，以事母弃太常博士，求得县令江南，其后以不能媚权贵，失

① 太上指圣人。
② 请享用祭品吧！
③ 讳，古代对尊敬的人要避讳，不直呼其名，故在名前加“讳”字。
④ 北魏姓拓跋。
⑤ 皇考，对亡父的尊称。

御史，权贵人死，乃复拜侍御史。号为刚直，所与游，皆当世名人。子厚少精敏，无不通达，逮其父时，虽少年，已自成人。能取进士第，崭然见头角，众谓柳氏有子矣。

其后以博学宏词，授集贤殿正字。俊杰廉悍，议论证据今古，出入经史百子，踔（chuō 戳）厉风发，率常屈其座人，名声大振，一时皆慕与之交。诸公要人，争欲令出我门下，交口荐誉之。贞元十九年，由蓝田尉，拜监察御史。顺宗即位，拜礼部员外郎。遇用事者得罪，例出为刺史①。未至，又例贬州司马。居闲益自刻苦，务记览为词章，泛滥停蓄，为深博无涯涘（sì 似）②，而自肆于山水间。

元和中，尝例召至京师，又偕出为刺史，而子厚得柳州。既至，叹曰："是岂不足为政邪?"因其土俗，为设教禁，州人顺赖。其俗以男女质钱，约不时赎，子本相侔（móu 谋）③，则没为奴婢。子厚与设方计④，悉令赎归。其尤贫不能者，令书其佣⑤，足相当，则使归其质。观察使下其法于他州，比一岁，免而归者且千人。

衡湘以南，为进士者，皆以子厚为师。其经承子厚口讲指画为文词者，皆有法度可观。

其召至京师而复为刺史也，中山刘梦得禹锡，亦在遣中，当诣（yì 义）播州⑥。子厚泣曰："播州，非人所居，而梦得亲在堂，吾不忍梦得之穷，无辞以白其大人，且万

---

① 例，一道。王叔文集团中的人同时被贬，不仅一人，故称为"例"。
② 涘，指水边。
③ 子金（利息）和本金相等。
④ 替债务人设法。
⑤ 书其佣，记下被质押人的工资数。
⑥ 诣，往。播州，今贵州省遵义县一带。

无母子俱往理。”请于朝，将拜疏，愿以柳易播，虽重得罪，死不恨。遇有以梦得事白上者，梦得于是改刺连州。呜呼，士穷乃见节义。今夫平居里巷相慕悦，酒食游戏相征逐，诩诩（xǔ 许）①，强笑语以相取下，握手出肺肝相示，指天日涕泣，誓生死不相背负，真若可信。一旦临小利害，仅如毛发比，反眼若不相识，落陷阱，不一引手救，反挤之又下石焉者，皆是也。此宜禽兽夷狄所不忍为②，而其人自视以为得计，闻子厚之风，亦可以少愧矣！

子厚前时少年，勇于为人，不自贵重顾藉，谓功业可立就，故坐废退③。既退，又无相知有气力得位者推挽，故卒死于穷裔。材不为世用，道不行于时也。使子厚在台省时④，自持其身，已能如司马刺史时，亦自不斥。斥时有人力能举之，且必复用不穷。然子厚斥不久，穷不极，虽有出于人，其文学辞章，必不能自力以致必传于后，如今无疑也。虽使子厚得所愿，为将相于一时。以彼易此，孰得孰失，必有能辨之者。

子厚以元和十四年十一月八日卒，年四十七。以十五年七月十日，归葬万年先人墓侧⑤。子厚有子男二人，长曰周六，始四岁。季曰周七，子厚卒，乃生。女子二人，皆幼。其得归葬也，费皆出观察使河东裴君行立⑥。行立有节概，重然诺，与子厚结交，子厚亦为之尽，竟赖其

---

① 诩，夸耀。

② 夷狄，古时对边远地区少数民族的不敬称呼。

③ 坐，因而。废退，废弃不用，指被贬谪（zhé 折）边远地区。

④ 台，御史台。省，尚书省。均为官署名称。全句意为：假使柳宗元在御史台任监察御史，在尚书省任礼部员外郎时。

⑤ 万年，县名，在今陕西省临潼县东北。

⑥ 裴行立，当时任桂管观察使，是柳宗元上级。

力。葬子厚于万年之墓者，舅弟卢遵。遵，涿（zhuō 卓）人[①]，性谨慎，学问不厌，自子厚之斥，遵从而家焉，逮其死不去，既往葬子厚，又将经纪其家，庶几（jī 基）有始终者[②]。铭曰：

是唯子厚之室，既固既安，以利其嗣（sì 似）人[③]。

七、祭悼文3：讣告

讣，指报丧。讣告是报丧的书面通知。本作赴告，取奔赴相告之意。也叫讣闻或讣文。

内容包括：标题，写“讣告”或“逝世”；正文，写死者姓名，身份，逝世原因、日期、地点、终年岁数（有的可写死者生平、事迹简介），开追悼会或举行遗体告别仪式时间、地点（丧事从简，可不写）；最后，在右下方写发讣告的个人或团体名称、发讣告时间、联系地址、联系人姓名及电话。

讣告分普通式、公告式及新闻报道式三种。普通式写法如上述（例44），逝世者若是在国内外有较大影响的，可由国家或一定级别的机关、团体发公告，如1981年5月29日发的宋庆龄同志逝世的公告。有的讣告还常作为一则消息在报纸上公布，起到向社会知照的作用（例45）。

---

① 涿人，涿县人，在今河北省。

② 庶几，总算。

③ 此文与上文载吴楚材、吴调侯选《古文观止》下册（全二册）。中华书局1959年9月新1版，1963年5月上海第5次印刷。

例 44

讣　告[1]

哀启者：我们的至亲

先慈**林门陈氏雪如太夫人**

恸于 2010 年 1 月 2 日（农历己丑年十一月十八）下午 2 时 10 分逝世，享寿七十六龄，儿孙等随侍在侧，亲视含殓，即日遵礼成服。涓涓于 1 月 6 日（星期三）下午 2 时举殡，由停柩处扶柩往万礼火化场火化。

谨此敬告各亲友

夫：	林××（已故）		
孝　男：	林××	孝　媳：	×××
	林××		×××
内孙男：	林××	内孙媳：	×××
孝　女：	林××	女　婿：	×××
	林××		×××
	林××		×××
	林××		×××
	林××		×××
内孙男：	林××		
外孙男：	×××	×××	
	×××	×××	
	×××	×××	
	×××	×××	
	×××	×××	
外孙女：	×××		

---

① 联合早报，2010－01－04

（服内尚有眷属众多，未尽详录）**同泣启**

停柩处：Blk 927，Hougang Street 91. S’530927（后港91街927座边综合亭内）

电话：63867620

例45

中国共产党的优秀党员，忠诚的共产主义战士，享誉
海内外的杰出科学家和我国航天事业的奠基人

钱学森同志逝世

新华社北京10月31日电 中国共产党的优秀党员，忠诚的共产主义战士，享誉海内外的杰出科学家和我国航天事业的奠基人，中国科学院、中国工程院资深院士，中国人民政治协商会议第六届、七届、八届全国委员会副主席钱学森同志，因病于2009年10月31日8时6分在北京逝世，享年98岁。[①]

八、祭悼文4：悼词

悼词是指在追悼会上宣读、对死者表示敬意与哀思的文章。

内容有：标题，写“悼词”或“悼念×××”，也可以挽词作标题；称呼，按到会者身份，自上而下排列；开头，说明追悼会目的，表示对死者哀悼；正文，对死者生平作重点而简单的介绍，表彰其所做好事或所作贡献；最后，表示对死者的悼念，并向死者家属表示慰问。

写悼词要注意：对死者的评价要公允，不能尽是溢美之词；死者生前的过失一般不宜写入；语言既要饱含深情，又要真挚质朴，还要给人以慰藉。

① 人民日报，2009-11-01

例 46

悼念乔治·桑[①]

雨果[②]

我为一位死者哭泣，我向这位不朽者致敬。

昔日我曾爱慕过她，钦佩过她，崇敬过她，而后，在死神带来的庄严肃穆之中，我出神地凝视着她。

我祝贺她，因为她所做的是伟大的；我感激她，因为她所做的是美好的。我记得，曾经有一天，我给她写过这样的话："感谢您，您的灵魂是如此伟大。"

难道说我们真的失去她了吗？

不。

那些高大的身影虽然与世长辞，然而他们并未真正消失。远非如此，人们甚至可以说他们已经自我完成。他们在某种形式下消失了，但是在另一种形式中犹然可见。这真是崇高的变容。

人类的躯体乃是一种遮掩。它能将神化的真正面貌——思想——遮掩起来。乔治·桑就是一种思想，她从肉体中超脱出来，自由自在，虽死犹生，永垂不朽。啊，自由的女神！

乔治·桑在我们这个时代具有独一无二的地位。其他的伟人都是男性，唯独她是伟大的女性。

在本世纪，法国革命的结束与人类革命的开始都是顺乎天理的，男女平等作为人与人之间平等的一部分。一个伟大的女性是必不可少的。妇女应该显示出，她们不仅保持天使般的禀性，而且还具有我们男子的才华。她们不仅

---

① 乔治·桑，19 世纪法国著名女作家。

② 雨果，19 世纪法国著名小说家。

应有强韧的力量，也要不失其温柔的禀性。乔治·桑就是这类女性的典范。

当法兰西遭到人们的凌辱时，完全需要有人挺身而出，为她争光载誉。乔治·桑永远是本世纪的光荣，永远是我们法兰西的骄傲。这位与荣誉等身的女性是完美无缺的。她像巴贝斯一样有着一颗伟大的心；她像巴尔扎克一样有着伟大的精神；她像拉马丁一样有着伟大的灵魂。在她身上不乏诗才。在加里波第曾创造过奇迹的时代里，乔治·桑留下了无数杰作佳品。

列举她的杰作显然是毫无必要的，重复大众的记忆又有何益？她的那些杰作的伟力概括起来就是“善良”二字。乔治·桑确实是善良的，当然她也招来某些人的仇视。崇敬总是有它的对立面，这就是仇恨。有人狂热崇拜，也有人恶意辱骂。仇恨与辱骂正好表现人们的反对，或者不妨说它表明了人们的赞同——反对者的叫骂往往会被后人视为一种赞美之辞。谁戴桂冠谁就招打，这是一条规律，咒骂的低劣正衬出欢呼的高尚。

像乔治·桑这样的人物，可谓公开的行善者，他们离别了我们，而几乎是在离逝的同时，人们在他们留下的似乎空荡荡的位子上发现新的进步已经出现。

每当人间的伟人逝世之时，我们都听到强大的振翅搏击的响声。一种事物消灭了，另一种事物降临了。

大地与苍穹都有阴晴圆缺。但是，这人间与那天上一样，消失之后就是再现。一个像火炬那样的男人或女子，在这种形式下熄灭了，在思想的形式下复燃了。于是人们发现，曾经被认为是熄灭了的，其实是永远不会熄灭的。这火炬燃得比以往任何时候更加光彩夺目，从此它组成文明的一部分，从而屹立在人类无限的光明之列，并将增添文明的光芒。健康的革命之风吹动着这支火炬，并使它成为燎原之势，越烧越旺，那神秘的吹拂熄灭了虚假的光亮，却增添了真正的光明。

劳动者离去了，但他的劳动成果留了下来。

埃德加·基内逝世了，但是他的高深的哲学却越出了他的坟墓，居高临下劝告着人们。米谢莱去世了，可在他的身后，记载着未来的史册却在高高耸起。乔治·桑虽然与我们永别了，但她留给我们以女权，充分显示出妇女有着不可抹杀的天才。正由于这样，革命才得以完成。让我们为死者哭泣吧，但是我们要看到他们的业绩。具有决定性意义的伟业，得益于颇可引以为豪的先驱者的英灵精神，必定会随之而来。一切真理、一切正义正在向我们走来。这就是我们听到的振翅搏击的响声。

让我们接受这些卓绝的死者在离别我们时所遗赠的一切！让我们去迎接未来！让我们在静静的沉思中，向那些伟大的离别者为我们预言将要到来的伟大女性致敬！①

九、祭悼文5：唁慰函

唁慰函是给死者家属或治丧委员会写的，对死者表示哀悼，对其家属表示慰问的信函。

例47

唁　函

××先生：

这次令侄女××小姐因车祸不幸罹难，我们十分难

---

① 《现代应用文》编写组. 现代应用文. 香港：天地图书有限公司、星洲日报（马来西亚）、香港万里机构出版有限公司，1989. 118～119

过，更希望能分担一点您的悲伤。

我们失去了一位好同事，社会失去了一位好青年，而您失去了这位好侄女，心情自然更加哀痛。但逝者不可复生，生者还须活下去，请您节哀，保重自己。

付上奠仪 2 000 元，请收下。

愿您珍惜身体。

××公司职员

×××
×××敬启

2003 年 3 月 7 日

例 48

慰问信[①]

亲爱的夫人：

我在国防部的文卷里见到马萨诸塞州陆军副官长的报告，藉知您的五子均在战场上光荣殉国。遭受这么大的损失，我觉得我所能说出的任何安慰您的话都不够而且无用。但我又无法不向您敬致慰问。因为令郎为国捐躯，这种慰问实在是全国对他们谢意的一部分。我祈求上苍减轻您痛失亲人的痛苦，留给您对所失亲人的宝贵记忆，留给您为自由作重大牺牲的庄严光荣。

林肯谨启[②]

---

① 这是美国南北战争时期（1861—1865）美国总统林肯写给毕斯璧夫人的信。

② 张树柏．应用英文大全．香港：读者文摘远东有限公司，1977. 487

十、祭悼文6：唁电

表示哀悼的电报。

例49

唁　电

新华社香港分社及邹云涛女士：

惊悉金师因病逝世，不胜哀惊，请师母节哀保重。

亦师亦兄亦友，

重学重德重情，

金应熙老师永垂不朽！①

王屏山　梁　石　黎　砂

何　宪　钟德珠　黄　凌

胡景钊　梁之汤　古永灼

盘筱鑫　黄淑暖　刘丽贞

陆铭深　王丽卿　黎启培

李善铨　李宣平　邝铁军

鞠躬

1991年7月15日②

又：祭悼文中还有一种叫“哀启”，有学者认为：“所谓哀启，乃由遭丧者以文字详述死者之世系、名字、爵位、里籍、学历、经历、嘉言、善行、事功、学术、病情、年寿等，以告亲友，其目的

① 金应熙，广东省社会科学院教授、著名历史学家。因病不幸于1991年6月25日21时30分在香港圣保禄医院逝世，终年72岁。

② 岭南大学广州校友会．岭南校友，第20期。

在于使亲友得知死者之生平、病况及临终情形，并可供撰述哀挽文字之依据。其作法与行状略同[①]，唯形式属于书牍或报告性质，故措辞宜朴实真挚，对死者之嘉言懿行，足为他人矜式者，应尽量铺叙，以明‘善则归亲’之义。如无特殊事实，即简叙死者家庭状况，切不可捏造显荣之事以欺人，致贻讥于当世。”[②] 此体裁多流行于港台地区。

十一、纪念志1：纪功碑文

碑文的一种。它是一种记述功德的碑文，又叫功德碑。古代的功德碑，或记文治武功，或赞美政善行，都是为统治阶级树碑立传的。比较著名的有：秦始皇时的《泰山刻石》、班固的《封燕然山铭》、韩愈的《平淮西碑》。这类碑文后来已换上新内容，成为歌颂人民英雄、歌颂革命传统的纪念碑。写法上以叙事为主，风格凝重。由于它是一种凝练、庄重的文体，写作时要特别谨慎。

例 50

抗法纪念碑文[③]

清朝末叶，列强欺凌，国势日衰，割地赔款，连年不断。帝国主义虎视眈眈，中华民族灾难深重。国土面临瓜分，危在旦夕。一八九八年春，法帝侵我广州湾，强迫租

---

① 行状，文体名，是记述死者世系、籍贯、生卒年月和生平概略的文章。

② 张仁青．应用文．修订34版．台湾：文史哲出版社，1994．531

③ 在湛江“寸金桥公园”正门的花坛中央，矗立着一尊九米高的抗法义军战士全身雕像。雕像下面，刻着这篇集体创作的碑文，碑文上方的“一寸河山一寸金”，是郭沫若手迹。甲午中日战争（1894—1895）后，帝国主义掀起了瓜分中国的狂潮，广州湾的被侵占，是中国进一步沦为半殖民地半封建社会的缩影，广州湾人民的斗争，是中国人民反对外来压迫的真实写照。

借军港，得寸进尺，扩大侵略，恣肆掳掠农村。遂溪人民不甘俯首，纷起反抗。南柳首倡自卫，先予反击，围敌营於海头，初试锋芒，创夷兵于坎坡，再惩顽恶。黄略大兴义勇，继投战斗，打击入侵之敌。临新埠海边以迎战，登麻章、平石而狙击，力挫凶残，连战皆捷。一时抗法怒潮，汹涌南天。无奈清廷暗弱，但求妥协，不惜丧地，自甘辱国，遂使反帝运动，中途挫折。然而抗法历将二载，垂名千古。义军持简陋之刀矛，抗敌锐利之枪炮，勇闻天下，气挺人间。视寸土若寸金，誓与乡土共存亡，同仇敌忾，英勇奋战。从而迫使法帝以小河一桥为界，削减租地，退缩赤坎。后人敬纪其功，建桥名曰寸金。深望发爱国之热忱，树人民之浩气，特立像铭碑，以昭英烈。

湛江市人民政府　立

一九八三年秋

十二、纪念志2：记

从古至今，有许多以“记”名篇的文章，它们统称杂记。

唐代刘知己在《史通·杂述》中把杂记列为杂史（唐代以纪传、编年为正史）的一种，他所说的杂记，指古代的小说笔记，多出于街谈巷语、道听途说。《古文辞类纂》把杂记列为其中一类。所谓杂记，是指除传状（记述个人生平事迹的文章，多是记述死者的）、碑志以外的一切记叙文，它们内容广泛，写法多样。我们这里所说的记，指杂记这类文章中应用性较强的那部分。

具有某种实用目的，是记的重要特点。历史上称为记的文章，属于应用文范围的较少，大多数是文学性较强的散文。如宋代范仲淹的《岳阳楼记》，形象地描绘了巴陵胜状，抒发了登楼览物的情怀和“先天下之忧而忧，后天下之乐而乐”的人生观；苏轼的《石钟山记》，在生动地记叙探察石钟山经过的同时，表达了“事不目见耳闻，而臆断其有无，可乎？”的感慨。有的是活泼隽永的游记，刻画了奇特秀丽的自然景色，如柳宗元的《永州八记》、姚鼐的《登泰山记》。它们记物记事记游，是为了抒情议论，并没有某种具体的实用目的。而某些记则不同，如唐宋时称为“厅壁记”一类的文章，在官厅的墙壁上记述官员的履历、政迹，作为纪念及供后任官吏参考。宋代曾巩的《越州赵公救灾记》，带有推广救灾经验的目的，正如作者所说，“其事虽行于一时，其法足以传后”。这种记才算得上是应用文。

记分亭台楼堂记、书画器物记和事件记三种。写作时重在记述，文字要清新。

例 51

梁銶琚堂记①

我校继承中山先生遗志，培英育俊，振采扬华，六十年来，名传海外，际兹国运日隆，需才孔亟②，遂有扩充黉宇③之议。香港梁銶琚先生，闻风响应，慨然以一己之力，赠建中山大学礼堂，乃于一九八二年夏，拓土鸠工④，经之营之，得成巨构，轩楹⑤瑰丽，气象恢弘，门接春日之晖，窗揽南天之秀，堂内堂外，美

---

① 这篇刻石的记，位于广州中山大学梁銶琚堂门口的墙壁上。
② 孔亟，十分急迫。
③ 黉宇，古时学校的校舍，这里泛指校舍。
④ 鸠工，动工。
⑤ 轩楹，轩指窗户、门，楹指厅堂前部的柱子。

轮美奂①，济济②学人，共叨③嘉惠，因额曰梁銶琚堂，用纪高风，而光盛德焉。先生复乐助我校高级学术研究中心基金会基金，夫人李秀娱女士亦赠建我校附小图书馆，奖掖后进，盛意拳拳④，热爱中华，深情惓惓⑤。先生原籍广东顺德县杏坛北头乡，现任香港大昌贸易行执行副董事长，恒昌企业有限公司董事兼总经理，恒生银行董事。为造福桑梓⑥，屡献巨款，举凡公益建设，靡不鼎力支持，海涯岭表⑦，咸谓先生龄高德重。今推其爱乡报国之心，共襄⑧兴学育才之举，垂范垂功，可钦可则，刻此乐石，以永令誉。一九八四年十月廿七日记

中山大学　立

黄天骥⑨撰　商承祚⑩书

1984年11月12日，是孙中山先生创建中山大学六十周年纪念日，11月11日是校友回校日。这天，校园内张灯结彩，喜气洋洋。当人们迈进新落成的梁銶琚堂参加纪念大会时，刻石的《梁

---

① 美轮美奂：轮奂，形容房屋高大众多。《礼记·檀弓下》："晋献文子成室，晋大夫发焉。张老曰：'美哉轮焉！美哉奂焉！'"郑玄注："轮，轮囷（qūn"群"的阴平声），言高大；奂，言众多。"亦作"轮焕"。

② 济济，形容众多。

③ 叨，承受，感念。

④ 拳拳，牢握不舍，引申为恳切。

⑤ 惓惓，同拳拳，诚恳、深切之意。

⑥ 桑梓，桑和梓是古代家宅旁边常栽的树木，后用作故乡的代称。

⑦ 岭表，岭南。

⑧ 襄，相助。

⑨ 黄天骥，中山大学中文系教授。

⑩ 商承祚，中山大学中文系教授、著名古文字学家。已故。

铢琚堂记》分外引人瞩目。

这篇记，在写作上的特点是：

（1）记事清楚明了。此文的主旨是对香港梁铢琚先生的爱国精神表示感谢和进行表彰。围绕这个主旨，文章用大部分篇幅交代了感谢和表彰的原因。从开头至“遂有扩充黉宇之议”是第一层，提纲挈领地说明了建造梁铢琚堂的缘起。从“香港梁铢琚先生”至“而光盛德焉”是第二层，具体写梁先生赠建礼堂、礼堂建造过程以及礼堂竣工后瑰丽恢弘的景象。从“先生复乐助”至“深情惓惓”是第三层，补充说明梁先生及其夫人在中山大学捐助高级学术研究中心基金会基金、赠建附小图书馆的慷慨行为。从“先生原籍”至“龄高德重”是第四层，在交代梁先生籍贯、身份的同时，进一步说明梁先生“为造福桑梓，屡献巨款”及其受到社会赞誉的情况。下面是第五层，总括全文，强调撰记刻石的目的。由于前四层眉目清楚地记述了梁先生爱乡报国的种种贡献，就为后面的“刻此乐石，以永令誉”提供了有力的根据，从而使人们读了这篇记以后，对撰记刻石以感谢和表彰梁先生深具同感。

（2）议论得当，有画龙点睛之妙。此文以记述为主，在适当的地方也辅之以必要的议论，如在“因额曰梁铢琚堂”之后，写“用纪高风，而光盛德焉”，在第三层中，用了“奖掖后进，盛意拳拳，热爱中华，深情惓惓”等语，这是紧密配合记述的带有评价性的语言。后面的“垂范垂功，可钦可则”，是总结性的议论。这些议论，不浮夸虚饰，十分得体，起到画龙点睛的作用——点明梁先生所作的贡献和值得赞美的品格，人们读了也信服。

（3）文笔洗练，用语讲究。此文篇幅不长，但蕴涵的内容甚为丰富，如第一层，寥寥数语，就囊括了中山大学的办学宗旨、所作贡献和声望、现在国家的状况、人才的急需、扩充校舍的必要等诸多内容。在第二层中，用了两组对偶句描写了梁铢琚堂的气派和美景。这种富于表现力的句式，在文中有多处。在副词的使用方面，作者也颇具匠心，如“屡”、“靡不”二词，恰当地表现了梁先生热心家乡建设的行为，一个“咸”字，充分地反映了人们对梁先生的推崇。

这篇记用文言写。一般来说，应用文采用语体文，但像碑文和记这些文体，适当用些文言词语，也是可以的。

十三、致辞1：演说词

在举行某种仪式的集会上的讲话，称演说词。

例52

在葛底斯堡国家烈士公墓落成典礼上的演说

1863年11月19日[①]

八十七年前，我们的先辈们在这个大陆上创立了一个新国家，它孕育于自由之中，奉行一切人生来平等的原则。

现在我们正从事一场伟大的内战，以考验这个国家，或者任何一个孕育于自由和奉行上述原则的国家是否能够长久存在下去。我们在这场战争中的一个伟大战场上集会。烈士们为使这个国家能够生存下去而献出了自己的生命，我们来到这里，是要把这个战场的一部分奉献给他们作为最后安息之所。我们这样做是完全应该而且非常恰当的。

但是，从更广泛的意义上来说，这块土地我们不能够奉献，不能够圣化，不能够神化。那些曾在这里战斗过的勇士们，活着的和去世的，已经把这块土地圣化了，这远不是我们微薄的力量所能增减的。我们今天在这里所说的话，全世界不大会注意，也不会长久地记住，但勇士们在这里所做过的事，全世界却永远不会忘记。毋宁说，倒是

---

① ［美］亚伯拉罕·林肯．林肯选集．朱曾汶译．北京：商务印书馆，1983. 239～240

我们这些还活着的人，应该在这里把自己奉献于勇士们已经如此崇高地向前推进但尚未完成的事业。倒是我们应该在这里把自己奉献于仍然留在我们面前的伟大任务——我们要从这些光荣的死者身上汲取更多的献身精神，来完成他们已经完全彻底为之献身的事业；我们要在这里下定最大的决心，不让这些死者白白牺牲；我们要使国家在上帝福佑下得到自由的新生，要使这个民有、民治、民享的政府永世长存。

十四、致辞2：贺词

对人或事表示祝贺的言辞或文章都称为贺词，即致祝贺之词。它与祝词相近，在某种场合可以互用，但它们所包含的意思并不完全相同。贺词多用于事情已经成功，表示庆贺、道喜的意思；祝词多用于事情尚未成功，表示祝愿、希望的意思。

例53

2010年新年贺词

共创世界和平与发展的美好未来[①]

国家主席　胡锦涛

（二〇〇九年十二月三十一日）

新年的钟声就要敲响，2010年的帷幕即将拉开。在这辞旧迎新的美好时刻，我很高兴通过中国国际广播电台、中央人民广播电台和中央电视台，向全国各族人民，

---

① 2010年新年前夕，国家主席胡锦涛通过中国国际广播电台、中央人民广播电台、中央电视台，发表这篇题为“共创世界和平与发展的美好未来”的新年贺词。见：解放军报，2010－01－01

向香港特别行政区同胞、澳门特别行政区同胞、台湾同胞和海外侨胞，向世界各国的朋友们，致以新年的祝福！

2009年是中华人民共和国历史上十分重要的一年。中国各族人民隆重庆祝新中国成立60周年，为伟大祖国的发展进步感到无比自豪，决心在新的起点上把中国特色社会主义事业继续推向前进。面对国际金融危机的严重冲击，中国各族人民坚定信心、迎难而上、万众一心、共克时艰，坚持把保持经济平稳较快发展作为经济工作的首要任务，统筹做好保增长、保民生、保稳定各项工作，实现了经济总体回升向好。中国改革开放和社会主义现代化建设取得新的显著成就，人民生活继续改善，社会保持和谐稳定。中国积极参加应对国际金融危机、气候变化等问题的国际合作，扩大同世界各国交流合作，为世界和平与发展作出了新的贡献。

2010年是中国实施“十一五”规划的最后一年。在新的一年里，我们将坚定不移高举中国特色社会主义伟大旗帜，以邓小平理论和“三个代表”重要思想为指导，深入贯彻落实科学发展观，保持宏观经济政策的连续性和稳定性，继续实施积极的财政政策和适度宽松的货币政策，根据新形势新情况着力提高政策的针对性和灵活性，更加注重提高经济增长质量和效益，更加注重推动经济发展方式转变和经济结构调整，更加注重推进改革开放和自主创新、增强经济增长活力和动力，更加注重改善民生、保持社会和谐稳定，更加注重统筹国内国际两个大局，努力实现经济平稳较快发展，继续推进全面建设小康社会进程。我们将坚持“一国两制”、“港人治港”、“澳人治澳”、高度自治的方针，同广大香港同胞、澳门同胞携手努力，保持香港、澳门长期繁荣稳定。我们将坚持“和平统一、一国两制”的方针，牢牢把握两岸关系和平发展的主题，加强两岸交流合作，更好造福两岸同胞。

当今世界正处在大发展大变革大调整时期。世界多极化和经济全球化深入发展，国际金融危机影响继续显现，气候变化、能源资源、公共卫生安全等全球性问题突出，国际和地区热点问题此起彼伏。继续推进人类和平与发展的崇高事业，需要世界各国人民加强合作、同舟共济。借此机会，我愿郑重重申，中国将高举和平、发展、合作旗帜，恪守维护世界和平、促进共同发展的外交政策宗旨，始终不渝走和平发展道路，始终不渝奉行互利共赢的开放战略，坚持在和平共处五项原则的基础上同所有国家发展友好合作，继续积极参加应对国际金融危机、气候变化等问题的国际合作，同各国人民一道推动建设持久和平、共同繁荣的和谐世界。

此时此刻，在我们共同生活的这个星球上，还有不少民众正蒙受着战争、贫穷、疾病、自然灾害等苦难的煎熬。中国人民深切同情他们的不幸境遇，将一如既往向他们提供力所能及的帮助。我相信，经过世界各国人民不懈努力，世界文明必将不断发展，人类福祉必将不断增进。

2010 年，以“城市，让生活更美好”为主题的世界博览会将在中国上海举行。我们热忱欢迎五大洲的朋友们共襄这一盛举，共同谱写增进相互了解和友谊的新篇章。

最后，我从北京祝大家在新的一年里幸福安康！

新华社发

十五、致辞 3：欢迎词

欢迎词是表示欢迎的讲话。语言要热情、礼貌、适度，使被欢迎者产生“宾至如归”之感。要做到这些，必须把握两个方面的分寸：既不盛气凌人，趾高气扬，又不媚语连篇，谦恭过分。总之，以不卑不亢为宜。

例 54

思佳客

——为欢迎中国作家代表团访台归来而作

曾敏之

台港京华一苇[①]遥，相逢泯怨喜今朝。
文章渡海情牵久，芳草天涯意兴飘。
怀故国，且挥毫，金瓯（ōu 欧）[②] 圆梦好抒描。
敦煌楼上灯明里，友谊琼杯醉此宵。

十六、致辞 4：祝酒词

在各种宴会、酒会上发表的讲话叫祝酒词。它在公关活动中使用频率较高。无论是国与国之间、单位与单位之间，抑或单位内部乃至个人举办的各种宴会、酒会，往往都由有关负责人或当事人致祝酒词，为宴会、酒会助兴添彩。

---

① 一苇，小船的代称。这里指相隔很近。

② 金瓯，金属的杯子，比喻完整的疆土。泛指国土。

例 55

婚宴祝酒词

陈合宜

尊敬的丁先生、丁太太、祖母、张东孝先生（丁青萍舅舅）、黎牧师、黎师母

尊敬的各位嘉宾：

晚上好！

欢迎诸位参加我儿子穗鸣与青萍的结婚晚宴。在座的诸位都是穗鸣和青萍的长辈和亲朋好友，你们多年来提携和帮助穗鸣和青萍，在此，我代表我先生、女儿及其他家人，向诸位表示衷心的感谢（鞠躬）。

我是中国广州暨南大学中文系教授，我先生也是大学教师。我们一辈子教书育人，今天看到自己的儿子长大成人，成家立室，感到无比欣慰。穗鸣生下来才不到两千克，可从小调皮异常，具叛逆性格，令我们操了不少心。自从他九年前来到新西兰，特别是成为基督徒以后，对世界和人生的态度有了很大改变，比过去成熟多了，我们也总算把心放下了。

结婚是人生大喜的日子，它意味着一对新人从此走向人生的关键时刻。他们要建立新的家庭，生儿育女，任重而道远。

结婚又是人生庄严的时刻，因为，人生并非坦途，除了有春风和鲜花外，还会有骤雨和泥泞，希望一对新人彼此谅解、互相包容，勇敢地面对和克服生活中的种种困难，风雨兼程，永不停留。

青萍，我一直都十分喜欢你，我将会像疼爱子女一样地爱你，希望你既是我的儿媳，又是能向我倾诉衷肠的朋友。

丁先生、丁太太，恭贺你们培育出这样优秀的女儿。如今你们把她托付给我的儿子，我一定会提醒儿子珍惜已得到的一切，督促他履行当丈夫的责任，爱护青萍，让青萍幸福。

谢谢大家。

现在，请大家起立，让我们举杯，祝福新郎新娘，祝这对新人美满幸福！

2000年10月7日上午，笔者的儿子在新西兰奥克兰市圣保罗教堂举行婚礼。当晚在酒店举行婚宴，主持人为罗冠祥（Sian Loh）、罗龙静宜（Jenny Loh）。笔者在婚宴开始时，发表了以上中文祝酒词，由罗龙静宜同步翻译成英语。

由于儿媳丁青萍（中文名）自小在澳洲长大，其家庭背景与我们不同；又由于参宴宾客种族不同，身份不同，工作性质不同，他们大都信奉基督教——这一听众现状令笔者对这篇祝酒词审慎为之，关键是要找出我们之间差异的契合点。文中着重表示自己对宾客宗教信仰的尊重以及对婚姻所持的态度。祝酒词发表后，引起宾客的共鸣，反应热烈，有人甚至感动得流泪。

十七、致辞5：答谢词

对对方的邀请、款待、帮助或奖励，在相应会议上表示感谢的讲话，叫答谢词。

答谢词重在表达感激之情，既不能言过其实，又不能敷衍了事。写法灵活多样，可严肃，也可活泼，都视具体情况而定。

例 56

在八项国际荣誉颁发盛典上的答谢词[①]

西安翻译学院院长　丁祖诒

尊敬的前联合国副秘书长中国联合国协会会长金永健大使
尊敬的国务院侨办副主任全国政协侨务外事委员会副主任张伟超大使
尊敬的中国外交部翻译室副主任任小萍参赞
尊敬的陕西省外办涉外管理处贾明德处长
尊敬的各位贵宾
女士们、先生们：

今天，在中国十三朝帝王兴衰的千年古都西安，在中国西部大开发桥头堡的三秦大地，我们这所头枕终南山脉，脚踏关中平原，身居太乙天都，驰骋华夏沃野的中国规模最大的民办大学——西安翻译学院的近四万名师生，沐浴着来自大洋彼岸的深深祝福，迎来了传递佳音的尊贵的幸运使者，奏响了人类共同关注教育，共同构筑文明与进步，共同期盼和平与幸福的神圣乐章！

伴随着我们伟大祖国改革开放面向世界的擂擂战鼓，中国的民办高等教育迎来了自 3 000 年前孔子兴私学至今的又一个繁花似锦的春天。

年方二八的中国民办西安翻译学院，曾破土于中国民学荒凉的处女地，曾蹒跚在市场经济转轨的神秘谷，曾学海驰骋于神州大江南北，曾潇洒辉煌在华夏民学峰巅。于是西译成为七万有志青年的梦幻世界，于是西译成为八方追逐的人才高地。西译将万千学子的成才升华成“第二

① 羊城晚报，2004－06－29

希望工程”，西译“创东方哈佛”的信念正抒发着炎黄儿女的豪情，誓为文明进步的中国添姿增彩！

爱和教育是人类永恒的主题，和平与进步是地球人心灵的共鸣，大洋彼岸为中国的民办教育喝彩助威，大洋彼岸将西译的点滴成就视为共同财富携手未来！我们为之感动，我们为之震撼！

我和我的战友以及我们的七万西译学子感谢美国加州议会参众两院、洛杉矶蒙特利公园市政府、英联邦教育联合委员会和加拿大皇家独立教育评估委员会对我本人以及对我为之终身奉献的西译的深情和青睐，我们将会永远珍惜这份跨国界的祝福和友谊，我们同样也会感谢传递祝福的尊贵使者！

让我们用满腔激情的人类关爱去为地球村明天的主人编织憧憬和幸福吧！一个正在崛起的具有高度文明的中国将是人类和平与进步的巨大财富！

我欣然接受美国加州议会对我的盛情邀请，我将在最美好的时刻赴大洋彼岸参加另一次美国本土的隆重盛典！

2004 年 6 月 5 日

又：致辞中还有献词、赞词，其写法与贺词相近，不赘；与欢迎词相对的，还有欢送词。欢送词要表达依依不舍之情，结尾写：“祝××一路平安。”

十八、题词

题词是按对象及题者身份，书写于匾额、幛（zhàng 帐，幛即幛子，用整幅的绸布做成）、图像或纪念物品上，表达称颂、赞美、勉励、纪念或哀悼、警戒之意的精简文辞。题即书写、署的意思。

题词作法，须注意三点：①取材适当。要根据彼此身份、年龄、性别、职业、关系以及场合等，选取适当内容。②文辞典雅。

题词是一种庄重文字，富纪念性。选词须典雅大方，意味深长。切忌采用庸俗刻薄之词，造成误会。③音调和谐。题词以四言为主，也有长达数句的。无论长短，均要适当讲究平仄，读起来顺畅，听起来悦耳。

常见题词举例

结婚：美满姻缘　珠联璧合　有情眷属
　　　才子佳人　相敬如宾　百年好合
续婚：再缔良缘　续弦之喜　琴瑟重调
　　　画屏再展　重渡银河　其新孔嘉
嫁女：妙选东床　之子于归　燕燕于飞
　　　宜其室家　跨凤乘龙　花开连理

生子：添丁之喜　德门生辉　天赐石麟
生女：明珠入掌　弄瓦征祥　彩凤新雏
生孙：含饴快弄　庆衍龙孙　兰阶添喜

男寿：长乐永康　南山同寿　松柏长春
女寿：萱草挺芳　瑶池春永　灵娥不老
双寿：天长地久　华堂偕老　酒介齐眉

工厂开业：富国利民　宏图大展　富国之基
商店开业：财源广进　大展新猷　以义为利
报馆开业：风行四海　洛阳纸贵　人民喉舌
学校开学：春风化雨　作育英才　百年大计
医院开业：华佗再世　仁心仁术　济世良方
银行开业：金融枢纽　鸿业永昌　裕国便民
慈善机构：为善最乐　仁民爱物　乐善好施
宾馆开业：群贤毕至　贵客盈门　巍峨壮观

男丧：道范长存　音容宛在　壮志未酬

女丧：母仪千古　巾帼称贤　兰摧蕙折

师长逝世：师表千古　永念师恩　教泽犹存

烈士：万古流芳　重于泰山　舍生取义

又：与题词相联系的，还有题款。款有上款、下款。书画家为人写字绘画、一般人写信或送人礼品时，在这些东西上面所题的对方的名字、称呼等，叫上款。在送人的字画、给人的信件上面所写的自己的名字，叫下款。怎样落款（在书画、书信、礼品等上面题上款和下款），要看对象。如赠送自己的著作，对长辈用“教正”、“赐教”、“斧正”；对平辈用“指正”、“正之”；对晚辈用“惠阅”、“存翫（同玩）”、“留念”等。

十九、柬帖

柬帖又称简帖，是用于婚嫁、庆贺、丧葬、普通应酬等场合的各种礼帖的总称。柬帖的“柬”通“简”。简是战国至魏时期的书写材料，是削刮成的狭长竹片或木片，竹片称简，木片称札或牍，统称为简，亦是信札、名帖的通称。柬帖的“帖”是帖（tiě 铁）子的意思，是邀请客人的通知，如请帖。

柬帖种类很多，大致可分婚嫁柬帖、庆贺柬帖、丧葬柬帖、普通应酬柬帖四种。普通应酬柬帖又分请帖、送礼帖、谢帖三种，下面讲的仅是请帖，又称请柬。

请柬是邀请单位或个人参加某种活动所使用的文体。它具有通知和邀请双重性质，但又与通知和邀请信有别。通知可以是口头的，也可以是书面的；请柬则只用书面形式，哪怕被邀者近在咫尺，也须送至其手中（邮寄亦可）。邀请信虽有邀请之意，但既是信函，内容可复杂些，而请柬内容要单一。发出者也不尽相同，邀请信的发出者大多是单位或团体，请柬则比较灵活，有不少是个人发出的。

请柬是公共关系活动中最为庄重、礼貌而又简便的交往方式，在沟通信息、联络感情方面起着不可低估的作用。请柬的用语如何、书写如何、纸质如何、装帧如何，直接反映一个单位、团体或个人的水平和风貌，切不可等闲视之。

请柬由标题、正文两部分组成。标题多用“请柬”、“请帖”等字样，常用较大的字体写在正面。两字要醒目、居中。最好绘上与其内容相应的图案、花纹，使其美观、大方。若有封套，第一行中间位置写“请柬”字样，第二行写被邀请人的姓名和称呼。正文包括被邀请者、邀请事由、结束语、邀请者、日期五方面内容，写在请柬背面（如不分正、背面，则写在标题之下）。邀请事由除写是什么活动外，还要写清楚活动的具体时间和详细地点。邀请者的署名写在结束语右下方。如果是单位邀请的话，须在单位名称上加盖公章；如果是个人邀请的话，则写上姓名便可。若是结婚请柬，在邀请者两人的姓名之后，宜写上“鞠躬”等字样。

请柬的书写，还可用直式，由右写到左。

请柬的格式和写法，各地区和各国大同小异。

例 57

请　柬

为欢迎参加北京国际乒乓球友好邀请赛的各国和各地区朋友，谨订于　　年　　月　　日下午七时在人民大会堂宴会厅举行招待会。

请出席

中华人民共和国体育运动委员会

（请进北门）

例 58

<table>
<tr><td>正文。句子开头空 2 个字位。

（署名）敬约</td></tr>
</table>

<table>
<tr><td>请　　柬

（受邀人姓名及称呼）收</td></tr>
</table>

<table>
<tr><td>我/我们 *
将出席/不能出席 * ____月____日____宴。谢谢。
收柬人姓名
* 将不适用者划去　　日期
- - - - - - - - - - - - - - - -
发柬人姓名（及称呼）、地址　　回邮邮票</td></tr>
</table>

注：1. 以上图例第一栏为请柬正面，第二栏为请柬封套，第三栏为请柬回条正面（虚线上）及背面（虚线下）。

2. 回条可以附在请柬一侧，也可单独设计，最重要的是予回条人方便，故能印上发柬人地址最好。

3. 邮票一般由发柬人贴好。

思考与练习

1. 某集团公司即将成立开业，邀请众多社会知名人士前来参加，请为该集团公司董事长起草一份就职致辞。300 字左右即可。内容须含就职、立志、谢忱，言辞应有魅力。

2. 有几个学生给一位老师送了一个纪念品，并在其背后题款，下款写上这几个同学的名字，后面接着写“惠赠”二字，对吗？

3. 教师节快到了，同学们给每位老师送了一份贺卡，并装在信封里。信封上写“×××老师敬启”，这样写合适吗？为什么？

4. 细阅并分析下面两份请柬，对不妥之处予以改正。

请 柬

×××老师：

中文系七八级学友自毕业之后，多天各一方，然师长教诲之恩，未尝或忘；同窗之谊，时深梦寐。值此毕业十年之际，乃相约共聚暨南，一谢师恩，并叙离情。谨择本月十四日（星期日）上午九时整，假座暨南大学学术报告厅一楼接待室，举行师生联欢、座谈活动。敬请届时命驾光临，以慰长想。

此颂

教安

七八级同学鞠躬

1992年6月10日

请 柬

我系定于10月23日至10月31日进行“迎校运男女篮球赛”，特邀请您于10月31日下午四时到建阳苑3栋门前篮球场参观指导。

恭请光临，恕令催介。

中文系

2001年10月21日

附　录

附录一　中国内地主要的秘书学类期刊目录

《秘书》 主　　管：上海市教育委员会
主　　办：上海大学
出　　版：《秘书》编辑部
地　　址：上海市上大路 99 号上海大学 128 信箱

《秘书之友》 主　　办：兰州大学
编辑出版：《秘书之友》编辑部
地　　址：兰州大学区学校区机关楼

《秘书工作》 主　　管：中共中央办公厅秘书局
编　　辑：《秘书工作》编辑部
地　　址：北京市 1705 信箱

《当代秘书论坛》 主　　办：湖南省秘书学会
编辑出版：《当代秘书论坛》杂志社
地　　址：长沙市韶山路一号（省委机关院内）

《广东秘书工作》 主　　办：广东省人民政府办公厅
地　　址：广州市东风中路 305 号

《秘书工作研究》 主　　办：广西区党委办公厅　广西秘书学会
地　　址：南宁市民族大道

《秘书界》 主　　办：成都市秘书学会　成都大学

《文秘》 主　　办：沈阳大学

《厂长与秘书》 主　　办：四川省乐山市

《秘书理论与实践》 主　　办：河南省

《秘书战线》 主　　办：河北省石家庄市

《企业秘书》 主　　办：湖北省

《中国档案》 主　　办：国家档案局

编辑出版：《中国档案》杂志社

地　　址：北京市西城区丰盛胡同 21 号

《办公室业务》 主　　管：国家档案局

主　　办：中国档案出版社

编辑出版：《办公室业务》杂志社

地　　址：北京市宣武区永安路 106 号

《办公室工作》 主　　办：重庆市

《办公自动化》 编　　辑：《办公自动化》编辑部

出　　版：北京《办公自动化》杂志社

地　　址：北京市朝外呼家楼西里 21-4

《办公自动化》 主　　管：中国科学技术协会

主　　办：中国仪器仪表学会

地　　址：北京市朝外呼家楼西里 21-4-105

附录二　女秘书工作——典型的一日①

秘书所负责任愈重，其日常工作愈无定规。她必须策划并组织每一件力所能及之事，否则将无以处理突如其来的紧急事项。

——美国国家秘书协会会长凯勒女士

苏珊小姐为一家饮料公司地区分公司的行政助理，她了解成功并没有绝对的保证，不过继续不断地进修并增进自己的技能与条件，则是绝对必要的。作为一位进修秘书课程的专校夜校生而言，对其行业的进阶应有旺盛的事业心。她接受要求，详述她一天的工作实况，以供有志从事秘书工作者对办公室内的各项活动、所遭遇的问题与突发事件以及秘书必须面临的职责有一个较清晰的观念。她的看法几乎与凯勒女士的前述一席话不约而同。苏珊说："当我担任速记员的工作时，我的日常工作极易描述，现在我所担负的责任较前为重，有许多紧急事件需待处理，我发觉我的日常工作几乎无定规定制可言。不过典型的情况是：听写口授、誊清文件、安排访客的会见事宜、接听电话、准备行程表（我的上司经常作业务旅行）、处理邮件以及各项交办事宜。"

苏珊从事秘书工作的背景

对苏珊的背景作一简单的描述，将有助于读者了解她何以在 20 来岁的年龄就能担任一个负有重责的职位。苏珊 18 岁毕业于美国高级中学，然后接受 1 年的秘书专业课程训练。结业之后，苏珊对她的未来计划一无决定，曾经向一个就业辅导机构登记，其后 6 个月内，她曾经担任过好些临时性工作，事后她说："这 6 个月我获得不少宝贵的经验。我学会了如何适应不同的雇主与工作环境。"

苏珊的一位友人有一天告诉她，一家饮料公司有一个速记员的缺额。经过了好几次测验和两度面谈之后，苏珊总算被雇用了。在她进入这家饮料公司工作 6 个月后，她到大专夜间部就读。她所修习的科目有信函写作、高级秘书业务、市场学及市场调查、政治学及国际关系、心理学及人群关系、推

① 王全禄．女秘书实务．香港：三民出版社，1982. 195 ~ 205

销术及广告学，她目前在这家公司服务已 6 年多，并且数度获得晋升。

苏珊写这篇描述她一天工作的记载时，她担任该公司营业部经理迈克先生及广告部经理怀特先生两人的执行秘书已有一年半的时间。她已接获通知，将升任迈克经理的行政助理，并且当她训练杜娜小姐担任怀特经理的秘书而能独立作业时，即行生效。

苏珊选择星期四这一天作为示范，说明一位秘书典型的一日。这一天，迈克经理已因公出差，而怀特经理正准备远行。苏珊告诉我们："这是典型的一日，两位经理同时出差是常有的事。时间正好相近，这一天确实相当忙，致使我速记了一些文件，准备过几天再行誊正。"

苏珊一天工作的详记

（办公时间从上午 9：00 到下午 5：00，中间有 1 小时午餐时间，两次咖啡小憩各 15 分钟）。

8：30　抵达办公室。整理仪容，检查办公用品与文具。整理怀特经理办公室及检查迈克经理办公室。

8：55　检视手中的工作，开始誊正昨天听写的两封信，尽快送请怀特经理签名。完成信稿放入签名卷夹，置于怀特经理案头。（信件宜如此慎重处理，以免他人窥视）

9：15　拆阅并处理第一批邮件。留下必须由我直接作答的，怀特经理到达办公室，嘱我到他办公室作大约 5 分钟的口授笔记。迅速整理出即将讨论的事项，因他即将于下午远离，公差两星期。

向怀特经理报到，听写时，两度因电话而中断，然后继续做笔记。回到办公桌后，回复一紧急电话。请杜娜小姐听第二个电话。她正接受训练，一旦我担任迈克经理的行政助理后，即将为怀特经理工作。

怀特经理把他的旅行计划交给我，交代他外出期间要我处理的事情，并电告杜娜小姐，以她能协助我工作表示高兴。怀特经理当面嘱咐如有需要可找他人帮忙，以完成交办事项，因为他知道我还得替迈克经理做不少事。

9：50　回到我的办公桌，检查档案，获取必要的资料，回复在怀特经理办公室所接听的电话。

捡出必须由怀特经理过目的航空信件。无特别紧要的待复函件，摘记几项待办事项，俟第二次邮件到来再处理。接听几通电话，其中一通为一位盛怒的客户 B 先生打来的，他要求与迈克经理直接讲话，他不相信迈克经理已经外出，最后我才婉转问明原委，并应允他立即查明，尽快打电话告诉他。

10：10 决定前往征信所，核对B先生的账目，请杜娜小姐照顾我的办公室，并告诉怀特经理我要到征信所去，征信所事忙一时无法查对，答应中午以前打电话告诉我。

10：20 回到办公桌，记下征信所中午前会来电话，不然，我应打电话去问。咖啡小憩时间到，但已无法分身了。告诉杜娜小姐旅行信用证书的用法并叫她到出纳室。稍后并告诉她登记月支账的方法。杜娜小姐回来后，将准备交由她接替的工作：复制文件、校对、正式信件的打法、推销员所报费用数字的核实等，一一交代。

杜娜小姐从出纳室带款返回办公室，在我面前点清，当她交钱给怀特经理时也将当面点清，这一点很重要。一旦点清无讹，以后再有差错就无须负责。

10：40 开始誊清怀特经理口授信件。文书中心来电话说，他们为怀特经理打的推销业务会议议程表，因为事忙，无法如期在今天完成。我决定无论如何明天一定要做完（我通常都较实际需要时间提前几天，以防临时赶不及，但我并没有明白告诉他们）。

11：10 打好数封信函送请怀特经理签名，并影印其中部分信函，我在他办公室时，怀特经理接听一通私人电话，决定提早于3：00，而不是原定的5：00动身，因此，我至少必须在2：30左右为他准备好应带的公事包。

11：15 回到办公桌，打三通电话分别通知同仁，将原定4：00召开的会议提前到2：00。怀特经理应带的文件几乎都已备齐，为了慎重起见再检查一遍，并通知杜娜小姐来作实地见习。

征信所来电话，告知客户B先生的账目详情，既得完整资料，自可回复B先生电话。一面打电话，一面教杜娜小姐留心为怀特经理准备应带的文件。

与B先生通电话，他似乎很满意。将经过记下准备告知迈克经理，并将这种作业程序示知杜娜小姐，当我的上司远行期间，我都将所有重要电话，访客谈话摘要记录以及函件也做札记。怀特经理的公文包已准备妥当，只等最后一份资料。

11：45 整理档案并与同仁开会后，开始处理迈克经理的信件，他希望当天能知道来信大致内容。怀特经理提早离开办公室去进午餐，当他经过我的办公室时，交给我一份简短的备忘录，说是回到办公室时再由他签名。我的案头始终准备好一本笔记簿，翻在空白的一页，以备不时之需，将备忘录立即誊正。并置于怀特经理办公室的签字卷夹内。第二批邮件到达，很快地过目一遍，其中有一件需要怀特经理立即注意，从档案中找出有关资料附于来信之后，一并置于怀特经理办公桌上的“速件”卷夹内。

12：15 正准备在办公桌进食三明治时，接待员通知一位客户要见迈克经理，假如迈克经理此时尚在办公室，照例会留访客进午餐，于是决定请客人到我们的餐厅用膳，巧遇市场调查部门的高先生，一并邀他同桌进食，请来客在访客名簿上签名。

杜娜小姐通常都在1：00吃午餐，征求她是否能改变计划，暂且照顾一下我的办公桌，留一便条与怀特经理，告知他我去何处。

1：15 重回办公桌，高先生仍陪着客户并将代为送客。将进餐时与客户谈话要点记下，留供迈克经理参考，并将来客姓名记入访客名单。

杜娜小姐将她接听的电话告诉我，即去进餐，并说在半小时内回办公室。

1：30 怀特经理嘱我听写午餐时留在他桌上的紧急来信的回函，他要我替他的太太办一些私人事情，问他假如我请杜娜小姐替我走一趟，他是否介意？他表示同意。

1：40 将紧急信件誊正，请怀特经理签名，并以副本一份纳入其公文包。检查是否有致迈克经理的紧急邮件，其中有一封须于晨间转寄资料时一并转致，在怀特经理离开后应立刻准备。杜娜小姐餐毕返回办公室，嘱她备妥怀特经理的最后资料。

2：00 怀特经理的三位同事到达办公室，他嘱我作笔录，杜娜小姐则招呼所有的电话，使我们不致受到干扰。

2：20 三位同事离去，怀特经理希望尽快将会议记录誊正，讨论一些其他事项。

2：30 重回办公桌，请杜娜小姐誊正我在会议中所作的笔录，告诉她如果有少数的字看不清不必担心，不妨从头至尾快读一遍，将有疑问的字句圈记出来，一并来问我。

将怀特经理的公文包准备妥帖。

2：45 答复杜娜小姐所提出的会议笔录上的几个疑点，她开始誊正。继续处理第二批来信，并备妥寄给迈克经理的资料。

3：00 怀特经理离开办公室，他能准时而且诸事齐备地动身，总算松了一口气，继续整理信件。

接到迈克经理的长途电话，他将延后两天回来，并嘱转告办公室有关同仁，他已打电报给原先约定会面的某些客户，迈克经理希望立即寄给他某些已打字完成的资料，决定于今晚投邮，我按序检查一遍。

3：15　察看杜娜小姐誊正我的笔录的进度，已接近完成。告诉她完成后尽可以休息了。

打电话给文书中心，是否可派人协助我打字，答案是无人可派，与营业部两位领班（迈克经理也是他们的上司）联系，是否可派来两位打字员，一位说很难帮忙，另一位说3：30之后可能派出两位打字小姐。一切准备妥当，在向她们有所指示之前，首先向两位打字小姐说明所有的资料必须在今晚付邮。如果她们中任何一位必须5：00离开，现在就告诉我，以便找人替手。两人都说可以留下。

杜娜小姐也完成了初稿，并且协助下一步工作，她愿意不管多晚，一直陪我工作下去，感谢她的这番好意。

3：45　交代完毕，两位打字员与杜娜小姐以全速进行工作，我把杜娜小姐的初稿复核一遍并作少数更动之后，也参加工作。

4：00　工作在忙碌中顺利进行。第三批邮件到，其中有两封限时信是给怀特经理的，一封今晚即行转寄，另一封我自己可以处理。

4：15　接获通知说两位客人来拜访迈克经理，尽管心里不欢迎这种打扰，但是必须去见他们。正准备去招呼他们时，两位借调来的打字员中有一位告诉我，她不习惯在这种紧迫情形下赶工，要求免除这项工作。我设法安慰她，告诉她尽可能地做，而不要一心想到它是一件紧迫的工作。我要她坐在我的写字台旁边，一方面以电话告诉接待员说，我稍迟几分钟便来，并请她打电话给营业部门的一位领班暂时招呼一下来访的客人。

重新安慰了打字员，告诉她我了解她的感受，并请她尽可安心工作，不要在心理上受到干扰。假如在她必须离开的时刻而没能做完，我并不责怪她，于是这位打字员重新去打字。

我则前往接待室，那位领班正在与一位访客交谈，而我则招呼另外一位，并将他们的来意记录下来，以便转告迈克经理。

4：40　电话铃响，原来是怀特经理从机场打来的，他忘了一件必须携带的重要包裹（我不觉自言自语地说："哦！真糟糕！"），所幸离他起飞时间还早，我希望能赶得及送给他。立即打电话到西联信差服务处，告诉他们时间急迫，他们答应在5：00之前派人来办公室。将包裹交与接待员，并且告诉她西联公司即将派人来取。

4：45 一位打字员已完成她的紧急任务，我们一块儿校对后，我问她能否接替杜娜小姐未完的工作。而由杜娜小姐将 2：00 的会议记录用复写纸打字誊清，因为这是密件不能假手于打字员。

打电话告诉母亲我会晚一些吃晚饭，7：00 左右才能到家。也关照杜娜小姐及两位打字员打电话回家。

5：00 接待员来电话，告诉我西联公司的信差已取走了包裹，总算又舒了一口气。

两位打字员都已打好了字，我们一起检查一遍，她们在 5：25 离开办公室。对于她们的全力帮忙面致谢意，并记下来明天早晨第一件事是向她们的主管致谢。

5：30 办公室只剩下我与杜娜小姐两人，杜娜小姐继续整理会议记录的誊清稿。当她完成后，告诉她处理邮件的程序，并且解释我整天保存迈克经理的封袋的原因。会议笔录原稿将送给怀特经理。

当杜娜小姐清理她的写字台，并在她的日历上记下明天待办事项之际，我急速赶办迈克经理交代之事，将其纳入一牛皮纸信封，称过重量之后，贴上足够的邮票，即将投邮。

6：15 接怀特经理电话，说信差已将包裹送到。杜娜小姐问我还需要帮忙的事，我告诉她通常我喜欢每天做好归档工作，看样子今天只好破例了。我从不让该做的事积压到第二天，因而我把它记在行事历上作为明天紧急待办事项。嘱杜娜小姐共同再检查一遍。尽管时间已晚，我仍然把许多“应办事项”记在行事历上，以便打电话给文书中心有关怀特经理交办之事。

苏珊为我们述说这个典型的星期四活动日程时，说：“不要以为我每天都加班工作，我并不是每天如此。只是在绝对必要时才这样做，我认为我必须时时有所准备，以迎接这种情况的发生。”

我们问她：“苏珊，你能不能举出两项使你得以从容不迫地忙过这个‘典型’的一天的秘诀?”

她略一沉思，接着回答说：“我想首先是我能专心致志，心无旁骛；其次便是自动自发的精神，不管我的雇主是不是催促我，我总是按部就班地做好我该做的工作。”

附录三　公文格式简表

顺序号

密级

急度

| 版　　头 |

| 发文字号 |

| 标　　题 |

| 主送机关 |

| 正　　文 |

| 附件 |

| 发文机关 |

| 成文日期 |

| 附　注 |

| 主题词 |

抄送：

印发机关　××年×月×日印发

（印数）

附录四 国务院公文主题词表①

（一九九七年十二月修订）

使 用 说 明

为适应办公现代化的要求，便于计算机检索和管理公文，特编制《国务院公文主题词表》（以下简称词表）。词表主要用于标引国务院、国务院办公厅印发的文件和各地区、各部门上报国务院及其办公厅的文件。

一、编制原则

（一）词表结构务求合乎逻辑，具有较宽的涵盖面，便于使用。

（二）词表体现文档管理一体化的原则，即词表中主题词的区域分类和类别词可分别作为档案分类中的大类和属类。

二、体系结构

（一）词表共由 15 类 1 049 个主题词组成，分为主表和附表两大部分，主表有 13 类 751 个主题词，附表有 2 类 298 个主题词。词表分为三个层次：第一层是对主题词区域的分类，如“综合经济”、“财政、金融”类等；第二层是类别词，即对主题词的具体分类，如“工交、能源、邮电”类中的“工业”、“交通”、“能源”和“邮电”等；第三层是类属词，如”体制”、“职能”、“编制”等。第二层和第三层统称为主题词，用于文件的标引。

（二）1988 年 12 月和 1994 年 4 月修订的词表中曾列入本词表而不再继续用作标引的主题词，用黑体单列在区域分类的最后部分。

三、标引方法

（一）一份文件的标引，除类别词外最多不超过 5 个主题词。主题词标在文件的抄送栏上，顶格写。

（二）标引顺序是先标类别词，再标类属词。在标类属词时，先标反映文件内容的词，最后标反映文件形式的词。如《国务院关于加强水土保持工作的通知》，先标类别词“农业”，再标类属词“水土保持”，最后标“通知”。

① 广州市人民政府．国务院公文主题词表．广州政报，1998（5）：9～28

（三）一份文件如有两个以上的主题内容，先集中对一个主题内容进行标引，再对第二个主题内容进行标引。如《国务院关于在若干城市试行国有企业兼并破产和职工再就业有关问题的通知》，先标反映第一个主题内容的类别词“经济管理”，再标类属词“企业”、“破产”；然后标反映第二个主题内容的类别词“劳动”，再标类属词“就业”；最后标“通知”。

（四）根据需要，可将不同类的主题词进行组配标引。如《国务院关于“九五”期间深化科学技术体制改革的决定》，可标“科技、体制、改革、决定”。

（五）当词表中找不出准确反映文件主题内容的类属词时，可以在类别词中选择适当的词标引。同时将能够准确反映文件内容的词标在类属词的后面，并在该词的后面加“△”以便区别。

（六）列在区域分类最后，用黑体标出的主题词只供检索用，不再用作标引。

（七）附表中的主题词与主表中的主题词具有同等效力，标引方法相同，不同的是，如果附表中所列的国家、地区的实际名称发生了变化，使用本表的各单位可先按照变化后的标准名称进行修改和使用。国务院办公厅秘书局将定期修订附表。

四、词表管理

（一）本词表由国务院办公厅秘书局负责管理和解释，具体工作由档案数据处承办。

（二）本词表自 1998 年 2 月 1 日起执行，1994 年 4 月修订的词表同时废止。

01. 综合经济（77 个）

01A	计划				
	规划	统计	指标	分配	统配
	调拨				
01B	经济管理				
	经济	管理	调整	调控	控制
	结构	制度	所有制	股份制	责任制

流通	产业	行业	改革	改造
竞争	兼并	开放	开发	协作
资源	土地	资产	资料	产权
物价	价格	投资	招标	经营
生产	转产	项目	产品	质量
承包	租赁	合同	包干	国有
国营	私营	集体	个体	企业
公司	集团	合作社	普查	工商
商标	注册	广告	监督	增产
效益	节约	浪费	破产	亏损
特区	开发区	保税区	展销	展览
商品化	**横向联系**	**第三产业**	**生产资料**	

02. **工交、能源、邮电**（69 个）

02A	工业				
	冶金	钢铁	地矿	机械	汽车
	电子	电器	仪器	仪表	化工
	航天	航空	核工	船舶	兵器
	军工	轻工	有色金属	盐业	食品
	印刷	包装	手工业	纺织	服装
	丝绸	设备	原料	材料	加工
02B	交通				
	铁路	公路	桥梁	民航	机场
	航线	航道	空中管制	飞机	港口
	码头	口岸	车站	车辆	运输
	旅客				
02C	能源				
	石油	煤炭	电力	燃料	天然气
	煤气	沼气			
02D	邮电				
	通信	电信	邮政	网络	数据

	民品	**厂矿**	**空运**	**三线**	**通讯**
	水运	**运费**			

03. 旅游、城乡建设、环保（42 个）

03A	旅游				
03B	服务业				
	饮食业	宾馆			
03C	城乡建设				
	城市	乡镇	基建	建设	建筑
	建材	勘察	测绘	设计	市政
	公用事业	监理	环卫	征地	工程
	房地产	房屋	住宅	装修	设施
	出让	转让	风景名胜	园林	岛屿
03D	环保				
	保护区	植物	动物	污染	生态
	生物				
	风景	**饭店**	**城乡**	**国土**	**沿海**

04. 农业、林业、水利、气象（56 个）

04A	农业				
	农村	农民	农民负担	农场	农垦
	粮食	棉花	油料	生猪	蔬菜
	糖料	烟草	水产	渔业	水果
	经济作物	农副产品	副业	畜牧业	乡镇企业
	农膜	种子	化肥	农药	饲料
	灾害	以工代赈	扶贫		
04B	林业				
	绿化	木材	森林	草原	防沙治沙
04C	水利				
	河流	湖泊	滩涂	水库	水域

	流域	水土保持	节水	防汛	抗旱
	三峡				
04D	气象				
	气候	预报	预测		
	烟酒	**土特产**	**有机肥**	**多种经营**	**牧业**

05. **财政、金融**（57个）

05A	财政				
	预算	决算	核算	收支	财务
	会计	税务	税率	审计	债务
	积累	经费	集资	收费	资金
	基金	租金	拨款	利润	补贴
	折旧费	附加费	固定资产		
05B	金融				
	银行	货币	黄金	白银	存款
	贷款	信贷	贴现	通货膨胀	交易
	期货	利率	利息	贴息	外汇
	外币	汇率	债券	证券	股票
	彩票	信托	保险	赔偿	信用社
	现金	**留成**	**流动资金**	**储蓄**	**费用**
	侨汇	**折旧率**			

06. **贸易**（52个）

06A	商业				
	商品	物资	收购	定购	购置
	市场	集贸	酒类	副食品	日用品
	销售	消费	批发	供应	零售
	拍卖	专卖	订货	营业	仓库
	储备	储运	货物		

06B	外贸				
	对外援助	军贸	进口	出口	引进
	海关	缉私	仲裁	商检	外商
	外资	合资	合作	关贸	许可证
	驻外企业				
	贸易	**倒卖**	**外向型**	**议购**	**议售**
	垄断	**经贸**	**贩运**	**票证**	**外经**
	交易会				

07. 外事（42 个）

07A	外交				
	对外政策	对外关系	领土	领空	领海
	外交人员	建交	公约	大使	领事
	条约	协定	协议	议定书	备忘录
	照会	国际	涉外事务	抗议	
07B	外事				
	国际会议	国际组织	对外宣传	出访	出国
	出入境	签证	护照	邀请	来访
	谈判	会谈	会见	接见	招待会
	宴会	外国人	外宾	对外友协	外国专家
	涉外				

08. 公安、司法、监察（46 个）

08A	公安				
	警察	武警	警衔	治安	非法组织
	安全	保卫	禁毒	消防	防火
	检查	扫黄	案件	处罚	户口
	证件	事件	危险品	游行	海防
	边防	边界	边境		

08B 司法

政法	法制	法律	法院	律师
检察	程序	公证	劳改	劳教
监狱				

08C 监察

廉政建设	审查	纪检	执法	行贿
受贿	贪污	处分		
侦破				

09. **民政、劳动人事**（85 个）

09A 民政

基层政权	选举	行政区划	地名	人口
双拥工作	社会保障	社团	救灾	救济
募捐	婚姻	移民	抚恤	慰问
调解	老龄问题	烈士	纠纷	残疾人
墓地	殡葬	社区服务		

09B 机构

驻外机构	体制	职能	编制	精简
更名				

09C 人事

行政人员	干部	公务员	考核	录用
职工	家属	子女	知识分子	专家
参事	院士	文史馆员	履历	聘任
任免	辞退	退职	职称	待遇
离休	退休	交流	安置	调配
模范	表彰	奖励		

09D 劳动

就业	失业	招聘	合同制	工人
保护	劳务	第二职业	事故	

09E 工资

津贴	奖金	福利	收入	

老年	**简历**	**劳资**	**人才**	**招工**
待业	**补助**	**拥军优属**	**丧葬**	**奖惩**

10. **科、教、文、卫、体**（73 个）

10A	科技				
	科学	技术	科普	科研	鉴定
	标准	计量	专利	发明	实验
	情报	计算机	自动化	信息	卫星
	地震	海洋			
10B	教育				
	学校	教师	招生	学生	培训
	毕业	学位	留学	教材	校办企业
10C	文化				
	文字	文史	文学	语言	艺术
	古籍	图书	宣传	广播	电视
	电影	出版	版权	报刊	新闻
	音像	文物	古迹	纪念物	电子出版物
10D	卫生				
	医院	中医	医疗	医药	药材
	防疫	疾病	计划生育	妇幼保健	检验
	检疫				
10E	体育				
	运动员	教练员	运动会	比赛	
	馆所	**院校**	**校舍**	**地方志**	**软科学**
	社科				

11. **国防**（24 个）

11A	军事				
	军队	国防	空军	海军	征兵
	服役	转业	民兵	预备役	军衔

复员	文职	后勤	装备	战备
作战	训练	防空	军需	武器
弹药	人武			
退伍				

12. 秘书、行政（74个）

12A 文秘工作

机关	国旗	国徽	机要	印章
信访	督查	保密	公文	档案
会议	文件	秘书	电报	提案
议案	谈话	讲话	总结	批示
汇报	建议	意见	文章	题词
章程	条例	办法	细则	规定
方案	布告	决议	命令	决定
指示	公告	通告	通知	通报
报告	请示	批复	函	会议纪要

12B 行政事务

行政	工作制度	纪念活动	庆典活动	休假
节假日	着装	参观	接待	措施
调查	视察	考察	礼品	馈赠
服务				
出席	**发言**	**转发**	**名单**	**批准**
审批	**信函**	**事务**	**活动**	**纪要**
督察				

13. 综合党团（54个）

13A 党派团体

共产党	民主党派	共青团	团体	工会
协会	学会	民间组织	文联	学联
妇女	儿童	基金会		

13B	统战				
	政协	民主人士	爱国人士		
13C	民族				
	民族区域自治		民族事务		
13D	宗教				
	寺庙				
13E	侨务				
	外籍华人	归侨	侨乡		
13F	港澳台				
	香港问题	澳门问题	台湾问题		
13G	综合				
	整顿	形势	社会	精神文明	法人
	发展	其他	试点		
	推广	**青年**	**政治**	**范围**	**党派**
	组织	**领导**	**方针**	**政策**	**党风**
	事业	**咨询**	**中心**	**清除**	

附表

01. 中国行政区域（54个）

01A	华北地区				
	北京	天津	河北	山西	内蒙古
01B	东北地区				
	辽宁	吉林	黑龙江		
01C	华东地区				
	上海	江苏	浙江	安徽	福建
	江西	山东			
01D	中南地区				
	河南	湖北	湖南	广东	广西
	海南				
01E	西南地区				
	四川	贵州	云南	西藏	重庆

01F 西北地区

陕西	甘肃	青海	宁夏	新疆

01G 台湾

01H 香港

01I 澳门

哈尔滨	**沈阳**	**大连**	**青岛**	**厦门**
宁波	**武汉**	**广州**	**深圳**	**海南岛**
西安	**单列市**	**省市**	**自治区**	

02. **世界行政区域**（244 个）

02A 亚洲

中国	蒙古	朝鲜
韩国	日本	越南
老挝	柬埔寨	缅甸
泰国	马来西亚	新加坡
文莱	菲律宾	印度尼西亚
东帝汶	尼泊尔	锡金
不丹	孟加拉国	印度
斯里兰卡	马尔代夫	哈萨克斯坦
吉尔吉斯斯坦	塔吉克斯坦	乌兹别克斯坦
土库曼斯坦	格鲁吉亚	阿塞拜疆
亚美尼亚	巴基斯坦	阿富汗
伊朗	科威特	沙特阿拉伯
巴林	卡塔尔	阿联酋
阿曼	也门	伊拉克
叙利亚	黎巴嫩	约旦
巴勒斯坦	以色列	塞浦路斯
土耳其		

02B 欧洲

冰岛	法罗群岛	丹麦
挪威	瑞典	芬兰
爱沙尼亚	拉脱维亚	立陶宛

俄罗斯	白俄罗斯	乌克兰
摩尔多瓦	波兰	捷克
斯洛伐克	匈牙利	德国
奥地利	列支敦士登	瑞士
荷兰	比利时	卢森堡
英国	爱尔兰	法国
摩纳哥	安道尔	西班牙
葡萄牙	意大利	梵蒂冈
圣马力诺	马耳他	南斯拉夫
斯洛文尼亚	克罗地亚	波黑
马其顿	罗马尼亚	保加利亚
阿尔巴尼亚	希腊	

02C 非洲

埃及	利比亚	突尼斯
阿尔及利亚	摩洛哥	西撒哈拉
毛里塔尼亚	塞内加尔	冈比亚
马里	布基纳法索	佛得角
几内亚比绍	几内亚	塞拉利昂
利比里亚	科特迪瓦	加纳
多哥	贝宁	尼日尔
尼日利亚	喀麦隆	赤道几内亚
乍得	中非	苏丹
埃塞俄比亚	吉布提	索马里
肯尼亚	乌干达	坦桑尼亚
卢旺达	布隆迪	刚果民主共和国
刚果	加蓬	厄立特里亚
圣多美和普林西比		安哥拉
赞比亚	马拉维	莫桑比克
科摩罗	马达加斯加	塞舌尔
毛里求斯	留尼汪	津巴布韦
博茨瓦纳	纳米比亚	南非
斯威士兰	莱索托	圣赫勒拿

02D 大洋洲

澳大利亚	新西兰	巴布亚新几内亚
所罗门群岛	瓦努阿图	新喀里多尼亚
斐济	基里巴斯	瑙鲁
密克罗尼西亚联邦		
马绍尔群岛共和国		帕劳
北马里亚纳群岛自由联邦		关岛
图瓦卢	瓦利斯群岛和富图纳群岛	
西萨摩亚	美属萨摩亚	纽埃
托克劳	库克群岛	汤加
法属波利尼西亚	皮特凯恩群岛	

02E 美洲

格陵兰	加拿大	
圣皮埃尔和密克隆		美国
百慕大	墨西哥	危地马拉
伯利兹	萨尔瓦多	洪都拉斯
尼加拉瓜	哥斯达黎加	巴拿马
巴哈马	特克斯群岛和凯科斯群岛	
古巴	开曼群岛	牙买加
海地	多米尼加	波多黎各
美属维尔京群岛	英属维尔京群岛	圣基茨和尼维斯
安圭拉	安提瓜和巴布达	蒙特塞拉特
瓜德罗普	多米尼克	马提尼克
圣卢西亚	圣文森持和格林纳丁斯	
巴巴多斯	格林纳达	
特立尼达和多巴哥		荷属安的列斯
阿鲁巴	哥伦比亚	委内瑞拉
圭亚那	苏里南	法属圭亚那
厄瓜多尔	秘鲁	巴西
玻利维亚	智利	阿根廷
巴拉圭	乌拉圭	

苏联	民主德国	联邦德国
捷克斯洛伐克	扎伊尔	留尼汪岛
圣赫勒拿岛和阿森松岛等		贝劳
马绍尔群岛	北马里亚纳群岛	东萨摩亚
圣皮埃尔和密克隆群岛		百慕大群岛
多米尼加共和国	多米尼加联邦	
荷属安的列斯群岛		

国务院办公厅秘书局

（本文与正式文件同等效力）

附录五 国家行政机关公文处理办法

（国务院2000年8月24日发布 2001年1月1日起施行）

第一章 总 则

第一条 为使国家行政机关（以下简称行政机关）的公文处理工作规范化、制度化、科学化，制定本办法。

第二条 行政机关的公文（包括电报，下同），是行政机关在行政管理过程中形成的具有法定效力和规范体式的文书，是依法行政和进行公务活动的重要工具。

第三条 公文处理指公文的办理、管理、整理（立卷）、归档等一系列相互关联、衔接有序的工作。

第四条 公文处理应当坚持实事求是、精简、高效的原则，做到及时、准确、安全。

第五条 公文处理必须严格执行国家保密法律、法规和其他有关规定，确保国家秘密的安全。

第六条 各级行政机关的负责人应当高度重视公文处理工作，模范遵守本办法并加强对本机关公文处理工作的领导和检查。

第七条 各级行政机关的办公厅（室）是公文处理的管理机构，主管本机关的公文处理工作并指导下级机关的公文处理工作。

第八条 各级行政机关的办公厅（室）应当设立文秘部门或者配备专职人员负责公文处理工作。

第二章 公文种类

第九条 行政机关的公文种类主要有：

（一）命令（令）

适用于依照有关法律公布行政法规和规章，宣布施行重大强制性行政措施，嘉奖有关单位及人员。

（二）决定

适用于对重要事项或者重大行动作出安排，奖惩有关单位及人员，变更或者撤销下级机关不适当的决定事项。

（三）公告

适用于向国内外宣布重要事项或者法定事项。

（四）通告

适用于公布社会各有关方面应当遵守或者周知的事项。

（五）通知

适用于批转下级机关的公文，转发上级机关和不相隶属机关的公文，传达要求下级机关办理和需要有关单位周知或者执行的事项，任免人员。

（六）通报

适用于表彰先进，批评错误，传达重要精神或者情况。

（七）议案

适用于各级人民政府按照法律程序向同级人民代表大会或人民代表大会常务委员会提请审议事项。

（八）报告

适用于向上级机关汇报工作，反映情况，答复上级机关的询问。

（九）请示

适用于向上级机关请求指示、批准。

（十）批复

适用于答复下级机关的请示事项。

（十一）意见

适用于对重要问题提出见解和处理办法。

（十二）函

适用于不相隶属机关之间商洽工作、询问和答复问题、请求批准和答复审批事项。

（十三）会议纪要

适用于记载、传达会议情况和议定事项。

第三章　公文格式

第十条　公文一般由秘密等级和保密期限、紧急程度、发文机关标识、发文字号、签发人、标题、主送机关、正文、附件说明、成文日期、印章、附注、附件、主题词、抄送机关、印发机关和印发日期等部分组成。

（一）涉及国家秘密的公文应当标明密级和保密期限，其中，“绝密”、“机密”级公文还应当标明份数序号。

（二）紧急公文应当根据紧急程度分别标明“特急”、“急件”。其中电报应当分别标明“特提”、“特急”、“加急”、“平急”。

（三）发文机关标识应当使用发文机关全称或者规范化简称；联合行文，主办机关排列在前。

（四）发文字号应当包括机关代字、年份、序号。联合行文，只标明主办机关发文字号。

（五）上行文应当注明签发人、会签人姓名。其中，“请示”应当在附注处注明联系人的姓名和电话。

（六）公文标题应当准确简要地概括公文的主要内容并标明公文种类，一般应当标明发文机关。公文标题中除法规、规章名称加书名号外，一般不用标点符号。

（七）主送机关指公文的主要受理机关，应当使用全称或者规范化简称、统称。

（八）公文如有附件，应当注明附件顺序和名称。

（九）公文除“会议纪要”和以电报形式发出的以外，应当加盖印章。联合上报的公文，由主办机关加盖印章；联合下发的公文，发文机关都应当加盖印章。

（十）成文日期以负责人签发的日期为准，联合行文以最后签发机关负责人的签发日期为准。电报以发出日期为准。

（十一）公文如有附注（需要说明的其他事项），应当加括号标注。

（十二）公文应当标注主题词。上行文按照上级机关的要求标注主题词。

（十三）抄送机关指除主送机关外需要执行或知晓公文的其他机关，应当使用全称或者规范化简称、统称。

（十四）文字从左至右横写、横排。在民族自治地方，可以并用汉字和通用的少数民族文字（按其习惯书写、排版）。

第十一条 公文中各组成部分的标识规则，参照《国家行政机关公文格式》国家标准执行。

第十二条 公文用纸一般采用国际标准 A4 型（210mm × 297mm），左侧装订。张贴的公文用纸大小，根据实际需要确定。

第四章 行文规则

第十三条 行文应当确有必要，注重效用。

第十四条 行文关系根据隶属关系和职权范围确定，一般不得越级请示和报告。

第十五条 政府各部门依据部门职权可以相互行文和向下一级政府的相关业务部门行文；除以函的形式商洽工作、询问和答复问题、审批事项外，一般不得向下一级政府正式行文。

部门内设机构除办公厅（室）外不得对外正式行文。

第十六条 同级政府、同级政府各部门、上级政府部门与下一级政府可以联合行文；政府与同级党委和军队机关可以联合行文；政府部门与相应的党组织和军队机关可以联合行文；政府部门与同级人民团体和具有行政职能的事业单位也可以联合行文。

第十七条 属于部门职权范围内的事务，应当由部门自行行文或联合行文。联合行文应当明确主办部门。须经政府审批的事项，经政府同意也可以由部门行文，文中应当注明经政府同意。

第十八条 属于主管部门职权范围内的具体问题，应当直接报送主管部门处理。

第十九条 部门之间对有关问题未经协商一致，不得各自向下行文。如擅自行文，上级机关应当责令纠正或撤销。

第二十条 向下级机关或者本系统的重要行文，应当同时抄送直接上级机关。

第二十一条 “请示”应当一文一事；一般只写一个主送机关，需要同时送其他机关的，应当用抄送形式，但不得抄送其下级机关。

“报告”不得夹带请示事项。

第二十二条 除上级机关负责人直接交办的事项外，不得以机关名义向上级机关负责人报送“请示”、“意见”和“报告”。

第二十三条 受双重领导的机关向上级机关行文，应当写明主送机关和抄送机关。上级机关向受双重领导的下级机关行文，必要时应当抄送其另一上级机关。

第五章 发文办理

第二十四条 发文办理指以本机关名义制发公文的过程，包括草拟、审核、签发、复核、缮印、用印、登记、分发等程序。

第二十五条 草拟公文应当做到：

（一）符合国家的法律、法规及其他有关规定。如提出新的政策、规定等，要切实可行并加以说明。

（二）情况确实，观点明确，表述准确，结构严谨，条理清楚，直述不曲，字词规范，标点正确，篇幅力求简短。

（三）公文的文种应当根据行文目的、发文机关的职权和与主送机关的行文关系确定。

（四）拟制紧急公文，应当体现紧急的原因，并根据实际需要确定紧急程度。

（五）人名、地名、数字、引文准确。引用公文应当先引标题，后引发文字号。引用外文应当注明中文含义。日期应当写明具体的年、月、日。

（六）结构层次序数，第一层为“一、”，第二层为“（一）”，第三层为“1.”，第四层为“（1）”。

（七）应当使用国家法定计量单位。

（八）文内使用非规范化简称，应当先用全称并注明简称。使用国际组织外文名称或其缩写形式，应当在第一次出现时注明准确的中文译名。

（九）公文中的数字，除成文日期、部分结构层次序数和在词、词组、惯用语、缩略语、具有修辞色彩语句中作为词素的数字必须使用汉字外，应当使用阿拉伯数字。

第二十六条 拟制公文，对涉及其他部门职权范围内的事项，主办部门应当主动与有关部门协商，取得一致意见后方可行文；如有分歧，主办部门的主要负责人应当出面协调，仍不能取得一致时，主办部门可以列明各方理据，提出建设性意见，并与有关部门会签后报请上级机关协调或裁定。

第二十七条 公文送负责人签发前，应当由办公厅（室）进行审核。审核的重点是：是否确需行文，行文方式是否妥当，是否符合行文规则和拟制公文的有关要求，公文格式是否符合本办法的规定等。

第二十八条 以本机关名义制发的上行文，由主要负责人或者主持工作的负责人签发；以本机关名义制发的下行文或平行文，由主要负责人或者由主要负责人授权的其他负责人签发。

第二十九条 公文正式印制前，文秘部门应当进行复核，重点是：审批、签发手续是否完备，附件材料是否齐全，格式是否统一、规范等。

经复核需要对文稿进行实质性修改的，应按程序复审。

第六章 收文办理

第三十条 收文办理指对收到公文的办理过程，包括签收、登记、审核、拟办、批办、承办、催办等程序。

第三十一条 收到下级机关上报的需要办理的公文，文秘部门应当进行审核。审核的重点是：是否应由本机关办理；是否符合行文规则；内容是否符合国家法律、法规及其他有关规定；涉及其他部门或地区职权的事项是否已协商、会签；文种使用、公文格式是否规范。

第三十二条 经审核，对符合本办法规定的公文，文秘部门应当及时提出拟办意见送负责人批示或者交有关部门办理，需要两个以上部门办理的应当明确主办部门。紧急公文，应当明确办理时限。对不符合本办法规定的公文，经办公厅（室）负责人批准后，可以退回呈报单位并说明理由。

第三十三条 承办部门收到交办的公文后应当及时办理，不得延误、推诿。紧急公文应当按时限要求办理，确有困难的，应当及时予以说明。对不属于本单位职权范围或者不宜由本单位办理的，应当及时退回交办的文秘部门并说明理由。

第三十四条 收到上级机关下发或交办的公文，由文秘部门提出拟办意见，送负责人批示后办理。

第三十五条 公文办理中遇有涉及其他部门职权的事项，主办部门应当主动与有关部门协商；如有分歧，主办部门主要负责人要出面协调，如仍不能取得一致，可以报请上级机关协调或裁定。

第三十六条 审批公文时，对有具体请示事项的，主批人应当明确签署意见、姓名和审批日期，其他审批人圈阅视为同意；没有请示事项的，圈阅表示已阅知。

第三十七条 送负责人批示或者交有关部门办理的公文，文秘部门要负责催办，做到紧急公文跟踪催办，重要公文重点催办，一般公文定期催办。

第七章 公文归档

第三十八条 公文办理完毕后，应当根据《中华人民共和国档案法》和其他有关规定，及时整理（立卷）、归档。

个人不得保存应当归档的公文。

第三十九条 归档范围内的公文，应当根据其相互联系、特征和保存价值等整理（立卷），要保证归档公文的齐全、完整，能正确反映本机关的主要工作情况，便于保管和利用。

第四十条 联合办理的公文，原件由主办机关整理（立卷）、归档，其他机关保存复制件或其他形式的公文副本。

第四十一条 本机关负责人兼任其他机关职务，在履行所兼职务职责过程中形成的公文，由其兼职机关整理（立卷）、归档。

第四十二条 归档范围内的公文应当确定保管期限，按照有关规定定期向档案部门移交。

第四十三条 拟制、修改和签批公文，书写及所用纸张和字迹材料必须符合存档要求。

第八章 公文管理

第四十四条 公文由文秘部门或专职人员统一收发、审核、用印、归档和销毁。

第四十五条 文秘部门应当建立健全本机关公文处理的有关制度。

第四十六条 上级机关的公文，除绝密级和注明不准翻印的以外，下一级机关经负责人或者办公厅（室）主任批准，可以翻印。翻印时，应当注明翻印的机关、日期、份数和印发范围。

第四十七条 公开发布行政机关公文，必须经发文机关批准。经批准公开发布的公文，同发文机关正式印发的公文具有同等效力。

第四十八条 公文复印件作为正式公文使用时，应当加盖复印机关证明章。

第四十九条 公文被撤销，视作自始不产生效力；公文被废止，视作自废止之日起不产生效力。

第五十条 不具备归档和存查价值的公文，经过鉴别并经办公厅（室）负责人批准，可以销毁。

第五十一条 销毁秘密公文应当到指定场所由两人以上监销，保证不丢失、不漏销。其中，销毁绝密公文（含密码电报）应当进行登记。

第五十二条 机关合并时，全部公文应当随之合并管理。机关撤销时，需要归档的公文整理（立卷）后按有关规定移交档案部门。

工作人员调离工作岗位时，应当将本人暂存、借用的公文按照有关规定移交、清退。

第五十三条 密码电报的使用和管理，按照有关规定执行。

第九章 附 则

第五十四条 行政法规、规章方面的公文，依照有关规定处理。外事方面的公文，按照外交部的有关规定处理。

第五十五条 公文处理中涉及电子文件的有关规定另行制定。统一规定发布之前，各级行政机关可以制定本机关或者本地区、本系统的试行规定。

第五十六条 各级行政机关的办公厅（室）对上级机关和本机关下发公文的贯彻落实情况应当进行督促检查并建立督查制度。有关规定另行制定。

第五十七条 本办法自2001年1月1日起施行。1993年11月21日国务院办公厅发布，1994年1月1日起施行的《国家行政机关公文处理办法》同时废止。

（载《中华人民共和国国务院公报》2000年第31号）

附录六 国务院办公厅关于实施《国家行政机关公文处理办法》涉及的几个具体问题的处理意见

国办函〔2001〕1号

各省、自治区、直辖市人民政府，国务院各部委、各直属机构：

为确保国务院发布的《国家行政机关公文处理办法》（国发〔2000〕23号）的贯彻施行，现就所涉及的几个具体问题提出如下处理意见：

1. 关于“意见”文种的使用。“意见”可以用于上行文、下行文和平行文。作为上行文，应按请示性公文的程序和要求办理。所提意见如涉及其他部门职权范围内的事项，主办部门应当主动与有关部门协商，取得一致意见后方可行文；如有分歧，主办部门的主要负责人应当出面协调，仍不能取得一致时，主办部门可以列明各方理据，提出建设性意见，并与有关部门会签后报请上级机关决定。上级机关应当对下级机关报送的“意见”作出处理或给予答复。作为下行文，文中对贯彻执行有明确要求的，下级机关应遵照执行；无明确要求的，下级机关可参照执行。作为平行文，提出的意见供对方参考。

2. 关于“函”的效力。“函”作为主要文种之一，与其他主要文种同样具有由制发机关权限决定的法定效力。

3. 关于“命令”、“决定”和“通报”三个文种用于奖励时如何区分的问题。各级行政机关应当依据法律的规定和职权，根据奖励的性质、种类、级别、公示范围等具体情况，选择使用相应的文种。

4. 关于部门及其内设机构行文问题。政府各部门（包括议事协调机构）除以函的形式商洽工作、询问和答复问题、审批事项外，一般不得向下一级政府正式行文；如需行文，应报请本级政府批转或由本级政府办公厅（室）转发。因特殊情况确需向下一级政府正式行文的，应当报经本级政府批准，并在文中注明经政府同意。

部门内设机构除办公厅（室）外，不得对外正式行文的含义是：部门内设机构不得向本部门机关以外的其他机关（包括本系统）制发政策性和规范性文件，不得代替部门审批下达应当由部门审批下达的事项；与相应的其他机关进行工作联系确需行文时，只能以函的形式行文。

“函的形式”是指公文格式中区别于“文件格式”的“信函格式”。以“函的形式”行文应注意选择使用与行文方向一致、与公文内容相符的文种。

5. 关于联合行文时发文机关的排列顺序和发文字号。行政机关联合行文，主办机关排列在前。行政机关与同级或相应的党的机关、军队机关、人民团体联合行文，按照党、政、军、群的顺序排列。

行政机关之间联合行文，标注主办机关的发文字号；与其他机关联合行文原则上应使用排列在前机关的发文字号，也可以协商确定，但只能标注一个机关的发文字号。

6. 关于联合行文的会签。联合行文一般由主办机关首先签署意见，协办单位依次会签。一般不使用复印件会签。

7. 关于联合行文的用印。行政机关联合向上行文，为简化手续和提高效率，由主办单位加盖印章即可。

8. 关于保密期限的标注问题。涉及国家秘密的公文如有具体保密期限应当明确标注，否则按照《国家秘密保密期限的规定》（国家保密局 1990 年第 2 号令）第九条执行，即“凡未标明或者未通知保密期限的国家秘密事项，其保密期限按照绝密级事项三十年、机密级事项二十年、秘密级事项十年认定”。

9. 关于“附注”的位置。“附注”的位置在成文日期和印章之下、版记之上。

10. 关于“主要负责人”的含义。“主要负责人”指各级行政机关的正职或主持工作的负责人。

11. 关于公文用纸采用国际标准 A4 型问题。各省（区、市）人民政府和国务院各部门已做好准备的，公文用纸可于 2001 年 1 月 1 日起采用国际标准 A4 型；尚未做好准备的，要积极创造条件尽快采用国际标准 A4 型。省级以下人民政府及其所属机关和国务院各部门所属单位何时采用国际标准 A4 型，由各省（区、市）人民政府和国务院各部门自行确定。

国务院办公厅

二〇〇一年一月一日

（载《中华人民共和国国务院公报》2001 年第 5 号）

附录七 中国共产党机关公文处理条例

第一章 总 则

第一条 为适应中国共产党机关（以下简称党的机关）工作的需要，实现党的机关公文处理工作的科学化、制度化、规范化，制定本条例。

第二条 党的机关的公文，是党的机关实施领导、处理公务的具有特定效力和规范格式的文书，是传达贯彻党的路线、方针、政策，指导、布置和商洽工作，请求和答复问题，报告和交流情况的工具。

第三条 公文处理是包括公文拟制、办理、管理、立卷归档在内的一系列衔接有序的工作。

第四条 公文处理应当坚持实事求是、按照行文机关要求和公文处理规定进行的原则，做到准确、及时、安全、保密。

第五条 党的机关的办公厅（室）主管本机关的公文处理工作，并对下级机关的公文处理工作进行业务指导。

第六条 党的机关的办公厅（室）应当设立秘书部门或者配备秘书人员具体负责公文处理工作，并逐步改善办公手段，努力提高工作效率和质量。秘书人员应当具有较高的政治和业务素质，工作积极，作风严谨，遵守纪律，恪尽职守。

第二章 公文种类

第七条 党的机关公文种类主要有：

（一）决议 用于经会议讨论通过的重要决策事项。

（二）决定 用于对重要事项作出决策和安排。

（三）指示 用于对下级机关布置工作，提出开展工作的原则和要求。

（四）意见 用于对重要问题提出见解和处理办法。

（五）通知 用于发布党内法规、任免干部、传达上级机关的指示、转发上级机关和不相隶属机关的公文、批转下级机关的公文、发布要求下级机关办理和有关单位共同执行或者周知的事项。

（六）通报 用于表彰先进、批评错误、传达重要精神、交流重要情况。

（七）公报 用于公开发布重要决定或者重大事件。

（八）报告　用于向上级机关汇报工作、反映情况、提出建议，答复上级机关的询问。

（九）请示　用于向上级机关请求指示、批准。

（十）批复　用于答复下级机关的请示。

（十一）条例　用于党的中央组织制定规范党组织的工作、活动和党员行为的规章制度。

（十二）规定　用于对特定范围内的工作和事务制定具有约束力的行为规范。

（十三）函　用于机关之间商洽工作、询问和答复问题，向无隶属关系的有关主管部门请求批准等。

（十四）会议纪要　用于记载会议主要精神和议定事项。

第三章　公文格式

第八条　党的机关公文由版头、份号、密级、紧急程度、发文字号、签发人、标题、主送机关、正文、附件、发文机关署名、成文日期、印章、印发传达范围、主题词、抄送机关、印制版记组成。

（一）版头　由发文机关全称或者规范化简称加“文件”二字或者加括号标明文种组成，用套红大字居中印在公文首页上部。联合行文，版头可以用主办机关名称，也可以并用联署机关名称。在民族自治地方，发文机关名称可以并用自治民族的文字和汉字印制。

（二）份号　公文印制份数的顺序号，标注于公文首页左上角。秘密公文应当标明份号。

（三）密级　公文的秘密等级，标注于份号下方。

（四）紧急程度　对公文送达和办理的时间要求。紧急文件应当分别标明“特急”、“加急”，紧急电报应当分别标明“特提”、“特急”、“加急”、“平急”。

（五）发文字号　由发文机关代字、发文年度和发文顺序号组成，标注于版头下方居中或者左下方。联合行文，一般只标明主办机关的发文字号。

（六）签发人　上报公文应当在发文字号右侧标注“签发人”，“签发人”后面标注签发人姓名。

（七）标题　由发文机关名称、公文主题和文种组成，位于发文字号下方。

（八）主送机关　主要受理公文的机关。主送机关名称应当用全称或者规范化简称或者同类型机关的统称，位于正文上方，顶格排印。

（九）正文　公文的主体，用来表述公文的内容，位于标题或者主送机关下方。

（十）附件　公文附件，应当置于主件之后，与主件装订在一起，并在正文之后、发文机关署名之前注明附件的名称。

（十一）发文机关署名　应当用全称或者规范化简称，位于正文的右下方。

（十二）成文日期　一般署会议通过或者领导人签发日期；联合行文，署最后签发机关领导人的签发日期；特殊情况署印发日期。成文日期应当写明年、月、日，位于发文机关署名右下方。决议、决定、条例、规定等不标明主送机关的公文，成文日期加括号标注于标题下方居中位置。

（十三）印章　除会议纪要和印制的有特定版头的普发性公文外，公文应当加盖发文机关印章。

（十四）印发传达范围　加括号标注于成文日期左下方。

（十五）主题词　按上级机关的要求和《国务院公文主题词表》标注，位于抄送机关上方。

（十六）抄送机关　指除主送机关以外的其他需要告知公文内容的上级、下级和不相隶属机关。抄送机关名称标注于印制版记上方。

（十七）印制版记　由公文印发机关名称、印发日期和份数组成，位于公文末页下端。

第九条　公文的汉字从左至右横排；少数民族文字按其书写习惯排印。公文用纸幅面规格可采用16开型（长260毫米，宽184毫米），也可采用国际标准A4型（长297毫米，宽210毫米）。左侧装订。

第十条　党的机关公文版头的主要形式及适用范围：

（一）《中共××文件》　用于各级党委发布、传达贯彻党的方针、政策，作出重要工作部署，转发上级机关的文件，批转下级机关的重要报告、请示。

（二）《中国共产党××委员会（××）》　用于各级党委通知重要事项、任免干部、批复下级机关的请示，向上级机关报告、请示工作。

（三）《中共××办公厅（室）文件》、《中共××办公厅（室）（××）》　用于各级党委办公厅（室）根据授权，传达党委的指示，答复下级党委的请示，转发上级机关的文件，批转下级机关的报告、请示，发布有关事项，向上级机关报告、请示工作。

（四）《中共××部文件》、《中共××部（××）》　用于除办公厅（室）以外的党委各部门发布本部门职权范围内的事项，向上级机关报告、请示工作。

第四章　行文规则

第十一条　行文应当确有需要，注重实效，坚持少而精。可发可不发的公文不发，可长可短的公文要短。

第十二条　党的机关的行文关系，根据各自的隶属关系和职权范围确定。

（一）向上级机关行文，应当主送一个上级机关；如需其他相关的上级机关阅知，可以抄送。不得越级向上级机关行文，尤其不得越级请示问题；因特殊情况必须越级行文时，应当同时抄送被越过的上级机关。

（二）向下级机关的重要行文，应当同时抄送发文机关的直接上级机关。

（三）党委各部门在各自职权范围内可以向下级党委的机关部门行文。党委办公厅（室）根据党委授权，可以向下级党委行文；党委的其他部门，不得对下级党委发布指示性公文。部门之间对有关问题未经协商一致，不得各自向下行文。

（四）同级党的机关、党的机关与其他同级机关之间必要时可以联合行文。

（五）不相隶属机关之间一般用函行文。

第十三条　受双重领导的机关向上级机关行文，应当写明主送机关和抄送机关，由主送机关负责答复其请示事项。上级机关向受双重领导的下级机关行文，应当抄送其另一上级机关。

第十四条　向上级机关请示问题，应当一文一事，不应当在非请示公文中夹带请示事项。

请示事项涉及其他部门业务范围时，应当经过协商并取得一致意见后上报；经过协商未能取得一致意见时，应当在请示中写明。除特殊情况外，请示应当送上级机关的办公厅（室）按规定程序处理，不应直接送领导者个人。

党委各部门应当向本级党委请示问题。未经本级党委同意或授权，不得越过本级党委向上级党委主管部门请示重大问题。

第十五条　对不符合行文规则的上报公文，上级机关的秘书部门可退回下级呈报机关。

第五章 公文起草

第十六条 起草公文应当做到：

（一）符合党的路线、方针、政策和国家的法律、法规及上级机关的指示，完整、准确地体现发文机关的意图，并同现行有关公文相衔接。

（二）全面、准确地反映客观实际情况，提出的政策、措施切实可行。

（三）观点明确，条理清晰，内容充实，结构严谨，表述准确。

（四）开门见山，文字精练，用语准确，篇幅简短，文风端正。

（五）人名、地名、时间、数字、引文准确。公文中汉字和标点符号的用法符合国家发布的标准方案，计量单位和数字用法符合国家主管部门的规定。

（六）文种、格式使用正确。

（七）杜绝形式主义和烦琐哲学。

第十七条 起草重要公文应当由领导人亲自动手或亲自主持、指导，进行调查研究和充分论证，征求有关部门意见。

第六章 公文校核

第十八条 公文文稿送领导人审批之前，应当由办公厅（室）进行校核。公文校核的基本任务是协助机关领导人保证公文的质量。公文校核的内容是：

（一）报批程序是否符合规定；

（二）是否确需行文；

（三）内容是否符合党的路线、方针、政策和国家的法律、法规及上级机关的指示精神，是否完整、准确地体现发文机关的意图，并同现行有关公文相衔接；

（四）涉及有关部门业务的事项是否经过协调并取得一致意见；

（五）所提措施和办法是否切实可行；

（六）人名、地名、时间、数字、引文和文字表述、密级、印发传达范围、主题词是否准确、恰当，汉字、标点符号、计量单位、数字的用法及文种使用、公文格式是否符合本条例的规定。

第十九条 文稿如需作较大修改，应当与原起草部门协商或请其修改。

第二十条 已经领导人审批过的文稿，在印发之前应再作校核。校核的内容同第十八条第（六）款。经校核如需作涉及内容的实质性修改，须报原审批领导人复审。

第七章　公文签发

第二十一条　公文须经本机关领导人审批签发。重要公文应当由机关主要领导人签发。联合发文，须经所有联署机关的领导人会签。党委办公厅（室）根据党委授权发布的公文，由被授权者签发或者按照有关规定签发。领导人签发公文，应当明确签署意见，并写上姓名和时间。若圈阅，则视为同意。

第八章　公文办理和传递

第二十二条　公文办理分为收文办理和发文办理。收文办理包括公文的签收、登记、拟办、请办、分发、传阅、承办和催办等程序。公文经起草、校核和领导审批签发后转入发文办理，发文办理包括公文的核发、登记、印制和分发等程序。

（一）签收　收到有关公文并以签字或盖章的方式给发文方以凭据。签收公文应当逐件清点，如发现问题，应当及时向发文机关查询，并采取相应的处理措施。急件应当注明签收的具体时间。

（二）登记　公文办理过程中就公文的特征和办理情况进行记载。登记应当将公文标题、密级、发文字号、发文机关、成文日期、主送机关、份数、收发日期及办理情况逐项填写清楚。

（三）拟办　秘书部门对需要办理的公文提出办理意见，并提供必要的背景材料，送领导人批示。

（四）请办　办公厅（室）根据授权或有关规定将需要办理的公文注请主管领导人批示或者主管部门研办。对需要两个以上部门办理的，应当指明主办部门。

（五）分发　秘书部门根据有关规定或者领导人批示将公文分送有关领导人和部门。

（六）传阅　秘书部门根据领导人批示或者授权，按照一定的程序将公文送有关领导人阅知或者批示。办理公文传阅应当随时掌握公文去向，避免漏传、误传和延误。

（七）承办　主管部门对需要办理的公文进行办理。凡属承办部门职权范围内可以答复的事项，承办部门应当直接答复呈文机关；凡涉及其他部门业务范围的事项，承办部门应当主动与有关部门协商办理；凡须报请上级机关审批的事项，承办部门应当提出处理意见并代拟文稿，一并送请上级机关审批。

（八）催办　秘书部门对公文的承办情况进行督促检查。催办贯穿于公文处理的各个环节。对紧急或者重要公文应当及时催办，对一般公文应当定期催办，并随时或者定期向领导人反馈办理情况。

（九）核发　秘书部门在公文正式印发前，对公文的审批手续、文种、格式等进行复核，确定发文字号、分送单位和印制份数。

（十）印制　应当做到准确、及时、规范、安全、保密。秘密公文应当由机要印刷厂（或一般印刷厂的保密车间）印制。

第二十三条　公文处理过程中，应当使用符合存档要求的书写材料。需要送请领导人阅批的传真件，应当复制后办理。

第二十四条　秘密公文应当通过机要交通（或机要通信）传递、密电传输或者计算机网络加密传输，不得密电明传、明电密电混用。

第九章　公文管理

第二十五条　党的机关公文应当发给组织，由秘书部门统一管理，一般不发给个人。秘书部门应当切实做好公文的管理工作，既发挥公文效用，又有利于公文保密。

第二十六条　党的机关秘密公文的印发传达范围应当按照发文机关的要求执行，下级机关、不相隶属机关如需变更，须经发文机关批准。

第二十七条　公开发布党的机关公文，须经发文机关批准。经批准公开发布的公文，同发文机关正式印发的公文具有同等效力。

第二十八条　复制上级党的机关的秘密公文，须经发文机关批准或者授权。翻印件应当注明翻印机关名称、翻印日期和份数；复印件应当加盖复印机关戳记。复制的公文应当与正式印发的公文同样管理。

第二十九条　汇编上级党的机关的秘密公文，须经发文机关批准或者授权。公文汇编本的密级按照编入公文的最高密级标注并进行管理。

第三十条　绝密级公文应当由秘书部门指定专人管理，并采取严格的保密措施。

第三十一条　秘书部门应当按照规定对秘密公文进行清理、消退和销毁，并向主管机关报告公文管理情况。

销毁秘密公文，必须严格履行登记手续，经主管领导人批准后，由两人监销，保证不丢失、不漏销。个人不得擅自销毁公文。

第三十二条 机关合并时，全部公文应当随之合并管理。机关撤销时，需要归档的公文立卷后按照有关规定移交档案部门，其他公文按照有关规定登记销毁。工作人员调离工作岗位时，应当将本人保管、借用的公文按照有关规定移交、清退。

第十章 公文立卷归档

第三十三条 公文办理完毕后，秘书部门应当按照有关规定将公文的定稿、正本和有关材料收集齐全，进行立卷归档。个人不得保存应当归档的公文。

第三十四条 两个以上机关联合办理的公文，原件由主办机关立卷归档，相关机关保存复制件。机关领导人兼任其他机关职务的，在履行其所兼职务过程中形成的公文，由其兼职的机关立卷归档。

第十一章 公文保密

第三十五条 公文处理必须严格遵守《中华人民共和国保守国家秘密法》及有关保密法规，遵守党的保密纪律，确保党和国家秘密的安全。

凡泄露或出卖党和国家秘密公文的，依照有关法律、法规的规定进行处理。

第三十六条 党内秘密公文的密级按其内容及如泄露可能对党和国家利益造成危害的程度划分为“绝密”、“机密”、“秘密”。不公开发表又未标注密级的公文，按内部公文管理。

第三十七条 公文机关在拟制公文时，应当根据公文的内容和工作需要，严格划分密与非密的界限；对于需要保密的公文，要准确标注其密级。公文密级的变更和解除由发文机关或其上级机关决定。

第十二章 附 则

第三十八条 本条例适用于中国共产党各级机关。

第三十九条 本条例由中共中央办公厅负责解释。

第四十条 本条例自发布之日起施行。

（中共中央办公厅1996年5月3日发布，中央办公厅秘书局1996年5月6日印发）

专家评论

高校教材走向市场的成功范例

——评陈合宜《秘书学》(第五版)①

裴显生②

陈合宜教授的《秘书学》于1993年8月由暨南大学出版社出版后，在社会上产生了广泛的影响，我曾撰文指出该书的特点为“严密、丰厚、新颖、实用”。10多年来，该书不断重印、再版，成为管理干部、文秘人员、自学者的案头读物。采用该书做教材或参考书的，既有硕士研究生层次的，又有本科、专科和自学考试的；既有内地的，又有港澳台的；在东南亚及新西兰、荷兰等国的书店里，也有它的踪影。2005年6月，暨南大学出版社又推出该书的第五版，印1万册，不到两个月就告罄。现累计印数已经超过28万册，销售量居中国内地同类书籍前列。一本高校教材走向市场，10多年来长盛不衰，这种名牌效应是怎样形成的？细读第五版，我认为主要有以下两方面原因：

一、多次修订、常改常新

一些教材，刚出版时颇具创新性，为一些兄弟院校采用，效果亦佳，但过了几年，影响力越来越小，为别的教材所取代。因为创新不是一个永恒概念，而是一个动态过程。昨天认为是创新的东西，今天可能已经过时。在知识更新速度越来越快的时代，一本教材必须不断吸收最新科学成果，不断更新内容，才能保持旺盛的生命力，不修改的教材必然是短效的。陈合宜教授在1993年出版

---

① 裴显生．高校教材走向市场的成功范例——评陈合宜《秘书学》（第五版）．应用写作，2006（2）：62

② 裴显生是南京大学教授，原中国写作学会会长。

《秘书学》初版后，没有停止前进的步伐，随时准备对它进行修订，使之与时俱进。她一方面关注国内外有关秘书学的书刊，从中吸取新的营养，一方面虚心向各行各业秘书人员求教，总结他们的新鲜经验，同时也向自己的学生征求他们对教材的意见。1994 年，就作了一次修订，1997 年和 2001 年，先后作了两次增订，现在出的已是第五版了。如果说，以往的修订、增订只限于该书的局部范围，那么第五版就是一个全新的版本，除了整体框架基本不变外，各章均有较大的变动，有些章节或扩写或重写。诸如基层秘书面临的问题、秘书职业资格鉴定、电子公文的归档管理、办公自动化受阻的几道难关、公文主旨出错与抽象行政违法……都作了全新的阐述。读着这个《秘书学》的新版本，一股浓郁的时代气息扑面而来。

我想，正是由于坚持不断创新，才使这本教材充满活力，为其走向市场奠定了基础。

二、读者为上，适用为本

著书立说，主要是为读者服务，当然也有自娱自乐的。一部专著、教材，只有把它推向市场，受到广大读者的欢迎，才能充分实现其价值。市场意识，对于一个作者来说，也就是读者意识。陈合宜教授有着强烈的读者意识，当《秘书学》在高校一炮打响后，她迅速把目光投向市场，投向更宽广的读者群。为此该书雅俗共赏，适合不同职业、不同文化水平的人们使用。她坚持“适用为本”的宗旨，采用“疑难问题迎头上，争议问题抒己见，敏感问题巧应对”的方法，使该书拥有广大的读者群。如港澳台地区及国外秘书工作的著作、教材十分稀缺，读者疑问较多，针对这一情况，她重写了第十章“港台地区及国外的秘书工作”，大大扩充了篇幅；再如秘书如何处理好与领导的关系，既是个重要的问题，又是个棘手的问题，她在第九章第三节“办公室主任的工作艺术”中，以“对环境保持清醒”为小标题，含蓄地回答了这个问题，既针砭了时弊，又提醒秘书应如何巧妙处事。这样的例子可以举很多，由此可以看出陈合宜教授处处为读者着想。令人钦佩的是，陈合宜教授是一位驾驭语言的高手，她那简洁、高雅的语言，流畅中透出俏皮，平实中蕴涵智慧，还有人称的恰当变换、句式的灵活选择等，使该书生动活泼，避免了有些教材流于沉闷、平板的缺陷，让读者得到美的享受。

在这篇短文中，我没有全面评述陈合宜教授在秘书学研究上的成就，只是把她的《秘书学》作为高校教材走向市场的成功范例，说了点自己的看法，供学界朋友参考。陈合宜同志是中国内地知名的女写作理论家，在港澳台地区及国外都有相当的影响。我为她取得的成就感到高兴，祝愿她继续前行，取得更大的成功。

参考文献

1. 秘书．上海：上海大学文学院《秘书》杂志社

2. 秘书之友．兰州：《秘书之友》编辑部

3. 秘书工作．北京：《秘书工作》编辑部

4. 办公室业务．北京：《办公室业务》杂志社

5. （台湾）石咏琦．谈天才秘书．太原：北岳文艺出版社，2003

6. 杨剑宇．涉外秘书概论．沈阳：辽宁大学出版社，2000

7. ［美］安娜·L. 埃克斯利—约翰逊．韦氏秘书手册．严华，杨光金，袁振华等译．北京：国际文化出版公司，1989

8. 劳动和社会保障部，中国就业培训技术指导中心．秘书国家职业资格培训教程．北京：海潮出版社，2003

9. ［美］罗杰·摩司魏克，［美］罗伯特·尼尔森．会议管理——如何创造高效率会议．（台湾）高维泓译．桂林：广西师范大学出版社，2001

10. 苏伟伦．高效会议．广州：南方日报出版社，2003

11. 吴紫标，夏榕．浅论现代办公自动化的新特点．广东行政学院学报，2001（4）

12. 刘亭．办公自动化操作速成教程．杭州：浙江科学技术出版社，1999

13. 郑德庆．办公自动化技术．广州：暨南大学出版社，2003

第五版后记

拙著自1993年8月出版后，几经修订，至今销量超过25万册，并先后荣获七项奖：1997年8月中国大学出版社协会颁发的1995—1996年度中南地区大学出版社优秀教材一等奖；1998年11月中国大学出版社协会颁发的全国优秀双效书荣誉奖；1998年12月第三届全国秘书学与秘书工作论著评奖活动组委会颁发的秘书学理论类专著二等奖（一等奖空缺）；1998年12月中国书刊发行业协会颁发的第十一批全国优秀畅销书（社科类）奖；1999年5月中国写作学会颁发的第二届优秀著作成果三等奖；1999年11月广东省写作学会颁发的第三届优秀写作论著一等奖；2001年暨南大学颁发的2000年教学成果二等奖。这些成绩，离不开广大读者和有关专家对本人的厚爱和鼓励，我时刻铭记在心，并叮咛自己须继续努力，为社会提供优质的精神食粮。

现奉献给读者的拙著第五版，是一个全新的版本。除了整体框架不变外，各章均作较大改动，有些章节则重写，为的是将近几年来秘书学和秘书工作的新观点、新材料、新态势吸纳进去，使全书具有较强的时代色彩，给人以新鲜感。

由于秘书学是一门新兴学科，资料较少，尤其是港澳台地区及国外秘书工作方面的著作，更是稀缺。幸运的是，暨南大学图书馆副研究馆员侯晓莉给了我极大帮助。她以良好的专业知识和熟练的检索技能，通过多种检索方式和检索途径，开展了多项有关秘书学方面的代查代检信息服务工作，并提供相关的咨询，解决了我在查找文献过程中碰到的各种疑难问题。在此，特向她深表谢忱。

陈合宜

2005 年 5 月于广州暨南大学中文系